Geschichte der deutschen Literatur

PEGASUS

Von den Anfängen bis zur Gegenwart

Von Wolf Wucherpfennig

Ernst Klett Verlag
Stuttgart München Düsseldorf Leipzig

Geschichte der deutschen Literatur
Von den Anfängen bis zur Gegenwart

Verfasser:
Wolf Wucherpfennig

Die Datenangaben beziehen sich auf das Jahr, in dem ein Werk der Öffentlichkeit zugänglich gemacht wurde. Bei Dramen handelt es sich zum Teil um die Uraufführung, zum Teil um die erste Veröffentlichung in gedruckter Form. Wenn zwischen erster Veröffentlichung, u. U. an entlegener Stelle, und dem Zugänglichmachen für einen größeren Kreis (Beispiel: Exilliteratur) ein längerer Zeitraum liegt, wird das gesondert ausgewiesen.

Gedruckt auf Recyclingpapier,
hergestellt aus 100 % Altpapier.

3. Auflage 3 16 15 14 | 1999 98 97

Alle Drucke dieser Auflage können im Unterricht nebeneinander benutzt werden; sie sind untereinander unverändert. Die letzte Zahl bezeichnet das Jahr dieses Druckes.

Umschlag: Manfred Muraro
Satz: Lihs, Satz und Repro, Ludwigsburg
Druck: Gutmann + Co. GmbH, 74388 Talheim. Printed in Germany.
ISBN 3-12-347410-0

Inhaltsverzeichnis

Zur Einleitung: Ein Längsschnitt in Bildern

(1) Das berühmteste, am besten erhaltene antike Theater Griechenlands ist dasjenige von Epidauros. Heute werden dort in der Sommersaison wieder antike Stücke aufgeführt. Es wurde Anfang des 3. Jh.s v. Chr. erbaut, hatte zunächst 34 Sitzreihen, die in zwölf Sektoren gegliedert waren, und bot ca. 6200 Zuschauern Platz. Hundert Jahre später wurde das Theater um einen zweiten Rang erweitert und konnte dann ca. 12000 Zuschauer aufnehmen. Ursprünglich lehnte sich die Anlage an den bestehenden Hang, erst für den zweiten Rang wurde eine künstliche Aufschüttung nötig. Die hervorragende Akustik macht selbst den leisesten Ton bis in die letzte Reihe hörbar. Vom Bühnengebäude sind nur die Fundamente erhalten, die Portale auf beiden Seiten sind rekonstruiert. Im Mittelpunkt der kreisrunden Orchestra stand der Altar wie in jedem griechischen Theater, war doch eine Theateraufführung Bestandteil des Dionysoskultes. In klassischer und spätklassischer Zeit agierten die Schauspieler in der Orchestra, später blieb nur der Chor dort, während sich das Spiel auf die Bühne verlagerte.

(2) Das Relief aus der Zeit des Kaisers Claudius (41–54 n. Chr.) läßt das im Hellenismus erwachte Bedürfnis erkennen, die Prunkräume der Bibliotheken mit Bildnissen bekannter Dichter aus der Vergangenheit auszuschmücken. Der Komödiendichter Menander sitzt in einer Studierstube und hält in der Linken die Maske eines jungen Mannes. Die Schauspieler traten nämlich immer in bestimmten, für ihre Rolle typischen Masken auf. Die beiden Masken auf dem Tisch, von dem eine Buchrolle herabhängt, weisen auf zwei andere Komödienfiguren: den alten Mann und die Hetäre. Die weibliche Gestalt vor dem Eingang wird meist als Menanders Geliebte Glykera gedeutet, man kann in ihr aber auch die Personifikation des Schauspiels (Muse oder Skene) sehen, die den Dichter inspiriert.

(3) Das Bild stammt von einer Vase aus der Zeit um 425 v. Chr. Fünf Männer singen zum Spiel eines Flötisten. Sie tragen prächtige Unter- und Übergewänder (Chiton und Himation) und haben Efeukränze auf dem Haupt oder in der Hand. Es wird sich daher wohl um die Aufführung eines Dithyrambos handeln (Lied zu Ehren des Weingottes Dionysos), worauf auch die efeugeschmückte Stange in einem Dreifußständer hinweist, die das Bild in der Mitte teilt. Die frontale Figur in der linken Hälfte stellt wahrscheinlich den Komödiendichter Phrynichos aus dem ausgehenden 5. Jh. dar. Der Flötenbläser trägt ein halfterartiges Lederband, das um Lippen und Backen gelegt wurde, um den aufdringlichen Ton der Flöte besser regulieren zu können.

(4) Das Mosaik stammt aus dem Empfangsraum im Haus des Tragischen Dichters in Pompeji (1. Jh. n. Chr.). Der sitzende alte Mann mit Knotenstock ist der Chorführer. Er hält eine tragische Frauenmaske in die Höhe; vor ihm lehnt eine Satyrmaske, kenntlich an den spitzen Ohren, der Stupsnase, dem wirren Bart und den knopfrunden kleinen Augen. Zwei Schauspieler, die zum Spiel des Flötisten einen Tanz üben, sind mit Fellen bekleidet und dadurch als Satyrdarsteller erkennbar. Einem dritten Schauspieler – vor ihm auf einem Tisch liegt eine tragische Maske – wird von einem Diener ein Satyrkostüm angezogen. Die Satyrn oder Silene, Mischwesen aus Bock und Mensch, gehörten zum Gefolge des Dionysos und waren ein fester Bestandteil der griechischen Komödie. Wie zu sehen ist, waren Musik und Tanz untrennbar mit der Komödie verbunden.

(1) *Das Theater von Epidauros. Foto: Steinmeyer-Schareika, Stuttgart.*

(2) *Menander in der Studierstube. Foto: Musei Vaticani.*

(3) *Dichter, Flötenspieler und Chor. Foto: Nationalmuseum Kopenhagen.*

(4) *Eine Komödie wird geprobt. Mosaik aus Pompeji. Nationalmuseum Neapel. In: Barry Cunliffe: Rom und sein Weltreich. Lübbe-Verlag, Bergisch Gladbach.*

(5) *Die Herstellung eines mittelalterlichen Buches. Buchminiatur des 12. Jahrhunderts. Foto: Staatsbibliothek Bamberg.*

(6) *Meister Heinrich Frauenlob. In: Die Minnesänger in Bildern der Manessischen Handschrift. Nach 1300. Insel-Verlag, 1962.*

(5) Das Titelbild einer Bamberger Pergamenthandschrift des 12. Jahrhunderts aus der Abtei Michelsberg zeigt den Schutzpatron des Klosters, Erzengel Michael, von andächtigen Mönchen betrachtet, und ringsum den Entstehungsprozeß des mittelalterlichen Buches. Linke Reihe (von oben nach unten): Zurechtschneiden einer Kielfeder mit Federmesser; Eintragung von Notizen in eine Wachstafel; Abschaben eines aufgespannten Pergaments mit einem Schabmesser; Abschrägen der Kanten des hölzernen Buchdeckels mit einem Beil. Rechte Reihe (von oben nach unten): Herstellen einer Lage von vier Pergamentbogen; Heften des Buches in der Heftlade; Zurechtschneiden des Pergaments mit Messer und Lineal; Herstellung einer metallenen Schließe auf dem Amboß. Mitte oben und unten: Lektüre und Unterricht aus dem fertigen Buch. Ein Miniator bemalt die rechte Kante des Giebeldreiecks im großen Mittelbild.

(6) Die Große Heidelberger (oder Manessische) Liedersammlung enthält neben den Liedern auch die Bildnisse der Minnesänger. Die Dichter sollen nicht porträtgenau dargestellt, sondern durch bestimmte Attribute charakterisiert werden. Das Wappen im Bild Heinrichs von Meißen deutet darauf hin, daß er sich wegen seines Preislieds auf Maria und seines Eintretens für die Bezeichnung „Frau“ statt „Weib“ Frauenlob nannte. Der virtuose Formkünstler wird als Spielmannskönig dargestellt; in königliches Hermelin gekleidet, leitet er neun musizierende Spielleute an.

(7, 8) Das Buch ‚Eygentliche Beschreibung Aller Stände auff Erden Hoher und Nidriger Geistlicher und Weltlicher ...‘ (1568) mit Holzschnitten von Jost Amman und Versen von Hans Sachs gibt einen guten Einblick in die Druckerwerkstatt. Zunächst werden die bleiernen Schrifttypen gegossen. Das Bild vom „Buchdrücker“ zeigt, wie der Schriftsetzer dann die Typen seitenweise zusammensetzt (im Hintergrund), wie der Buchdrucker den Satz einfärbt (Vordergrund links) und ihn in der Presse auf einzelne Bogen abzieht (Vordergrund rechts). Anschließend werden die Holzschnitte und Initialen farbig ausgemalt. Das Bild vom „Buchbinder“ zeigt, wie die Seiten geheftet (Hintergrund) und die fertigen Bücher eingespannt werden (Vordergrund).

(9) Im Jahr 1534 erschien bei Hans Lufft in Wittenberg, mit Holzschnitten aus der Werkstatt von Lucas Cranach dem Älteren, die erste Gesamtausgabe der Bibelübersetzung, an der Luther 17 Jahre gearbeitet hatte und die er bis zu seinem Tode ständig verbesserte. In den nächsten zwölf Jahren bis zu seinem Tod wurden allein 20 weitere Gesamtausgaben und über 300 Teil- und Nachdrucke veröffentlicht. Das Titelbild stellt Gott als Schreibenden dar, während die Engel die von ihm geschriebene Bibel lesen. Daraus spricht die Lehre von der unmittelbaren göttlichen Inspiration der Evangelisten, vor allem aber, zusammen mit dem Spruch „Gottes wort bleibt ewig“, die protestantische Berufung auf das geschriebene Wort. Die katholische Tradition hielt sich dagegen eher an das von einer Autorität gesprochene Wort.

(10) Im Mittelalter kannte man noch keine Theaterbauten; man spielte hauptsächlich auf dem Marktplatz. Die moderne Theaterarchitektur begann im 16. Jahrhundert in Italien. Auch in England entstanden zu dieser Zeit feste Bauten. Die dortige Bühnenform, die Shakespearebühne, kam mit den englischen Wanderschauspielern nach Deutschland. Die abgebildete Skizze stammt von dem

Holländer Johannis De Witt, der um 1596 das Theater ‚The Swan' besuchte. Das Theater faßte etwa 3000 Menschen. Die Fahne wehte allmorgendlich, um auf die nachmittägliche Aufführung aufmerksam zu machen. Wenn der Beginn der Vorstellung herannahte, blies der Trompeter; es gab ja noch keine Uhren. Die billigsten Zuschauerplätze waren im Parkett vor der Bühne, teurer waren die Ränge, zu denen die Stufen hinaufführten. In einem eigenen Raum links und rechts neben der Bühne (orchestra) saßen die Adligen. Auf der balkonartigen Oberbühne traten manchmal auch Schauspieler auf; öfter wurde sie aber ebenfalls für Zuschauer freigegeben. Die eigentliche Bühne mit den beiden zu den Schauspielergarderoben führenden Türen im Hintergrund ist erhöht und ragt weit in den Innenhof hinein. Dekorationen sind noch äußerst spärlich. Die beiden Säulen mit dem darübergelegten Baldachin grenzen die Hinterbühne ab. Die Trennung zwischen Vorder- und Hinterbühne ermöglicht schnellen Schauplatzwechsel und damit pausenloses Spiel. Nach der Einführung eines Mittelvorhangs ließen sich auch szenenreichere Stücke aufführen.
Lateinische Bezeichnungen: Links: porticus: eigentlich Säulenhalle, hier: Rang. sedisia: Sitze. orchestra: s. o. ingressus: Eingang. Mitte: mimorum aedes: Haus der Schauspieler (Garderoben). proscenium: Vorderbühne. planities sive arena: Boden. Ex observationibus Londinensibus Johannis De Witt: Nach Londoner Beobachtungen Johannis' De Witt. Rechts: tectum: Dach.

(11) Neben den englischen Wandertruppen bestimmten die italienischen Berufsschauspieler der Commedia dell'arte die Entwicklung der deutschen Komödie im 16. und 17. Jahrhundert. Ihr possenhaftes Stegreifspiel, das sich auf stereotype Verwicklungen und typenhafte Figuren stützt, wirkte noch auf das Volksstück des 19. Jahrhunderts ein. Molière, der französische Dichter, Schauspieler und Theaterdirektor, an dessen Stücken die deutschen Autoren des 18. Jahrhunderts die Kunst des hohen Lustspiels zu erlernen suchten, hat von den Italienern und von der französischen Farce gelernt. Das Gemälde aus dem Jahr 1670 zeigt, auf einer Bühne vereint, Molière im Kostüm einer seiner Figuren, bekannte Vertreter der französischen Farce (Jodelet, Turlupin, Gros Guillaume) und Typen der Commedia dell'arte wie den pfiffigen Diener (Arlecchino bzw. Pulcinella), den einfältigen Vater und geprellten Ehemann (Pantalone), den aufschneiderischen, feigen Hauptmann (Scaramuccio), der in Frankreich als Capitain Matamore auftritt. Die Kerzenleuchter und die Lichter im Vordergrund beweisen, daß man nun auch in geschlossenen Räumen spielte. Dabei blickte das Publikum auf die Bühne wie in einen Guckkasten. Diese Guckkastenbühne ist die auch heute noch übliche Form. Das aufgemalte Dekor wurde während des Stückes nicht verändert, konnte aber durch Innenvorhänge verdeckt werden.

(12) Typisch für die barocke Hofkultur waren die verschwenderischen großen Feste. Sie dienten der idealisierten Selbstdarstellung der höfischen Gesellschaft. Bei einem Kasseler Fest im Jahre 1596 wurde ein Ritterroman aufgeführt mit Turnierspielen, ritterlichen Zweikämpfen und allegorischen Aufzügen. Die Abbildung zeigt die Schlußszene: Nachdem der tapferste der Ritter den bösen Zauberer besiegt und die Gefangenen befreit hat, geht die Zauberfestung unter den Blitzen eines Feuerwerks in Flammen auf, die Zaubergestalten zerschmelzen, der Wassergraben trocknet aus, und schließlich „wardt das Ort / wie es zuvor gewesen".

Ich bin geſchicket mit der preß
So ich aufftrag den Firniß reß/
So bald mein dienr den bengel zuckt/
So iſt ein bogn papyrs gedruckt.
Da durch kombt manche Kunſt an tag/
Die man leichtlich bekommen mag.
Vor zeiten hat man die bůcher gſchribn/
Zu Meintz die Kunſt ward erſtlich triebn.

(Hans Sachs)

(7) *Der Buchdrücker. In: Das Ständebuch. 114 Holzschnitte von Jost Amman mit Reimen von Hans Sachs. 1568. Insel-Verlag, 1960.*

Ich bind allerley Bůcher ein/
Geiſtlich vnd Weltlich/groß vnd klein/
In Perment oder Bretter nur
Vnd beſchlags mit guter Clauſur
Vnd Spangen/vnd ſtempff ſie zur zier/
Ich ſie auch im anfang planier/
Etlich vergůld ich auff dem ſchnitt/
Da verdien ich viel geldes mit.

(Hans Sachs)

(8) *Der Buchbinder. In: Das Ständebuch, s. (7).*

(9) *Titelblatt der Lutherbibel. 1534. Foto: Bildarchiv Klett.*

(10) *Das Swan-Theater in London, wo Shakespeares Truppe 1596/97 spielte. Foto: Radio Times Hulton Picture Library.*

(11) *Französische und italienische Possenspieler. 1670. Links: Molière. Musée Comédie. Foto: Giraudon, Paris.*

FARCEVRS FRANCOIS ET ITALIENS DEPVIS 60 ANS ET PLVS P. EN 1670
Molière.
Jodelet.
Poisson.
Turlupin.
Le Capitan Matamore.
Arlequin.
Guillot Gorju.
Gros Guillaume.
Gaultier Garguille.
Le Dottor Grazian Balourd.
polichinelle.
Pantalon.
Philippin.
Briguelle.
Trivelin.

(12) *Feuerwerk bei der Schlußszene des Ritterspiels zu Kassel anläßlich der Taufe Prinzessin Elisabeths von Hessen. 1596. Kupferstich von G. Dilich, 1598. Kunstbibliothek Berlin. Foto: bildarchiv preußischer kulturbesitz, Berlin.*

(13) Ein wichtiger Teil des höfischen Festes war das Ballett. Es wurde im wesentlichen von der Hofgesellschaft selbst aufgeführt. Tanzen gehörte ebenso wie Reiten und Fechten zu den Kunstfertigkeiten, die der höfische Mensch selbstverständlich erlernen mußte. Erst gegen Ende des 17. Jahrhunderts entstanden die von Berufstänzern aufgeführten Ballettopern. Dann wurde auch allmählich das Schreiten vom Springen und Schweben, das bewegte Ornament mehrerer Gestalten von der tänzerischen Pose des einzelnen abgelöst. Die barocken Balletts, von Gesängen begleitet, stellten allegorische Szenen dar, die häufig durch eine Fabel miteinander verbunden waren. Diese Ballettszene zeigt die kostümierten Tänzer, die allegorischen Masken entsteigen, und einen Teil der Musiker.

(14) Titelbilder sind bis ins 18. Jahrhundert hinein bildlich-allegorische Selbstdeutungen. Das dämonische Wesen im Titelkupfer zur Erstausgabe von Grimmelshausens ‚Simplicissimus' stellt dasjenige aus des Simplicius Lebenslauf dar, was für den Menschen schlechthin gültig ist. Aufgrund seiner grotesken Zusammensetzung aus menschlichen und tierischen Teilen kann es sich, wie die Unterschrift besagt, in allen Elementen bewegen, das heißt in allen Bereichen des Guten und Bösen. Das Bilderbuch verweist auf verschiedene Episoden im Leben des Simplicius und auf ihre tiefere Bedeutung für Gut und Böse. Kopf und linker Fuß stammen von einem Fabelwesen, einem Satyr. Die Satyrn, entstanden aus den antiken Faunsgestalten, verkörpern das Irdisch-Sinnliche im Menschen; die Fingerhaltung hat dementsprechend eine obszöne Bedeutung. In der satirischen Narrenliteratur, zu der auch der ‚Simplicissimus' gehört, zeigen solche Figuren die Absicht an, das Animalische und Sinnliche des Menschen zu entlarven. So erklären sich die Masken, auf welche der Dämon tritt. Die Entlarvung der menschlichen Torheiten – dies besagt die Unterschrift – soll dazu dienen, die Ruhe des Weisen zu erlangen: „Ich wurde durchs Fewer wie Foenix geborn / Ich flog durch die Luffte! wurd doch nit verlorn / Ich wandert durchs Wasser. Ich reißt über Land, / in solchem Umbschwermen mach ich mir bekandt / was mich offt betrüebet und selten ergetzt, / was war das? Ich habs in diß Buche gesetzt, / damit sich der Leser gleich wie Ich itzt thue / entferne der Thorheit und lebe in Ruhe."

(15) Ein zeitgenössischer Stich von Ph. Kilius stellt den bedeutendsten deutschen Barockdichter, Gryphius, dar. Die Überschrift bezeichnet ihn als Gelehrten und als Syndicus (Rechtsbevollmächtigten) des Landadels im Herzogtum Glogau in Schlesien. Das Bild läßt erkennen, daß der Dichter dem geistigen Adel anzugehören beansprucht: Das Bruststück, wie es nur für vornehme Personen angefertigt wurde, gibt Gelegenheit, die selbstbewußte Haltung und die vornehme Kleidung des Syndicus zu zeigen; sein fester Blick fixiert den Betrachter, aus welcher Richtung dieser auch aufs Porträt schaut. Dem geistigen Adel gehört er an, weil er als Dichter zugleich Gelehrter ist, weil er alles kennt, „was der weite Kreis der Erde umfaßt", wie sein Dichterkollege Heinrich Mühlpforth im lateinischen Lobgedicht auf ihn schreibt. Die lateinischen Distichen unter dem Bild: Diesen tragischen Dichter hat das glückliche Deutschland bestaunt, der mit seinem Blitz die steinernen Herzen der Menschen trifft. So war er von Ansehen. Mit seiner beschwingten Kenntnis der Dinge und allen Lebens, das der weite Kreis der Erde umfaßt, leuchtet er hervor aus seinen Schriften, die ein göttlicher Geist uns ließ, er, Gryphius, im Elysium wird er eine zweite Pallas Athene sein. Bildüberschrift: Andreas Gryphius, Rechtsgelehrter, Philosoph und von ritterlichem Stande. Syndicus im Herzogtum Glogau, geboren 1616 (Ictus = iuris Consultus).

(13) *Ballettszene beim Fürstlich Ritterlichen Freudenfest in Stuttgart. 1616. Stich von M. Merian d. Ä., 1616. Foto: Württembergische Landesbibliothek, Stuttgart.*

(14) *Titelkupfer zu H. J. Ch. von Grimmelshausen: Der Abenteuerliche Simplicissimus. 1669. Foto: Bildarchiv Klett.*

(15) *Andreas Gryphius (1616–1664) als Syndicus des Herzogtums Glogau (Schlesien). Foto: Historisches Bildarchiv Lolo Handke, Berneck.*

(16) *Das königliche Theater in Turin, vermutlich bei der Eröffnung mit ‚L'Arsace' von Francesco Feo am 26. 12. 1740. Gemälde von Pietro Domenico Olivero. Museo Civico, Turin. Foto: Scala, Florenz.*

(16) Das Theater in Turin gehörte zu den Gebäuden, die für die Aufführung der aus den barocken Hoffesten entstandenen Opern geeignet waren. Der Betrachter blickt über den Orchestergraben in die Guckkastenbühne mit ihrem reichhaltigen Dekor. Es gibt jetzt veränderbare Kulissen. Auch spektakuläre Maschineneffekte sind möglich. Die Sitzordnung folgt den ständischen Rängen: Gegenüber dem Bühnenbild (Position des Bildbetrachters) sitzt der Fürst mit seinem Hofstaat, im zweiten Rang die höhere Beamtenschaft, im dritten Rang das ständische Bürgertum, im vierten Rang die Diener des Hofes und der Vornehmen. Das einfache Volk versammelt sich im Parkett.

(17) *Der Marktschreier (Bänkelsänger). 1740. Radierung von Christian Wilhelm Ernst Dietrich. In: Otto Henne am Rhyn: Kulturgeschichte des deutschen Volkes, Band 2. Historischer Verlag Baumgärtel, Berlin o.J., S. 224.*

(17) Die Bänkelsänger – sie standen auf einem Bänkchen – zogen seit dem 17. Jahrhundert auf den Jahrmärkten umher. Sie besangen grausige Geschichten, sogenannte Moritaten (Mordtaten), und aktuelle Nachrichten, um zu informieren, zu belehren und das Sensationsbedürfnis zu stillen. Mit einem Zeigestock wird die Geschichte auf einer Bildtafel verdeutlicht. Der Sänger liest den Text von Blättern ab, die er später verkauft. In neuerer Zeit kam die obligatorische Drehorgelbegleitung dazu. Seit dem Sturm und Drang wurde der Stil der Bänkellieder, die man als Volksdichtung mißverstand, auch parodierend oder in gewollter Einfachheit von der Balladen- und Romanzendichtung übernommen. Das Bild stellt den Bänkelsänger in diesem Sinne dar: malerisch zerlumpt im Mittelpunkt einer idyllischen Szene aus dem Volksleben. Heute lebt der Bänkelsang teilweise im Kabarett weiter. Seine ursprüngliche Funktion hat jedoch eher das Fernsehen übernommen.

(18) Die Herzoginmutter Anna Amalia sitzt in der Mitte, dritter von links ist Goethe, ganz links sitzt H. Meyer, ganz rechts Herder. In diesem Kreis las man vor und schrieb Gedichte, man musizierte und bereitete Liebhaberaufführungen vor.

(19) Die Zeichnung zeigt Ludwig Tieck bei einem seiner vielbesuchten Leseabende in Dresden, umgeben von Berühmtheiten aus Philosophie und Wissenschaft, Dichtung und Musik. Die gemeinsame Unterhaltung der gebildeten Gesellschaft, wie das vorangehende Bild sie zeigt, kennzeichnend für die Klassik,

(18) *Literarische Geselligkeit bei der Herzogin Anna Amalia von Weimar. Um 1795. Aquarell von Johann Melchior Kraus. Zentralbibliothek Weimar. Foto: bildarchiv preußischer kulturbesitz, Berlin.*

(19) *Ein Leseabend bei Ludwig Tieck in Dresden. Zeichnung von Ludwig Pietsch. Foto: Bildarchiv der Österreichischen Nationalbibliothek, Wien.*

wurde in der Romantik abgelöst vom virtuosen Vortrag des Künstlers, dem die Zuhörer in atemlosem Schweigen lauschten, Tränen der Ruhrung in den Augen.

(20) Bettina von Arnim, auf dem vorangehenden Bild eine der Zuhörerinnen, lauscht auf diesem Aquarell der „Musik, die ihr die treuen Freunde darboten", wie ihre Tochter schreibt. Die Versenkung in Kammermusik im engen Freundeskreis zeugt von biedermeierlicher Beschränkung, die durchaus mit Bettinas Protest gegen die preußische Obrigkeit zu vereinbaren war. Im Hintergrund steht das von Bettina entworfene Denkmal ihres verehrten Goethe: Die Klassik ist im Biedermeier ehrfürchtig bewundertes, aber museal gewordenes, totes Vorbild. Dem entsprechen die antikisierenden Büsten oben an der Wand.

(21) Seit dem 18. Jahrhundert gab es Lesekabinette, die eine Öffentlichkeit jenseits obrigkeitsstaatlicher Zensur herstellen sollten. Während sie zunächst vor allem der gemeinsamen Aufklärung und dem Erwerb nützlicher Kenntnisse dienten, wurden sie im Vormärz unmittelbar politisch. Die Presse hielt ihren Einzug.

(20) *Quartettabend bei Bettina von Arnim. 1854/56. Aquarell von Johann Carl Arnold. Foto: Freies Deutsches Hochstift Frankfurter Goethemuseum.*

Jeder verschlingt hastig die Zeitung auf der Jagd nach den neuesten Nachrichten. Die Caféhausatmosphäre, die durch Schachspieler und Pfeifenraucher erzeugt wird, verweist auf das Entstehen der Cafés in der ersten Hälfte des 19. Jahrhunderts, wo sich ebenfalls eine diskutierende bürgerliche Öffentlichkeit entwickelte.

(22) Das Titelbild zum ‚Nachsommer' zeigt den Freiherrn von Risach vor seinem Rosenhaus. Es versinnbildlicht Risachs (und Stifters) grundsätzlich biedermeierliches Ideal: die sorgsame Pflege der Dinge und Pflanzen innerhalb einer engen künstlichen Ordnung, die aus der natürlichen Weite ausgegrenzt wird. Familienzeitschriften wie ‚Die Gartenlaube' verbreiteten diese Vorstellungen auf banaler Ebene noch viele Jahrzehnte lang.

(21) *Das Lesekabinett. 1843. Ölgemälde von Johann Peter Hasenclever. Foto: Staatliche Museen zu Berlin (DDR), Nationalgalerie.*

(23) Nach 1848 gab das Bürgertum die Hoffnung auf eine demokratische nationale Einheit auf und suchte seine nationale Identität in der Rückbesinnung auf die kulturelle Vergangenheit, insbesondere auf die Klassik. Die wichtigsten Standbilder zwischen 1848 und 1870/71, als Bismarck die Einigung von oben durchführte, wurden für Geistesgrößen geschaffen, so auch E. Rietschels Weimarer Denkmal mit der bezeichnenden Inschrift: „Dem Dichterpaar Goethe und Schiller das Vaterland". Die Klassik wird zum Nationalmuseum.

(24) 1889 erschien im ‚Kladderadatsch' diese Karikatur auf die Aufführung von Gerhart Hauptmanns Drama ‚Vor Sonnenaufgang' in der Freien Bühne. Sie zeigt drastisch, wie die Zeitgenossen den Naturalismus einschatzten: als eine im Unrat wühlende Gossenliteratur. Der Zeichner macht sich insbesondere über die Vererbungslehre und die Frauenemanzipation lustig, die vom Naturalismus vertreten wurden.

(25) Das Gegenstück zur naturalistischen Provokation des Publikums war die ästhetizistische Abwendung von ihm. Melchior Lechter schuf das Titelblatt zu Stefan Georges Gedichtzyklus ‚Der siebente Ring' (1907). Vor einer jugendstilhaften Ornamentik stehen die Titelangaben in einer streng stilisierten, vornehm abweisenden Schrift, die Lechter in Anlehnung an Georges Handschrift entworfen hatte.

(26) Die moderne Dynamik, besonders die Hektik des Großstadtlebens, gehört zu den Grunderfahrungen des Expressionismus. Die Fotomontage gibt die Fülle

(22) *Titelkupfer zu Adalbert Stifter: Der Nachsommer, Band 1. 1857. Foto: Bildarchiv der Österreichischen Nationalbibliothek, Wien.*

(23) *Denkmal für Goethe und Schiller von Ernst Rietschel. 1857. Vor dem Deutschen Nationaltheater in Weimar. Foto: Bildarchiv Jurgens, Köln.*

der verwirrenden Eindrücke durch das Mittel der Collage wieder, das unverbundene Nebeneinander von Ausschnitten. In seinem Roman ‚Berlin Alexanderplatz' führt Alfred Döblin diese Darstellungsweise auch in die Literatur ein. ‚Sinfonie der Großstadt' deutet darauf hin, daß die Künstler die Dynamik und Vielfalt eher durch einen musikalisch-kompositorischen als durch einen sachlichen Zusammenhang zu ordnen suchen.

(27) 1925 entstand der erfolgreiche Zirkusfilm ‚Variété' mit Emil Jannings in der Hauptrolle. Darin eingeblendet wurden Teile aus dem Programm des Berliner Wintergartens. Das Standfoto zeigt eine Szene hieraus. So spiegelt der Film die neue Welt des artistischen Revuetheaters, das dem lüsternen Auge Abwechslung und Sensation versprach, wie es erst in der Großstadt, sicherlich aber auch nicht ohne die Einwirkung des Films entstehen konnte.

(24) *Karikatur auf die ‚Freie Bühne' und die Aufführung von Gerhart Hauptmanns Drama ‚Vor Sonnenaufgang', 1889. In: Günter Albrecht u. a.: Deutsche Literaturgeschichte in Bildern, Band 2. Leipzig 1969, S. 152.*

(28) Der (damals noch stumme) Film mit seiner Möglichkeit, Realismus und Phantastik zu vermischen, hat die Expressionisten häufig angeregt. Einer der ersten phantastischen Filme war ‚Das Cabinet des Dr. Caligari' (1920) von Carl Mayer, dem ersten reinen Filmautor, und Hans Janowitz, der von der Prager phantastischen Literatur beeinflußt war. Der Film spielt im Irrenhaus, dem starken Interesse der Epoche an den unbewußten psychischen Regungen entsprechend. Ein skurriles, bis auf Licht und Schatten lediglich gemaltes Dekor schuf eine völlig unwirkliche Traumwelt.

(29) Schon bald gab es Filme nach Texten bekannter Autoren. Mit ihnen sollte die Kunst ins Kino einziehen. Der Roman ‚Berlin Alexanderplatz', in dem Döblin filmische Beschreibungstechniken nachahmt – so notiert der Erzähler die räumlichen Verhältnisse und die Bewegung der Figuren, als wäre er ein Zuschauer vor der Leinwand –, wurde 1931 verfilmt. Das Foto zeigt den Autor bei Dreharbeiten hinter der Kamera.

(30) Das Foto Thomas Manns, ebenso wie das Bildnis des Andreas Gryphius ein vornehmes Bruststück, strahlt großbürgerliche Eleganz und Verbindlichkeit aus. Die elegante und verbindliche Form war ihm ein ebenso notwendiges wie gefährdetes Gegenstück zu den Trieben der Zerstörung. Die Emigration blieb ihm nicht erspart.

(25) *Titelblatt zu George: ‚Der siebente Ring'. 1907.*

(26) *Berlin, die Sinfonie der Großstadt. Montagefilm. Regie: Walther Ruttmann. 1927. Foto: bildarchiv preußischer kulturbesitz, Berlin.*

(27) *‚Variété'. Filmszene im Berliner Wintergarten. 1925. Stiftung deutsche Kinematik. Foto: Filmarchiv Gerhard Lamprecht, Berlin.*

(28) *Film ‚Das Cabinet des Dr. Caligari'. Regie: Robert Wiene. 1920. Szenenfoto mit Werner Krauss. Foto: bildarchiv preußischer kulturbesitz, Berlin.*

(31) Carl von Ossietzky, Chefredakteur der ‚Weltbühne', saß schon während der Weimarer Republik im Gefängnis, weil er die gesetzwidrige Aufrüstung der Reichswehr kritisiert hatte. Die Nationalsozialisten sperrten ihn deswegen ab 1933 ins Konzentrationslager. 1936 erhielt er den Friedensnobelpreis. 1938 starb er an den Folgen der erlittenen Folterungen.

(32) In den sechziger Jahren begannen immer mehr Schriftsteller, in der politischen Auseinandersetzung der Bundesrepublik Deutschland Stellung zu beziehen. Ihre Positionen reichten von Reformforderungen (Grass) bis zu radikaler Kritik (Peter Weiss).

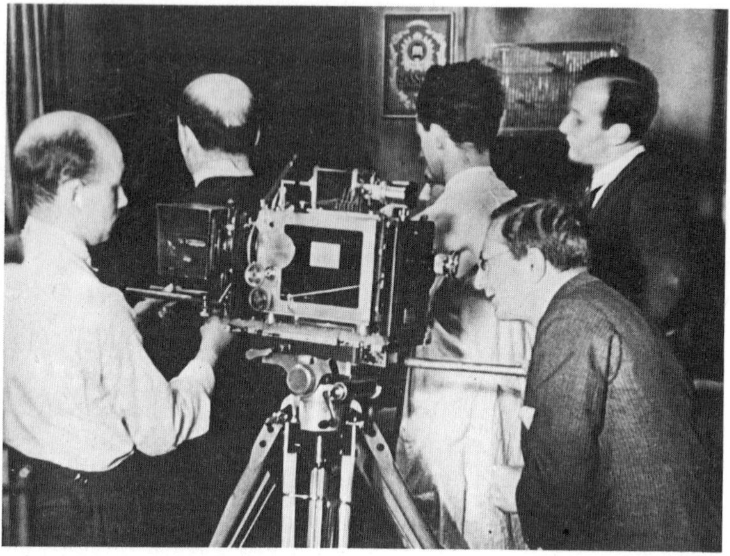

(29) *Alfred Döblin bei der Verfilmung seines Romans ,Berlin Alexanderplatz'. Um 1931. Foto: Landesbildstelle Berlin.*

(30) *Thomas Mann. 1947. Foto: S. Fischer Verlag, Frankfurt a. M.*

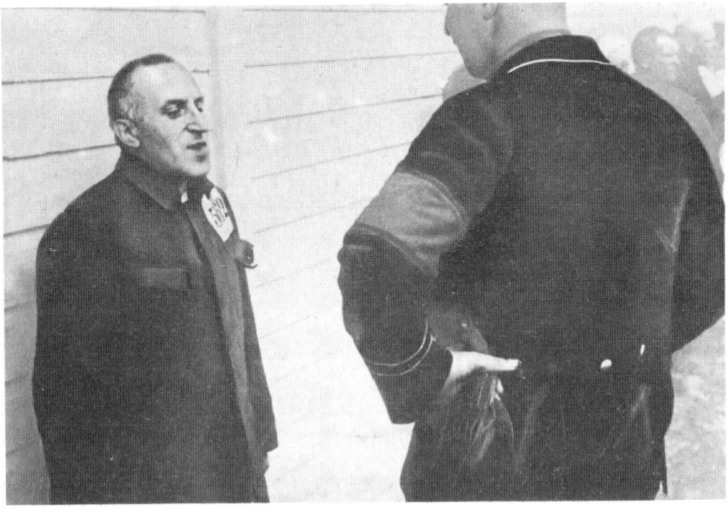

(31) *Carl von Ossietzky als Häftling im KZ Papenburg-Esterwegen mit einem SS-Mann. 1935. Foto: bildarchiv preußischer kulturbesitz, Berlin.*

(32) *Günter Grass auf einer Kundgebung gegen den Krieg in Biafra. 5. 10. 1968. Foto: Bilderdienst Süddeutscher Verlag.*

1 Antike (9. Jh. v. Chr. – 5. Jh. n. Chr.)

8. Jh. v. Chr.	*Homer:* Ilias Odyssee
525/24–456	*Aischylos:* Die Perser Orestie Sieben gegen Theben
496–406	*Sophokles:* Antigone König Oidipus Elektra Oidipus auf Kolonos
um 480–406	*Euripides:* Medea Die Phönizierinnen Iphigenie in Tauris
um 445–ca. 385	*Aristophanes:* Die Acharner Die Wolken Die Vögel Lysistrate Die Frösche
342/41–291/90	*Menander:* Der Menschenfeind
1. Hälfte des 3. Jh.s v. Chr.	*Theokrit:* Idyllen
um 250–184	*Plautus:* Amphitruo Aulularia Mostellaria Miles Gloriosus
um 195–159	*Terenz:* Heautontimorumenos Eunuchus Phormio Adelphoe
70–19	*Vergil:* Aeneis
65–8	*Horaz:* Oden Ars poetica Satiren

1.1 Das Erbe der Antike

Das Denken der Griechen und Römer sowie die jüdisch-christliche Religion sind die Quellen der abendländischen Kultur.

Religion und Mythos Mit der Bibel – seit der Aufklärung auch teilweise gegen sie – hat jede nachantike Epoche ihre Ziele und Werte zu begründen gesucht. Das „Buch der Bücher" enthält nicht nur religiöse Lehren. Es liefert zusammen mit den griechisch-römischen Göttermythen die Bilder und Handlungsmuster für künstlerische Visionen. Die Grundformen menschlichen Phantasierens finden in Religion und Mythos ihren typischen Ausdruck.

Griechisches Menschenbild Die Adligen der griechischen Frühzeit suchen in beständigem Wettstreit ihre kriegerische Tüchtigkeit zu erweisen. Daraus entwickelt sich allmählich das Idealbild des harmonischen Menschen, der körperlich wie geistig tüchtig ist und ohne Zögern zwischen Gut und Schlecht zu wählen weiß. Dieses Erziehungsziel wird in griechischer Spätzeit eingebettet in die Vorstellung von der Gemeinsamkeit aller gebildeten und weltgewandten Menschen. Der Bildungsgedanke der deutschen Klassik, der lange Zeit auf die Schulen und Universitäten einwirkte, empfing von dort entscheidende Anregungen.

Philosophie Die Griechen schaffen die Grundlage der abendländischen Philosophie. Aus ihrer Vorstellung von einer geistigen Ordnung der Welt leiten sie die beiden Denkmethoden ab, nämlich die Dialektik, die Lehre von Kampf und gleichzeitiger Einheit der Gegensätze, und die formale Logik, die davon ausgeht, daß zwei Dinge nicht zugleich dasselbe und etwas anderes sein können. Sie begründen die Metaphysik, die danach fragt, welches Verhältnis zwischen Denken und Sein Erkenntnis möglich macht. Mit der Auffassung von einem angeborenen Wissen über das Gute und Schlechte und der Überzeugung, daß gutes Handeln zu einem glücklichen Leben führt, stehen sie am Beginn der Ethik. Schließlich erarbeiten sie auch Grundbegriffe der Ästhetik, der Lehre vom Schönen.

Wissenschaften Mit den Griechen beginnt auch die abendländische Wissenschaft. Das gilt für die Mathematik, mit deren Hilfe sie die babylonische Astronomie weiterentwickeln, sowie für Medizin, Geographie und Geschichtsschreibung. In der physikalischen Theorie kommen sie spekulativ zu Ergebnissen (z. B. Atomistik), die erst in neuester Zeit experimentell bestätigt und vertieft wurden.

Architektur und Skulptur In der griechischen Plastik tritt uns zum erstenmal der menschliche Körper als harmonische Einheit im Augenblick der Bewegung gegenüber, entweder nackt oder so, daß sich das Gewand der harmonischen Einheit einfügt. Die Bautypen des griechischen Tempels, der römischen Basilika und Villa beeinflussen wesentlich die Architektur seit der Renaissance.

Dichtung und Dichtungstheorie Die Griechen unterscheiden zwischen den drei Grundgattungen der Dichtung: Lyrik, Epik, Dramatik (Gedichte, erzählende Dichtung, Schauspiele). Von ihnen stammen auch die beiden immer wieder diskutierten Wesensbestimmungen der Dichtung: schöpferisches Hervorbringen (poiesis) oder Darstellung der äußeren Welt in idealtypischer Weise (mimesis). Der Streit über den Wert der Dichtung, der mit ihrer Verurteilung durch den griechischen Philosophen Platon beginnt, führt bei dem Römer Horaz zu der folgenreichen Funktionsbestimmung: Die Dichter wollen nützen (belehren) oder unterhalten. Wichtiger noch ist, daß die großen Dichtungen des gesamten Altertums bis heute als Vorbilder und Prototypen betrachtet werden, an denen Künstler und Gelehrte Grundformen menschlichen Verhaltens und menschlicher Weltdeutung zu fassen suchen.

Redekunst Die Redekunst, die sich in der Demokratie Athens bei politischen Versammlungen und beim öffentlichen Lob von Mitbürgern sowie in den öffentlichen Gerichtssitzungen Athens und Roms entfaltet, bestimmt bis zur Aufklärung die Art, zu dichten und Dichtung zu deuten. Die Einteilung der Redelehre in inventio (Lehre vom Finden der Argumente), dispositio (Lehre von der Gliederung), elocutio (Lehre vom Stil), actio (Vortragstechnik) und memoria (Technik des Auswendiglernens) hat noch in der schulischen Aufsatzlehre, in Predigt und politischer Rede der Gegenwart Spuren hinterlassen. Die Redelehre berührt sich vielfach mit den antiken Vorformen der Sprach- und Literaturwissenschaft.

Politik und Recht Auf die griechische Demokratie, von der die Frauen, die Unfreien und Sklaven ausgenommen waren, berufen sich politische Denker seit dem 18. Jahrhundert. Die Verwaltungsaufgaben des riesigen römischen Imperiums veranlassen die Römer, ein wirksam funktionierendes Recht zu erarbeiten, auf das man in Europa nach dem Mittelalter wieder zurückgreift.

1.2 Geschichtlicher Abriß

Griechische Frühzeit (ca. 9. Jh. bis 6./5. Jh. v. Chr.) Von den Anfängen bis zu den Perserkriegen gilt für die griechischen Versepen das aristokratische Ideal des kriegerischen Helden. Verfaßt sind sie in dem Dialekt, den man am Ufer des Ionischen Meeres sprach. An ihrem Beginn stehen ‚Ilias' und ‚Odyssee', die beiden Epen *Homers* (8. Jh. v. Chr.), die zu den Mustern abendländischer Ependichtung werden, sowie die ‚Theogonie' (Göttergeschichte) des *Hesiod* (um 700 v. Chr.). Mit *Aisopos* (Äsop, 6. Jh. v. Chr.) beginnt die Fabeldichtung, die Kritik an der aristokratischen Gesellschaft übt.
Im 7. und 6. Jh. entsteht die erste bekannte Lyrik. Von der Dichterin *Sappho* (um 600 v. Chr.) geht die Liebeslyrik aus, in der das Gefühl als persönliches bewußt wird, von *Anakreon* (Mitte 6. Jh. v. Chr.) stammen Lieder heiteren Lebensgenusses. *Pindar* (518–438) führt mit seinen Preisgesängen auf die Sieger in sportlichen Wettkämpfen die Chorlyrik zu ihrem Höhepunkt.
Im 6. Jahrhundert entwickelt sich das Drama. Seine Ursprünge liegen in alten Fruchtbarkeitsriten. Nun trennen sich Tragödie und Komödie voneinander. Erstere ist die Darstellung eines heroischen Geschicks, welches das Eingreifen göttlicher Mächte verspüren läßt, die zweite verspottet Erscheinungen des öffentlichen, politischen Lebens.
Der Philosoph *Heraklit* (um 500 v. Chr.) formuliert die Grundsätze des dialektischen Denkens.

Homer: ‚Ilias' Das Hexameterepos greift aus dem langen Kampf um Troja die entscheidende Episode heraus: Der von Agamemnon gekränkte Achill entzieht den Griechen seine Hilfe, bis der Tod seines Freundes Patroklos ihn bewegt, den Kampf wiederaufzunehmen und mit dem Sieg über Hektor die trojanische Niederlage einzuleiten. Achills Zorn, auf den sich alles bezieht, schafft die Verbindung zwischen innerer und äußerer, menschlicher und göttlicher Welt. Die Götter sind nicht ferne, sie kämpfen auf beiden Seiten mit, und sie reden mit den Menschen als innere Stimme. Homers Menschen haben noch kein verborgenes Innenleben; alles ist klar und gleichermaßen wichtig. Die anschauliche Ausgestaltung der Einzelheiten läßt eine im modernen Sinn spannende Handlung nicht aufkommen. Feste Formeln für alltägliche Vorgänge, feste Beiwörter für bestimmte Gestalten spiegeln die festgefügten Regeln der aristokratischen Gesellschaft wider. Die göttlich-menschliche Welt bildet ein Ganzes aus handelnden Gestalten, die fehlbar und zugleich erhaben sind.

Homer: ‚Odyssee' Die ‚Odyssee' ist jünger als die ‚Ilias' (und stammt vielleicht von einem anderen Dichter). Sie schildert in kunstvoll verschlungenem Aufbau (u. a. Rückblende) die Irrfahrten des heimkehrenden Odysseus nach dem Fall Trojas. Vom älteren Epos unterscheidet sie sich durch eine persönliche Schuldzuweisung: Wer Unrecht tut, wird bestraft. Odysseus ist nicht so erhaben wie die früheren Helden, dafür aber menschlicher und stärker moralischen Forderungen verpflichtet.

Klassische Periode (6./5. Jh. bis um 350 v. Chr.) Die zweite Epoche reicht bis zur Vernichtung der griechischen Stadtstaaten durch Philipp von Makedonien und seinen Sohn Alexander (338 v. Chr.). Tonangebend sind nun die Stadtstaaten, allen voran Athen, in denen ein reiches Händlertum zur politisch und kulturell führenden Schicht wird. Der attische Dialekt (die Sprache Attikas, der Gegend um Athen) verdrängt in der Literatur das Ionische.

Mit *Aischylos* (525/24–456), *Sophokles* (496–406) und *Euripides* (um 480–406) erreicht die *Tragödie* ihren Höhepunkt. Es reden oder singen jeweils zwei oder drei Schauspieler sowie der Chor, der das Geschehen mitempfindend kommentiert. Das Tragische besteht nicht, wie in der Neuzeit, im Widerstreit zweier gleich wichtiger, aber einander ausschließender Pflichten; dieser Widerstreit setzt die christliche Vorstellung von persönlicher Schuld und von der Freiheit, zwischen Gut und Böse zu wählen, voraus. In der Antike besteht das Tragische darin, daß der Held, nur weil er selbständig handelt oder gar handeln muß, die von den Göttern bestimmte Wirklichkeit verkennt und dann durch sein eigenes Tun das Gegenteil des Erstrebten bewirkt.

Aristophanes (um 450–ca. 385) ist der Meister der sog. älteren Komödie. Er nimmt Stellung zum politischen Geschehen, verspottet Philosophen (Sokrates) und Dichter (Euripides), weil ihre Gedanken seiner Meinung nach der attischen Demokratie schaden. Die sog. mittlere Komödie, die im 4. Jahrhundert entsteht, löst sich dagegen vom öffentlichen Leben.

Aischylos: ‚Orestie‘ Diese einzige vollständig erhaltene Tragödientrilogie der griechischen Antike besteht aus den Stücken ‚Agamemnon‘, ‚Die Opfernden am Grab‘ und ‚Die Eumeniden‘. Sie handelt von der Ermordung des aus Troja heimkehrenden Agamemnon durch seine Gattin Klytaimnestra und ihren Liebhaber, von der blutigen Rache, die der Sohn Orest vollzieht, von der Verfolgung des Muttermörders durch die Rachegöttinnen (Erinnyen, Eumeniden) und von seiner schließlichen Begnadigung durch menschliches Gericht und Götterspruch. Das von den Göttern verhängte Schicksal, von dem die antike Tragödie handelt, besteht hier im Fluch, der seit langem auf der Familie Agamemnons lastet. Ihn vermögen allein die Götter wieder zu lösen. Der Dichter verlangt die Unterwerfung unter das Geschick, aber göttliche Macht und menschliches Gerechtigkeitsgefühl werden schließlich doch miteinander versöhnt. Vorverweise und Rückbezüge deuten die tieferen Zusammenhänge an.

Sophokles: ‚König Oidipus‘ Bei Sophokles, der keine Versöhnung zwischen göttlichen und menschlichen Forderungen zuläßt, tritt die Verblendung des tragischen Helden rein hervor. Dieser geht unter, nachdem ihn die vernichtende Erkenntnis getroffen hat. Das zeigt sich am deutlichsten in ‚König Oidipus‘. Einem Orakelspruch gemäß tötet der Held seinen Vater und heiratet seine Mutter, und dies gerade, weil alle Beteiligten mit allen Mitteln die Erfüllung des Spruches zu verhindern suchen. Oidipus verfängt sich im ironischen Spiel der Götter mit Sein und Schein, in dem alles ins Gegenteil umschlägt. Schließlich gewinnt er seine Würde in der Vereinsamung des von den Göttern Geschlagenen. In der Dichtung wie in der Wissenschaft (Psychoanalyse) wirkt das Thema dieser Tragödie bis heute nach. Mit ihrer analytischen Form – d. h., die eigentliche Handlung liegt vor dem Beginn des dramatischen Geschehens und wird in dessen Verlauf allmählich enthüllt – stellt sie ein Modell dar, das die neuzeitliche Tragödie, ja sogar noch den modernen Kriminalroman beeinflußt.

Euripides: ‚Iphigenie bei den Taurern‘ Euripides vermenschlicht die Tragödie. Neben das von den Göttern verhängte Schicksal treten Zufall und menschliche List. Es scheint nicht mehr gewiß, daß sich eine göttliche Führung im menschlichen Handeln verwirklicht, aber die Menschen können ihr Leben auch nicht aus eigener Kraft zum Guten lenken. Darum muß die verwickelte Handlung am Ende meist durch das überraschende Auftreten eines Gottes (deus ex machina) gelöst werden. Der Chor tritt zurück, das Interesse wendet sich der einzelnen Psyche zu. ‚Iphigenie bei den Taurern‘ – das Stück regte Goethe zu einer Neubearbeitung an – zeigt, wie die von ihrem Vater Agamemnon geopferte Iphigenie, die jedoch von der Göttin Artemis an einen fremden Ort versetzt wird, dort als Priesterin lebt und ihren Bruder Orest vor Opfertod und Wahnsinn rettet. Das Tragische ist hier nur als höchste Gefährdung vorhanden, die Verblendung löst sich im glücklichen Schluß.

Philosophie Die noch vorwissenschaftliche Dialektik Heraklits, die den dauernden Kampf lehrt, und die spätere materialistische Philosophie (Demokrit, Epikur) sind lediglich in Zitaten überliefert. Dagegen wurden Denken und Werk der großen attischen Philosophen Platon und Aristoteles weitergegeben, Aristoteles vor allem durch Vermittlung der Kirche. Mit ihnen beginnt die idealistische abendländische Philosophie.

Platon (428/27–347) übernimmt von seinem Lehrer Sokrates die Form des philosophischen Dialogs. Kern seines Denkens ist die Ideenlehre. Kein Begriff nämlich, nicht Baum z. B., nicht Kirschbaum, auch nicht Sauerkirschbaum, ist so konkret, daß er ein ganz bestimmtes Ding bezeichnet, etwa diesen Baum hier, den ich vor mir sehe. Worauf bezieht sich der Begriff dann? Eben nicht auf das konkrete Ding, das wechselt und vergeht, antwortet Platon, sondern auf die ewige und unveränderliche Idee, auf die Baumheit sozusagen, die ihm zugrunde liegt. Die Dinge sind nur unvollkommene Abbilder der Ideen, die in einem ewigen Kosmos existieren. Dort hat die Seele sie vor der Geburt erschaut; jede Erkenntnis der Ordnung, die der unvollkommenen Welt zugrunde liegt, ist demnach nur eine Erinnerung an jenen Kosmos. Zu ihm, dessen Einheit sich hienieden als das Göttliche, Wahre, Gute und Schöne äußert, sehnt sich die Seele zurück. Der einzelne Mensch wie die ganze Gesellschaft sind zum möglichst reinen Ausdruck jener Einheit zu bilden. Die dazu erforderliche Erziehung führt freilich dort, wo Platon sie auf die ganze Gesellschaft anwendet, zu einem Staat mit totalitären Zügen. Die Dichtung soll aus ihm verbannt werden, weil sie zur richtigen Erziehung nichts beitrage. Teils ist sie zu kritisch, wie die Komödie, teils macht sie rührselig und untüchtig, wie die Tragödie. Wahre Erkenntnis gewährt nur die von den Leidenschaften gereinigte Philosophie.

Aristoteles (384–322), Platons Schüler, bestimmt das Wesen des Dinges nicht von den Ideen her, die ihm nach Platons Auffassung vorausgehen, sondern vom Ziel her, auf das hin das Ding bearbeitet wird oder sich entwickelt. Dieses Ziel ist nicht von den Dingen getrennt wie die Ideen, sondern eine ihnen innewohnende Möglichkeit, so wie die Bildsäule eine Möglichkeit des Marmors ist. Bei dem Versuch, das Ding auf die einzelnen Momente seines Entwicklungsprozesses hin zu bestimmen, muß Aristoteles genaue Unterscheidungen treffen. Er wird zum größten Systematiker des Altertums und begründet die formale Logik, deren Kern die Lehre von Schlußfolgerung und Beweisführung ist. Damit etwas sich auf sein Ziel hin bewegt, damit z. B. die Bausteine zum Haus werden, bedarf es einer bewegenden Ursache, z. B. des Baumeisters. Eine solche muß es auch für die ganze Welt geben; das ist der göttliche Geist, das in sich selbst ruhende Gute. – Ziel der Dichtung ist nach Aristoteles die „Mimesis", d. h. die Darstellung dessen, was wahrscheinlich ist und meistenteils geschieht. Im Gegensatz dazu zielt die Geschichtsschreibung auf die bloße Wiedergabe der Fakten. Bis heute diskutiert wird auch die Tragödientheorie des Aristoteles. Der Zweck der Tragödie ist für ihn die „Katharsis", das heißt die zeitweilige Reinigung der Seele. Diese erlebt nämlich ein Äußerstes an „Furcht und Mitleid" – damit ist eine elementare Erschütterung des mit-erleidenden Zuschauers gemeint –, so daß sie sich anschließend entspannen kann, befreit und gleichsam entleert. (Möglicherweise werden hier medizinische Lehren des Hippokrates auf die Poetik übertragen.)

Hellenismus
(um 350 v. Chr. bis etwa 31 v. Chr.)

Die dritte Epoche der griechischen Antike, der Hellenismus, beginnt mit dem Reich Alexanders des Großen. In der Begegnung griechischen und orientalischen Denkens entwickeln sich weltbürgerliche Vorstellungen. Politisch endet die Epoche mit der Besetzung Ägyptens durch die Römer (Seesieg bei Actium 31 v. Chr.). Hellenistische Kunst und Kultur leben aber noch lange fort, beeinflus-

sen auch das Denken der siegreichen Römer, werden von ihnen verwandelt und weitergetragen.
Die Gebildeten der Epoche, nicht nur die Griechen, sprechen eine griechische Gemeinsprache, die Koiné, und bewundern die Meister der klassischen Periode. Die Griechen selbst verstehen sich allerdings als eher schwache Nachfahren jener großen Zeit. Die heroischen Themen machen bei ihnen dem Alltäglichen und Privaten Platz, das in durchgefeilter kleiner Form dargestellt wird. Daher entwickelt sich die Tragödie nicht weiter. Die sog. neue Komödie wendet sich dem Familienleben zu und bildet feste Typen aus: den lebenslustigen jungen Herrn, das naive Mädchen, den geizigen, strengen Vater, den pfiffigen Sklaven usw. *Menander* (342/41–291/90) führt diese Form zur Vollendung. *Theokrit* (erste Hälfte des 3. Jh.s. v. Chr.) begründet die Gattung der Idylle (Hirtengedicht). Sie berührt sich mit der später entstehenden Prosagattung, dem Roman. Er erzählt die wunderbaren Abenteuer eines getrennten und dann wieder glücklich vereinten Liebespaares. Das über viele Jahrhunderte wirkende Urbild dieser Form sind die ‚Aithiopischen Geschichten‘ des *Heliodor* (3. Jh. n. Chr.).

Hellenistische Philosophie

Die Philosophie der Epoche fragt vor allem danach, welche Möglichkeiten des Glücks ein jeder im alltäglichen Leben finden kann. Die herrschende Richtung, die sog. *Stoa* (benannt nach der bemalten Säulenhalle, der Stoa poikile, in Athen, wo der Gründer dieser Schule lehrte, Zenon von Kition, 335–ca. 262), sucht das Glück im Einklang des Weisen mit der unabänderlichen allgemeinen Weltordnung. Dies zu erlangen, ist das Ausschalten aller Leidenschaften erforderlich. Dadurch erreicht der Weise die Unabhängigkeit von den äußeren Gütern, die ihn vom inneren Einklang ablenken könnten. – Eine zweite Richtung, der *Epikureismus* (benannt nach Epikur von Samos, 341–270), sieht nicht in göttlicher Ordnung, sondern im Zufall der Atombewegungen die Grundlage der Welt. Frei von Aberglauben und Götterfurcht dürfen die Menschen daher nach der Lust streben, in welcher das Glück besteht. Wirkliches Glück ist freilich nicht in der Lust des Augenblicks zu erreichen, sondern nur in der höchsten und dauerhaftesten, nämlich in der geistigen. Sie erst gewährt die Ruhe des Gemütes gegenüber den Zufällen des Lebens.

Römische Frühzeit und Vorklassik
(4. Jh. bis Mitte 1. Jh. v. Chr.)

Die römische Dichtung entsteht durch griechische Anregung. Doch erst lange nach der sagenhaften Gründung Roms (753 v. Chr.) beginnen die römischen Großgrundbesitzer und Eroberer, sich die griechische Kultur anzuverwandeln. *Plautus* (um 250–184) und *Terenz* (um 195–159) bürgern die neue Komödie ein. Plautus versetzt sie mit derbem Witz, Terenz arbeitet die feinen seelischen Regungen heraus und lehrt vornehme Gesinnung. Beide werden zu den großen Vorbildern der mittelalterlichen und neuzeitlichen Komödie.
Ein Kreis gebildeter Politiker (Scipionenkreis, Mitte 2. Jh. v. Chr.) ver-

bindet griechische Kultur mit dem Gedanken einheitlicher politischer Weltordnung unter römischer Leitung. Diese Vorstellungen hat der Staatsmann *Cicero* (106–43) in seinen Reden, Schriften und Briefen so meisterhaft ausgedrückt, daß sein Stil bis in die Neuzeit hinein als Muster gelehrt wird.

Augusteische Klassik
(Mitte 1. Jh. v. Chr. bis um 14 n. Chr.)

Der Sieg Octavians, des späteren Kaisers Augustus, über Marc Anton im Jahr 31 v. Chr. leitet die Epoche des weltbeherrschenden römischen Kaisertums ein. Die lateinische Dichtung wetteifert nun mit den griechischen Vorbildern. Die vier großen Autoren dieser Zeit werden zu den wichtigsten Mustern mittelalterlicher und, was die Romania betrifft, auch noch neuzeitlicher Literatur. *Vergil* (70–19) schafft mit seiner ‚Aeneis' das römische Gegenstück zu den Homerischen Epen. Er erzählt die mythische Geschichte des Troers Aeneas, der nach der Flucht aus seiner zerstörten Vaterstadt und nach langen Fahrten und Kämpfen das Römische Reich begründet haben soll. Dieses Reich, so wird dabei in einer Vision vorausgesagt, wird dereinst die Welt beherrschen, um den allgemeinen Frieden zu gewährleisten. Damit spielt Vergil auf die Ära des Kaisers Augustus an.

Horaz (65–8), der dem Dichter die Sehergabe eines Priesters und unsterbliche Wirkung zuspricht, entwickelt die gedankliche Lyrik zu stilistischer Vollendung und schreibt eine lange wirksame Dichtungslehre (‚Ars poetica'). *Ovid* (43 v. Chr. bis um 18 n. Chr.), der andere große Lyriker der Epoche, hat in der ‚Liebeskunst' (‚Ars amatoria') eine neue Psychologie geschaffen; seine ‚Metamorphosen' (‚Verwandlungen') stellten für spätere Zeiten eine Fundgrube phantasieanregender mythologischer Stoffe dar. Der Geschichtsschreiber *Livius* (59 v. Chr. bis 17 n. Chr.) hat in 142 Büchern die Geschichte Roms von den Anfängen bis zu seiner Zeit dargestellt, immer um Wahrhaftigkeit und abwägende, unvoreingenommene Beurteilung bemüht.

Nachklassik und Spätzeit
(um 14 n. Chr. bis 5. Jh.)

Im riesigen Römischen Reich mit einer Oberschicht, die von der Ausbeutung der Provinzen lebt, mit einer hauptstädtischen Volksmasse, die von den Gaben reicher Herren abhängig ist, mit einem Heer abgestumpfter Arbeitssklaven kann sich keine überzeugende Zukunftsperspektive entwickeln. Man wird fatalistisch, flüchtet sich in Mystik oder sucht Halt in den Lehren der Stoa. Zugleich wird die Stilkunst aufs höchste verfeinert. *Seneca* (um 4 v. Chr. bis 65 n. Chr.), der bedeutendste Vertreter der Stoa, drückt seine Lebenslehre nicht nur in Abhandlungen und Briefen aus, sondern auch in Tragödien; sie beeinflussen noch das Barockdrama. Der Geschichtsschreiber *Tacitus* (um 55 bis nach 115) erinnert an die verlorene römische Mannhaftigkeit und stellt u. a. die noch tugendhaften Germanen der römischen Dekadenz gegenüber.

Im 3. und 4. Jahrhundert erringt das Christentum allmählich die geistige Führung. *Augustinus* (354–430) begründet die christliche Geschichtsphilosophie (‚Der Gottesstaat'). Mit seinem selbstkritischen Rückblick auf das eigene Leben (‚Bekenntnisse') schafft er den ersten großen Vorläufer moderner Autobiographien. Im ‚Trost der Philosophie' des *Boethius* (um 480–524), nach dem Ende des Weströmischen Reichs geschrieben, verbindet sich christliche Selbsterforschung mit einem hohen Kunstsinn, der frei über die stilistischen und philosophischen Errungenschaften der römischen Kultur verfügt. Die Schließung der Platonischen Akademie in Athen (529 n. Chr.) zeigt das Ende des antiken Geisteslebens an.

2 Mittelalter und Reformation (750–1600)

2.1 Altgermanische Dichtung

nach 800	Aufzeichnung des Hildebrandslieds im Kloster Fulda
10. Jh.	Aufzeichnung der Merseburger Zaubersprüche
nach 1220	Aufzeichnung der Götter- und Heldenlieder in der Edda

Schriftlosigkeit Die vormittelalterliche altgermanische Dichtung entsteht im Halbdunkel schriftloser Zeit. Vom 3.–11. Jahrhundert lassen sich *Runen* nachweisen (ahd. runa = Geheimnis, vgl. raunen). Diese gemeingermanischen Schriftzeichen, in Holz, Metall oder Stein geritzt, wurden zur Beschwörung benutzt oder für kurze Inschriften, nicht aber zur Aufzeichnung längerer Texte.

Zaubersprüche Die ersten Gegenstände altgermanischer Dichtung sind Gebet und Beschwörung. Die Zaubersprüche, von denen in den ‚Merseburger Zaubersprüchen' zwei späte, im 10. Jh. schriftlich niedergelegte Beispiele existieren, beruhen auf dem Glauben an magische Entsprechungen. Sie bestehen im wesentlichen aus zwei Teilen, der Erinnerung an eine frühere göttliche Hilfe und einer Zauberformel für den gegenwärtigen Unglücksfall. Die Zauberformel soll bewirken, daß analog zum früheren Fall auch jetzt geholfen wird. Diese Form wird später von christlichen Segenssprüchen übernommen (‚Lorscher Bienensegen', ‚Straßburger Blutsegen').

Heldendichtung Nach der Völkerwanderung entwickelte sich eine hohe Dichtung aus Preis- und Heldenliedern. Davon berichtet u. a. der römische Geschichtsschreiber Tacitus. In Island, wohin das Christentum erst spät vordrang, wurden diese Lieder nach 1220 in der ‚Edda' aufgezeichnet. Die Edda ist ein Lehrbuch für Skalden, die nordischen Nachfolger der altgermanischen Sänger (Skops). Im Süden ist lediglich das Fragment eines später geschriebenen Heldenliedes erhalten, das ‚Hildebrandslied' (nach 800 im Kloster Fulda). Aus noch jüngeren Dichtungen (‚Nibelungenlied', ‚Kudrunlied') läßt sich ebenfalls auf die alten Heldenlieder zurückschließen. Ein schon christlich geprägtes Preislied ist das ‚Ludwigslied' (um 881), das den Sieg des westfränkischen Königs Ludwig III. über die Normannen feiert.

Stabreim Charakteristisch für die altgermanische Dichtung ist der Stabreim, d. h. der Gleichklang des Stammsilbenanlauts. Der Akzent liegt auf den mit dem Stabreim ausgezeichneten Silben (Beispiel: „*M*ánn und *M*áus"). Diese betonten Silben sind meist auch die Bedeutungsträger. Zugleich schafft der Stabreim einen größeren Zusammenhang, indem er zwei Kurzzeilen von je zwei Haupthebungen (Hebung = betonte Silbe im Vers) zu einer Langzeile verbindet. (Beispiel: *w*élaga nu *w*áltant got / *w*éwurt skíhit. Wehe jetzt, waltender Gott, Wehschicksal geschieht. Hildebrandslied.) Von der zweiten Kurzzeile stabt üblicherweise nur die erste Hebung, von der ersten staben zumeist beide Hebungen.

Altgermanische Wertvorstellungen Aus der Bindung des Germanen an Sippe und Gefolgsherrn sowie aus dem Glauben an ein unabwendbares Geschick, das alle Menschen miteinander verbindet, erwachsen die altgermanischen Wertvorstellungen: Sippenehre und -stolz, Gefolgschaftstreue und, wenn das Geschick es verlangt, mutige Todesbereitschaft. Die Sippenehre fordert vom einzelnen vor allem Mannhaftigkeit und Freigebigkeit, aber auch Blutrache. Die Heldenlieder stellen Wertkonflikte dar, die nur um den Preis des erhabenen, schicksalsbejahenden Untergangs gelöst werden können, aber noch keine moderne Gewissensqual hervorrufen. Im ‚Hildebrandslied' z. B. treffen Vater und Sohn feindlich aufeinander. Der Sohn erkennt den Vater nicht und zeiht ihn der Feigheit, so daß dieser den Zweikampf aufnehmen muß. Der Schluß des Liedes ist nicht erhalten, aber die weitere Überlieferung des Stoffes macht den Sieg des Vaters wahrscheinlich. Die Alternative, entweder als feig zu gelten oder den Sohn töten zu müssen, bedeutet für ihn den tragischen Untergang.

2.2 Christliche Grundlagen des Mittelalters

Christentum und germanische Tradition Im Mittelalter verwandelt sich die germanische Erzähltradition in eine christliche, schriftlich niedergelegte Dichtung deutscher Sprache. Heimische Stoffe werden christlich umgedeutet, heimische Formen christlich ausgefüllt. Die Bildungsstätten des Mittelalters sind die Klöster; hier entsteht der größte Teil der Literatur. Die bedeutendsten Kunstwerke werden allerdings in staufischer Zeit an den Höfen geschrieben.

Christentum und Antike Die mittelalterlichen Autoren studieren antike Dichtungs- und Redelehren, um für ihr christliches Denken wirksame Darstellungsformen zu finden. Antike Stoffe und Vorstellungen werden christlich umgedeutet und nach Gutdünken als Materialien für die eigenen Werke benutzt.

Verborgene Ordnung Will man die Dichtung des Mittelalters verstehen, so muß man das christliche Denken der Epoche kennen. Der mittelalterliche Mensch ist von dem harmonischen Zusammenhang der göttlichen Schöpfung überzeugt. Er sucht ihn in verborgenen Entsprechungen aufzuspüren und entwickelt dabei eine umfassende Zahlensymbolik. Jede Zahl hat ihre Bedeutung, keine ist zufällig. Die Zahl 6 etwa ist vollkommen, weil sie die Summe der ersten drei ist und zugleich die Summe der Zahlen, durch die sie geteilt werden kann, nämlich jedesmal 1, 2 und 3. Sie bedeutet Ordnung und Macht, weil sie an die sechs Tage der Weltschöpfung erinnert. Darüber erscheint sie in den sechs Perioden, in die man die Geschichte von Adam bis zum Weltuntergang einteilte, in den sechs Lebensaltern des Menschen, in den sechs Werken der Barmherzigkeit, im sechsarmigen Christusmonogramm, in der Kreuzigung Christi am sechsten Wochentag usf. Auf solche geheimen Entsprechungen kann ein Autor durch die Anzahl bestimmter Figuren oder etwa durch die Zahl von Kapiteln oder Strophen verweisen.

Vierfacher Schriftsinn Eine zweite Möglichkeit, die verborgene Ordnung zu entdecken, besteht in der Bibeldeutung nach dem Prinzip des vierfachen Schriftsinns. Demnach hat jedes Wort zunächst einen Buchstabensinn. Jerusalem z. B. ist ein bestimmter Ort in Israel. Darüber erheben sich jedoch noch drei Schichten geistlicher Bedeutung: Jerusalem kann auch die Kirche bezeichnen (heilsgeschichtliche Bedeutung) oder die Seele des Gläubigen (moralische Bedeutung für den Weg des einzelnen zum Heil) oder die himmlische Gottesstadt (Bedeutung für die Verheißung im Jenseits). Wenn also ein mittelalterlicher Autor von Jerusalem spricht, können immer mehrere dieser Bedeutungen mitgemeint sein.

Typologie Schließlich gibt es auch die sog. typologische Deutung, das heißt die Parallelisierung von Altem und Neuem Testament. Die Gestalten und Geschehnisse des Alten Testaments sind nämlich die Vorerscheinungen (Präfigurationen) oder Vorbilder (Typen) derjenigen des Neuen, weil sich im Neuen erfüllt, was im Alten verheißen wurde. Demnach ist Adam der Typus (bzw. die Präfiguration) Christi, die Propheten sind die Typen der Apostel. Der Name Eva präfiguriert, rückwärts gelesen, das Ave, mit dem Maria vom Engel Gabriel gegrüßt wird. Die Symbolik mittelalterlicher Kunst bedient sich immer wieder solcher Bezüge.

Philosophische Grundlagen des Mittelalters. Das frühe Mittelalter kennt keine Philosophie im engeren Sinn. Es sucht die Begründung seiner Weltanschauung in den Lehren der sog. Kirchenväter, vor allem des Augustinus, deren Denken sich allerdings nicht von der antiken Philosophie ablösen läßt. Doch erst die *Scholastik,* deren Anfänge zwar ins 9. Jh. reichen, deren Blütezeit aber erst im 14. und 15. Jh. liegt, sucht die Kirchenlehren mit Hilfe antiker Philosophie als methodisches Schulsystem zu begründen. Als größte Autorität gilt dabei Aristoteles, dessen Gesamtwerk im 13. Jh. wieder bekannt wird. Man schätzt ihn wegen seiner Systematik und seines Gottesbeweises. Ihre klassische Form erhält die Scholastik durch den Italiener *Thomas von Aquin* (1225/27–1274). Er lehrt die Harmonie zwischen der dienenden, von unten aufsteigenden Vernunft und der herrschenden, von oben kommenden Offenbarung. Dementsprechend gibt es einen stufenweisen Aufstieg des Daseins und der Erkenntnis von den primitivsten über die pflanzlichen und tierischen Formen zur vernünftigen Seele des Menschen und darüber hinaus zu den reinen Geistern (Engeln) und schließlich zu Gott. Natur und diesseitige Welt werden nicht abgewertet, sondern samt der menschlichen Vernunft in einen umfassenden hierarchischen Zusammenhang eingeordnet.

Die zweite philosophische Autorität nach Aristoteles ist Platon. Im sog. *Universalienstreit,* der das ganze Mittelalter durchzieht, berufen sich die „Realisten" (eigentlich Idealisten) auf ihn. Sie behaupten, daß die Allgemeinbegriffe, den platonischen Ideen entsprechend, das eigentlich Wirkliche seien und die konkreten Dinge aus sich erzeugten. Die „Nominalisten" dagegen sehen die Allgemeinbegriffe nur als vom menschlichen Verstand ausgebildete Abstraktionen der konkreten Dinge an.

Grundlegende Bedeutung erhält die platonische Denktradition für die *Mystik.* Diese Bewegung beginnt im 12. Jh., gewinnt ihren Einfluß aber erst im 14. Jh., als viele Menschen sich angesichts einer Welt, die sie als chaotisch und niedergehend empfanden, in die Innerlichkeit zurückzogen. Religiöse Frauengemeinschaften wie die Beginen sowie die Reformorden (Zisterzienser, Dominikaner, Franziskaner) sind häufig ihre Heimstätten. Die Mystiker suchen die geheimnisvolle Einswerdung (unio mystica) der Seele mit dem göttlichen Absoluten. Dieser Prozeß, den Sprache und Denken nur andeutend beschreiben und fassen können, vollzieht sich als stufenweiser Aufstieg der Seele in immer reinerer Ekstase. Philosophisch sucht man das nun platonischer Denktradition entsprechend zu deuten als Einkehr der Seele in die ursprüngliche kosmische Einheit, aus der alles Seiende hervorgegangen ist. Ist die Seele aber zur mystischen Erfahrung dieser Einheit, also des absoluten göttlichen Seins fähig, so nur deswegen, weil sie selber etwas Göttliches an sich hat. Diesen Gedanken ist *Meister Eckhart von Hochheim* (um 1260–1328) am weitesten nachgegangen.

2.3 Geistliche Literatur des Frühmittelalters (750–1150)

9. Jh. (1. Hälfte)	Heliand
863–71	*Otfried von Weißenburg:* Evangelienharmonie
nach 900	*Ekkehard von St. Gallen* (?): Waltharius
960–70	*Hrotsvith von Gandersheim:* Dramen

Beginn der geschriebenen Literatur

Eines der frühesten germanischen Sprachdenkmäler ist die Bibelübersetzung (begonnen um 369) des westgotischen Missionsbischofs *Wulfila,* der hierfür zunächst eine gotische Schrift und eine Schriftsprache schaffen mußte. Geschriebene Literatur in deutschen Dialekten entwickelt sich erst zur Zeit Karls des Großen, der nicht nur das einheitliche Kaiserreich errichtet, sondern auch die kirchliche Bildung reformiert, die Kenntnis der Antike fördert und die Missionierung durchsetzt. Die Literatur setzt ein mit Wörterbüchern, Glossen (deutschen Randbemerkungen zu lateinischen Texten) und Interlinearversionen (wörtlichen Übersetzungen zwischen den Zeilen). Zu den ältesten literarischen Zeugnissen gehören das ‚Wessobrunner Gebet' (bairisch, Kloster Wessobrunn, um 800), ein kurzes Fragment, das in Stabreimen die Weltschöpfung beschreibt, sowie das ‚Muspilli' (bairisch, St. Emmeran, 9. Jh.), ein Fragment mit Stabreimen und teilweise auch Endreimen, das Weltuntergang (Muspilli = Weltbrand) und Jüngstes Gericht schildert, um damit zur Buße aufzurufen.
Im ostfränkischen Kloster Fulda wird um 830 die lateinische Evangelienharmonie (Mischung der vier Evangelien zu einer einzigen Erzählung) des syrischen Mönchs Tatian übersetzt.

‚Heliand' und Otfrieds Evangelienharmonie

Auf dem ‚Tatian' baut der ‚Heliand' auf, der wahrscheinlich in Fulda (erste Hälfte 9. Jh.), aber auf altsächsisch geschrieben wurde. Das Stabreimgedicht war für den von Karl dem Großen unterworfenen und christianisierten sächsischen Adel gedacht. Gefolgschaftstreue und Schicksalsgesinnung werden in christlicher Umdeutung aufgenommen. Der Verfasser verwendet den sogenannten Hakenstil angelsächsischer Epen: Ein Satz hört nicht notwendig mit dem Ende einer Langzeile auf, sondern erst am Ende der folgenden Kurzzeile. – Der erste regelmäßige, wenngleich noch unreine Endreim erscheint in der Evangelienharmonie Otfrieds von Weißenburg (südrheinfränkisch, Kloster Weißenburg im Elsaß), geschrieben zwischen 861 und 871. Die Tradition der vierhebigen Langzeile und das lateinische Vorbild des sechshebigen Hexameters vermischen sich miteinander.

Lateinische Dichtung Währenddessen gilt das Latein weiterhin als die eigentliche Literatur- und Gelehrtensprache. Unter den Ottonen versiegt die geschriebene deutsche Literatur sogar wieder und lebt nur noch mündlich weiter in den Liedern umherziehender Spielleute. Das ‚Waltharilied' (vermutlich nach 900), das aus gereimten Hexametern besteht, erzählt einen germanischen Sagenstoff (Kampf zwischen Walther von Aquitanien, Gunter und Hagen) auf lateinisch und biegt das germanische Heldenideal ins Christliche um: Der Held ist nicht nur hochgemut und mannhaft, sondern auch gottesfürchtig und einsichtig. Das Epos endet versöhnlich und burlesk. – *Hrotsvith (Roswitha) von Gandersheim* (um 935 bis nach 973), die erste bedeutende Schriftstellerin der deutschen Literatur, schreibt lateinische Legendendramen, welche die zur Schullektüre verwendeten Stücke des Terenz ersetzen sollen, die als zu anstößig gelten. Die dialogisierten Legenden sind zur Lektüre, nicht zur Aufführung bestimmt. – Der fragmentarische Ritterroman ‚Ruodlieb' (um 1050, wohl im Kloster Tegernsee), in gereimten Hexametern geschrieben, will einen idealen Ritter vorstellen und nimmt Züge des höfischen Ritterepos vorweg (höfische Bildung und Geselligkeit, humane Gesinnung).

Cluniazensische Bewegung Die vom Kloster Cluny ausgehende religiöse Reformbewegung ist den Künsten und dem Studium der Antike nicht günstig. Sie führt zu weltfeindlicher Askese, zu inbrünstiger Marienverehrung und Mystik, bewirkt aber auch, daß man erneut die deutsche Sprache aufgreift. Man will die Laienfrömmigkeit stärken (‚Ezzolied', um 1065, ein Hymnus auf Christus), die Heiligenverehrung fördern (‚Annolied', um 1085, ein legendenhaftes Preislied auf den Bischof Anno von Köln, der als das neue Ideal des Heiligen und Herrschers zugleich erscheint) und zur Buße aufrufen.

2.4 Die staufische Ritterkultur (1150–1300)

gest. vor 1210	*Reinmar von Hagenau*
um 1170 bis um 1230	*Walther von der Vogelweide*
um 1185	*Hartmann von Aue:* Erec
um 1187/89	*Hartmann von Aue:* Gregorius
um 1200	Nibelungenlied
um 1200/10	*Wolfram von Eschenbach:* Parzival
um 1200/10	*Gottfried von Straßburg:* Tristan und Isolde
1215/18	*Wolfram von Eschenbach:* Willehalm

Ritterkultur Um die Mitte des 12. Jahrhunderts löst eine christliche Ritterkultur die cluniazensische Bewegung ab. Die Literatur wandert von den Klöstern zu den Fürstenhöfen. Die Kreuzzüge öffnen nämlich der Phantasie neue, irdische Räume. Es entspricht dem Selbstverständnis der Ministerialen (Unfreie, die durch Bewährung im Beamten- und Kriegsdienst in den Ritterstand aufsteigen), die neuen Räume der Phantasie mit den Idealgestalten christlicher Ritter zu bevölkern, die sich bewähren durch kultiviertes Verhalten am Hof und mannhaftes Bestehen von Abenteuern in einer geheimnisvollen Fremde. Die literarische Formung solcher Vorstellungen, in denen sich das gesamte Rittertum wiedererkennen kann, wird beeinflußt durch die fortgeschrittene französische Literatur. Arabische Vermittlung, ebenfalls durch die Kreuzzüge ermöglicht, regt die erneute Beschäftigung mit der Antike an.

Die ritterlichen Tugenden Die oberste Tugend des christlichen Ritters ist Treue, Zuverlässigkeit gegenüber Gott und dem Lehensherrn. Ohne sie gibt es keine Ehre. Die Ehre verlangt darüber hinaus Mannhaftigkeit, zuchtvolles höfisches Verhalten und Erbarmen mit den Hilfsbedürftigen. Diese Tugenden genügen sich aber nicht selbst, die Ehre bedarf äußerer Anerkennung. Wird man beleidigt, so muß man sich rächen. Höfisches Verhalten bedeutet, daß man zu einer harmonischen, freudvollen Stimmung beiträgt, indem man hochgemut erscheint, sich maßvoll verhält und den Dienstleuten gegenüber freigebig ist. Die Schule höfischen Verhaltens ist der Minnedienst.

Minnedienst Am Hof soll das Liebesverlangen in einen Antrieb allgemeiner Kultivierung umgeformt werden. Das geschieht im Minnedienst: Der Ritter kämpft im Namen einer höhergestellten Dame, die er auch in Minneliedern besingt. Durch diesen Dienst erhöht er das Ansehen der Dame und bildet sich selbst, da er ihr durch höfisches Wesen gefallen will. Solche Kultivierung des Liebeswerbens wäre mit der Erhörung des Ritters beendet; Minne ist daher ihrer Idee nach dauernder, unbelohnter Dienst, in dem höfische Formen, Tapferkeit, Treue und Beständigkeit erlernt werden. Er wird häufig in lehensrechtlichen Begriffen ausgedrückt, dem beruflichen Dienst der Ritter entsprechend, aber auch in Analogie zum Gottesdienst. Der Minnedienst ist allerdings mehr eine schöne Konvention als herrschende Wirklichkeit. Er verdeckt, daß auch die adlige Frau dem Mann juristisch keineswegs gleichgestellt war. Neben der hohen Minne gibt es die niedere, nämlich die sinnliche Liebe zur sozial niedriger stehenden Frau.

Vorhöfische Literatur Am Beginn der neuen Periode stehen Dichtungen, die noch von Geistlichen verfaßt sind, noch der cluniazensischen Strenge verpflichtet (Märtyrertum und Bußgedanke), sich aber schon der fremden, heidnischen Welt der Abenteuer öffnen. So das ‚Alexanderlied‘ (um 1120/30) des *Pfaffen Lamprecht* und das ‚Rolandslied‘ (um 1170) des *Pfaffen Konrad.* Beide gehen auf französische Vorlagen zurück. Vermutlich in der ersten Hälfte des 12. Jahrhunderts sind die sogenannten *Spielmannsepen* entstanden (Epen, die vielleicht von „fahrenden“, umherziehenden Sängern überliefert und vorgetragen wurden, wahrscheinlich aber eher von Klerikern). In ihnen geht es vor allem um abenteuerliche Brautwerbung und um den Kampf gegen die Heiden in einer exotischen Umwelt.

Mittelhochdeutsch Das Althochdeutsche, die Sprache der Literatur bis ins 11. Jahrhundert hinein, ist keine einheitliche Schriftsprache, sondern Sammelbezeichnung für eine Reihe unterschiedlicher Dialekte. Mit dem Mittelhochdeutschen der staufischen Ritterkultur entsteht zum erstenmal, trotz aller weiterbestehenden Dialektunterschiede, eine relativ einheitliche Literatursprache. Sie entwikkelt sich in höfischen Kreisen etwa ab 1190 und geht mit der Ritterkultur wieder unter. In dieser Sprache sind höfisches Epos und Minnelyrik geschrieben, die das idealisierte Welt- und Menschenbild des Rittertums ausdrücken. Im Spätmittelalter löst sich die mittelhochdeutsche Gemeinsprache wieder auf; statt dessen herrscht eine Vielfalt von Dialekten, Fach- und Berufssprachen sowie landschaftlich begrenzten Schreibsprachen.

Höfisches Epos Das höfische Epos zeigt, wie ein Ritter sich im zweifachen Durchgang durch Abenteuerreihen als Angehöriger seines Standes bewährt. Im ersten Durchgang beweist er seine Mannhaftigkeit; er gewinnt eine Frau, und die Runde gleichberechtigter vorbildlicher Ritter am Hofe des Königs Artus erkennt ihn als einen der Ihren an. Dann wird ihm unhöfisches, unkriegerisches oder unchristliches Verhalten vorgeworfen, und er muß sich in einer zweiten Abenteuerreihe endgültig bewähren. Die höfischen Epen gehen auf französische Vorbilder zurück, zumeist auf Epen des Chrestien de Troyes, deren Stoff über englische Vermittlung aus keltischen Märchen und Sagen um König Artus kommt.
Das erste höfische Epos, die ‚Eneide‘ des *Heinrich von Veldeke* (um 1170/90), stützt sich auf eine französische Bearbeitung von Vergils ‚Aeneis‘. Militärischer Kampf, noch nicht die Zeremonie ritterlichen Zweikampfs, vor allem aber rechte und falsche Minne sind Veldekes Hauptthemen. *Hartmann von Aue* schafft mit seinen beiden Chrestien-Übersetzungen ‚Erec‘ (um 1185) und ‚Iwein‘ (um 1202) die beiden typischen höfischen Epen. Daneben besitzen wir von ihm die ‚Klage‘ (auch: ‚Das Büchlein‘, um 1180/85), eine Minnelehre in Form eines Zwiegesprächs zwischen Herz und Leib, sowie die beiden Legenden ‚Gregorius‘ (um 1187/89) und ‚Der arme Heinrich‘ (um 1195).

Nibelungenlied Auch das Nibelungenlied (um 1200, Verfasser unbekannt) gehört in den weiteren Umkreis des höfischen Epos. Einerseits nimmt es Stoffe der Heldensage auf. Die Geschichte von Siegfrieds Werbung um Kriemhild, von beider Vermählung, seiner Ermordung durch Hagen und Kriemhilds furchtbarer Rache geht auf die Brünhild-Sage und auf historische Ereignisse (Untergang des Burgunderreichs, Tod Attilas u. a.) zurück. Auch ist der Rachegedanke in seiner hier herrschenden Schärfe noch altgermanisch, und das christliche Element fehlt, außer bei einer Gestalt, Rüdiger von Bechelaren. Andererseits aber verfügen die einstigen Recken und kämpferischen Frauen jetzt über höfische Lebensart; sie werden zu Rittern und Damen. Das Nibelungenlied lebt aus dieser Spannung heraus. Sie wird noch überformt von den beiden mythischen Themen des Heldenlebens und des tödlichen Aufeinanderprallens zweier Reiche.

Wolfram von Eschenbach (um 1170 bis nach 1220) Wolfram von Eschenbach und Gottfried von Straßburg führen das höfische Epos zu seinem Höhepunkt, sprengen aber auch den eigentlich höfischen Rahmen. In seinem Hauptwerk, dem ‚Parzival' (um 1200/10), mit dem er Chrestiens ‚Perceval' selbständig umformt, stellt Wolfram die christliche Geschichte von Parzivals Suche nach dem Heiligen Gral und die höfische Artusgeschichte um den Ritter Gawan nebeneinander. Der Kontrast verdeutlicht, daß die höfischen Ideale nur einen begrenzten Wert haben. Wolfram relativiert insbesondere die Vorstellung von der kultivierenden Wirkung der Minne; dem Minnedienst steht die Gralsgemeinde gegenüber, eine große Familie aus ehelosen Rittern und Jungfrauen unter der Leitung des allein verheirateten Gralskönigs. Vom ungebildeten Toren im Narrenkleid entwickelt sich Parzival zum höfischen Ritter, dann aber darüber hinaus zum Hüter des Grals, eines reliquienartigen Wundersteines, der ein Symbol der Unberührtheit und Gottesnähe ist. Parzivals aufsteigender Weg führt durch Irrtümer und Schuld, die sich aus dem Konflikt zwischen höfischer und christlicher Welt ergeben, etwa wenn er beim ersten Besuch der Gralsburg aus höfischer Zucht die Mitleidsfrage nach der Wunde des Gralskönigs unterläßt oder wenn er sich von Gott abwendet, weil er ihn in Analogie zum Lehnsherrn auffaßt, der sich seinem Dienstmann gegenüber ungerecht verhalten hat. – Auch in seinem Fragment gebliebenen ‚Willehalm' (1215/18) verherrlicht Wolfram Gattenliebe und Treue anstelle des Minnedienstes. Hier, wo die Befreiung Südfrankreichs von den Sarazenen dargestellt wird, formuliert er eine im Mittelalter sonst nicht erreichte Toleranzidee.

Gottfried von Straßburg (2. Hälfte 12. Jh. bis um 1210) Gottfried, wohl kein Ritter, sondern ein gebildeter nichtadliger Patrizier, relativiert in seinem umfangreichen Fragment ,Tristan und Isolde' (um 1200/10) die höfische Minnelehre in anderer Weise. Er stellt eine bedingungslose außereheliche Liebe dar, die alle Vorschriften höfischer Konvention sprengt. Diese Minne, deren Macht der Zaubertrunk symbolisiert, wird zu einem absoluten Wert; sie bringt Leben und Tod zugleich und nimmt eine gottgleiche Stelle ein. Das zeigt sich vor allem am Symbol der Minnegrotte; die Technik des mehrfachen Schriftsinns wird hier auf ein weltliches Thema bezogen. Der Roman ist für den auserwählten Kreis „edler Herzen" geschrieben, die bereit sind, alle Folgen solcher Liebe zu tragen, und die ihre Darstellung im vollendet schönen Sprachkunstwerk zu genießen vermögen. Der ,Tristan' enthält auch einen wertenden Überblick über die zeitgenössische Dichtung, die erste deutsche Literaturkritik. Der Ästhetiker Gottfried und der Ethiker Wolfram, die einander literarisch heftig befehdeten, zeigen Höhepunkt und Ende einer Epoche an.

Minnesang Der Minnesang – die Gedichte werden tatsächlich gesungen, nicht vorgetragen oder -gelesen – ist wesentlich beeinflußt von der Lyrik der südfranzösischen Troubadours und den Regeln antiker Dichtungs- und Redelehren. Formal und musikalisch geht er auf die Kanzone (dreiteilige Strophe, deren zweiter und dritter Teil gleich gebaut sind) und auf kirchliche Liedtypen zurück. Die Lieder des *Kürenbergers,* der aus heimischer Tradition schöpft, stehen dem eigentlichen Minnesang noch fern; er läßt die liebende Frau ungescheut ihre Sehnsucht aussprechen. Die von ihm gebrauchte Langzeilenstrophe stimmt mit derjenigen des Nibelungenliedes überein. *Friedrich von Hausen* und vor allem *Heinrich von Morungen* begründen den hohen Minnesang mit seiner Formenvielfalt. Den klassischen Ausdruck aber gibt ihm *Reinmar von Hagenau,* der in kunstreichen, vielfältigen Formen, immer um Zucht und Maß bemüht, das Lob der Dame und die Klage über vergebliches Werben singt. *Walther von der Vogelweide* vollendet und überwindet den Minnesang. – Neben dem eigentlichen Minnesang stehen die *Pastourelle,* in welcher das Glück der Liebeserfüllung ausgesprochen wird, und das *Tagelied,* das vom Abschied nach heimlicher Liebesnacht handelt.

Spruchdichtung Neben dem Minnesang entwickelt sich die Spruchdichtung, eine lehrhafte Lyrik, die teilweise auch gesprochen wurde. Der Inhalt kann lehrhaft-moralisch, religiös, politisch oder persönlich-biographisch sein. Das *Kreuzlied* ruft zum Kreuzzug auf oder beschreibt die glückliche Ankunft in Jerusalem. Walther von der Vogelweide gibt dem Sangspruch die exemplarische Ausprägung, *Heinrich von Meißen, genannt Frauenlob,* bringt ihn zum krönenden Abschluß.

Walther von der Vogelweide (um 1170 bis um 1230)

Dieser größte mittelalterliche Lyriker führte ein Wanderleben, bis er vom Staufer Friedrich II. ein Lehen empfing. Die wichtigsten Fürstenhöfe, an denen er sich aufhielt, sind derjenige der Babenberger in Wien und der Thüringer Hof in Eisenach. In einem Literaturstreit mit Reinmar, aufgrund dessen er den Wiener Hof für einige Zeit verlassen mußte, setzt er der hohen Minne das Ideal der „herzeliebe" entgegen, einer erfüllten Liebe, die sich weder in ferner Anbetung verzehrt noch in Sinnlichkeit erschöpft. Sie bringt nicht Leid, sondern Freude. In seiner Spruchdichtung erweist sich Walther als engagierter politischer Autor, der für die gottgewollte Ordnung des Reiches eintritt, für den Kaiser, der sie bewahrt, gegen den Papst, der sie stört. Die politischen Aussagen verbinden sich mit persönlicher Alltagserfahrung und mit den mittelalterlichen Grundvorstellungen sittlich-religiöser Weltordnung. Mit Pessimismus erlebt der alternde Dichter schon den Niedergang der höfischen Kultur, der Freude und der Zucht.

Vagantenlyrik

Der höfischen Minne- und Spruchdichtung stehen die Gedichte fahrender Theologiestudenten gegenüber. Sie werden Vagantenlyrik genannt (von lat. vagari = umherziehen). Die teils lateinischen, teils volkssprachlichen Lieder preisen Genuß und Sinnenfreude, besingen Spiel, Wein und Liebe (nicht Minne) und verspotten den Klerus. Formale und motivliche Vorbilder sind römische Dichter, vor allem Ovid. Die größte deutsche Sammlung dieser Lieder findet sich in einer Handschrift aus der ersten Hälfte des 13. Jahrhunderts, die nach ihrem Fundort, dem Kloster Benediktbeuren, ‚Carmina burana' genannt wird.

Nachklang der höfischen Dichtung: Lyrik

Die staufische Ritterkultur zerfällt schon im frühen 13. Jahrhundert. *Neidhart von Reuenthal* entfaltet das bäuerliche Tanzlied. Indem er das Dorfgeschehen in Formen der Minnelyrik darstellt, parodiert er diese Lyrik und verspottet zugleich die tölpischen Bauern. Dagegen übersteigert *Ulrich von Lichtenstein* die Minne zu einem bis ins Lächerliche getriebenen, äußerlichen „Frauendienst". Ein später Nachfahre ist *Oswald von Wolkenstein* (um 1377–1445), der höfische Formen mit biographischem Realismus verbindet und daneben derbe Tagelieder, drastische Zech- und Tanzlieder sowie politische Lieder schreibt. Von der Mitte des 13. Jahrhunderts an werden die Minnelieder in großen Handschriften gesammelt. Daran zeigt sich, daß sie an den Höfen nicht mehr lebendig sind. Die kostbarste dieser Sammlungen ist die Große Heidelberger oder Manessische Liederhandschrift, kurz nach 1300 für die Züricher Patrizierfamilie Manesse geschrieben, mit Bildern und Wappen der Dichter.

Nachklang der höfischen Dichtung: Epos

Auch die zahlreichen Epen der spät- und nachstaufischen Zeit sinken literarisch ab. Sie wiederholen und variieren zumeist Themen der hochstaufischen Dichter und malen das Abenteuerliche und Wunderbare aus. Im ‚Guten Gerhard' des *Rudolf von Ems* wird zum erstenmal ein Kaufmann zum literarischen Helden. ‚Meier Helmbrecht' von *Wernher dem Gartenaere* spiegelt den Verfall der Ständeordnung: Ein Großbauernsohn, der über seinen Stand hinauswill, wird zum Raubritter; er wird gefangengenommen, gerichtet und dann von den Bauern erschlagen. – Schließlich werden die Versepen in Prosaromane aufgelöst.

2.5 Aufstieg des Stadtbürgertums (1300–1470)

um 1260–1328	*Meister Eckhart*
um 1400	*Johannes von Tepl:* Der Ackermann aus Böhmen
um 1400	*Heinrich Wittenwiler:* Der Ring

Auflösungserscheinungen

Im 14. und 15. Jahrhundert kündigt sich die Neuzeit an. Die literarische Führung geht vom Adel auf das Stadtbürgertum über. Innerhalb des Stadtbürgertums gibt es Spannungen zwischen den Zunfthandwerkern und dem handeltreibenden Patriziat, das wohlhabend wird, adlige Formen annimmt, teilweise auch in den Adel einheiratet, der seinerseits nicht selten verarmt. Viele Menschen sind gebannt vom Gedanken an Vergänglichkeit und Tod (Totentanzmotiv). Seit dem Beginn des 15. Jahrhunderts macht sich bereits der aus Italien kommende Einfluß des Humanismus bemerkbar (s. S. 58ff.).

Einfluß der Mystik

Im 14. Jahrhundert erlebt die geistliche Literatur, vor allem in *Predigt, Legende* und *Vision,* noch einmal einen Höhepunkt. Sie wird angeregt von der Mystik (s. S. 48). Am Beginn mystischer Literatur, die schon wesentlich früher einsetzt, steht ‚Das fließende Licht der Gottheit' der *Mechthild von Magdeburg.* Visionen, Offenbarungen, Prophezeiungen sind hier verbunden durch die Verherrlichung der Hochzeit zwischen Seele und Christus. – Die große Leistung, welche die Mystiker vor allem um *Meister Eckhart* für die Literatur erbringen, liegt auf sprachschöpferischem Gebiet. Ausgehend von theologischen Begriffen, die schon die Scholastik aus dem Lateinischen übersetzt hatte, schaffen sie eine Begriffssprache, die sowohl abstrakt als auch gefühlstief ist. Geschaffen bzw. eingebürgert werden dadurch Wörter wie: Anschauung, Bildung, Einfluß, Eigenschaft, Gleichheit, Gottheit, Läuterung, Persönlichkeit, Wesen, Zufall – begreifen, einleuchten, fühlen – eigentlich, gelassen, innig.

Meistersang Minnesang und Vagantenlyrik lösen sich auf im volkstümlichen Lied. Die starren Spätformen des Minnesangs allerdings werden noch lange von Zunfthandwerkern gepflegt, die sich als Meister auch des Gesanges verstehen. Das Dichten gilt ihnen als lernbar. Singbruderschaften vermitteln die mechanischen und künstlichen Regeln und veranstalten Wettsingen. Der Meistersang erlebt seine Blüte um 1500 in Nürnberg (Hans Foltz, Hans Sachs, Hans Rosenplüt).

Entstehung des Theaters Aus dem Wechselgesang der Engel und der drei Frauen am Grabe Christi, der am Morgen des Ostersonntags in der Kirche aufgeführt wird, entwickelt sich durch szenische Erweiterung das *Osterspiel* und später das *Passionsspiel.* Ähnlich entsteht das Weihnachtsspiel. So beginnt das geistliche Drama. Die zweite Wurzel des neuzeitlichen Theaters ist das *Fastnachtsspiel:* komische, häufig sehr derbe Szenen im Zusammenhang kostümierter Umzüge zur Fastnachtszeit, die auf heidnische Fruchtbarkeitsriten zurückgehen. Im Nürnberg des 15. Jahrhunderts dringt die gesellschaftliche Gegenwart ins Fastnachtsspiel ein; man verspottet mißliebige Einrichtungen und Gruppen (Raubritter, Juden) oder auch das einfache Volk. Damit beginnt das weltliche Schauspiel.

Lehrhafte Dichtung Dem Charakter der Übergangszeit entspricht eine starke lehrhafte Tendenz, welche den mittelalterlichen Blick aufs Jenseits mit neuem, bürgerlichem Nützlichkeitsdenken zu verbinden sucht. Dabei greift man gern zu allegorischen oder satirischen Darstellungen. Das *Streitgespräch,* eine schon antike Gattung, in welcher zwei meist allegorische Figuren über ihren Wert streiten (z. B. Sommer und Winter, Ritter und Pfaffe, Herz und Leib), erlebt einen Höhepunkt mit dem ‚Ackermann aus Böhmen' (um 1400) des *Johannes von Tepl.* Der Ackermann streitet mit dem Tod, der ihm seine Frau genommen hat. Er unterwirft sich aber dem Schiedsspruch Gottes. Dieser beläßt dem Tod zwar die Macht über alles Lebendige. Doch der Mensch ist nicht, wie der Tod will, als Sterblicher auch durchgängig nichtig und schlecht, sondern er besitzt Würde als von Gott beseeltes Geschöpf. Der Dialog ist schon in der neuhochdeutschen Kunstprosa geschrieben, die im Umkreis des Prager Kanzleistils entstand (s. S. 58). *Heinrich Wittenwilers* Gedicht ‚Der Ring' (um 1400) verbindet Bauernsatire und Parodie des höfischen Minnedienstes mit religiöser Besinnung und praktischer Belehrung über vornehme Umgangsformen, Kriegführung usw. Den weit verbreiteten *Schwank* (s. S. 59) vertritt der *Stricker.*

2.6 Humanismus und Reformation (1470–1600)

1494	*Sebastian Brant:* Das Narrenschiff
1515/17	Epistolae obscurorum virorum (Dunkelmännerbriefe)
1522	*Martin Luther:* Übersetzung des Neuen Testaments (gedruckt)
1587	Historia von D. Johann Fausten

Renaissance und Humanismus Die Renaissance (frz. = Wiedergeburt) ist eine Bewegung des 14. bis 16. Jahrhunderts vor allem in den romanischen Ländern. Sie erstrebt eine allgemeine Erneuerung, insbesondere die Wiedergeburt der antiken Künste und Wissenschaften. Der schöpferische, leistungsstolze Einzelne ist ihr Ziel („Der Mensch ist das Maß aller Dinge"). Die von dieser Bewegung erfaßten Humanisten (Vertreter der sog. humanistischen Wissenschaften, d. h. vor allem der antiken Sprachen und Literaturen) begnügen sich nicht mehr mit der bloßen Aufnahme antiker Formen und Stoffe und ihrer Verchristlichung, sondern fragen nach dem Geist, der ihnen ursprünglich innewohnte. Sie lehnen das mittelalterlich-katholische Prinzip der Autorität ab, das gehorsame Lauschen auf die kirchliche Verkündigung, und wollen statt dessen zurück „ad fontes" (lat. = zu den Quellen), nämlich zu den Texten selbst. Darum lesen sie die Bibel nicht mehr auf lateinisch, sondern im griechischen und hebräischen Urtext.

Kreise der Humanisten Auch in Deutschland findet der Humanismus seine Anhänger. An den Höfen, vor allem aber an den Universitäten schließen sich Gelehrte zusammen. Der erste Kreis nördlich der Alpen sammelt sich schon bald nach 1350 am Hof Karls IV. in Prag. Im 16. Jahrhundert bilden *Konrad Celtis, Jakob Wimpfeling, Johannes Reuchlin* u. a. den Heidelberger Kreis. Der Nürnberger Kreis um *Willibald Pirckheimer* ist vorwiegend historisch interessiert. *Ulrich von Hutten* gehört dem Erfurter Kreis an.

Frühes Neuhochdeutsch Im 16. Jahrhundert werden die Grundlagen für die neuhochdeutsche Schriftsprache gelegt. Schon früher hatten sich an höfischen und städtischen Kanzleien verschiedene schriftliche Amtssprachen entwickelt. Unter ihnen hatte diejenige der Prager Kanzlei Karls IV. aufgrund des ausgedehnten kaiserlichen Schriftverkehrs eine besonders breite Wirkung. Der Buchdruck machte die Amtssprachen weiter bekannt und verstärkte ihre gegenseitige Annäherung. Dieses Sprachmaterials bedienten sich die Humanisten bei dem Versuch, eine dem Lateinischen gemäße deutsche Kunstprosa zu schaffen. Lateinisch allerdings war und blieb ihre wahre, dem damaligen Deutsch noch weit überlegene Sprache. Martin Luther, der auf die verhältnismäßig ausgeglichene Sprache der sächsischen Kanzlei zurückgreift, gelingt es schließlich, Anschaulichkeit und Schlichtheit der Volkssprache mit der Kunst der Beredsamkeit zu verbinden. Seine Übersetzung des Neuen Testaments erscheint 1522, die gesamte Bibel 1534. Im ‚Sendbrief vom Dolmetschen' (1530) hat er seine Übersetzungsprinzipien dargelegt.

Narrenliteratur Neben der freudigen Erwartung des Neubeginns herrscht zunächst auch noch eine tiefe Unsicherheit. Sie äußert sich in *Sebastian Brants* ‚Narrenschiff' (1494), das eine Welle ähnlicher Literatur auslöst. Satirisch-pessimistisch stellt Brant das irdische Treiben in Wort und Bild als ein Panoptikum von Torheit und Laster dar. Heitere, versöhnliche Ironie herrscht hingegen im ‚Morias encomion seu laus stultitiae' (‚Lob der Torheit', 1511) des *Erasmus von Rotterdam.* Der wirklich Weise, so lehrt er, verachtet die Torheit nicht, er bedarf ihrer, um glücklich leben zu können. Später wird die Narrensatire auch im Konfessionsstreit gebraucht, so in *Thomas Murners* Streitschrift ‚Vom großen lutherischen Narren' (1522).

Volkstümliche Literatur Der Humanismus beeinflußt auch die volkstümliche Literatur. Das zeigt sich am Nürnberger Schuhmacher und Meistersinger *Hans Sachs,* der mit Pirckheimer und anderen Humanisten befreundet war. Er setzt sein überall zusammengelesenes Bildungsgut in derbe Knittelverse um und bringt das Fastnachtsspiel zur Blüte. Volkstümliche Tradition und Humanismus verbinden sich im *Schwank.* Der Schwank ist die Erzählung eines lustigen Streiches, durch den sich zumeist ein Armer oder Schwacher listig einen Vorteil verschafft. Dies entlastet von Ungewißheit, aber auch vom Leiden unter Ungerechtigkeit – häufig ist der Schwank gegen kirchliche Mißstände gerichtet – durch befreiendes Lachen. Aus einer Reihe von Schwänken, die sich um eine Figur ranken, etwa um Eulenspiegel, formt man nun ganze *Schwankromane.* Sie gehen zusammen mit Prosafassungen der Ritterepen, mit französischen Romanen, Tiergeschichten (Reineke Fuchs) und Magiergeschichten in die sog. *Volksbücher* ein, die gänzlich der Unterhaltung dienen. Dem Volksbuch ‚Historia von D. Johann Fausten' (1587) entnimmt Goethe später den Stoff für sein Faustdrama. *Georg Wickram* (‚Das Rollwagenbüchlein', Schwanksammlung, 1555; ‚Der Goldfaden', Roman, 1557) und *Johann Fischart* (Übertragung des französischen Romans ‚Gargantua' von Rabelais auf deutsche Verhältnisse) gehören zu den Schöpfern der jetzt entstehenden stadtbürgerlichen Romanliteratur.

Dichtung der Humanisten Ausschließlich lateinisch geschrieben und ganz an antiken Vorbildern geschult ist die Lyrik der Humanisten. Ihr Drama, ebenfalls auf Latein, geht auf römische Vorbilder zurück. Sie führen Akt- und Szeneneinteilung ein und beenden jeden Akt mit einem Chor. Auf dieser Grundlage entwickelt sich an Lateinschulen und Universitäten das teils lateinische, teils deutsche Schuldrama, das bald zum Kampfmittel im Konfessionsstreit wird. Das satirische und belehrende Prosaschrifttum der Humanisten, vor allem Briefe und Dialoge, greift ebenfalls bald in den Streit ein und ist um allgemeiner Verständlichkeit willen häufig auf deutsch geschrieben. Hutten veröffentlicht 1521 vier seiner lateinischen Dialoge auf deutsch unter dem Titel ‚Gesprächsbüchlein'.

Die Dunkelmännerbriefe Die Spannung zwischen Humanismus und katholischer Kirche entlädt sich, als die Kirche Reuchlin wegen einer Streitschrift zu verurteilen droht, die er gegen einen getauften Juden geschrieben hatte, weil dieser alle jüdischen Bücher verbrannt haben wollte. Hutten und andere Mitglieder des Erfurter Kreises lassen daraufhin anonym die ‚Epistolae obscurorum virorum' (Dunkelmännerbriefe) erscheinen (1515/17). Das sind fingierte Briefe von Reuchlins theologischer Gegenpartei in barbarischem Latein und voller bornierter Scheinheiligkeit, die vielleicht wirksamste Satire der Epoche.

Humanismus und Reformation Der Renaissancecharakter des deutschen Humanismus verliert sich bald im theologischen Streit. Zwar ist die Reformation ohne das neue Lebensgefühl nicht zu denken; sie lehnt sich wie der Renaissancehumanismus gegen das Autoritätsprinzip auf und will daher die Bibel dem selbständigen Studium eines jeden zugänglich machen. Aber für die Ergriffenheit vom Geist der Antike hat sie keinen Platz. Der bedeutendste Humanist des Nordens allerdings, *Erasmus von Rotterdam,* hält sich dem Konfessionsstreit möglichst fern. Der gebürtige Niederländer, der während eines unsteten Wanderlebens auch in der Schweiz und Deutschland wirkte, setzt der dogmatischen Strenge beider Seiten eine skeptische Toleranz entgegen und will christliche Einfalt und Nächstenliebe mit antikem Sinn für harmonische Bildung verknüpfen.

Martin Luther (1483–1546) Während sich das englische und französische Königtum in der Auseinandersetzung mit der zur weltlichen Macht gewordenen Kirche behaupteten, war der Kaiser ihr unterlegen. Politisch gesehen, nimmt Luther diese Auseinandersetzung wieder auf, jetzt aber im Sinn der Landesfürsten. Denn er verhilft einer breiten antipäpstlichen Opposition zum beredten Ausdruck, verknüpft sie aber untrennbar mit der Anerkennung der Landesherrschaft. So erklärt sich seine Verdammung der aufständischen Bauern. Er fordert die Gewissensfreiheit des einzelnen in geistlichen Dingen (gegen die Papstkirche) und die Unterwerfung unter die Obrigkeit (für die Fürsten). Um auch nur dieses Freiheitsbewußtsein durchzusetzen, bedurfte es gründlicher Erziehung. Luther nahm sie in Angriff mit politischen und mit theologischen Schriften (‚Von der Freiheit eines Christenmenschen', 1520), mit belehrenden Fabeln, mit Unterweisungen zu Familie und Erziehung und mit eingängigen, bildhaften Kirchenliedern (‚Ein feste Burg'), die das Zusammengehörigkeitsgefühl der Gemeinden stärkten. Seine wichtigste Leistung liegt aber in der Bibelübersetzung (s. Seite 59).

3 Barock (1600–1720)

1602	*Bidermann, Jakob:* Cenodoxus (lat.; 1635 ins Deutsche übersetzt)
1624	*Opitz, Martin:* Buch von der Deutschen Poeterey *Opitz:* Teutsche Poemata
1637	*Gryphius, Andreas:* Lissaer Sonette (erweiterte Auflagen 1646 und 1650)
1657	*Angelus Silesius:* Geistreiche Sinn- und Schlußreime (ab 2. Auflage 1674: Cherubinischer Wandersmann)
1657	*Gryphius:* Absurda Comica Oder Herr Peter Squentz
1659	*Gryphius:* Großmüthiger Rechts-Gelehrter, Oder Sterbender Aemilius Paulus Papinianus
1668	*Grimmelshausen, Hans Jakob Christoffel von:* Der Abenteuerliche Simplicissimus Teutsch
1682	*Weise, Christian:* Trauer-Spiel von dem Neapolitanischen Haupt-Rebellen Masaniello
1695/1727	Herrn von Hofmannswaldau und anderer Deutschen auserlesene Gedichte. Herausgegeben von Benjamin Neukirch
1724	*Günther, Johann Christian:* Deutsche und lateinische Gedichte (postum)

3.1 Bild der Epoche

Übergangszeit Die Neuzeit setzt sich mit wirtschaftlichen, sozialen, politischen und wissenschaftlichen Umwälzungen durch. Der Name des Kopernikus steht stellvertretend für die Entdekkungen, vor allem in Astronomie und Medizin, die das traditionelle Weltbild erschüttern. Zusammen mit den modernen europäischen Nationalstaaten als wirtschaftlichen und politischen Einheiten entwikkelt sich der Absolutismus, die staatliche Zentralgewalt mit einheitlicher, dirigistischer Verwaltung. Der Dreißigjährige Krieg (1618–1648), ebensosehr ein Krieg zwischen fremden Nationalstaaten auf deutschem Boden wie ein Religionskrieg, besiegelt die Zerrissenheit des Deutschen Reiches und sorgt dafür, daß der Absolutismus sich hier nicht auf nationaler Ebene, sondern an einer Vielzahl kleinerer und größerer Höfe verwirklicht.

Vanitas und Fortuna Alle diese Umwälzungen erzeugen ein Gefühl tiefer Unsicherheit. Vanitas (Eitelkeit, Vergänglichkeit, Nichtigkeit) scheint alles Irdische zu kennzeichnen. Die Göttin Fortuna herrscht, pflegt man zu sagen, das launische Glück, das unberechenbar kommt und geht. Die Menschen suchen Halt im Glauben. Doch der Religionsstreit hat wenn nicht den Glauben selbst, so doch das Vertrauen in die kirchlichen Institutionen angegriffen. Mystik lebt wieder auf, Schwärmerbewegungen ziehen viele in ihren Bann.

Tugend Hinzu kommt, daß der absolutistische Macht- und Verwaltungsstaat in Heer und Verwaltung, im Bildungswesen wie im Kirchendienst nicht nur äußere, sondern in einem bisher ungewohnten Maß auch innere Disziplin verlangt. Selbstbeherrschung und die erstrebte innere Sicherheit, die im Wechsel der äußeren Glücksfälle Halt gewährt, sind miteinander verbunden in der Tugend. Sie zu lehren ist das vornehmste Ziel der zeitgenössischen Literatur. Tugend besteht darin, eine höhere, unvergängliche Ordnung zu erkennen und sich ihr unter Verzicht auf die eigenen Leidenschaften zu unterwerfen.

Christlicher Stoizismus Im Süden, wo schließlich die Gegenreformation siegt, kann die katholische Kirche wieder den gesuchten Halt versprechen und auch tugendhafte Selbstdisziplin lehren. In den protestantischen Gebieten greift man auf die Lehre der antiken Stoa (s. oben S. 42) von der Unterdrückung der Leidenschaften zurück. Diese Lehre wird nun innerhalb des christlichen Rahmens dazu benutzt, innere Beständigkeit und dauernde Gemütsruhe zu gewinnen. Das neustoische Denken rechtfertigt die irdischen Leiden, indem es sie zur Bedingung dafür erklärt, Tugend überhaupt erlernen und bewähren zu können.

Steigerung und Antithese In dieser Epoche der großen Veränderungen ist man jederzeit des Ungewöhnlichen und Gegensätzlichen gewärtig und läßt sich davon faszinieren. Die Literatur entspricht dem durch Steigerung und Antithese: Sie erzählt von einmaliger Standfestigkeit des Helden, vom tiefsten Elend, von der heißesten Liebe; und sie beruft Gegensätze wie Diesseits und Jenseits oder Leben und Tod. Spätere Zeiten empfanden das als übertrieben; darum bezeichneten sie zunächst die als schwülstig geltende Kunst der Epoche, dann auch die Literatur abwertend als barock (port. barocco = schiefrunde, unregelmäßige Perle).

Norm und Zeichen Tatsächlich aber geht es im Barock darum, auch noch im Ungewöhnlichen und Widersprüchlichen eine höhere Ordnung zu erkennen, sei es wie im Mittelalter die heilsgeschichtliche Ordnung, sei es ganz allgemein ein harmonischer

Zusammenhang moralischer und nützlicher Regeln. Darum liest man alle Erscheinungen in Natur und Geschichte als Zeichen, die auf Normen richtigen Handelns verweisen. Daß ein Bienenstock sich in einem Kriegshelm eingenistet hat, ist ein Zeichen dafür, daß der Fürst den Frieden dem Krieg vorziehen soll. Daß Daidalos nach griechischer Sage den menschenfressenden Stier Minotauros in ein Labyrinth einsperrte, ist ein Zeichen dafür, daß Kriegsleute ihre militärische Taktik geheimhalten sollen. Wer so in allem die tiefere Bedeutung erkennt, dem verwandelt sich die chaotische Welt in eine Schatzkammer hilfreichen Wissens.

Schein und Rolle Kein Ding hat Eigenwert; einen Wert gewinnt es nur als Zeichen. Wer nach dem Eigenwert der irdischen Dinge fragt, verfällt ihrem Schein. Nur wer sie als Erscheinung höherer Normen deutet, wird nicht getäuscht. Das trifft auch für den Menschen zu. Nicht seine persönliche Eigenart gilt, sondern die höhere Ordnung, für die er steht. Mit anderen Worten: Nicht als er selbst ist der Mensch von Bedeutung, wohl aber als gehorsamer Schauspieler der Rolle, die ihm Gott in der hierarchischen Ordnung der Welt zugeteilt hat.

Fürstenlob Vor allem den Fürstenstaat deutet man als Erscheinungsform höherer Ordnung. Der absolute Fürst soll den Staat regieren wie die Vernunft den Körper mit seinen Leidenschaften und wie die Sonne das Planetensystem. Nur dann wird richtiges und somit zufriedenes Leben aller überhaupt möglich. Fürstenlob ist für die Epoche selbstverständlich. Die Literatur lobt den Fürsten aber nicht als Privatmenschen, sondern als Repräsentanten der staatlichen Ordnung. Sie lehrt ihn, geschickt zu taktieren, wenn es um den Erhalt der staatlichen Ordnung geht. Aber sie hält ihm auch kritisch das Ideal der wohlfunktionierenden Ordnung vor Augen.

Hofideal und Hofkritik Das Renaissanceideal des humanistischen Gelehrten, der sich einem eigenen Stand, dem Geistesadel, zurechnet, wird allmählich von dem des Hofmannes verdrängt. Will der Dichter sich nicht als Pedant verspotten lassen, so muß er sein gelehrtes Wissen im galanten und geistvollen Ton darbieten, der, zumindest dem Anspruch nach, die höfische Geselligkeit kennzeichnet. Da Hofleute die Techniken politisch-taktischen Verhaltens auch dann anwenden, wenn es gar nicht um das Interesse des Staates oder um die gesellige Ordnung geht, sondern um ihre persönliche Karriere, werden sie oft scharf kritisiert. So kommt es, daß man einerseits weithin die höfischen Formen nachahmt, während der Hof andererseits als Ort betrügerischen Scheins oft genug zum Inbegriff irdischer Sündhaftigkeit wird.

Sprachreform Im katholisch-habsburgischen Süden lebt das Lateinische als Sprache der Dichtung noch längere Zeit weiter. Im protestantischen Norden hingegen regt sich ein kulturelles Nationalbewußtsein, das sowohl die Ablösung der lateinischen Sprache verlangt als auch die kulturelle Überlegenheit des Auslands angreift. Man will die deutsche Sprache auf das Niveau des Lateinischen und Französischen heben und die deutschsprachige Literatur nach den Regeln der antiken und humanistischen Dichtungslehren veredeln. Vor allem geht es darum, Einheitlichkeit, Ausdrucksfähigkeit und Wohllaut der Sprache zu erhöhen. Zu diesem Zweck werden ungehobelte Ausdrücke und Dialektwörter vermieden sowie Fremdwörter eingedeutscht. Dabei entstehen heute noch gebräuchliche Wörter wie „Einzahl" und „Mehrzahl", „Verfasser" oder „Gesichtskreis". Die Sprachreform soll mit einer Reform der Sitten einhergehen. Einerseits ist sie an den höfischen Gedanken kultureller Verfeinerung geknüpft, andererseits ist sie mit einem hofkritischen Nationalgefühl verbunden, das die Wiederherstellung alter deutscher Treue und Lauterkeit verlangt.

Philosophische Grundlagen. Die Philosophie der Epoche wird, auch in den protestantischen Gebieten, weitgehend von der Lehre der spanischen Jesuiten bestimmt. Sie vermitteln die Systematik des Thomas von Aquin (s. oben S. 48), die es erlaubt, alle Erscheinungen als Teil einer umfassenden Ordnung zu deuten; die Jesuiten suchen die Ordnung nun vor allem in mathematisch berechenbaren und nützlichen Bezügen auf. – Die große Bedeutung, die der staatlichen Ordnung als innerweltlichem Funktionszusammenhang nun zugemessen wird, verlangt nach philosophischer Begründung. In der Renaissance schon lehrt der Italiener *Niccolò Machiavelli,* welche Mittel, zur Not auch grausame, der Politiker anwenden muß, um die Staatsordnung zu erhalten. Im 17. Jahrhundert rechtfertigt der Engländer *Thomas Hobbes* den absolutistischen Machtstaat, weil nur dieser den inneren Frieden gewähren könne, der ohne absoluten Souverän im Kampf der Interessen unterginge. Der Niederländer *Justus Lipsius* verbindet die Theorie des absolutistischen Machtstaates mit dem Gedanken der inneren Disziplin. Von ihm lernt man in Deutschland das neustoische Denken. Die Vorstellung von einer harmonischen kosmischen Ordnung, die *Gottfried Wilhelm Leibniz* entwickelt, liegt dem Denken der Aufklärung zugrunde (s. unten S. 79), beeinflußt aber auch schon die späte Barockliteratur. – Der wichtigste Vertreter der Mystik ist der schlesische Schuster *Jakob Böhme.* Für ihn zeigt sich die harmonische Weltordnung in der Entsprechung zwischen dem großen Kosmos der Natur und dem Menschen als einem kleinen Kosmos. Auch Gut und Böse, wiewohl Gegensätze, entsprechen einander. Denn gäbe es kein Böses, wie würden wir des Guten gewahr?

3.2 Literarisches Leben

Erweiterung der literaturtragenden Schicht

Dichterische Werke wurden bisher von einer relativ kleinen Gruppe hervorgebracht und aufgenommen, von stadtbürgerlichen Humanisten und von den Gebildeten in Geistlichkeit und höherem Adel. Die neuen Verwaltungsaufgaben führen diesem Kreis eine wachsende Zahl höfischer Beamter, vor allem Juristen, zu. Unter ihnen gibt es zunächst auch eine beträchtliche Anzahl Bürgerlicher. Bürgerliche wirken auch im Bildungswesen, das im Hinblick auf die neuen staatlichen Aufgaben erweitert und verweltlicht wird. Neben den Höfen entstehen literarische Zentren in Handelsstädten wie Hamburg, Nürnberg, Leipzig, jedoch ohne daß die Vorherrschaft höfischen Denkens dadurch gebrochen würde.

Literaturgeographische Unterschiede

Die literarische Landschaft ist noch keineswegs einheitlich. Im katholischen Südosten, der vom österreichisch-spanischen Kaiserhaus der Habsburger regiert wird, herrscht die Gegenreformation, zu deren größten literarischen Leistungen die lateinisch geschriebenen Dramen der Ordensgeistlichen gehören. Ein nationales Kulturbewußtsein entwickelt sich dagegen im übrigen, protestantischen Bereich, im Südwesten insbesondere unter dem Einfluß des dort noch lebendigen stadtbürgerlichen Humanismus. Durch Straßburg und die württembergische Grafschaft Mömpelgard (heute Montbéliard) wird aber auch französische Literatur eingeführt. Die wichtigste Literaturlandschaft ist Schlesien, das zu Habsburg gehört. Die zahlreichen protestantischen Intellektuellen des Landes, denen der Kaiser eine eigene Universität verweigert, studieren in den wirtschaftlich und kulturell fortgeschrittenen protestantischen Gebieten, vor allem in den Niederlanden. Die dort empfangenen Einflüsse verbinden sie zu Hause mit den österreichisch-spanisch-italienischen. Die Handelsstädte vermitteln die Kenntnis der französischen und englischen Literatur.

Sprachgesellschaften

Zum Zweck der Sprachreform wird eine Reihe von Sprachgesellschaften gegründet, die sowohl adlige als auch bürgerliche Mitglieder haben. An ihrer Spitze steht die ‚Fruchtbringende Gesellschaft', 1617 vom Fürsten Ludwig von Anhalt-Köthen nach italienischem Vorbild gegründet. Ihr Sinnbild ist die Kokospalme, die als Zeichen vielfältigen Nutzens gilt. Ab 1630 unterstützt sie das Reformprogramm von Martin Opitz (s. unten). Später entstehen weitere Gesellschaften, unter ihnen die Nürnberger ‚Pegnitzschäfer' um Harsdörffer, der Königsberger Kreis um Simon Dach, die ‚Aufrichtige Gesellschaft von der Tannen' in Straßburg und die ‚Deutschgesinnte Genossenschaft' um Zesen in Hamburg.

Entstehung des Zeitungswesens Die ersten gedruckten Zeitungen erscheinen, 1609 die beiden Wochenzeitungen ‚Aviso' in Wolfenbüttel und ‚Relation' in Straßburg, 1650 die erste Tageszeitung unter dem Titel ‚Einkommende Zeitungen' (= Nachrichten) in Leipzig. Vorher beruhte die öffentlich schriftliche Nachrichtenverbreitung auf Flugblättern oder geschriebenen Berichten von Diplomaten, von Agenten großer Handelshäuser oder von Postmeistern sowie auf den gedruckten Meßrelationen, die zu den Verkaufsmessen herauskamen und über das zwischenzeitliche Geschehen informierten. Die Zeitungen antworten auf Bedürfnisse des Handels, aber auch auf das wachsende Interesse an Aktuellem und Ungewöhnlichem, das sie wiederum verstärken.

3.3 Theorie und Formen der Literatur

Die Opitzsche Reform Die Bemühungen der Sprach- und Dichtungsreform führen zur Entstehung von Grammatiken, Wörterbüchern und Dichtungslehren. Grundlegende Wirkung hat das ‚Buch von der Deutschen Poeterey' (1624) des Martin Opitz. In seinen Stilvorstellungen noch den antiken Redelehren verpflichtet, formuliert er doch zum erstenmal entschieden die Forderung nach Wohllaut, Eleganz und Klarheit auch des Deutschen. Er entdeckt, daß im deutschen Vers die Akzente gezahlt werden müssen (nicht z. B. die Silben, wie es die Meistersinger taten und wie es dem französischen Vers angemessen ist), er fordert den Zusammenfall von Wort- und Versakzent und empfiehlt als Versmaß den Alexandriner, einen sechsfüßigen Jambus mit einer Pause (Zäsur) in der Mitte. Der Alexandriner, der Antithese und Entsprechung besonders gut ausdrücken kann, wird bis ins 18. Jahrhundert hinein zum beliebtesten Vers in Lyrik und Drama. Weiterhin verlangt Opitz reine Reime und die Vermeidung von Fremdwörtern. Stilbildend wirken die poetischen Beispiele, die er gesammelt oder selbst geschrieben hat (‚Teutsche Poemata', 1624). Außerdem bemüht er sich um deutliche Gattungsdefinitionen. Tragödie und Komödie werden mit Hilfe der sog. Ständeklausel unterschieden: Die Tragödie handelt von Personen hohen, die Komödie von solchen niederen Standes.

Belehrung Die Dichtung des Barock ist wesentlich belehrend. In der Fähigkeit, etwas drastisch zu vergegenwärtigen und es zugleich als Zeichen zu deuten, aus dem man Gutes und Nützliches lernen kann, liegt die geistige Kraft, sozusagen die Tugend des dichterischen Wortes. Um drastisch zu vergegenwärtigen, bietet man die Mittel eindringlich hinweisenden Redens auf, die in den Redelehren gesammelt sind. Dem entspricht die Überzeugung, Dichtung sei weitgehend lernbar. Zunächst wählt man die zu behandelnden Lehrsätze, dann denkt man sich passende Beispiele aus, schließlich stellt man sie mit Hilfe der Redelehren eindringlich dar.

Manierismus Die Bemühung um einen eleganten Stil und die Betonung der rhetorischen Mittel kann zur Verselbständigung der Form führen, hinter welcher der Sachbezug verschwindet. Solch eine Schreibweise, die mit Metaphern, Antithesen, Hyperbeln (übertreibenden Ausdrücken) und anderen Redefiguren spielt, häufig leserfreundliche Erklärungen vermeidet, daher oft schwer verständlich wirkt, nennt man Manierismus. Es gibt Manierismus nicht nur in dieser Epoche, er hat aber die Vorstellung späterer Zeiten von der schwülstigen Barockliteratur geprägt. Tatsächlich läßt sich jedoch nur ein Teil der barocken Literatur, hauptsächlich die sog. zweite Schlesische Schule um Hofmannswaldau und Lohenstein, als manieristisch bezeichnen. Ihr Vorbild ist der italienische Barockdichter Giambattista Marino.

Allegorie und Emblem Dem Wunsch, die Wirklichkeit in Zeichen zu verwandeln, entspricht der allegorische Grundzug der barokken Dichtung. Allegorien (oder Sinnbilder) sind bildliche Darstellungen, die auf einen tieferen Sinn verweisen. Das Bild des Skeletts mit Stundenglas und Hippe ist eine Allegorie des Todes und verweist auf die Vanitas alles Irdischen. Besonders beliebt war das Emblem, eine Abbildung (z. B. ein Kriegshelm, aus dem Bienen fliegen) mit einer Überschrift (z. B. „Friede aus Krieg“) und einer Erläuterung, die Bild und Überschrift im Sinn einer Lehre ausdeutet.

Weltliche Lyrik Die deutschsprachige Lyrik bildet sich aus am Vorbild der zeitgenössischen lateinischen sowie der italienischen, französischen und niederländischen. Die barocken Gedichte sollen nichts Persönliches ausdrücken, sondern eine allgemeingültige Behauptung, ein Lob, eine Lehre, so nachdrücklich wie möglich vertreten. Darum haben sie argumentierenden Charakter; oft schließen sie mit einer zusammenfassenden Pointe ab. Das Sinngedicht oder Epigramm (griech. epigramma = Inschrift, Aufschrift), ein Kurzgedicht mit überraschender Sinndeutung, das schon die Antike pflegte, ist ganz auf die Pointe konzentriert. Beliebt ist auch das Sonett, ein vierstrophiges Gedicht, zumeist mit dem Versschema abba/abba/cde/cde; in der letzten oder den beiden letzten dreizeiligen Strophen wird zusammengefaßt und zur Pointe zugespitzt, was in den beiden vierzeiligen Strophen dargelegt wurde.
Häufig schreibt man Gelegenheitsgedichte zu Taufen, Hochzeiten, Krönungen, Begräbnissen usw. Das Lied, mit künstlerischer Sorgfalt verfaßt, wandelt sich vom Chorlied zum Sololied für festliche Gelegenheiten. In der Liebeslyrik setzt sich seit Opitz der *Petrarkismus* durch. In

ihm werden Haltung und Stilzüge, die der Lyrik des italienischen Dichters Petrarca eigen sind, zu Regeln verfestigt. Lob der Geliebten (nach einem bestimmten Schema) und Klage über die Unerfüllbarkeit der Liebe verbinden sich miteinander in einem Stil der Antithesen und Steigerungen; die schwankenden Gefühle werden mit Eis und Feuer verglichen, die äußere Schönheit mit Kleinodien, die der Geliebten gegenüber verblassen, usf.

Georg Rudolf Weckherlin: ,Oden und Gesänge' (1618/19). (Lieder, Oden, erste Sonette; Beginn der neuhochdeutschen lyrischen Kunstdichtung.) *Martin Opitz: ,Teutsche Poemata'* (1624). (Seit der 2. Auflage 1625 die grundlegende Mustersammlung.) *Andreas Gryphius: ,Lissaer Sonette'* (1637, erweiterte Auflagen 1643 und 1650). (Eine Gipfelleistung deutschsprachiger Sonettkunst.) *Paul Fleming: ,Teutsche Poemata'* (1642). (Ausdrucksvolle Schlichtheit bei sicherer Beherrschung der Opitzschen Formen und des Petrarkismus.) *Friedrich von Logau: ,Deutscher Sinn-Gedichte drey Tausend'* (1654). (Satirische Epigramme.) *,Herrn von Hofmannswaldau und anderer Deutschen auserlesene Gedichte'* (1695/1727). (Sammlung galanter, manieristischer Dichtung, u. a. von Hofmann von Hofmannswaldau und Daniel Casper von Lohenstein.) *Johann Christian Günther: ,Deutsche und lateinische Gedichte'* (1724). (Günther beginnt, die rhetorischen Formen mit persönlichen Erfahrungen zu füllen.)

Geistliche Lyrik Die geistliche Lyrik teilt dichterische Haltung und Stil mit der weltlichen. Die Gedichte beider Konfessionen stehen unter dem Einfluß der Mystik mit ihrer Betonung der Jesusminne und der Entsprechungen zwischen scheinbaren Gegensätzen. Aus dem Wir, das im lutherischen Kirchenlied spricht, wird das mit rhetorischem Nachdruck redende Ich, das aber nicht als besonderes, sondern als exemplarisches gedacht ist.

Andreas Gryphius: ,Sonn- und Feiertagssonette' (1639). (Erkenntnis göttlicher Weltordnung im Rahmen protestantischer Glaubenslehre.) *,Kirchhofs-Gedanken'* (1657). (Belehrung durch Vergegenwärtigung der Vanitas.) *Friedrich Spee von Langenfeld: ,Trutz-Nachtigall'* (1649). (Jesuit; Gotteslob in allen Dingen und mystische Jesusminne.) *Angelus Silesius* (eigentlich *Johann Scheffler*): *,Geistreiche Sinn- und Schlußreime'* (1657; seit der zweiten Auflage 1674: *,Cherubinischer Wandersmann'*). (Größter religiöser Lyriker der Epoche, von protestantischer Mystik ausgehend, dann zur katholischen Kirche konvertiert; mystische Epigramme mit antithetischer bis paradoxaler Zuspitzung.) *Paul Gerhardt: ,Geistliche Andachten'* (1667). (Höhepunkt des protestantischen Kirchenliedes; Schlichtheit und Innigkeit in den heute noch lebendigen Liedern, u. a. ,Wach auf mein Herz und singe', ,O Haupt voll Blut und Wunden'.)

Wanderbühne Mit ausländischen, vor allem englischen Wanderbühnen kommen die ersten Berufsschauspieler nach Deutschland. Durch Personalwechsel werden aus ihnen später allmählich deutsche Gruppen. Sie spielen Stücke unbekannter Autoren oder solche bekannter (z. B. Shakespeare) in vereinfachender Bearbeitung.

Dabei wird, schon wegen der unterschiedlichen Sprachen, die Mimik für das Verständnis wichtiger als der Text. Die Handlung konzentriert sich auf die pompöse politische 'Staatsaktion', die in fernen Ländern spielt. Die Wirkung dieser schauerlichen und rührenden 'Hauptaktion', die mit dem Sieg des Guten endet, wird durch ein komisches Nachspiel mit dem Hanswurst oder Pickelhering wieder gemildert.

Ordensdrama Größere künstlerische Ansprüche stellen die lateinischen Dramen, die im Dienst der Gegenreformation hauptsächlich an Jesuitenschulen geschrieben und aufgeführt werden. Sie werben für die Kirche, dienen aber auch dem Unterricht in Latein, Redelehre und gewandtem Auftreten. Auch hier verlangt allein schon das Sprachproblem – die Zuschauer erhalten deutsch geschriebene Inhaltsangaben –, den Nachdruck auf Äußeres zu legen. Man pflegt die prunkvolle Darstellung mit Theatermaschinen, Musik und Ballett. Die Helden, vorzugsweise aus Bibel und Legenden, sind zumeist Märtyrer. Der Blick aufs Jenseits erlaubt, neben möglichst schauerlichen Opferszenen das Hinfällige der Welt in komischen Einlagen zu zeigen. Die Figuren stehen im Kampf zwischen Leidenschaften und göttlicher Erleuchtung. Dieser Kampf weist über die jeweilige Person hinaus; häufig treten innere Instanzen wie Gewissen, Tugenden und Laster als selbständige allegorische Figuren auf.

Jakob Bidermann: ‚Cenodoxus' (1602).

Schlesisches Schuldrama Die deutschsprachige Tragödie erreicht mit dem schlesischen Schuldrama ihren ersten künstlerischen Höhepunkt. In diesen Stücken, die dem Unterricht an weltlichen Schulen dienen, verbinden sich Einflüsse niederländischer Dramentheorie und -praxis mit denen des Ordensdramas und der Dramen Senecas, des Vertreters der antiken Stoa. Ein Chor („Reyen") am Ende jeden Akts deutet das Geschehen oder zieht eine Lehre daraus. Die Ständeklausel ergibt sich hier schon daraus, daß politisches Ränkespiel dargestellt werden soll; damit ist der fürstlich-höfische Raum vorgegeben. Im Mittelpunkt der Intrige steht der außergewöhnliche Mensch, der im heroischen Sieg über die Leidenschaften und im standhaft ertragenen Tod die Macht des Geistigen über das Irdische bezeugt. Auch hier geht Opitz voran, und zwar mit Übersetzungen antiker Stücke von Seneca und Sophokles.

Gryphius, der aus einem protestantischen Pfarrhaus in Glogau stammt, verbindet in seinen Tragödien Glaubensstärke und Stoizismus mit der Welt der hohen Politik, auch an vorchristlichen Beispielen. Standhafte Märtyrer gottgegebener Staatsordnung, die zugleich eine moralische Ordnung ist, fallen dem politischen Handeln anderer zum Opfer. Eine Ausnahme bildet das Drama ‚Cardenio und Celinde'. Es ist ein Besserungsstück mit gutem Ausgang, das im gehobenen Bürgertum spielt;

nach der Begegnung mit dem Tod sagen die Helden erschüttert ihren sinnlichen Begierden ab. Im Drama Lohensteins versuchen sich die Helden selbst im politischen Ränkespiel. Die Folgen ihrer mißlungenen Pläne wissen sie mit Gleichmut zu ertragen, auch wenn sie vorher ihren Leidenschaften folgten. Solchen selbstüberwindenden Umschwung demonstriert Lohenstein öfter an weiblichen Helden, weil dieser beim vermeintlich schwachen und gefühlsgeleiteten Geschlecht besonders eindrucksvoll wirkt. Der Zittauer Rektor Weise nähert sich bereits der Aufklärung. Er benutzt keine „Reyen" mehr. In seinem ‚Masaniello' verlegt er die Handlung aus dem höfischen Innenraum hinaus in den Streit zwischen Landesherrschaft und aufständischem Zunftbürgertum. Zwar akzeptiert er dabei die absolutistische Staatsräson, nach welcher die Ordnung um jeden Preis aufrechterhalten werden muß, erkennt aber auch die moralische Berechtigung des Aufstandes an.

Andreas Gryphius (eigtl. Greif): ‚Catharina von Georgien. Oder Bewehrete Beständigkeit' (1651), *‚Cardenio und Celinde, Oder Unglücklich Verliebete'* (1657), *‚Ermordete Majestät. Oder Carolus Stuardus König von Groß Britannien'* (1657), *‚Großmüthiger Rechts-Gelehrter, Oder Sterbender Aemilius Paulus Papinianus'* (1659). *Daniel Casper von Lohenstein: ‚Cleopatra'* (1661), *‚Sophonisbe'* (1669). *Christian Weise: ‚Trauer-Spiel von dem Neapolitanischen Haupt-Rebellen Masaniello'* (1682).

Komödie Die Komödie wird hauptsächlich von der englischen Wanderbühne und der italienischen *Commedia dell'arte* beeinflußt. Letztere ist ein Stegreiftheater, in dem Typen auftreten (der gelehrte Pedant, der pfiffige Diener, der aufschneiderische Hauptmann usf.), die eine feste Rahmenhandlung mit improvisiertem Dialog und stereotypen mimisch-gestischen Späßen ausfüllen. Die Barockkomödie zeigt Bauern oder Bürger im unpolitischen, privaten Leben. Unbeherrschte Leidenschaften, vor allem die Anmaßung von Rollen, die ihnen nicht zustehen, bringen die Gestalten dazu, Schein und Sein zu verwechseln.

Die frühesten Stücke stammen von Herzog Heinrich Julius von Braunschweig, der seine Untertanen durch das Theater erziehen wollte. Ein Theater im Theater, der Schein-Sein-Thematik angemessen, macht die äußere Form des ‚Peter Squentz' von Gryphius aus: Zunfthandwerker aus der Meistersinger-Tradition wollen die Geschichte von Pyramus und Thisbe aufführen, die aufgrund unbeherrschter blinder Liebe sterben müssen. (Shakespeare hat diese beliebte, von Ovid stammende Geschichte im ‚Sommernachtstraum' verwendet.) Bei der Aufführung vor dem Hof, der jetzt die künstlerischen Maßstäbe setzt, machen sich die biederen Leute mit ihrem verfehlten Anspruch lächerlich. Sie verwechseln Schein und Sein und demonstrieren ungewollt, wie aus solcher Verwechslung Mißverständnisse und Unfriede entstehen. In der Dop-

pelkomödie ,Verliebtes Gespenste / Die geliebte Dornrose' führt Gryphius zwei Liebeshandlungen, eine im bäurischen, eine im vornehmen Stand spielend, in kunstvoller Verflechtung nebeneinander her. Einerseits bleibt die Trennung der Stände damit gewahrt, andererseits zeigt sich, daß die Liebe in beiden Bereichen gleichermaßen herrscht und daß nur standhafte Treue zu einem glücklichen Ende führt.
Der ,Niederländische Bauer' von Weise geht auf das beliebte Motiv vom Bauern zurück, dem die Hofgesellschaft zwischen zwei Räuschen weismacht, er sei König. Er erweist sich als Sklave seiner Leidenschaften und wird dafür vom Hof verspottet. Als solcher wird er aber auch zum Spiegel des schlechten Fürsten, denn der gute muß seine Leidenschaften besiegen, wenn er Frieden und Wohlstand sichern will. Reuters Komödien richten studentischen Spott gegen die unkultivierten Vertreter des Leipziger Bürgertums, die die höfischen französischen Umgangsformen nachzuahmen suchen.

Herzog Heinrich Julius von Braunschweig: ,Von Vincentio Ladislao' (1594). *Andreas Gryphius: ,Absurda Comica Oder Herr Peter Squentz'* (1657), *,Verliebtes Gespenste / Die geliebte Dornrose'* (1660). *Christian Weise: ,Schauspiel vom Niederländischen Bauer'* (1685). *Christian Reuter: ,L'honnête femme oder die Ehrliche Frau zu Plißine'* (1695).

Oper Gegen Ende des 16. Jahrhunderts entsteht in Florenz die Oper als Gesamtkunstwerk, in dem Text, Musik und darstellende Kunst (in der prunkvollen szenischen Ausstattung) sich miteinander verbinden. Sie breitet sich schnell in ganz Europa aus. Im katholischen Süden Deutschlands herrscht die italienische Oper vor. Eine deutschsprachige entwickelt sich an mittel- und norddeutschen Fürstenhöfen sowie in Hamburg, wo die ersten regelmäßigen Aufführungen stattfinden. Der Text der ersten deutschsprachigen Oper, ,Daphne', Neubearbeitung eines italienischen Vorbildes, stammt von Opitz, die Musik von Heinrich Schütz.

Zeitkritisches und belehrendes Schrifttum Neben dem Roman entsteht ein vielgestaltiges zeitkritisches und belehrendes Prosaschrifttum. Zu ihm tragen die Fortsetzer der älteren satirischen Narrenliteratur bei, die sich insbesondere gegen die blinde Übernahme des Hofwesens richten und nationale Töne anschlagen (Moscherosch). Die gegenreformatorische Weltabsage gehört hierzu, die in den Predigten des Abraham a Sancta Clara zu virtuoser Satire wird. Ihm hat Schiller mit dem Kapuzinerprediger in ,Wallensteins Lager' ein Denkmal gesetzt. Die schwankhaften und erbaulichen Geschichten aus den Bauernkalendern sind hier zu nennen wie die unterhaltsamen Überblicke einer erbaulichen Sachliteratur. Gegen Ende der Epoche verbindet Reuter die Kritik am höfisch-französischen Modewesen und die Verspottung des Aufschneidertyps aus der Komödie zu einer sozialsatirischen Lügendichtung, dem Roman ‚Schelmuffsky'.

Johann Michael Moscherosch: ‚Wunderliche und wahrhaftige Gesichte Philanders von Sittewald' (1640). *Abraham a Sancta Clara* (eigentlich *Johann Ulrich Megerle*): *‚Etwas für Alle'* (1699–1705), *‚Wunderlicher Traum von einem großen Narrennest'* (1703). Enzyklopädische Sachliteratur: Übersetzung des italienischen Buches von *Thomas Garzoni: ‚Piazza Universale, Das ist: Allgemeiner Schauplatz, Markt und Zusammenkunft aller Professionen, Künsten, Geschäften, Händeln und Handwerken'* (1641). – *Christian Reuter: ‚Schelmuffskys wahrhaftige, curiöse und sehr gefährliche Reisebeschreibung zu Wasser und zu Lande'* (1696).

Höfischer Roman Der Roman bildet eine Reihe von Untergattungen aus. Bei der Prosaauflösung der mittelalterlichen Romane war der ‚Amadis' entstanden, ein in ganz Europa beliebter Ritter- und Zauberroman voll wunderbarer und galanter Abenteuer, der von verschiedenen Autoren fortgesetzt wurde. Man las ihn vor allem im 16. und 17. Jahrhundert. An ihn knüpft der höfische Roman (heroisch-galante Roman, Staatsroman) an, der das Wunderbare allerdings in einen historischen Rahmen einbettet und mit Belehrung in Politik und Umgangsformen unterlegt. Seine verwickelte Handlung spielt in höchsten adligen Kreisen ferner Länder oder vergangener Zeiten. Ein ebenso schönes wie tugendhaftes Liebespaar trotzt standhaft allen Wechselfällen der Fortuna. Die schließliche Hochzeit symbolisiert die Wiederherstellung gestörter staatlicher Ordnung, die von dem Herrscherpaar repräsentiert wird. Zu Beginn des 18. Jahrhunderts entsteht der *galante Roman,* indem man zu den privaten, auch erotischen Erlebnissen von Standespersonen überwechselt.

Martin Opitz: Übersetzung der *‚Argenis'* des Engländers John Barclay aus dem Lateinischen (1626/31). *Andreas Heinrich Buchholtz: ‚Des Großfürsten Herkules und des Fräuleins Valiska Wundergeschichte'* (1659). *Herzog Anton Ulrich von Braunschweig: ‚Die durchlauchtige Syrerin Aramena'* (1669/73). *Heinrich Anselm von Ziegler und Kliphausen: ‚Die asiatische Banise oder das blutig- doch mutige Pegu'* (1689). *Daniel Casper von Lohenstein: ‚Großmütiger Feldherr Arminius nebst seiner durchlauchtigsten Thusnelda'* (1689/90). *Christian Friedrich Hunold: ‚Die liebenswürdige Adalie'* (1702) (galanter Roman).

Schäferroman Der Schäferroman, für Landadel und gehobenes Bürgertum geschrieben, teilt den höfisch-politischen Anspruch nicht. In idyllischer Landschaft treten Schäfer und Schäferinnen auf, die sich verlieben, Abenteuer erleben, sich schließlich aber wieder trennen. Die Erlebnisse geben ihnen Gelegenheit zu beweisen, daß sie die galante Etikette beherrschen. Dazu gehört auch das Verfertigen und Singen von Liedern. Lyrische Einlagen sind daher üblich. Viele dieser Romane sind Schlüsselromane: Hinter den Schäfermasken verbergen sich reale Gestalten der Gegenwart. Zesen versetzt die Liebesgeschichte in ein bürgerliches Milieu und weist mit seiner Erkundung seelischer Regungen bereits auf die Empfindsamkeit.

Martin Opitz: ‚Schäferei von der Nymphen Hercinie‘ (1630). *Philipp Zesen: ‚Adriatische Rosemund‘* (1645). *Matthias Jonsohn* (eigentlich *Johann Thomas*): *‚Damon und Lisille‘* (1663).

Schelmenroman Das Gegenstück zum höfischen Roman ist der Schelmenroman. Er geht zurück auf die spanische ‘novela picaresca’ (span. pícaro = Vagabund, im 17. Jahrhundert: Landstörzer). Hier erzählt der Schelm, der aus untersten Schichten stammt, die abenteuerlichen Episoden seines Lebens. Zuerst naiv, dann listig und betrügerisch, schließlich bereuend und büßend, hat er im Auf und Ab der Fortuna, im Wechsel von Erhöhung und Erniedrigung die Lasterhaftigkeit aller Stände erlebt. Ihr setzt er nicht Beständigkeit entgegen, sondern Gerissenheit, bis er dann zur plötzlichen Einkehr kommt.
Grimmelshausen, ein literaturkundiger Sekretär, Vermögensverwalter und Schultheiß im Oberrheinischen, verbindet in seinem ‚Simplicissimus‘ das Schema des Schelmenromans mit Geschichten aus dem zeitkritischen, belehrenden Schrifttum. Simplicissimus steht für die Möglichkeiten des Menschen zwischen Gutem (verkörpert in Herzbruder) und Bösem (verkörpert in Olivier). Er lebt in einer Welt, in der die Wertordnung, insbesondere die Wertung der Stände, sich umgekehrt hat. Schein herrscht statt Sein, Krieg statt Frieden. Der Roman ist planvoll aufgebaut: Die Einsiedelei ist Ausgangs- und Endpunkt; äußerer Höhepunkt und innerer Tiefpunkt fallen zusammen im mittleren, dritten Buch.

Hans Jakob Christoffel von Grimmelshausen: ‚Der Abenteuerliche Simplicissimus Teutsch‘ (1668), *‚Continuatio des Abenteuerlichen Simplicissimi‘* (1669), *‚Lebensbeschreibung der Ertzbetrügerin und Landstörtzerin Courasche‘* (1670). *Johann Beer: ‚Simplicianischer Weltkukker oder abentheuerlicher Jan Rebhu‘* (1677), *‚Der berühmte Narren-Spital‘* (1681).

Politischer Roman In der zweiten Hälfte des 17. Jahrhunderts entsteht der politische Roman, in dem sich schon die Aufklärung ankündigt. Mit den staatspolitischen Inhalten des höfischen Romans hat er nichts zu tun, ‘politisch’ ist vielmehr der bürgerliche Beamte, der höfische Weltgewandtheit gelernt hat und sich im Umgang mit den Mitmenschen so verhält, daß er erfolgreich und zufrieden innerhalb seiner ständischen Grenzen leben kann. Der Held ist ein junger Mann, der nicht von der Fortuna umhergetrieben wird, sondern zielbewußt reist, um aus praktischen Erfahrungen zu lernen.

Christian Weise: ‚Die drei ärgsten Ertz-Narren in der gantzen Welt‘ (1675), *‚Der Politische Näscher‘* (1678). *Johann Riemer: ‚Der Politische Stock-Fisch‘* (1681).

4 Aufklärung und Empfindsamkeit (1720–1785)

1730	*Gottsched, Johann Christoph:* Versuch einer critischen Dichtkunst vor die Deutschen
1740	*Breitinger, Johann Jakob:* Critische Dichtkunst
1746/48	*Gellert, Christian Fürchtegott:* Fabeln und Erzählungen
1748/73	*Klopstock, Friedrich Gottlieb:* Der Messias
1766	*Lessing, Gotthold Ephraim:* Laokoon oder Über die Grenzen der Mahlerey und Poesie
1766/67	*Wieland, Christoph Martin:* Geschichte des Agathon (neue Fassungen 1773 und 1798)
1767	*Lessing:* Minna von Barnhelm oder Das Soldatenglück
1767/69	*Lessing:* Hamburgische Dramaturgie
1768	*Wieland:* Musarion oder Die Philosophie der Grazien
1772	*Lessing:* Emilia Galotti
1779	*Lessing:* Nathan der Weise

4.1 Bild der Epoche

Der selbständige Einzelmensch

Mit der Aufklärung setzt sich endgültig das neuzeitliche Menschenbild durch. Im Mittelalter waren die Menschen standesbestimmt. Die Aufklärung dagegen setzt voraus, daß jeder der Anlage nach gleichermaßen befähigt ist, selbständig zu urteilen und zu handeln. Die Menschen haben daher das Recht und die Pflicht, jede Behauptung, der sie zustimmen sollen, selbständig und kritisch auf ihre Richtigkeit, jede Handlung, zu der sie aufgefordert werden, auf ihre moralische Berechtigung hin zu prüfen. „Habe Mut, dich deines eigenen Verstandes zu bedienen!“ So lautet nach Kant der Wahlspruch der Aufklärung.

Natürliche Vernunft

Die Methode, mit deren Hilfe man sich ein selbständiges Urteil bildet, besteht darin, nur das als gegeben anzunehmen, was man mit seinen eigenen Sinnen wahrgenommen hat; aus dieser sinnlichen Erfahrung muß man dann mit Hilfe logischer Sätze zurückschließen auf das, was nicht wahrnehmbar ist, nämlich auf die Naturgesetze bzw. auf die gesamte gesetzmäßige und harmonische Ordnung, die nach der Überzeugung der Aufklärer das Universum durchzieht. Die Fähigkeit, dieser Methode zu folgen, heißt Vernunft. Sie wird jedem Menschen von Natur aus gleichermaßen zuteil; darum ist sie eine natürliche Vernunft.

Lebenspraxis und irdisches Glück

Die Vernunft erkennt aber nicht nur die äußere und innere Natur. Sie soll auch dazu dienen, hier auf Erden glücklich und zufrieden zu werden. Das Streben des einzelnen nach Nutzen und irdischem Glück wird zumindest teilweise gerechtfertigt; die Vorbereitung auf das Jenseits tritt gegenüber den früheren Epochen zurück. Man wendet sich den Fragen alltäglicher, praktischer Lebensführung zu; hier muß sich die Vernunft als Weltweisheit bewähren. Das Glücksstreben wird zumeist durch christliche Moral wieder eingeschränkt. In jedem Fall lehrt aber die Vernunft, die Grenzen zu erkennen und anzuerkennen, die ein harmonisches Zusammenleben gleichberechtigter Menschen dem Glücksstreben der einzelnen setzt. Sie verlangt daher immer auch eine weise Bescheidung, Mäßigung der Wünsche und Leidenschaften, also Tugend.

Natürliche Religion und Toleranz

Die Forderung, nur das sinnlich Wahrnehmbare als gegeben anzuerkennen, führt gelegentlich zum Atheismus. Doch zumeist glauben die Aufklärer, aus dem zweck- und gesetzmäßigen Funktionieren der Welt auf die Existenz eines Schöpfers schließen zu können. Darüber hinausgehende Aussagen über Gott scheinen ihnen aber nicht vernunftgemäß. Sie lehren somit den *Deismus* (lat. deus = Gott), das heißt die Verehrung eines unerkennbaren Weltschöpfers, weniger den Glauben an Christus und die Sündenvergebung. Der Deismus gilt als natürliche Religion, die der natürlichen Vernunft entspricht und allen einzelnen, geschichtlich sich entwickelnden Religionen zugrunde liegt. Da über weitergehende Glaubensfragen nicht vernunftgemäß entschieden werden kann, sollen alle Einzelreligionen untereinander Toleranz üben.

Erziehung und Fortschritt

Die Vernunftfähigkeit wird zwar jedem Menschen von Natur aus gleichermaßen zuteil, aber die Menschen bilden sie nicht gleichermaßen aus. Damit das geschieht, müssen sie zum Vernunftgebrauch erzogen werden. Die Aufklärer verstehen sich als Erzieher zur Vernunft, zum irdischen Glück der einzelnen und zum harmonischen Zusammenleben aller. Sie sind vom geschichtlichen Fortschritt überzeugt, den sie sich als einen allmählichen, aber sicheren Lernprozeß der ganzen Menschheit vorstellen.

Gegenseitigkeit

Es widerspricht der Idee von den selbständigen Einzelmenschen, daß diese aufgrund von vorgegebenen Rechten und Pflichten miteinander verkehren sollen, die jeden von Geburt an an eine bestimmte gesellschaftliche Stellung binden. Die Menschen sollten sich dagegen freiwillig zu gegenseitigem Wohltun verpflichten, weil die Vernunft ihnen sagt, daß das für jeden von ihnen am nützlichsten ist.

Menschenfreund, Weltbürger und Patriot

Wer darüber hinaus durch uneigennütziges Handeln dazu beiträgt, daß die Menschen auf dem Weg zu Selbständigkeit, Glück und Harmonie fortschreiten, der ist ein Menschenfreund, höchstes sittliches Ideal der Aufklärung. Der Menschenfreund fühlt sich der Gemeinschaft aller Menschen verpflichtet. Dementsprechend lehrt die Aufklärung, daß man sich weniger als Bürger eines einzelnen Staates denn als Weltbürger verhalten soll; die Staaten sollen wie die Menschen in friedlicher Gegenseitigkeit miteinander verkehren, aber keine geistigen Grenzen bilden. Da aber Deutschland noch nicht einmal ein einheitlicher Nationalstaat ist, verstehen sich die Aufklärer zugleich als Patrioten, die ein glücklicheres Leben in einem einheitlichen deutschen Staat überhaupt erst zu befördern suchen.

Nationalliteratur und ausländische Einflüsse

Für die Schriftsteller bedeutete das, daß sie zunächst einmal eine einheitliche Nationalliteratur zu schaffen hatten, die sich mit derjenigen des politisch und kulturell fortgeschrittenen Auslands messen konnte. Dazu mußten sie vom Ausland lernen. Bis etwa zur Mitte der fünfziger Jahre ist die Literatur der Epoche klassizistisch; unter der Führung Gottscheds orientiert sie sich am strengen Rationalismus der französischen Klassik mit ihren Idealen der Klarheit und Formenreinheit. In der zweiten Hälfte lernt sie von zeitgenössischen Franzosen (Rousseau, Diderot) und Engländern (Richardson, Defoe, Fielding), seelische Regungen und innere moralische Konflikte der privaten Einzelmenschen zu beschreiben und die gesellschaftlichen Zustände kritisch zu betrachten.

Vereinzelung und Schwärmerei

Die Auflösung ständischer Bindungen, die ja auch einen inneren Halt bedeuteten, Eigennutz und Konkurrenzdenken, die aller Vernunftmoral zum Trotz häufig genug zusammen mit dem Streben nach irdischem Glück auftraten, führten leicht zu Gefühlen der Unsicherheit, Vereinzelung und Einsamkeit. Es lag demgegenüber nahe, die gesellschaftliche Harmonie im rauschhaften Gefühl allgemeiner Einheit der Welt vorwegzunehmen, ohne die menschlichen Unzulänglichkeiten und die Probleme alltäglichen Zusammenlebens zu berücksichtigen. Diese Haltung wird von den Aufklärern als Schwärmerei verurteilt.

Empfindsamkeit

Trotz dieser Verurteilung entsteht etwa ab 1740 eine literarische Strömung, die Empfindsamkeit, welche die neuen, widersprüchlichen Gefühle erkundet. Die Empfindsamen suchen *Tugend* nicht in vernünftiger Einsicht, sondern im Gefühl zu begründen. Ihr Gefühlskult läßt sie schwanken zwischen einsamer *Melancholie* (die sie aber als „Wonne der Wehmut“ durchaus genießen können) und „heiligem" *Enthusiasmus,* dem Ergriffensein von der unsagbaren Ganzheit der Welt. Fühlend genießen sie, daß sie fühlen. Auch sie gehen vom selbständigen Einzelmenschen aus, aber nicht von seiner kritischen Vernunft, sondern von seinem persönlichen Gefühl. Auch sie glauben an die Einheit des Universums, suchen sie aber nicht im harmonischen Funktionieren zu erkennen, sondern im Allgefühl zu erfassen. So verwundert es nicht, daß sich bei vielen Schriftstellern aufklärerische und empfindsame Züge mischen. Die Empfindsamkeit wurde stark beeinflußt von Rousseau und englischen Autoren (Shaftesbury, Richardson, Young). Vor allem aber stellt sie eine Verweltlichung von Gefühlen und Haltungen dar, die sich im Pietismus entwickelt hatten.

Pietismus Der Pietismus ist eine religiöse Strömung, die schon im letzten Drittel des 17. Jahrhunderts einsetzt. Wie die Aufklärung geht auch er von den selbständigen und gleichberechtigten Einzelmenschen aus, die sich nicht in Streitereien über einzelne Dogmen verlieren, sondern in brüderlicher praktischer Liebe wirken. Aber nicht die Vernunft leitet sie, sondern das *Herz,* durch das sie sich unmittelbar mit Gott verbunden fühlen, nicht mit einem abstrakten Gott im Sinne des Deismus, sondern mit der konkreten Gestalt Christi. Wie die Empfindsamen zwischen Melancholie und Enthusiasmus, so schwanken die Pietisten zwischen tiefer Trauer über ihr sündiges Wesen und einer überfließenden Freude, wenn sie sich aufgrund göttlicher Zeichen im Zustand der Gnade und Sündenvergebung fühlen. Da sie ständig in ihrem Herzen nach solchen Zeichen suchen, entwickeln sie eine Psychologie der Selbstbeobachtung, die zur Grundlage für die Gattungen des Tagebuchs und der neuzeitlichen Autobiographie wird. Nach dem älteren, von Jakob Spener und August Hermann Francke geprägten Pietismus, dessen Zentrum in Halle lag, tritt später vor allem die Herrnhuter Brüdergemeine in Erscheinung, die Graf Nikolaus L. von Zinzendorf 1722 gründete.

Freundschaft Im Ideal der Freundschaft trifft die pietistisch-empfindsame Sehnsucht nach dem verbindenden Gefühl zusammen mit dem aufklärerischen Ideal von der freiwilligen Verbindung, die gleichberechtigte Menschen zum gegenseitigen Nutzen eingehen. Das Ideal harmonischer und treuer Freundschaft, das auch die Vorstellung von glücklicher Liebe prägt, taucht nicht nur in der Literatur immer wieder auf; die Schriftsteller suchen es auch in gefühlvollen Freundschaftsbünden zu verwirklichen.

Philosophische Grundlagen. Die Philosophie der Aufklärung in Deutschland wird beeinflußt vom Rationalismus des Franzosen Descartes und vom Pragmatismus der englischen Aufklärungsphilosophie. Ihre Grundlagen legt *Gottfried Wilhelm*

Leibniz. Er verbindet das naturwissenschaftliche Ursache-Wirkung-Denken mit der Annahme eines göttlichen Weltschöpfers. In seiner „Monadenlehre“ sucht er zu zeigen, daß Gott die Welt von Anfang an gesetzmäßig und harmonisch geordnet und zugleich jeder einzelnen Monade (= seelisches Kraftfeld) die Möglichkeit gegeben hat, sich fortschreitend zu vervollkommnen. Dieser Vervollkommnung muß auch das Übel dienen, so daß die Welt trotz ihrer scheinbaren Mängel zweckmäßig eingerichtet ist. Sie ist die beste aller möglichen Welten und stellt insofern eine „Theodizee“ (Rechtfertigung Gottes) dar. Die Lehre Leibnizens, der noch lateinisch und französisch schreibt, wird von seinem Schüler *Christian Wolff* in ein logisches deutschsprachiges Begriffssystem gebracht – eine beachtliche sprachveredelnde Arbeit –, enger auf die alltägliche Lebenspraxis bezogen und somit popularisiert, aber auch banalisiert. Am Ausgang der Aufklärung steht *Immanuel Kant,* der schon das Denken der deutschen Klassik vorbereitet (S. 108).

4.2 Literarisches Leben

Literarische Zentren Unter den Trägern der Aufklärung tritt das gebildete protestantische Bürgertum der Handels- und Universitätsstädte hervor. Brennpunkt des literarischen Lebens ist daher Leipzig, Handelszentrum und Ort der Buchmessen. Daneben sind die Handelsstädte Hamburg und Zürich sowie Halle und Göttingen mit ihren jungen Universitäten zu nennen. Schließlich hat auch das Berlin des erstarkenden preußischen Staates eine gewisse literarische Bedeutung.

Literarischer Markt und freier Schriftsteller Im Zusammenhang mit dem allgemeinen Aufschwung des Handels, der Produktionstechniken und des Bildungswesens entsteht im 18. Jahrhundert ein rasch anschwellender literarischer Markt. Wenn die Schriftsteller früher für einen bestimmten Auftraggeber oder Gönner schrieben oder überhaupt nur in müßigen ‘Nebenstunden’ dichteten, so arbeiten sie nun immer häufiger, bezahlt von einem Verleger, für ein breites anonymes Publikum. Die ersten freien Schriftsteller versuchen, allein von ihren Honoraren zu leben – mehr schlecht als recht. Einerseits entsteht nun eine marktkonforme Massenproduktion durch ‘Lohnschreiber’, andererseits entwickelt sich das Bewußtsein, daß es ein geistiges Eigentum gibt; um dessen Schutz vor den vielen unberechtigten Nachdrucken müssen die Schriftsteller hartnäckig kämpfen. Dem Unbehagen an der ‘Vermarktung’ des Geistes antwortet die Neigung, Originalität und Einmaligkeit der dichterischen Leistung zu betonen.

Zeitschriften Ihre Breitenwirkung verdankt die aufklärerische Erwachsenenbildung vor allem den zahlreichen Zeitschriften. Neben vielen rein literarischen und kritischen Zeitschriften erscheinen nach englischem Vorbild die *moralischen Wochenschriften.*

Sie behandeln anhand kleiner Schilderungen Fragen des alltäglichen Lebens und der Geschmacksbildung. Damit wird zum erstenmal ein breites Publikum, werden auch die Frauen der Erziehung zu einer zumindest teilweisen Selbständigkeit für wert gehalten.

Bremer Beiträge Der Titel einer der Zeitschriften, ‚Neue Beyträge zum Vergnügen des Verstandes und Witzes', nach dem Verlagsort kurz ‚Bremer Beyträge' genannt, hat einer ganzen an der Zeitschrift mitarbeitenden Schriftstellergruppe den Namen gegeben. Dabei ist den „Bremer Beiträgern", die sich tatsächlich zumeist als Leipziger Studenten kennenlernten, eigentlich nur gemeinsam, daß sie des dichtungstheoretischen Streits, der die Frühzeit der Aufklärung bestimmte, überdrüssig waren. Sie wollten lieber produzieren als kritisieren. Die wichtigsten Mitglieder der Gruppe sind Gottlieb Wilhelm Rabener, Johann Elias Schlegel und Christian Fürchtegott Gellert. Friedrich Gottlieb Klopstock veröffentlichte hier die ersten drei Gesänge seines ‚Messias'.

Lesegesellschaften Das wachsende Interesse breiter Schichten daran, sich mit Hilfe der Literatur geistig zu emanzipieren und im praktischen Leben zu bewähren, spiegelt sich in der Entstehung von Lesegesellschaften. Die Mitglieder, die einander über soziale Unterschiede hinweg als gleichberechtigte Individuen zu behandeln suchen, kaufen gemeinsam Bücher und Zeitschriften, lesen sie reihum und diskutieren sie. Gegen Ende des Jahrhunderts verflachen die Lesegesellschaften und werden zu Orten geselliger Unterhaltung. Die sogenannten *patriotischen Gesellschaften* verfolgen ebenfalls praktische Reformen.

Geheimgesellschaften und Freundschaftsbünde Daneben steht eine Reihe geheimer Gesellschaften; ihren geheimen Charakter darf man allerdings nicht allzu ernst nehmen. Sie stellen zur Zeit des Absolutismus einen von staatlicher Reglementierung relativ freien Raum dar, in dem eine eingegrenzte Öffentlichkeit Vorschläge diskutieren und teilweise verwirklichen kann, wie in Kirche und Staat aufklärend, erziehend, reformierend zu wirken sei. Dazu gehören die Freimaurerlogen – auf sie bezieht sich Gotthold Ephraim Lessing mit seiner Schrift ‚Ernst und Falk' – und solche Gesellschaften wie der Illuminatenorden, dem noch Johann Gottfried Herder und Johann Wolfgang von Goethe angehörten. Im Bereich der Empfindsamkeit entsprechen dem die privaten Freundschaftsbünde. Die Kreise der Empfindsamen, die sich wie geheime Orden ausbreiten, folgen dem Vorbild der pietistischen Zirkel und Brüdergemeinden.

4.3 Theorie und Formen der Literatur

Naturnachahmung Im Rückgriff auf Aristoteles' Begriff der Mimesis (s. S. 41) verlangt die Aufklärung, der Dichter müsse die Natur nachahmen. Natur ist hier zunächst die Vernunftnatur der Menschen samt zugehöriger praxisbezogener Moral sowie die zweckvolle Weltordnung. Die Dichtung ist solcher Wirklichkeit getreu, wenn sich alles, was sie darstellt, vernünftig begründen läßt, wenn es also letztlich *wahrscheinlich* ist. Wenn sie natürliche Ordnung und praktische Lebensregeln tatsächlich deutlich macht, wird die Dichtung immer auch *belehrend* sein. Die Lehre muß freilich mit *Witz* vorgetragen werden. Witz ist die Fähigkeit, aufgrund eines großen Überblicks überraschende, ungewohnte Verbindungen zwischen Vorstellungen, Bildern, Gedanken herzustellen.
Diese Auffassung, welche die erste, klassizistische Hälfte der Epoche bestimmt, verändert sich unter dem Einfluß der Empfindsamkeit. Die menschliche Natur wird nun enger bestimmt, weniger als allgemeine Vernunftnatur, mehr als die konkrete Psyche der einzelnen. Die Dichtung wendet sich mit zunehmendem psychologischem Interesse dem einzelnen *Charakter* zu. Sie stellt aber auch dann noch die allen gemeinsame Natur dar, denn sie interessiert sich für den wahrscheinlichen Charakter des normalen Menschen, des *mittleren Helden,* mit dem sich jedermann identifizieren kann. Diese Bedeutung der Leser- bzw. Zuschaueridentifikation führt dazu, daß man Dichtung von ihrer *Wirkung* auf den Zuschauer und Leser her zu verstehen sucht.
Die herrschenden Gedanken des ersten Zeitabschnitts wurden am deutlichsten und wirkungsvollsten von *Gottsched,* die des zweiten am deutlichsten von *Lessing* ausgesprochen.

Rokoko In der Spannung zwischen dem Wunsch nach irdischem Glück und den Forderungen vernünftiger Moral, zwischen empfindsamer Schwärmerei und vernünftiger Anerkennung der Wirklichkeit entsteht in der zweiten Hälfte der Epoche eine eigene Stilrichtung, das literarische Rokoko. Dessen Vertreter preisen Lebensgenuß und Sinnlichkeit, die freilich durch weise Mäßigung begrenzt werden sollen. Vorbild ist die Lehre des griechischen Philosophen Epikur. Tatsächlich bleibt der Genuß beschränkt auf einen Gefühlsrausch in den Freundschaftsbünden – dort feiert man die „Göttin Freude" – und auf die Lust am artistischen Spiel, bei dem sich der literarische Witz in geselligen Scherz verwandelt. Anmutig, gelegentlich mit leicht frivolen Andeutungen, wird die vernünftige Tugend beschrieben, soweit sie zierlich und graziös in weiblicher Gestalt erscheint. Die Maske verliebter Schäfer, also die Gattung der Schäferidylle, eignet sich dazu besonders.

Hauptvertreter dieser Richtung sind neben *Christoph Martin Wieland* und *Salomon Geßner* die sogenannten *Anakreontiker* – Lyriker, die dem Vorbild einer antiken Gedichtsammlung folgen, die vermeintlich von dem griechischen Lyriker Anakreon stammt. Beispielgebend für die Entstehung der Anakreontik ist der Hamburger Patrizier *Friedrich von Hagedorn;* sie wird dann gepflegt von drei Schriftstellern, die einander als Hallesche Studenten kennenlernten: *Wilhelm Ludwig Gleim, Johann Peter Uz* und *Johann Nikolaus Götz.*

Roman Die beginnende literarische Massenproduktion bezieht sich im wesentlichen auf den Roman. Von den Theoretikern wird er zunächst nicht geschätzt, weil sein Geschehen zu wunderbar ist, um noch wahrscheinlich zu sein. Das breite Publikum dagegen liest noch lange die höfischen Romane des Barock, die ihm erlauben, sich aus engem Dasein hinaus- und hinaufzuträumen. Die aufklärend-empfindsamen Romane erzählen vom Helden mittleren (bürgerlichen oder landadligen) Standes, der sein maßvolles irdisches Glück findet, nämlich als Privatmensch im Familienkreis; dieser ist oft in einem abgeschlossenen Ort (ferne Insel, bescheidenes Landgut) angesiedelt. Der Gegensatz zwischen abenteuerlicher, gefährlicher Welt und dem eingegrenzten Bereich, in dem sich empfindsame Rührung entfalten kann (häufig in eingeschobenen Briefen), gibt Gelegenheit zu erbaulicher Belehrung wie zur kritischen, häufig satirischen Darstellung. Neben die Lust am Abenteuer tritt das psychologische Interesse am einzelnen Charakter. Dieses Interesse führt auch zur Entstehung einer reichen autobiographischen Literatur, die aus pietistischer Selbstbeobachtung erwächst. Der psychologische Selbstbezug kann sich schließlich auch auf den Stil auswirken: Der Erzähler treibt sein verwirrendes Spiel mit dem Leser; es geht ihm weniger um den nur notdürftig geknüpften Handlungsfaden als darum, seine Assoziationen und Gedankensplitter auszubreiten.

Johann Gottfried Schnabel: ‚Wunderliche Fata einiger See-Fahrer ...‘, 4 Bände (1731–43). (Robinsonade, Utopie aus pietistischem Geist.) *Johann Michael von Loen: ‚Der redliche Mann am Hofe‘* (1740). (Der tugendhafte Graf vom Lande reformiert den Hof. Eingeschoben die Utopie eines Idealstaates.) *Christian Fürchtegott Gellert: ‚Leben der Schwedischen Gräfin von G+++‘* (1747/48). *Christoph Martin Wieland: ‚Die Abenteuer des Don Sylvio von Rosalva‘* (1764), *‚Geschichte des Agathon‘* (1766/67). *‚Geschichte der Abderiten‘* (1781). *Sophie von La Roche: ‚Geschichte des Fräuleins von Sternheim‘* (1771/72). (Eine empfindsame Seele bewahrt am Hof ihre Tugend und wirkt in praktischer Nächstenliebe.) *Friedrich Nicolai: ‚Das Leben und die Meinungen des Herrn Magisters Sebaldus Nothanker‘* (1773–76). (Satire der orthodoxen Geistlichen, der Pietisten und Gelehrten.) *Johann Karl August Musäus: ‚Physiognomische Reisen‘* (1778/79). (Satire der damaligen Modewissenschaft Physiognomie, assoziatives Vorgehen nach dem Vorbild des Engländers Laurence Sterne.)

Bürgerliches Trauerspiel

Im Trauerspiel verkündet man zunächst weiterhin die stoische Moral wie im Barock und sucht gleichzeitig von den Dramen und den Regeln der französischen Klassik zu lernen, insbesondere von ihrer Forderung, die *drei Einheiten* (der Zeit, des Ortes, der Handlung) einzuhalten. Johann Elias Schlegel, der schon die Bedeutung Shakespeares erkannte, führt mit seinem ‚Canut' (1746) zum Ideal des aufgeklärten Absolutismus hin: Der aufrührerische Adlige, der rücksichtslos seinem im übrigen edlen Gefühl der Standesehre gehorcht, unterliegt dem König, der den höheren Wert der Menschenliebe vertritt.

Allein dem Geist des aufgeklärten Zeitalters entspringt das bürgerliche Trauerspiel. Jetzt wird auch das bürgerliche und private Leben ernsthafter Behandlung würdig; die Ständeklausel (s. oben S. 70) gilt nicht mehr. Das bürgerliche Trauerspiel wählt sich Helden aus dem niederen Adel und dem Bürgertum und zeigt sie dort, wo sie alle gleich sind, nämlich im privaten Familienkreis. Die Bedrohung der Familie, in der nicht mehr stoische, sondern empfindsame Tugenden gepflegt werden, gibt Anlaß zur Gesellschaftskritik. In der deutschen Aufklärung wird die Gattung fast nur von Lessing vertreten, der Sturm und Drang führt sie weiter.

Sächsische Typenkomödie und weinerliches Lustspiel

Auch die Komödie lehnt sich zunächst an die französische Klassik an. Die von Gottsched entscheidend beeinflußte sächsische Typenkomödie zielt neben der formalen Nachahmung der Franzosen aufs Erbauliche: Derjenige Einzelmensch, der aufgrund von Marotten oder tatsächlichen Untugenden zum Außenseiter wurde, wird von den anderen Figuren bloßgestellt und verlacht – der Zuschauer soll in dieses Lachen einstimmen –, dadurch meist zur Einsicht gebracht und in die Gemeinschaft zurückgeführt. Hinter dieser Kritik an einzelnen steckt oft auch eine allgemeinere Kritik.

Das weinerliche oder empfindsame Lustspiel, das unter dem Einfluß zeitgenössischer Franzosen von Gellert geprägt wird, will ebenfalls belehren, aber nicht durch Spott, sondern durch Beispiele vorbildlicher Tugend, welche die Zuschauer zu Tränen rühren. Hier verwischt sich die Grenze zum bürgerlichen Trauerspiel. Schließlich vermischen sich beide Komödienarten, Satire verbindet sich mit Empfindsamkeit, Komik mit Charakterpsychologie. Den abschließenden Höhepunkt dieser Entwicklung stellt Lessings ‚Minna von Barnhelm' dar.

Typenkomödie: *Luise Adelgunde Viktorie Gottsched: ‚Die Pietisterey im Fischbein-Rocke, Oder die Doctormäßige Frau'* (1736). *Johann Theodor Quistorp: ‚Der Hypochondrist'* (1745). *Johann Elias Schlegel: ‚Die stumme Schönheit'* (1747). (Verzichtet weitgehend auf Belehrung.) *Gotthold Ephraim Lessing: ‚Der junge Gelehrte'* (1747).

Weinerliches Lustspiel: *Christian Fürchtegott Gellert: ‚Die Betschwester‘* (1745), *‚Die zärtlichen Schwestern‘* (1747).
Mischformen: *Johann Christian Krüger: ‚Die Candidaten oder, die Mittel zu einem Amte zu gelangen‘* (1748). *Gotthold Ephraim Lessing: ‚Die Juden‘, ‚Der Freygeist‘* (beide 1749). *Christian Felix Weiße: ‚Ehrlich währt am längsten, oder der Mißtrauische gegen sich selbst‘* (1761).

Kleinformen der Belehrung und des Witzes

Den belehrenden Absichten kommen bestimmte Formen besonders entgegen, so etwa das *Lehrgedicht,* die philosophische Betrachtung in Gedichtform, die nach dem Vorbild des Engländers Pope von Albrecht von Haller, Friedrich von Hagedorn und dem jungen Christoph Martin Wieland gepflegt wird. Besonders beliebt waren Gattungen, die Belehrung auf überraschende, ‘witzige’ Weise auszusprechen erlauben. Das gilt vor allem für die *Fabel,* die anhand von Analogien aus dem einfachen, niederen Leben, häufig als Tierfabel, auf pointierte Weise eine lebenspraktische Moral verkündet. Meister dieser Form sind Gellert und Lessing. Die Kurzformen *Epigramm* und *Aphorismus* dienen dazu, Untugenden, Modehaltungen, unbegründete Normen aus lebenspraktischer Sicht zu entlarven, nicht indem sie eine Lehre eigens aussprechen, sondern indem ihre Pointe das selbständige Denken anregt. Die Aphorismen Georg Christoph Lichtenbergs sind noch heute lebendig. Er lernte von dem Epigrammatiker Abraham Gotthelf Kästner. Vom entlarvenden Spott lebt auch die *Satire;* allerdings ist ihr Spott eher indirekt, sie arbeitet mit durchsichtigen Analogien. Gottlieb Wilhelm Rabener vermeidet in seinen Satiren jeglichen Bezug auf bestimmte Personen. Christian Ludwig Liscow mußte wegen kritischer Äußerungen die sächsische Ratsstube mit dem Gefängnis vertauschen.

Kleinformen der Empfindung

Dem empfindsamen Gefühlsausdruck dienen Ode und Idylle. Die *Ode* sucht ihren erhabenen Gegenstand nicht mehr in Herrschern und Helden, sondern im begeisterten Gefühl selbst, das sich aus der Religion, der Freundschaft oder (patriotischer, nicht nationalistischer) Vaterlandsliebe speist. Aufklärerisch bestimmt ist die philosophische Ode, dem Lehrgedicht verwandt. Die Anakreontiker entwickeln die Ode nach dem Vorbild des römischen Dichters Horaz gleichzeitig mit den beiden pietistischen Dichtern Jakob Immanuel Pyra und Samuel Gottlob Lange in Halle. Karl Wilhelm Ramler überträgt die horazischen Formen exakt ins Deutsche, aber erst Klopstock verbindet das enthusiastische Gefühl mit einer angemessenen und in sich geschlossenen Form. – Die *Idylle* nach dem Vorbild des Griechen Theokrit zeichnet einen umgrenzten Raum bewahrter Natur, in welchem zärtliche Empfindung und maßvolles irdisches Glück, wie es dem Menschen natürlich sein soll, vorweggenommen werden. Hinter dem rokokohaften Spiel verbirgt sich eine

Kulturkritik, die erst im Sturm und Drang ausgeführt wird. Die Idyllen des Zürichers Salomon Geßner wurden jahrzehntelang in ganz Europa gelesen.

4.4 Autoren

4.4.1 Die theoretische Grundlegung: Gottsched und die Schweizer

Johann Christoph Gottsched (1700–1766)

Gottsched, der aus einem protestantischen Pfarrhaus stammte, lehrte in Leipzig die Philosophie Christian Wolffs, gab die moralischen Wochenschriften ‚Die Vernünfftigen Tadlerinnen' und ‚Der Biedermann' heraus und begründete die ‚Deutsche Gesellschaft' zur Pflege der nationalen Sprache und Bildung. 1730 erschien sein ‚Versuch einer critischen Dichtkunst vor die Deutschen'. Dem folgten Sammlungen von Musterstücken (‚Deutsche Schaubühne', 6 Bände, 1740–45), viele davon Übersetzungen und Nachahmungen, aber auch Stücke deutscher Autoren, unter ihnen Gottsched selbst und seine literarisch begabtere Frau. Gottsched arbeitete einige Zeit mit der Theatergruppe der Friederike Caroline Neuber zusammen, auf deren Bühne er den Hanswurst feierlich verbannen ließ. 1748 erschien die ‚Grundlegung der deutschen Sprachkunst', ein wichtiger Schritt auf dem Wege zu einer einheitlichen deutschen Schriftsprache.

Als Kunstkritiker – eine Einrichtung, die er selbst erst schuf – sorgte Gottsched dafür, daß ein weltliches nationales Theater von europäischem Niveau entstehen konnte. Die praktischen Anleitungen und Vorschriften in der ‚Critischen Dichtkunst' unterscheiden sich fast nicht von den traditionellen Dichtungsregeln; z. B. hält Gottsched an der Ständeklausel fest (s. S. 70 und 83). Indem er die Regeln aber nach dem Vorbild der französischen Klassik, insbesondere ihres Theoretikers Boileau-Despréaux, neu begründet und auf Naturnachahmung, Wahrscheinlichkeit, Vernunft bezieht, macht er die künstlerische Diskussion zur Sache aller selbständig denkenden Menschen, nicht nur einiger Gelehrter; die Literatur geht von nun an die gerade entstehende nationale Öffentlichkeit der Gebildeten an. Die Forderung, die Dichtung müsse durch Belehrung sittlich bessern, rechtfertigt solche Beschäftigung auch moralisch.

Johann Jakob Breitinger (1701–1776). Johann Jakob Bodmer (1698–1783)

Die beiden Professoren an einem Züricher Gymnasium gaben zusammen die ‚Discourse der Mahlern' heraus (ästhetische und politisch-moralische Beiträge einer von ihnen gegründeten Gesellschaft angeblicher Maler). Nach dem Erscheinen von Breitingers ‚Critischer Dichtkunst' (1740) kam es zu einer heftigen Fehde mit den Gottschedianern.

Die Schweizer verteidigen gegen Gottsched das Wunderbare, allerdings nur, sofern es sich letztlich als „vermummtes Wahrscheinliches" erweist.

Außerdem beschäftigen sie sich schon mit dem Wirkungsaspekt der Dichtung und betonen die Illusion, die die Dichtung erzeugen müsse. Mit beidem wird die anschauliche (malerische) und das Herz bewegende Darstellung religiöser, empfindsamer Gefühle gerechtfertigt.

4.4.2 Auf dem Weg zur Naturlyrik: Brockes und Haller

Barthold Hinrich Brockes (1680–1747)

Der Hamburger Kaufmann und Senator gründete die dortige ‚Patriotische Gesellschaft' und gab die moralische Wochenschrift ‚Der Patriot' heraus. Seine einflußreiche Gedichtsammlung ‚Irdisches Vergnügen in Gott' erschien in 9 Bänden zwischen 1721 und 1748.

Brockes vollzieht den Übergang von der älteren Auffassung, die aus der Natur die geheimnisvollen Zeichen göttlicher Belehrung herausliest, zur unmittelbaren Anschauung des göttlichen Wirkens in der Natur: Noch im kleinsten Rahmen funktioniert die gesetzmäßige, dem menschlichen Glücksstreben günstige Weltordnung. So entwickelt sich die Neugier für die sichtbare und erfahrbare Landschaft.

Albrecht von Haller (1708–1777)

Der Sprößling einer Berner Patrizierfamilie – er wurde später geadelt – war lange Zeit ein bekannter Medizinprofessor in Göttingen und bekleidete später öffentliche Ämter in Bern. Einer der berühmtesten, umfassend gebildeten Gelehrten seiner Zeit, litt er zugleich unter Melancholie und pietistischer Sündennot, wie seine Tagebücher bezeugen. Sein ‚Versuch Schweizerischer Gedichten' (1732) wurde begeistert aufgenommen.

In Hallers Lehrgedicht ‚Die Alpen' wird die ursprüngliche, von Stadtkultur und eigenen inneren Kämpfen unberührte Natur als Raum der Tugend und des Glückes beschrieben. Dabei entsteht der Wunsch, diese Landschaft realistisch darzustellen. Auch wenn das mißlingt – das Naturbild zerfällt in Einzelheiten –, öffnet sich damit zum erstenmal der Blick für das Unidyllische, für Weite und Größe einer Landschaft. Nach Hallers Beispiel wird Ewald von Kleist, der am Alltag seines preußischen Offiziersleben verzweifelte, in seinem Gedicht ‚Der Frühling' (1749) die noch ursprüngliche Landschaft feiern, diesmal aber als Raum der sonst entbehrten Freiheit.

4.4.3 Zwischen Aufklärung und Empfindsamkeit: Gellert und Wieland

Johann Christian Fürchtegott Gellert (1715–1769)

Der Pfarrerssohn, der in Leipzig als Professor für Poesie und Beredsamkeit lebte, war der bedeutendste der „Bremer Beiträger" und, vor allem mit seinen ‚Fabeln und Erzählungen' (2 Bände, 1746/48), der anerkannte Lehrer für Moral und eleganten Geschmack in ganz Deutschland. Am beliebtesten waren die empfindsamen Gedichte seiner ‚Geistlichen Oden und Lieder' (1757). Mit seinem Roman ‚Das Leben der schwedischen Gräfin von G***' (1747/48) führte er unter englischem Einfluß den empfindsamen Seelenausdruck in diese Gattung ein; dem diente die Briefform. Mit den „Lustspielen" (1747) gewann die empfindsame Psychologie auch Einfluß auf die Komödie.

Gellert verbindet die Moral maßvollen vernünftigen Genusses und Strebens nach Nützlichem mit der Forderung, in Konfliktfällen hochherzig zu entsagen. Roman und Komödien zeigen solche Konfliktfälle, an denen sich die Beobachtung widerstreitender seelischer Regungen nun zu schulen beginnt. Zu Bitternis und Ausweglosigkeit kommt es dabei aber nie, denn die richtige Lösung, auch die selbstüberwindende Entsagung, gilt als spontanes, natürliches Bedürfnis empfindsamer Herzen. Insofern zeigt Gellert nach Klopstocks Worten, wie schön die Tugend sein kann. In den Fabeln – hier hat Gellert von dem französischen Klassiker La Fontaine gelernt – wird der schwerfällige Alexandriner durch den freien Vers ersetzt, der sich einem eleganten Plauderton anschmiegt, von dem der Leser bis zur unvermuteten, ebenso entlarvenden wie moralisch belehrenden Pointe geführt wird.

Christoph Martin Wieland (1733–1813)

Der schwäbische Pfarrerssohn erlebte in pietistischer Klostererziehung den ersten Zwiespalt zwischen religiöser Ergriffenheit und philosophischem Skeptizismus, der sein ganzes Werk bestimmen sollte. Die Freundschaft mit Bodmer, der ihn nach Zürich einlud, zerbrach, als Wieland die religiöse Schwärmerei mit der Bewunderung für die französische Rokokokultur vertauschte, die er in der Schweiz kennenlernte. Diese bestimmte seine virtuos plaudernden Versdichtungen, deren Höhepunkt das Epos ‚Oberon' (1780) darstellt; die Essenz des Rokoko aber findet sich in der kleinen Versidylle ‚Musarion oder Die Philosophie der Grazien' (1768). Nach einigen Jahren als Senator und Kanzleiverwalter in seiner Heimatstadt Biberach, wo er die Mitbürger durch eine Liebesaffäre vor den Kopf stieß, verhalf ihm ein Gönner, der französisch gebildete Diplomat Graf Stadion, zu einer Professur der Philosophie und der Schönen Wissenschaften an der Universität Erfurt. Anlaß hierfür war sein philosophischer Roman ‚Geschichte des Agathon' (1766/67; neue Fassungen 1773 und 1798), der das Thema des desillusionierten Schwärmers vertieft, das schon der erste Roman umkreist (‚Der Sieg der Natur über die Schwärmerei, oder Don Sylvio von Rosalva', 1764). Aufgrund seines Staatsromans ‚Der goldene Spiegel' (1772), der das Programm des aufgeklärten Absolutismus verkündet, wurde Wieland zum Erzieher des jungen Herzogs von Sachsen-Weimar berufen. In Weimar erschien der Roman ‚Die Abderiten, eine sehr wahrscheinliche Geschichte' (1774/80), eine Kleinbürgersatire, nicht ohne Erinnerung an Biberach. Hier lebte er als Hofrat, dann mit Pension als Schriftsteller, Vater einer zahlreichen Familie, den Dichtern der Klassik freundlich verbunden. Wieland übersetzte antike und zeitgenössische Texte – seine Shakespeare-Übersetzungen bürgerten den Engländer in Deutschland ein – und gab die bedeutende literarische Monatsschrift ‚Teutscher Merkur' heraus.

Wieland ringt zeitlebens um ein Modell praktischer Lebensführung, in dem irdischer Genuß und Tugendforderungen anmutig miteinander harmonieren. Sein unbestechlicher Blick für die gar nicht moralische Wunschnatur der Menschen führt aber dazu, daß kein Modell ihn auf die Dauer befriedigen kann. Einerseits glaubt er optimistisch an die Erziehungsvorstellungen der Aufklärung, andererseits beherrscht ihn eine manchmal bittere Skepsis gegenüber der Möglichkeit menschlicher Selbstbestimmung. Daher entsteht nur in solchen Texten, in denen er auf eine umfassendere Deutung gesellschaftlicher Wirklichkeit verzichtet, wie etwa in ‚Musarion', wenigstens vorläufig ein geschlossenes Lebensmodell. Am ‚Agathon' hingegen, der die Entwicklung eines Menschen zur harmonischen Lebenspraxis darstellen sollte, arbeitet er jahrzehntelang – es entstehen drei Fassungen –; doch es kommt weniger zu einem wirklichen Entwicklungsprozeß als zu einem Schwanken des Helden zwischen den verschiedenen Positionen und schließlich nur zu resignierender Entsagung.
Besonders reizvoll sind diejenigen Texte, in denen die Skepsis selbst zum inhaltlich-formalen Prinzip wird, so vor allem in den Verserzählungen, in denen das Wunderbare einer Welt aus ‚Tausendundeiner Nacht', aus Ritter- und Feenmärchen immer wieder auf das Wahrscheinliche der allzu menschlichen Psyche zurückgeführt wird. Stilistisch äußert sich die Skepsis im ironischen Spiel des Erzählers mit seinen Figuren wie mit dem Leser, deren Gewißheiten, kaum gewonnen, schon wieder in Frage gestellt werden.

4.4.4 Der Sänger des Enthusiasmus: Klopstock

Friedrich Gottlieb Klopstock (1724–1803)

Der pietistisch erzogene Sohn eines wohlhabenden Advokaten suchte sich nach dem Ideal des religiösen Dichters zu bilden, das die Schweizer Bodmer und Breitinger aufgerichtet hatten. Eine enge Freundschaft mit Bodmer trübte sich jedoch, als Klopstock auch weltliche Gefühle zeigte. Nach dem großen Vorbild der Schweizer, nämlich John Miltons ‚Paradise Lost', das Bodmer übersetzte, schuf Klopstock sein berühmtes Hexameterepos ‚Der Messias' (1748/73). Der dänische König rief ihn daraufhin nach Kopenhagen und setzte ihm eine Pension aus. Nach dem Tod des Königs lebte Klopstock in Hamburg. Wenn er auch wegen seines Epos hoch verehrt wurde, ist seine Lyrik doch gelungener (‚Geistliche Lieder', 2 Bände, 1758/69; ‚Oden' sowie ‚Oden und Elegien', beide 1771). Seine alttestamentlichen und patriotischen Dramen sind eine Mischung aus dramatischen, lyrischen und epischen Elementen.

Dichten ist für Klopstock heilige Feier, ob er nun Freundschaft und Freude, die Geliebte, Christi Erbarmen und Gottes Allmacht oder das Vaterland preist. Vom einzelnen Gegenstand erhebt sich das Gefühl zum Unendlichen, wobei es, alles Materielle hinter sich lassend, seine eigene unendliche Weite erfährt. Der Dichter, der Gottes Schöpfung so nachzufühlen vermag, erhält prophetische Weihe. Klopstock verbindet die verschiedenen religiösen Zeittendenzen: ‚Der Messias‘ beschreibt Christi Heilstat, aber im Rahmen der kosmischen Schöpfungsharmonie. Um den Enthusiasmus lyrisch auszudrücken, übernimmt Klopstock reimlose antike Versmaße, vor allem Odenformen, kombiniert sie dann miteinander und entwickelt sie schließlich zu freien Rhythmen weiter mit dem Ziel, starke Bewegungen und harte Kontraste zu schaffen. Diese Rhythmisierungen sowie neue Wortprägungen erweiterten die Ausdruckskraft des Lyrischen in der deutschen Sprache erheblich. Die patriotische Lyrik, die häufig nachgeahmt wurde, soll dem Stil der vermeintlich germanischen Barden (eigentlich keltische Dichter) entsprechen. Klopstock dachte aber nicht nationalistisch; er begrüßte begeistert die Französische Revolution, durch die ein anderes Volk sich befreit hatte, und wandte sich erst dann entsetzt von ihr ab, als das republikanische Frankreich Eroberungskriege zu führen begann. Klopstock ist das große Vorbild der Stürmer und Dränger.

4.4.5 Die überragende Gestalt der deutschen Aufklärung: Lessing

Gotthold Ephraim Lessing (1729–1781)

Der Sohn aus protestantischem Pfarrhaus, erzogen in der Klosterschule St. Afra in Meißen, studierte Theologie und Medizin in Leipzig, wo er die Theatergruppe der Neuberin kennenlernte, die 1748 sein Stück ‚Der junge Gelehrte‘ aufführte, geschrieben im Stil der sächsischen Typenkomödie. Anschließend suchte er als freier Schriftsteller und Kritiker zu leben, meistens in Berlin, wo er den französischen Aufklärer Voltaire kennenlernte, ohne sich mit ihm befreunden zu können. Zu seinem engeren Freundeskreis zählten der Verleger und Schriftsteller Friedrich Nicolai und der jüdische Philosoph und Ästhetiker Moses Mendelssohn; mit ihnen zusammen gab er die ‚Briefe die Neueste Litteratur betreffend‘ heraus (1759/65), welche die Kunsttheorie der klassizistischen Phase der Aufklärung ablösten. Als Beispiel der von ihm erstrebten modernen Tragödie hatte er zuvor schon ‚Miß Sara Sampson‘ (1755) geschrieben. Mit den ‚Fabeln‘ (3 Bücher, 1759) stellte er die antike Tierfabel in den Dienst aufklärerischer lebenspraktischer Lehre. Im Siebenjährigen Krieg war er Sekretär des preußischen Generals Tauentzien; die Erinnerung an diese Zeit spricht aus der Komödie ‚Minna von Barnhelm‘ (1767). Ein Jahr zuvor war die theoretische Schrift ‚Laokoon oder Über die Grenzen der Mahlerey und Poesie‘ erschienen. Aufgrund finanzieller Schwierigkeiten, aber auch um die Entstehung einer deutschen Nationalliteratur zu fördern, nahm Lessing eine Stellung als festangestellter Kritiker am Hamburger Nationaltheater an. Seine Aufgabe war, die aufgeführten Werke regelmäßig zu besprechen. Die Besprechungen erschienen später gesammelt unter dem Titel ‚Hamburgische Dramaturgie‘ (1767/69). Nach dem Scheitern des Hamburger Unternehmens folgte er dem Angebot, Herzoglicher Bibliothekar in Wolfenbüttel zu werden. Dort entstand sein bürgerliches Trauerspiel ‚Emilia Galotti‘ (1772). Als Bibliothekar gab er neben Schriften der herzoglichen Bibliothek auch

	* 1729	
,Der junge Gelehrte' 1747	Student in Leipzig	sächsische Typenkomödie
	1748	
,Miß Sara Sampson' 1755	Freier Schriftsteller in Berlin	erstes bürgerliches Trauerspiel
Literaturbriefe 1760		gegen den Klassizismus
,Laokoon' 1766		für die Darstellung des Inneren
,Minna von Barnhelm' 1767		ernste Komödie
	1767	
,Hamburgische Dramaturgie' 1767/69	Dramaturg in Hamburg	Dramentheorie nach Aristoteles
,Emilia Galotti' 1772		Inbegriff des bürgerlichen Trauerspiels
	1770	
Fragmentenstreit 1774/78	Bibliothekar in Wolfenbüttel	praktisches Christentum gegen Orthodoxie
,Nathan der Weise' 1779		aufgeklärte Humanität und Toleranz
,Erziehung des Menschengeschlechts' 1780		Verbindung von Vernunft und Offenbarung
	† 1781	

die ‚Fragmente eines Ungenannten' heraus, vom Deismus geprägte Schriften des verstorbenen Gymnasialprofessors Reimarus. Daraufhin verwickelte ihn die lutherische Geistlichkeit, vor allem der Hamburger Hauptpastor Johann Melchior Goeze, in eine aufsehenerregende Polemik, die damit endete, daß Lessing von seinem Herzog ein Schreibverbot erhielt. In seinem Schauspiel ‚Nathan der Weise' (1779), das aber erst nach seinem Tod aufgeführt wurde, und in der geschichtstheologischen Schrift ‚Die Erziehung des Menschengeschlechts' (1780) setzte er den Streit indirekt fort. Er starb berühmt, vereinsamt und enttäuscht.

Der Kritiker und Ästhetiker

In seinen frühen kritischen Schriften geht Lessing von Gottscheds Wertmaßstab regelgemäßer Ausführung allmählich zur Frage nach der Wirkung über. Im 17. und im 81. Literaturbrief und in der ‚Hamburgischen Dramaturgie' lehnt er dann Gottsched und dessen klassizistische französische Muster (vor allem Corneille und Voltaire) entschieden ab. Er verweist dagegen auf Shakespeare, daneben auch auf Diderot, und sucht das durch Berufung auf die griechische Klassik zu rechtfertigen, deren Regeln Shakespeare besser entspreche. Dabei bezieht er sich vor allem auf Aristoteles' Begriff der Katharsis (vgl. S. 41) und fordert, die Tragödie müsse Mitleid mit dem („mittleren") Helden, das heißt Furcht für ihn als für unseresgleichen, erregen und den Zuschauer dadurch bessern; das Schicksal außergewöhnlich guter oder schlechter Menschen sei dagegen nur schrecklich. Nicht die mechanische Befolgung der Regeln, etwa der drei Einheiten, sei nötig; der Dichter müsse vielmehr die tiefere Einheit zwischen verschiedenen Handlungen und Empfindungen herausarbeiten. Das sei Sache des Genies, nicht des nur witzigen Kopfs. Die Stürmer und Dränger machen diese Begriffe zu ihren Leitmotiven. Auch im ‚Laokoon' geht Lessing von der mitleiderregenden Schmerzäußerung des „mittleren" Helden und damit ebenfalls von der Wirkung aus. Hier sucht er, die Eigenart der Dichtung zu bestimmen und sie gegenüber der Malerei, damit auch gegenüber malenden Dichtungen in der Nachfolge Bodmers und Breitingers, zu verteidigen. Die Malerei nämlich schien am besten zu leisten, was man nun verlangte: Nachahmung der Natur. An ihr entzündete sich daher während des ganzen 18. Jahrhunderts die kunsttheoretische Diskussion. Beispielgebend dafür waren die Schriften Winckelmanns, die auch Lessing anregten. Nach Lessing vermittelt die Malerei die Anschauung des Nebeneinanders, die Dichtung dagegen stellt ein ganzes Geschehen im Nacheinander dar und wirkt stärker auf die Phantasie; dadurch ist sie imstande, die Empfindungen, die innere Natur der Figuren, im Leser zu wiederholen.

Der Dramatiker

Das Typenlustspiel, das Lessing im ‚Jungen Gelehrten' noch vertritt, wird von ihm durch die Übernahme ernsthafter Probleme vertieft und durch den Übergang von der Typen- zur Charakterdarstellung psychologisiert. In ‚Minna von Barnhelm' schließlich sind Rührung, Komik und Problem zu einer neuartigen Einheit verbunden. Der Liebesgeschichte mit ihren komischen Verwicklungen steht ein ernsthaftes Problem zur Seite: der Krieg. Das Stück zeigt seine finanziellen, aber auch seine ethischen Folgen für die ganze Gesellschaft. Mit seinem Ende verliert ein Selbst- und Weltverständnis seine Grundlagen, das an Ehre und Uniform geknüpft ist. Tellheim, der edel an seiner Ehre festhält, wäre darum fast an der ganzen Weltordnung verzweifelt. Davor retten ihn die Vertreter einer neuen Wertordnung, die auf Gleichheit (auch Gleichheit der Geschlechter) und Gegenseitigkeit beruht. Auf der Grundlage beider, die durch die Ringe symbolisiert werden, können sich Mitleid, Freundschaft, Liebe entfalten; sie erlauben, hinter der Uniform den edlen Menschen zu erkennen. Nur äußerlich wird die alte Wertordnung durch einen königlichen Erlaß schließlich doch gerettet; als äußerliche, die man nicht mit lächerlicher Starrköpfigkeit vertreten darf, bleibt sie dann aber auch bestehen. Die Heirat verbindet die Vertreter der beiden Kriegsparteien und der beiden Wertordnungen.

In Lessings bürgerlichen Trauerspielen wird die Familie nicht mehr durch Blutsbande, sondern durch Erziehung, Tugend, Empfindungen gegenseitiger Zärtlichkeit zusammengehalten. In ‚Miß Sara Sampson' lernt die zunächst schuldige Heldin, die Tugend zu verinnerlichen, so daß sie als rührende Unschuld stirbt und dadurch die Tugenden der anderen festigt. In ‚Emilia Galotti' stirbt nicht die wiedererrungene, sondern die durch den unmoralischen absolutistischen Hof gefährdete Unschuld. Allerdings begeht der Vater den Fehler, die Familie völlig vom Hofleben zu trennen. Emilia ist verführbar, weil sie nicht durch angemessene Erziehung auf das Hofleben und seine Gefahren vorbereitet wurde. Der Vater denkt nur daran, die Familie von verderblichen Einflüssen freizuhalten. Indem er die Tochter tötet, rettet er die Familie, aber nur, indem er sie zugleich zerstört. Beide, der absolutistische Herrscher wie der Vertreter einer sich starr abgrenzenden bürgerlichen Moral, haben sich verrechnet.

Der Theologe Im sogenannten Fragmentenstreit geht es um das Verhältnis von Vernunft und Offenbarung. Für Lessings Gegner, Pastor Goeze (s. S. 91), ist die Bibel unkritisierbare, geoffenbarte Wahrheit. Lessing sucht sie teilweise der Kritik einer Vernunft zu unterwerfen, die ständig auf dem Weg zur Wahrheit ist, Hypothesen aufstellt, sie durch Erfahrung und Diskussion überprüft, neue aufstellt usf. Lessing schwächt also den Offenbarungsglauben ab zugunsten fortschreitender Vernunft. Zugleich nimmt er dem Streit die Spitze, indem er die praktische Wirkung gelebten Christentums über die theologische Diskussion stellt.

Das ist auch der Sinn der Ringparabel, die im Zentrum des Dramas

‚Nathan der Weise' steht: Das praktische Verhalten der Gläubigen ist wichtiger als der Streit darum, welchem Glauben die höhere Autorität zukommt. Die Entscheidung für eine bestimmte Religion ist nicht für alle zwingend zu begründen; die rechten Gläubigen üben daher untereinander Toleranz und suchen im anderen hinter allem Äußerlichen das zu erkennen, was ihnen an Humanität gemeinsam ist. Im symbolischen Schlußbild finden die Vertreter verschiedener Religionen und Gesellschaftsschichten einander als Angehörige einer einzigen Familie. Mit diesem philosophischen Drama, weder Komödie noch Tragödie, löst der geschmeidige, dem unpathetischen Sprechen gemäße Blankvers (reimloser fünfhebiger Jambus) endgültig den barocken Alexandriner ab.
Was im ‚Nathan' bildlich gezeigt wird, die Verbindung von Handeln, Erkennen und Glauben, soll ‚Die Erziehung des Menschengeschlechts' an einem theoretischen Denkmodell durchführen. Lessing bestimmt hier das allmähliche und unendliche Fortschreiten der Vernunft als Erziehung der Menschheit durch Gott, befördert durch die Offenbarung, die sich in diesem Prozeß durch ihre erfolgreiche Wirkung selbst allmählich überflüssig macht. Indem Lessing die Offenbarung an den Gedanken einer Erziehung der Menschheit knüpft, verwandelt er Theologie in Geschichtsphilosophie.

4.4.6 Wissenschaft und politisches Engagement: Forster

Georg Forster (1754–1794)

Der Danziger Pfarrerssohn nahm an der berühmten Weltumsegelung des Kapitäns Cook teil und schrieb den wissenschaftlichen Expeditionsbericht. Als Gelehrter veröffentlichte er neben geographischen, natur- und völkerkundlichen, philosophischen, ästhetischen und politischen Schriften auch die Beschreibung einer zusammen mit Alexander von Humboldt unternommenen Reise: ‚Ansichten vom Niederrhein' (1791/94). Begeistert begrüßte Forster die Französische Revolution (‚Erinnerungen aus dem Jahr 1790', 1792). Als die französischen Truppen in Mainz einrückten, schloß er sich dem alsbald gegründeten Kreis radikaler Demokraten, dem Jakobinerklub, an. Anschließend reiste er als Vertreter der rheinischen Demokraten nach Paris, wo die ‚Parisischen Umrisse' (1793/94) und die ‚Darstellung der Revolution in Mainz' (erst 1843 veröffentlicht) entstanden. Ein knappes Jahr nach seiner Ankunft erkrankte er und starb.

Forster zieht aus der Aufklärung die praktischen politischen Konsequenzen, die über diese geistige Bewegung im engeren Sinn hinausführen. Seine politischen Schriften gehören zu den ersten bedeutenden Zeugnissen der in Deutschland kaum ausgeprägten Kultur des politischen Essays. Forster hebt die Reisebeschreibung auf das Niveau vergleichender Völker- und Länderkunde, die von der unmittelbaren Anschauung ausgeht und in wissenschaftlichem Überblick natürliche Gegebenheiten, Geschichte und gesellschaftliche Zustände verbindet.

5 Sturm und Drang (1765–1785)

1769	*Herder, Johann Gottfried:* Journal meiner Reise im Jahre 1769
1773	*Herder:* Von deutscher Art und Kunst, einige fliegende Blätter (mit Aufsätzen auch von Goethe und Justus Möser)
	Goethe, Johann Wolfgang von: Götz von Berlichingen mit der eisernen Hand
	Bürger, Gottfried August: Lenore
1774	*Goethe:* Die Leiden des jungen Werthers
	Lenz, Jakob Michael Reinhold: Der Hofmeister oder Die Vorteile der Privaterziehung
1775	*Goethe:* (Gedichte der Straßburger und Frankfurter Zeit, entstanden ab 1770)
1777	*Goethe:* (Jugendhymnen, handschriftlich zusammengestellt)
1781	*Schiller, Friedrich:* Die Räuber
1784	*Schiller:* Kabale und Liebe

5.1 Bild der Epoche

Protestierende Jugend

Der Sturm und Drang ist eine Protestbewegung junger Intellektueller, die auch aus unteren Gesellschaftsschichten stammen. Das aufklärerische Ideal der Selbstbestimmung jedes einzelnen hat sie ergriffen; angesichts von Fürstenherrschaft und Untertanengesinnung scheint es ihnen aber unmöglich, dieses Ideal durch allgemeine Erziehung zu verwirklichen. Daher protestieren sie sowohl gegen Fürstenwillkür als auch gegen die erzieherischen Vernunft- und Tugendforderungen der Aufklärung, die ihnen als nutzloser Zwang erscheinen. Statt dessen pflegen sie weiter die Gefühle der Empfindsamkeit, geben ihnen aber eine antiautoritäre Wendung.

Individualität und Originalität

Den Gedanken allgemeiner Erziehung ersetzen sie durch denjenigen persönlicher Bildung. Der einzelne soll nicht nur selbständig zu urteilen suchen, sondern auch alle seine Fähigkeiten in tätigem Wirken zu einem harmonischen, unteilbaren Ganzen (Individualität) ausbilden. Dabei wird er auf die Vernunftforderung nach weiser Bescheidung keine Rücksicht nehmen, sondern allein darauf bedacht sein, seine Unabhängigkeit vor den gesellschaftlichen Konventionen zu schützen. So erweitert sich das

Ideal der Selbständigkeit zum Ideal einer harmonisch schöpferischen und unabhängigen Einzigartigkeit (Originalität), die sich ständig weiterentwickelt. Das Nebeneinander vieler unabhängiger Individualitäten gilt als schöne Mannigfaltigkeit.

Herz Der so verstandene individuelle Mensch lebt aus dem fühlenden Herzen heraus, von dem schon die pietistisch-empfindsame Bewegung spricht. Zwischenmenschliche Beziehungen sind nur dann von Wert, wenn das ganze Herz, also der ganze Mensch, völlig in ihnen aufgehen, wenn einem das jeweilige Gegenüber alles sein kann. Liebe und Freundschaft werden mit dem Gefühl des Unendlichen verbunden, aber auch überfordert.

Melancholie und Psychologie Dadurch, daß sie sich willentlich von allen gesellschaftlichen Bindungen zu lösen suchen, empfinden die Stürmer und Dränger Vereinzelung und Einsamkeit um so stärker. Ihr jugendlicher Protest schlägt daher leicht um in Melancholie. Zugleich fördert ihre Selbstbezogenheit die psychologische Selbstbeobachtung, mit welcher der Pietismus begonnen hatte. Eine einflußreiche psychologische Richtung der Epoche ist die Physiognomik des Pietisten Johann Kaspar Lavater; er glaubt, aus Gesichtsausdruck und Körperform auf den Charakter schließen zu können.

Ursprüngliche Natur Natur ist nun nicht mehr die allgemeine Vernunftnatur, sondern die ursprüngliche, noch ungestörte, kraftvoll sich entwickelnde Einzigartigkeit. Die Stürmer und Dränger suchen sie auf im Kindlichen, bei ländlichem Volk und einfachen Frauen; sie glauben sie bewahrt in der ländlichen Schweiz oder im jugendfrischen Amerika. Als Ort ursprünglicher Natur wird auch die Landschaft entdeckt; ihr gegenüber kann sich das Herz noch besser öffnen als gegenüber einer einzelnen Person. Natur verkörpern schließlich auch Genie und großer Kerl.

Geschichte als organische Entwicklung und als Abfall vom Ursprung Originalität wird durch allgemeine Erziehung nur zerstört; sie muß sich organisch entfalten, so wie die Pflanze aus dem Samen emporwächst, in dem sie schon ganz angelegt ist. Das gilt für einzelne Menschen wie für einzelne Völker. Die ideale Lebens- oder Völkergeschichte erscheint daher als organisches Wachstum. Dabei sind alle Wachstumsstufen gleichwertig; es gibt keinen Fortschritt, nur Entfaltung. Zeiten, die solche organische Entwicklung nicht erlauben, werden kritisch als Abfall von einem idealen, ursprünglich-natürlichen Zustand beschrieben, in dem Individualität und Originalität noch möglich waren. Darum verherrlichen die Stürmer und Dränger die Vergangenheit, teils das alte Griechen- oder Judentum, häufiger noch das alte Germanien, aber auch das Mittelalter.

Nation Da sie die Entwicklung der Nationen analog zu der Entwicklung des einzelnen Menschen sehen, werten die Stürmer und Dränger auch die nationale Einzigartigkeit entsprechend hoch wie die persönliche. Die nationale Einzigartigkeit sehen sie am besten bewahrt beim einfachen Volk. Die Nationen sollten friedlich nebeneinander wachsen, um in ihrer bunten Mannigfaltigkeit alle Seiten der Menschheit darzustellen. Staaten hingegen gelten eher als unwichtige und unnatürliche Gebilde.

Der wirkende Gott Der abstrakte Weltschöpfer des Deismus (s. S. 76) wird nun der Empfindung zugänglich, indem er sich entweder dem empfindsam-enthusiastischen Allgefühl offenbart, das ihn im Landschaftserlebnis als Erzeuger und Erhalter allen tätigen Lebens spürt, oder indem er sich in den organischen Entwicklungsprozessen als treibende lebendige Kraft ahnen läßt. Der so erfühlte Gott wird weniger als Person verstanden denn als geistig-schöpferisches Prinzip in der Natur.

Philosophische Grundlagen. Am meisten werden die Stürmer und Dränger vom Naturgedanken des Franzosen *Jean-Jacques Rousseau* beeinflußt. Für ihn ist der Mensch von Natur aus gut, wird aber durch die Zivilisation verdorben. Im Gefühl, nicht zuletzt in der stummen Bewunderung des Alls, ist ihm die verlorene Natürlichkeit aber wieder zugänglich. Rousseau entwirft die Idealmodelle einer Erziehung und einer (radikaldemokratischen) Staatsform, die der menschlichen Natur entsprechen sollen.

Dem neuen Erlebnis der Allnatur liegt neben pietistisch-empfindsamer Tradition auch der Pantheismus (Lehre von dem einen Gott in allem) des Niederländers *Baruch Spinoza* zugrunde. Er lehrt, daß alles Seiende sich auf eine einzige unendliche Substanz zurückführen läßt, die im Hinblick auf ihr geistiges Inneres Gott zu nennen ist; Gott ist demnach die geordnet wirkende Natur in der bewirkten materiellen Natur.

Vernunftfeindschaft und Sprachmetaphysik der Stürmer und Dränger können sich auf das Werk des Königsberger Philosophen *Johann Georg Hamann* stützen, der dem späten Pietismus verbunden war. Seine Hauptwerke sind die ‚Sokratischen Denkwürdigkeiten' (1759) und die ‚Kreuzzüge des Philologen' (1762). Nach ihm hat Gott sich zwar im Wort der Bibel offenbart, das der Schlüssel zum Buch der Natur und zum Buch der Geschichte ist. Aber Bibel, Natur und Geschichte lassen sich nicht auf rationale Weise entziffern; nur das enthusiastische Gefühl des Genies erahnt die tiefere Bedeutung ihrer Sprache, wenn es vom göttlichen Hauch getroffen wird. Die übliche, rational entzifferbare Sprache ist ursprungsfern; Ursprache ist die Poesie.

Das Geschichtsverständnis der Epoche wird von dem Historiker und Politiker *Justus Möser* mitgeprägt, der Geschichte als Werden eines Volkes versteht und das Mittelalter als eine Zeit größerer individueller Freiheit.

Unter den Stürmern und Drängern selbst ist zunächst *Friedrich Heinrich Jacobi* zu nennen. Er sucht im Glauben Erlösung von der Maßlosigkeit und Unzufriedenheit des geniehaften Menschen. Die hervorragende Gestalt der Bewegung aber ist *Johann Gottfried Herder*.

5.2 Literarisches Leben

Wendung ins Private Einige Kennzeichen des literarischen Lebens in Aufklärung und Empfindsamkeit gelten auch für die Stürmer und Dränger: Ihr Geniekult entspricht der Situation des freien Schriftstellers, ihre enthusiastischen Freundschaften kommen der zeitgemäßen Vorliebe für Freundschaftsbünde entgegen. Ihr Originalitätsstreben verhindert aber, daß sie das literarische Leben gemeinsam und systematisch zu beeinflussen suchen. Kennzeichnend sind die privaten Freundschaftskreise.

Göttinger Hain Eine Sonderströmung im Sturm und Drang bildet der Göttinger Hainbund (1772–75), ein Studentenkreis, der in pietistisch-empfindsamer Tradition wurzelt. Die Hainbündler umgeben ihren Freundschaftskult mit dem Mondlicht germanischer Wälder und dem Glanz vermeintlich deutscher Tugend. Diese Deutschtümelei richtet sich gegen die französisch geprägte Hofkultur und damit auch gegen die Fürstenherrschaft. Die Mitglieder des Kreises, der sich um den ‚Göttinger Musenalmanach' sammelt, sind Johann Heinrich Voß, Ludwig Heinrich Christoph Hölty, die Grafen Christian und Friedrich Leopold von Stolberg sowie Johann Anton Leisewitz. Organisator des Kreises ist Heinrich Christian Boie. Die Hauptleistung der Göttinger liegt auf dem Gebiet der Lyrik. In diese Gattung haben sie, wenngleich nicht als einzige, den einfachen Volksliedton und den Ausdruck elementarer Natur eingeführt. Dem Hainbund verwandt ist der empfindsame Kreis in Darmstadt, dem Johann Heinrich Merck angehört.

Kreise um Goethe Private Freundschaftskreise bildeten sich um Goethe in Straßburg (1770–71) und Frankfurt (1771–75). In Straßburg, wo er zusammen mit Heinrich Leopold Wagner studierte, lernte Goethe auch Herder, Lenz und den Pietisten Johann Heinrich Jung-Stilling kennen. Während der Frankfurter Zeit schloß er Freundschaft mit Friedrich M. Klinger und mit Friedrich Müller (Maler Müller); durch Johann Heinrich Merck wurde er in den Darmstädter Kreis eingeführt. Das literarische Programm dieser Kreise vertreten die von Merck herausgegebenen ‚Frankfurter Gelehrten Anzeigen'.

5.3 Theorie und Formen der Literatur

Volksdichtung Die Hochschätzung der ursprünglichen Natur und der nationalen Besonderheit bestimmen Sprach- und Dichtungsauffassung. In der Volksliteratur sucht man Reste der ursprünglichen und darum besonders poetischen Sprache sowie den charakteristischen Ausdruck der eigenen Nation zu finden. Volkstümliches Puppentheater und die alten Volksbücher werden aufgewertet, man sammelt Volkslieder und verfaßt Bardengesänge in der Nachfolge Klopstocks. Begeisterung löst das Epos eines alten keltischen Sängers namens *Ossian* (in Wirklichkeit das Werk eines Zeitgenossen, des Schotten James Macpherson) aus, weil es eine ursprüngliche, wilde und melancholische Stimmung unmittelbar und volksnah auszudrücken scheint.

Genie Individualität und Originalität werden vor allem vom Künstler erwartet. Wenn er sie verkörpert und seinem Werk aufprägt, ist er ein Genie (oder: Originalgenie).
Das Genie stellt nicht, wie die Aufklärung meinte, die allgemeine Vernunftnatur dar, sondern das jeweils Charakteristische eines Menschentyps, eines Volkes, einer Epoche. Die charakteristische Darstellung arbeitet das Unterscheidende, Besondere heraus, zeigt es aber in seinem jeweiligen inneren Zusammenhang als organisches Ganzes. Darum darf das Genie sich keinen allgemeinen Regeln unterwerfen – für Lessing dagegen waren Genie und Regel noch vereinbar –, sondern es muß die jeweils charakteristische innere Form seines Gegenstandes finden.
Weil es selbst dabei ist, sich zu einem organischen Ganzen zu bilden, trägt das Genie das Prinzip der inneren Form in der eigenen Brust, nicht im Verstand, sondern im Herzen, mit dem es teilhat an der ursprünglichen Natur. Es spricht daher enthusiastisch und (dem Anspruch nach) unmittelbar aus der Fülle seiner Empfindungen heraus.
Insofern es aus seinem eigenen Innern schöpft, ahmt das Genie nicht nach, wie die Aufklärung verlangt, sondern es ist schöpferisch. Als Schöpfer kann es sich selbst mit Gott, die Dichtung mit der göttlichen Schöpfung vergleichen. Wie diese wird dann die Dichtung zur Offenbarung, nämlich zur Offenbarung schöpferischer Individualität.

Drama Das Drama ist die wichtigste Gattung der Epoche. Es zeigt, wie Individualität und Natürlichkeit durch politische, moralische oder religiöse Unterdrückung zerstört werden. Um das Mannigfaltige, Charakteristische und Natürliche darzustellen, reiht man Kurzszenen aneinander, die meist in Prosa geschrieben sind. Die Helden sind entweder naturhaft-ursprüngliche große Kerls und Selbsthelfer, die ihr Recht ganz allein durchzusetzen suchen, oder Menschen in beengten Verhältnissen. In beiden Fällen sind sie Außenseiter, die sich anpassen oder untergehen müssen. Ihr Kampf um Unabhängigkeit richtet sich häufig auch gegen die väterliche Autorität. Die empfindsamen Züge des bürgerlichen Trauerspiels werden dadurch um aggressive vermehrt. Die Familie ist nun auch von innen bedroht: Söhne kämpfen gegen ihre Väter, Brüder konkurrieren um die Nachfolge, eheliche Treue wird zum Problem. Idyllischer Familienfriede ist nicht mehr verbürgt, man ersehnt ihn vergeblich. Den Frauen ist antiautoritärer Protest nicht gestattet. Erscheinen Frauen, die sich wie die großen Kerls verhalten, so werden sie zugleich als rücksichtslose Machtweiber dargestellt. – Als größter Dramatiker, ja als Inbegriff des Genies gilt *Shakespeare*. Die französischen Vorbilder der Aufklärung und die von ihnen übernommene Regel der drei Einheiten (s. S. 83) werden abgelehnt.

Dramen: *Johann Wolfgang von Goethe: ‚Götz von Berlichingen mit der eisernen Hand‘* (1773). *Jakob Michael Reinhold Lenz: ‚Der Hofmeister oder Die Vorteile der Privaterziehung‘* (1774), *‚Die Soldaten‘* (1776). *Friedrich Maximilian Klinger: ‚Das leidende Weib‘* (1775/76), *‚Die Zwillinge‘* (1776), *‚Sturm und Drang‘* (1776). *Heinrich Leopold Wagner: ‚Die Kindermörderin‘* (1776). *Friedrich Schiller: ‚Die Räuber‘* (1781), *‚Die Verschwörung des Fiesco zu Genua‘* (1783), *‚Kabale und Liebe‘* (1784).

Lyrik Die Lyrik wird als Selbstaussprache der Individualität aufgefaßt, des unverwechselbaren Ichs, wenn es sich selbst fühlt im Erlebnis der Liebe und der Natur. Mit großem Kunstgefühl wird in der *Erlebnislyrik* der Ausdruck eines unmittelbaren Sprechens geschaffen: Die Autoren gehen häufig dazu über, unregelmäßige Verse zu gebrauchen, die sie rhythmisch und klanglich bis ins kleinste dem jeweiligen Gefühls- und Erlebnisablauf anpassen. – In Ode und Hymne äußert sich das enthusiastische Gefühl. Die *Ode* wird in der Nachfolge Friedrich Gottlieb Klopstocks vom Göttinger Hain und von Christian Friedrich Daniel Schubart gepflegt. Dabei füllt sie sich mit tyrannenfeindlichem Zorn oder mit elegischen (schmerzlich-zarten) Gefühlen. Die *Hymne*, ebenfalls nach Klopstocks Vorbild von den Göttingern, aber vor allem von Goethe vertreten, entspricht einer noch höheren Stufe der Ergriffenheit. Goethe bedient sich dabei reimloser freier Rhythmen, in denen er sich größte Kühnheiten des Satzbaus gestattet und schließlich stammelnde Gefühlstrunkenheit ausdrückt. – Nordisch-englische Melancholie und die Übermacht des Elementaren zeigen sich in der *Ballade*, die durch Herders Übersetzungen englisch-nordischer Volksballaden beeinflußt wird. Bürger entwickelt die Geisterballade, Goethe die naturmagische Ballade.

Die bedeutendsten Beispiele der liedhaften Lyrik finden sich in Goethes Sesenheimer Gedichten (s. S. 112).
Ode: *Ludwig Heinrich Christoph Hölty: ‚Ihr Freunde, hänget, wann ich gestorben bin ...‘*.
Hymne: *Friedrich Müller: ‚Heidelberger Schloß‘* (Prosahymne). *Johann Wolfgang von Goethe: ‚Wanderers Sturmlied‘, ‚Mahomets Gesang‘, ‚Prometheus‘, ‚Ganymed‘, ‚An Schwager Kronos‘*.
Ballade: *Gottfried August Bürger: ‚Lenore‘. Johann Gottfried Herder: ‚Edward‘* (Nachdichtung). *Johann Wolfgang von Goethe: ‚Heidenröslein‘, ‚Der König von Thule‘, ‚Der Fischer‘, ‚Erlkönig‘*.

Idylle Neben der Lyrik ist an Kleinformen nur die Idylle von Bedeutung. Johann Heinrich Voß und Friedrich Müller (Maler Müller) führen gesellschaftliche und familiale Konflikte in diese Gattung ein, die damit als Utopie einer glücklichen Menschheit aufgelöst wird.

Roman Der Roman, in dieser Epoche nur mit wenigen Beispielen vertreten, folgt entweder dem englischen satirisch-kritischen Sittenroman (Hippel, Wezel), oder er zeigt in genauer psychologischer Darstellung, wie ein einsames, melancholiegefährdetes Ich unter Konvention und Unterdrückung leidet (Goethe, Wezel, Moritz) oder wie ein naturhafter, antiautoritärer, nach freier Sinnlichkeit strebender Mensch sich in einer unwirklichen fernen Gesellschaft doch noch ausleben kann (Heinse).

Johann Wolfgang von Goethe: ‚Die Leiden des jungen Werthers‘ (1774). *Karl Philipp Moritz: ‚Anton Reiser‘* (1785–90). *Johann Karl Wezel: ‚Hermann und Ulrike‘* (1780), *‚Belphegor‘* (1776). *Theodor Gottlieb von Hippel: ‚Lebensläufe nach aufsteigender Linie‘* (1778–81). *Johann Jakob Wilhelm Heinse: ‚Ardinghello und die glücklichen Inseln‘* (1787).

5.4 Autoren

5.4.1 Der große Anreger: Herder

Johann Gottfried Herder (1744–1803)

Der Sohn eines ostpreußischen Küsters studierte in Königsberg Theologie, wo er Schüler und Freund Hamanns wurde. Als junger Pfarrer und Lehrer in Riga debütierte er mit kritischen Schriften, denen schon der neue Geniebegriff zugrunde lag. Nach fünf Jahren gab er seine Ämter auf und reiste zur See nach Frankreich. Im ‚Journal meiner Reise im Jahre 1769‘ verbindet er die Selbstbeobachtung desjenigen, der sich aus den gesellschaftlichen Konventionen gelöst hat, mit dem Entwurf einer Bildung, die vom unkonventionellen Naturerlebnis und von der sinnenhaften Erfahrung ausgehen soll. Auf weiteren Reisen lernte er Lessing und den Darmstädter Kreis kennen. In Straßburg traf er den jungen Goethe, den er zum Volkslied, zu Shakespeare und zum Mittelalter hinführte. Dort verfaßte er auch die ‚Abhandlung über den Ursprung der Sprache‘ (1770). Als Hofprediger in Bückeburg schrieb er ‚Auch eine Philosophie zur Geschichte der Menschheit‘ (1774) sowie die ‚Blätter von deutscher Art und Kunst‘ (1773), die auch Beiträge Goethes und Mösers enthalten. Mit ihrer Verehrung Ossians (s. S. 114), Shakespeares, der Volkslieder und des Mittelalters wurden die ‚Blätter‘ zum Manifest des Sturm und Drang. Auf Goethes Veranlassung zum Generalsuperintendenten und Schulaufseher in Weimar ernannt, befreundete sich Herder dort mit Wieland und Jean Paul. 1778/79 gab er eine Volksliedersammlung heraus, an der u. a. auch Lessing und Goethe mitgearbeitet hatten; sie erhielt später den Titel ‚Stimmen der Völker in Liedern‘. Hier in Weimar endete auch seine Sturm-und-Drang-Phase. Er bildete nun eine besondere Form des klassischen Humanitätsgedankens aus. Neben verschiedenen Aufsätzen zeugt davon die Schrift, welche die Summe seines Denkens enthält: ‚Ideen zur Philosophie der Geschichte der Menschheit' (1784/91), weitergeführt in den ‚Briefen zur Beförderung der Humanität' (1793/97). Unter dem Titel ‚Gott' veröffentlichte er 1799 Gespräche, in denen er Spinoza (s. S. 96) im Sinne der Klassik deutete. Außer seinem philosophischen und geschichtlichen Werk haben auch seine Nachdichtungen großen Einfluß ausgeübt.

Herder weitet den Gedanken organischer Entwicklung zu einer Philosophie der Kulturgeschichte aus, indem er die natürliche Folge der Lebensalter (Kindheit, Jugend, Mannesalter, Greisenalter) auf Sprach-, Volks- und Kulturgeschichte überträgt. Im ursprünglichen, kindhaften Zustand lebt die Menschheit noch im Einklang mit der Natur, ist ihre Sprache noch Poesie, nämlich unmittelbarer Ausdruck der Empfindung. Später wird die Sprache abstrakter und sinnenferner, zugleich verzweigt sie sich in Einzelsprachen, welche der Ausbildung individueller Nationen entsprechen. Währenddessen ist die Menschheit alt geworden: rationalistisch, erfahrungsfern und tatenlos. Dagegen hält Herder die Volksdichtung, die Griechen, Ossian und Shakespeare. Und er verlangt nach dem Genie, das noch Zugang zum ursprünglichen Sprechen und Erleben hat sowie in seiner Nationalkultur verwurzelt ist, so daß es individuell-ursprüngliche Kunstwerke schaffen kann, die zugleich den Nationalcharakter ausdrücken; an ihnen soll die Epoche sich wieder verjüngen.
In seiner klassischen Periode wandelt Herder den Pantheismus Spinozas (s. S. 96) in einen dynamischen Panentheismus um, der mit dem Organismusgedanken verknüpft ist. Darauf beruht sein christlich gefärbter Humanitätsgedanke, der folgendermaßen zu verstehen ist: Gott offenbart sich in der organischen Entwicklung, die sowohl die Natur als auch die Bildungsgeschichte der Menschheit bestimmt. Der vernunftbegabte und schöpferisch tätige Mensch ist höchste Stufe dieser Entwicklung, zugleich aber brüderlich mit allen anderen ihrer Erscheinungsformen verbunden. Das Bewußtsein der darauf beruhenden Menschenwürde, das die brüderliche Verbindung mit der Schöpfung einschließt, stiftet einen unsichtbaren Bund zwischen den derart gebildeten Menschen aller Zeiten und Völker.

5.4.2 Die beiden zentralen Gestalten: Goethe und Schiller

Goethe und Schiller werden im Zusammenhang der Klassik behandelt, in welcher der Schwerpunkt ihres Werkes liegt (s. S. 112ff.).

5.4.3 Dramatiker des Sturm und Drang: Klinger und Lenz

Friedrich Maximilian Klinger (1752–1831)

Der Sohn eines Konstablers und einer Waschfrau aus Frankfurt a. M. wurde nachhaltig von seinem Jugendfreund Goethe beeinflußt. Nach wechselvollem

Leben stieg er in russischen Militärdiensten zum General auf und wurde Kurator der Universität Dorpat. Sein Drama ‚Sturm und Drang' (1776; ursprünglicher Titel: ‚Wirrwarr') gab der Epoche den Namen. Das Drama ‚Die Zwillinge' (1776) behandelt ebenso wie ‚Julius von Tarent' (1776), das einzige Drama des Hainbündlers Johann Anton Leisewitz, den epochentypischen Bruderstreit. Später verfaßte Klinger eine Reihe philosophischer Romane, mit denen er wieder zur Aufklärung zurückkehrte.

Klingers Helden schwanken zwischen Augenblicken kraftgenialischen Selbstbewußtseins und melancholischer Grundstimmung, zwischen antiautoritärem Aufbegehren und dem Rückzug auf sich selbst bzw. auf eine enge Liebesbeziehung. Später beobachtet Klinger sich selbstkritischer, die gesellschaftlichen Zustände rationaler und durchdringender.

Jakob Michael Reinhold Lenz (1751–1792)

Der livländische Pfarrerssohn begann in Königsberg mit dem Studium der Theologie und reiste als Hofmeister (Privatlehrer) mit zwei jungen Adligen nach Straßburg, wo er Goethe kennenlernte. Ihn nahm er zum literarischen wie zum menschlichen Vorbild; er begann, die von Goethe verlassene Friederike Brion zu umwerben. In seiner Lyrik steht er dem jungen Goethe sehr nahe. Aber seine Tragikomödien ‚Der Hofmeister oder Die Vorteile der Privaterziehung' (1774) und ‚Die Soldaten' (1776) sind durchaus eigenständig, seine ‚Anmerkungen übers Theater' (1774) ein wichtiger Beitrag zur Gattungstheorie des Sturm und Drang. Auch die Bedeutung seiner anderen Dramen und seiner erzählenden Texte wird jetzt allmählich erkannt. Als er Goethe auch nach Weimar folgte, wo jener sich von seiner Sturm-und-Drang-Periode zu lösen suchte, kam es zum Bruch zwischen beiden; Lenz wurde des Landes verwiesen. Von da an geriet er in zunehmende Armut und verfiel in selbstzerstörerische Depressionen, von denen ihn der Elsässer Pfarrer Oberlin vergeblich zu heilen suchte. Lenz starb elend in Moskau.

In seinen sozialen Dramen stellt Lenz keine Kraftgenies dar, sondern kleine Leute, die an moralischer Borniertheit, an Standesvorurteilen und an ihrer Armut zugrunde gehen oder nur als seelisch verstümmelte, lächerliche Gestalten weiterleben. Alle ihre Versuche, sich der ungerechten Autorität zu entziehen, bleiben vergeblich; der Mensch kann sich nicht natürlich entfalten. Diese Sozialkritik, die konkreteste im Drama des Sturm und Drang, ist mit Reformvorschlägen verbunden.

5.4.4 Im Umkreis des Göttinger Hains: Hölty, Voß, Bürger, Schubart, Claudius

Ludwig Heinrich Christoph Hölty (1748–1776)

Der Sohn eines Predigers aus Hannover studierte in Göttingen Theologie, war Mitbegründer des „Göttinger Hains" und Mitarbeiter am dortigen Musenalmanach. Auf einer Reise besuchte er Friedrich Gottlieb Klopstock und Matthias Claudius. Hölty starb jung an Tuberkulose. Seine Gedichte, von Klopstock und dem Minnesang beeinflußt, erschienen erst nach seinem Tod.

Hölty nähert den anakreontischen Grundton gelegentlich dem Volksliedhaften an und vertieft ihn durch schwermütig-innige Liebe zur Natur und zu den ihm verwehrten Schönheiten des Lebens. In der Ballade bricht er dem Dämonisch-Irrationalen der englischen Vorbilder Bahn.

Johann Heinrich Voß (1751–1826)

Der Sohn eines armen Pächters studierte Theologie und Altphilologie in Göttingen, wo er den „Hain“ mitbegründete und als Nachfolger Boies den Musenalmanach herausgab. Mit Matthias Claudius war er befreundet. Später stieg er zum Rektor und Hofrat auf. Mit seinen Idyllen ‚Die Leibeigenen‘ und ‚Die Freigelassenen‘ (1775) kämpfte er für die Bauernbefreiung. Er übersetzte die Marseillaise, das Kampflied der Französischen Revolution. Der feudalen Unterdrückung stellte er eine vergangene patriarchalische Harmonie von Bauern und Adligen entgegen, die er mit den Übersetzungen antiker Texte (z. B. der ‚Ilias‘ und der ‚Odyssee‘, 1781/82) sowie mit einem ländlichen Hexameterepos ‚Luise‘ (1783/84) zu veranschaulichen suchte, das auf Goethes ‚Hermann und Dorothea‘ einwirkte. Mit diesen Werken gehört er schon zur Klassik. Im Alter wehrte er sich gegen die katholisierenden Tendenzen früherer Hainbündler und der Romantiker.

Gottfried August Bürger (1747–1794)

Der Pfarrerssohn aus dem Harz studierte in Halle und Göttingen Theologie und Philologie, war mit den Hainbündlern befreundet und gab zeitweise den Göttinger Musenalmanach heraus. Er wurde Amtmann, aber aus dem Beamtendienst entlassen und starb verarmt. Seine Balladen, von altenglischen Vorbildern beeinflußt, begründeten die deutsche Kunstballade; die bekanntesten unter ihnen sind ‚Lenore‘, ‚Der wilde Jäger‘ und ‚Das Lied vom braven Mann‘. Als weiterdichtender Übersetzer gab er den englisch geschriebenen Münchhausen-Erzählungen ihre heutige Form. Seine ‚Gedichte‘ (1778) wurden von Schiller vernichtend nach den Maßstäben der Klassik rezensiert.

Bürger sucht Kunstform und Volkssprache zu verbinden. In zumeist moralisierender, gelegentlich auch in politischer Absicht setzt er traditionellen christlichen Bild- und Sprachgebrauch ein, um leidenschaftliche Erschütterung hervorzurufen; dabei besitzt er zugleich einen großen Sinn fürs Komische.

Christian Friedrich Daniel Schubart (1739–1791)

Der Pfarrerssohn war Kapellmeister am württembergischen Hof, wurde wegen seines ausschweifenden Lebenswandels vom Herzog entlassen und des Landes verwiesen, lebte dann als Musiker und Schriftsteller und gab in Augsburg, später in Ulm die politisch-literarische Zeitschrift ‚Deutsche Chronik‘ heraus. Die darin enthaltene Fürstenkritik mußte er mit einer zehnjährigen widerrechtlichen Haft auf der Festung Hohenasperg in Württemberg bezahlen, die er als gebrochener Mann verließ. Seine Gedichte verbinden einen volkstümlichen mit einem bekennerischen, häufig pathetischen Ton und zeugen von Fürstenfeindschaft (‚Die Fürstengruft‘, 1779, ‚Kaplied‘, 1787), die sich später in Unterwürfigkeit verwandelte.

Matthias Claudius (1740–1815)

Der Pfarrerssohn, befreundet mit Johann Georg Hamann, Johann Gottfried Herder und den Hainbündlern, studierte in Jena Theologie und Jura und gab später den ‚Wandsbecker Boten' heraus, eine Zeitschrift aus pietistisch-empfindsamem Geist, die in der Tradition der erbaulichen volkstümlichen Kalender steht.

Claudius lehrt eine antiaufklärerische, fromm-kindliche Einfalt, die Leben und Tod als gottgegebene organische Einheit akzeptiert, die aber christlich-humanistische Fürstenkritik und den Sinn fürs praktische Leben keineswegs ausschließt. Manche seiner Gedichte, die kunstvolle Form mit schlichter, volkstümlicher Sprache verbinden, sind bis heute lebendig geblieben (‚Der Mond ist aufgegangen …', ‚Der Säemann säet den Samen …').

6 Klassik (1785–1830)

Goethe, Johann Wolfgang von:

1787	Iphigenie auf Tauris
1788	Egmont
1790	Torquato Tasso
1795/96	Wilhelm Meisters Lehrjahre
1797	Hermann und Dorothea
1798	Balladen im ‚Musenalmanach auf das Jahr 1798'
1808	Faust. Der Tragödie erster Teil
1809	Die Wahlverwandtschaften
1811/14	Aus meinem Leben. Dichtung und Wahrheit
1819	West-östlicher Divan
1821/29	Wilhelm Meisters Wanderjahre oder Die Entsagenden
1832	Faust. Der Tragödie zweiter Teil

Schiller, Friedrich:

1787	Don Carlos. Infant von Spanien
1793	Über Anmut und Würde
1795	Über die ästhetische Erziehung des Menschen, in einer Reihe von Briefen
1795/96	Über naive und sentimentalische Dichtung Gedankenlyrik in den ‚Horen' und im ‚Musenalmanach auf das Jahr 1796'
1798	Balladen im ‚Musenalmanach auf das Jahr 1798'
1798/99	Wallenstein
1800	Maria Stuart
1801	Die Jungfrau von Orleans
1804	Wilhelm Tell

Hölderlin, Friedrich:

1792/93	Hymnen
1797/99	Hyperion oder Der Eremit in Griechenland
1798/1800	Der Tod des Empedokles (Fragmente, erschienen 1826)
1801/08	Lyrik der Spätzeit

6.1 Bild der Epoche

Harmonie und Ideal Die Klassik hält fest an der Forderung des Sturm und Drang, der einzelne müsse sich in organischer Entwicklung zu einer harmonischen Individualität entfalten. Zugleich aber erkennt sie eine gesellschaftliche Ordnung an. Daher sucht sie harmonische Individualität und harmonisches Zusammenleben miteinander zu verbinden. Dazu ist einerseits erforderlich, daß der einzelne Mensch nicht unterdrückt und verformt wird, andererseits aber auch, daß er freiwillig Maß und Grenzen anerkennt. Wäre eine solche doppelte Harmonie allgemein hergestellt, so wäre das Ideal verwirklicht, nämlich ein Zustand, in dem die Idee des Menschen, sein Wesen, in ihm Gestalt gewinnt.

Humanität Diesen Zustand herzustellen ist demnach die eigentlich menschengemäße Aufgabe. Sie ist nur zu lösen, wenn jeder einzelne das Ideal freiwillig anerkennt. Sobald ihn seine Vernunft auf Vorschriften im Dienst des Ideals verpflichtet, muß er sich so weit selbst überwinden, daß seine Neigung nicht mehr dieser Pflicht, seine Sinnlichkeit nicht mehr dieser Vernunft widerspricht. Das Streben nach der doppelten Harmonie und die Bereitschaft, sich im Konfliktfall selbst zu überwinden, bezeichnen die Vertreter der Klassik als Humanität. Es ist eine selbsterzieherische moralische Leistung. Diese ist die Voraussetzung dafür, daß alle zusammen überhaupt erst Menschen im eigentlichen Sinne werden. Der Humanitätsgedanke verbindet demnach das Schöne (doppelte Harmonie) mit dem Guten (moralische Leistung) und dem Wahren (Idee des Menschen).

Individualität und Typus Individualität kann sich jetzt nicht mehr, wie im Sturm und Drang, als irgendeine Originalität unter anderen entfalten. Wenn der einzelne auf dem Wege ist, das allen gemäße Ziel zu erreichen, dann muß seine Individualität immer durchsichtiger werden für den idealen Typus des Menschen. Die Klassik sucht in den mannigfachen und veränderlichen Erscheinungen den einen und unveränderlichen Typus aufzuzeigen, der die Idee verkörpert. Goethe nennt ihn „Urphänomen".

Bildung und Natur Bildung als Ausbildung der eigenen Anlagen muß daher zugleich Bildung zum humanen, wahren Menschen sein. Dem entspricht eine zwiefache Bestimmung des Natürlichen. Als unkultivierter Mensch besitzt er eine rohe, tierische Natur. Erst wenn er diese mit dem Ideal in Einklang bringt, erreicht er seine eigentliche, menschliche Natur, in welcher Vernunft und Sinnlichkeit miteinander harmonieren. Das zu tun, die rohe Natur nicht auszurotten, wohl aber sie zu kultivieren, ist das Ziel klassischer Bildung. Die rohe Natur ist an sich nicht schlecht; ursprünglich hat sie teil an der harmonischen Weltordnung. (Diese zeigt sich nach Meinung der Klassiker in den Naturwissenschaften.) Aber sie hat sich aufgrund der menschlichen Willensfreiheit daraus gelöst. Darum muß die Kultivierung jene ursprüngliche Harmonie auf höherer, bewußter Stufe auch in menschlicher Gemeinschaft und Geschichte wiederherstellen.

Dreiphasige Geschichte Es gibt eine Epoche, welche das Leitbild der doppelten Harmonie schon in Kunst und Leben veranschaulicht hat; das ist die griechische Antike. Das Studium der Griechen ist darum ein unverzichtbarer Teil der Bildung. Aber die doppelte Harmonie ist bei ihnen noch Naturgabe, keine Frucht ethischer Leistung. Als solche können wir sie uns nun, nachdem sie inzwischen verloren wurde, erneut erwerben. Die Geschichte verläuft also im Dreischritt von naturgegebener Harmonie, ihrem Verlust und ihrer Neuerwerbung durch eine Selbstbildung, die zugleich ethische Leistung ist.

Ästhetische Erziehung Damit jeder einzelne sich zu bilden geneigt wird, bedarf es der Erziehung. Kunst und Dichtung erhalten, wie in der Aufklärung, eine erzieherische Aufgabe. Sie sollen aber nicht nur, wie dort, durch ihren möglichst wirkungsvoll vorgetragenen Inhalt beeinflussen, etwa indem sie Vorbilder humanen Verhaltens oder die Lösung typischer Konflikte vor Augen stellen, sondern auch durch die schöne, harmonische Form selbst. Insofern diese ästhetische Erziehung dem Menschen die Idee seiner selbst, sein Wesen im schönen, begrifflich nie ganz ausdeutbaren Bild vorstellt, bekommen Kunst und Dichtung eine religiöse Funktion. Letztlich sind beide für die Klassik nicht mehr deutlich von den Religionen zu trennen.

Gegen die Französische Revolution Die ästhetische Erziehung hat eine gesellschaftliche, aber keine unmittelbar politische Aufgabe. Eine solche lehnen die Klassiker aufgrund ihrer Erfahrung der Französischen Revolution ab. Zunächst begrüßten fast alle deutschen Intellektuellen die Revolution, denn sie schien den Anbruch einer Zeit zu versprechen, in der sich die einzelnen frei und in allgemeiner Harmonie entfalten können. Von den Folgen der Revolution waren aber sehr viele enttäuscht. Nur wenige Jakobiner, z. B. Georg Forster, hielten konsequent zu ihr. Die Klassiker, außer Herder, verurteilten sie. Zwar standen sie weiterhin zu ihren alten Idealen – eben diese soll die Kunst darstellen –, wollten sie aber nicht durch einen Umsturz verwirklicht sehen, sondern durch Reformen im Rahmen der alten ständischen Ordnung oder durch die ästhetische Erziehung jedes einzelnen; die allgemein humanisierende Wirkung dieser Erziehung sollte einen Umsturz überflüssig machen und insofern letzten Endes doch politisch wirken.

Philosophische Grundlagen. Das Bestreben der Klassik, Ideen darzustellen, ist platonischem Denken verpflichtet (s. S. 41). Ihre ethisch-ästhetischen Auffassungen sind stark von *Immanuel Kant* beeinflußt. Seine Hauptwerke sind die ‚Kritik der reinen Vernunft‘ (1781) und die ‚Kritik der praktischen Vernunft‘ (1788). Für ihn ist das Wesen der Realität (das „Ding an sich“) unseren Sinnen nicht zugänglich. Man könne daher nicht von einer gesetzmäßigen Weltharmonie ausgehen, wie Leibniz es tat, wohl aber durch praktisches Handeln eine allgemeine Harmonie herstellen, wenn man nämlich dem „kategorischen Imperativ“ folge. Das geschieht, wenn der Grundsatz des eigenen Handelns auch für alle anderen Menschen gelten kann. (Will ich mir z. B. einen Vorteil verschaffen, indem ich jemanden bestehle, so muß ich wollen können, daß alle anderen dasselbe tun, daß also auch ich irgendwann wieder bestohlen werde; damit aber wäre mein Vorteil dahin: Der Grundsatz meines Handelns, auf alle anderen ausgedehnt, hebt sich selber auf.) Das Sittengesetz ist demnach nur formal zu bestimmen: Es muß die Allgemeingültigkeit eines Naturgesetzes haben. Ebenso müssen die ästhetischen Regeln gleichsam zur Natur werden: Schönheit besteht in der Darstellung einer überbegrifflichen, das Gute symbolisierenden Idee, und zwar derart, daß die Darstellung, von allen äußeren Zwecken und Regeln frei, nur ihrer inneren Zweckmäßigkeit gehorcht, so daß sie nichts Künstliches mehr an sich hat, sondern wie ein Werk der Natur wirkt. Sie erregt dann ein interesseloses Wohlgefallen. – Die Einheit von Natur und Moral, die Kant nur forderte, wird vom späten *Johann Gottfried Herder* als eine im Grunde schon gegebene angesehen. Aus Spinozas Pantheismus (s. S. 96) schließt er, daß Gott in der Geschichte, in der die moralischen Werte gelten, wie in der Welt der Naturgesetze gleichermaßen harmonisch wirkt (Panentheismus). In beiden Bereichen bewirkt er Fortschritt durch beständige Verwandlung (Metamorphose).

Johann Joachim Winckelmann Wesentliche Grundlagen ihres Menschenbildes und ihres Kunstverständnisses empfängt die Klassik von dem Archäologen und Kunstgelehrten Winckelmann. Schon in seinem Erstlingswerk, ‚Gedanken über die Nachahmung der griechischen Werke in der Malerei und Bildhauerkunst‘ (1755), hält er spätbarockem ‘Schwulst’ die „edle Einfalt und stille Größe“ griechischer Kunstwerke entgegen. Damit meint er, daß in diesen Werken, auch wenn sie bewegt im Ausdruck sind, immer eine große, das heißt eine zur eigentlich menschlichen Individualität gebildete Seele hindurchschimmert. Diese das Kunstwerk bestimmende Idee muß der Betrachter zu erfassen suchen, statt willkürlich Einzelheiten herauszulösen. Seit Winckelmann, der schon Lessing anregte, wird Literatur immer wieder im Verhältnis zur bildenden Kunst untersucht. Erst die Romantik wendet sich auch dem Verhältnis der Literatur zur Musik zu. Seit Winckelmann wird auch in Deutschland die griechische über die römische Antike gestellt.

6.2 Literarisches Leben

Weimar Die deutsche Klassik ist eng an das kleine Herzogtum Weimar gebunden. Herzog Karl August, von Wieland in gemäßigt aufklärerischem Geist erzogen, war liberal gesinnt und ließ eine gewisse Meinungs- und Pressefreiheit zu. In der provinziellen, dafür aber noch unbürokratischen und persönlichen, in der verhältnismäßig freiheitlichen, aber doch traditionsgebundenen Atmosphäre Weimars konnte sich für einige Zeit eine kultivierte aristokratisch-bürgerliche Geselligkeit entfalten, in der sich Traditionsbewußtsein mit dem Bemühen um allgemeine Bildung verband. Die Nähe der Universität Jena, die vom Herzog mitverwaltet wurde, förderte das Interesse an den Wissenschaften.

Freundschaften Das Dichterbündnis zwischen Goethe und Schiller, das von 1794 bis zu Schillers Tod im Jahre 1805 dauerte, prägte nicht nur das geistige Leben Weimars, sondern die ganze literarische Epoche. Zwei andere Weimarer standen dem Bündnis nahe: Wieland, dessen weltmännisch-elegantem Stil sich Goethe und Schiller verpflichtet fühlten, und Herder, der den Humanitätsgedanken mit erarbeitete. Das Verhältnis zu Herder trübte sich allerdings zunehmend, vor allem wegen seiner unverändert positiven Beurteilung der Französischen Revolution. Ein weiterer Freund, der die klassische Bildungsidee mitprägte, lebte zumeist in Berlin: Wilhelm von Humboldt, Ästhetiker, Geschichts- und Sprachphilosoph, Übersetzer und preußischer Kulturpolitiker. Zwar gelang es ihm nur in sehr begrenztem Maß, seine Reformideen in Preußen zu verwirklichen, aber sein kulturpolitisches Ziel – er erstrebte eine allgemeine, an der Antike orientierte Bildung, die es jedem erlaubt, seine Individualität harmonisch zum eigentlich Menschlichen zu erweitern, bevor er sich einengen und in dem einen oder anderen Fach spezialisieren muß – blieb für lange Zeit ein verpflichtendes Ideal, vor allem an den Gymnasien und Universitäten.

Zirkel, Gesellschaften, Theater Das gesellige Weimar traf sich in den Salons vornehmer Damen und in Goethes Haus am Frauenplan. Man organisierte Gesprächs- und Leseabende, Laientheater, Musikveranstaltungen, Maskenzüge, Bälle. Es bildeten sich wissenschaftliche Gesellschaften wie etwa die „Weimarer Kunstfreunde“; dort trafen Goethe und Schiller mit dem Maler und Kunstgelehrten Heinrich Meyer zusammen. Das Weimarer Theater entwickelte sich unter Goethes Leitung von einem Liebhaber- zu einem berühmten Hoftheater.

Zeitschriften und Almanache Neben Privatzeitschriften wie dem ‚Tiefurter Journal‘, die dem geselligen Leben dienten, standen den Klassikern zahlreiche literarische und gelehrte Zeitschriften zur Verfügung, von denen sie die wichtigsten selber gründeten. Schiller gab ‚Thalia‘ und ‚Die Horen‘ sowie Musenalmanache heraus, Goethe ließ ‚Die Propyläen‘ und die Zeitschriften ‚Über Kunst und Altertum‘ und ‚Zur Naturwissenschaft überhaupt, besonders zur Morphologie‘ erscheinen.

Ästhetische Erziehung gegen Massenliteratur

Die Zeitschriften waren für die Klassiker ein wichtiges Mittel, den Publikumsgeschmack in ihrem Sinn zu beeinflussen. Aber sie fanden wenig Gehör. Viel erfolgreicher war die Massenliteratur geringer Qualität (Trivialliteratur), die der rasch wachsende literarische Markt – viele Leute lernten jetzt lesen, die Bücher wurden immer billiger – allmählich herzustellen erlaubte. Zu den erfolgreichsten Trivialautoren der Zeit gehörten Goethes Schwager Christian Vulpius, der den Räuberroman ‚Rinaldo Rinaldini' schrieb, der Theaterschriftsteller August von Kotzebue und der Romanautor August Lafontaine. Der Gegensatz zwischen hoher und niedriger Literatur, den es vorher so nicht gab, verfestigte sich endgültig.

6.3 Theorie und Formen der Literatur

Autonomie der Kunst und die Weltliteratur

Wenn sie das Ideal aufzeigen sollen, das für alle gilt, dann dürfen Kunst und Dichtung sich nicht von Gruppeninteressen leiten lassen. Sie müssen vielmehr autonom sein, das heißt unabhängig von politischen, sozialen, nationalen Zwecken. Dementsprechend zählen auch die Nationalliteraturen nur, sofern sie zur Weltliteratur beitragen. Weltliteratur ist ein von Goethe eingeführter Begriff, welcher der Vorstellung einer übernationalen Gemeinschaft von Menschen entspricht, die sich zum allgemeinen Ideal bilden. In diesem überpolitischen, ethisch-ästhetischen Sinn behält die Klassik die aufklärerische Idee des Weltbürgertums bei.

Besonderes und Allgemeines

Das Kunstwerk muß aber nicht nur ein autonomes und darum „in sich vollendetes" Ganzes sein, wie Karl Philipp Moritz im Übergang vom Sturm und Drang zur Klassik formuliert. Darüber hinaus soll im besonderen Kunstwerk zugleich ein Allgemeines erscheinen: im Individuellen das Idealtypische, im Einzelfall das Gesetz, im Zufälligen das Notwendige. Dabei muß der Eindruck der Freiheit, des Ungezwungenen stets gewahrt bleiben. Dieser ästhetischen Forderung entspricht die ethische, in den besonderen, spontanen Äußerungen des einzelnen Menschen müsse sich ohne Zwang das allgemeine Sittengesetz ausdrücken.

Ideal und Wirklichkeit

Das Ideal, so lehren die Klassiker, sei vorläufig nur in Kunst und Dichtung, also im symbolischen Bild, im schönen Schein, im bedeutungsvollen Spiel, nicht in der Wirklichkeit zu fassen. Dichtung wird somit zur ästhetischen Kritik an der gesellschaftlichen Wirklichkeit. Entweder stellt sie, in harmonischer Form, den Zustand allseitiger Harmonie dar und tritt damit unausgesprochen in Gegensatz zur Wirklichkeit, oder sie zeigt die unharmonische Wirklichkeit in ihrer Spannung zum Ideal. Schiller nennt die erstere Haltung die naive, die zweite die sentimentalische (s. unten S. 124).

Das Idyllische Die reine Darstellung der idealen Harmonie ist nach Schiller die Idylle. Die Klassik hat zwar die Gattung der Idylle nicht gepflegt, sieht man von den frühklassischen Idyllen des späten Johann Heinrich Voß ab (z. B. ‚Luise', 1783/84). Aber immer wieder erscheint der idyllische Zustand als verlorener und wieder zu erwerbender. Goethes Hexameterepos ‚Hermann und Dorothea' hat die Spannung zwischen Idylle und der Wirklichkeit der Französischen Revolution zum Thema.

Drama Das Drama der Klassik zeigt, wie die Konflikte zwischen den Ansprüchen des einzelnen und der unvollkommenen gesellschaftlichen Wirklichkeit die ideale, idyllische Harmonie gefährden. Das Ideal wird schließlich zwar in der Erwartung einer besseren Zukunft gerettet, doch oft nur um den Preis einer völligen, bis zur Aufopferung reichenden Selbstüberwindung des einzelnen. Die Klassiker streben nach strenger Form (Vers, zumeist Blankvers), nach allgemeingültiger Formulierung (Sentenz) und nach der Beschränkung aufs Wesentliche (wenig Handlung, wenige Personen, starke Stilisierung, monologisierende Selbstbesinnung der Personen).

Johann Wolfgang von Goethe: ‚Iphigenie auf Tauris' (1787), *‚Egmont'* (1788), *‚Torquato Tasso'* (1790), *‚Die natürliche Tochter'* (1803). (Goethes ‚Faust' sprengt die engeren Epochengrenzen, s. unten.) *Friedrich Schiller: ‚Don Carlos'* (1787), *‚Wallenstein'* (1798/99), *‚Maria Stuart'* (1800), *‚Die Jungfrau von Orleans'* (1801), *‚Die Braut von Messina oder Die feindlichen Brüder'* (1803), *‚Wilhelm Tell'* (1804). *Friedrich Hölderlin: ‚Der Tod des Empedokles'* (Fragmente, 1798/1800, erschienen 1826).

Bildungsroman Goethes ‚Wilhelm Meister' gilt für lange Zeit als Vorbild einer eigenen Romangattung, des Bildungsromans. Im Bildungsroman wird der Lebenslauf des Helden zugleich als eine idealtypische Bildungsgeschichte angesehen; die Individualität des Helden entfaltet sich organisch und stufenweise, um sich schließlich der bestehenden Gesellschaft einzufügen. So unproblematisch ist ‚Wilhelm Meister' allerdings nicht angelegt (s. Seite 120). In Goethes Eheroman ‚Die Wahlverwandtschaften' treten natürliche Leidenschaft und gesellschaftliche Ordnung in einen unlösbaren Gegensatz, der keine allmähliche Bildung erlaubt, sondern völlige Entsagung fordert und Harmonie nur mehr als ferne Hoffnung aufscheinen läßt. In Hölderlins ‚Hyperion' scheitert der Bildungsplan an der Unreife des Volkes, das noch ästhetisch erzogen werden muß.

Johann Wolfgang von Goethe: ‚Wilhelm Meisters Lehrjahre‘ (1795/96), *‚Wilhelm Meisters Wanderjahre oder Die Entsagenden‘* (1821/29), *‚Die Wahlverwandtschaften‘* (1809). *Friedrich Hölderlin: ‚Hyperion oder Der Eremit in Griechenland‘* (1797/99).

Lyrik Auch in der Lyrik soll das Idealtypische erscheinen. Das macht unmittelbare Selbstaussage unmöglich. In schlichten, liedhaften Formen spricht Subjektivität sich jetzt auf symbolisch-allgemeingültige Weise aus. Gedankenvolle oder epigrammatische Spruchlyrik belehrt; in antiken, romanischen oder östlichen Formen werden Fremdes und Eigenes zu einem höheren Allgemeinen verbunden. Hymnen- und Odenformen, zum Teil streng antikisierend gebaut, verbinden enthusiastisches Pathos mit philosophischen, ästhetischen, religiösen Inhalten; die Ballade wird zur Ideenballade, die ein dramatisches Geschehen zum Exempel einer allgemeingültigen Lehre macht. Goethe bildet den ganzen Fächer der lyrischen Formen aus; die umfangreiche Gedankenlyrik, zumeist in Hymnen- oder Odenform, ist aber die Domäne Schillers und Hölderlins. Die wichtigsten Balladen sind diejenigen Goethes und Schillers, die im sogenannten Balladenjahr 1798 erscheinen.

6.4 Autoren

6.4.1 Anreger und Begleiter: Wieland (s. Seite 87f.) und Herder (s. Seite 100f.)

6.4.2 Die Gesetzgeber im Reich der Kunst: Goethe und Schiller

Der junge Johann Wolfgang Goethe des Sturm und Drang (1749–1775)

Der Patriziersohn aus Frankfurt am Main begann das Studium der Rechte in Leipzig, wo er die Rokokoliteratur kennen- und nachahmen lernte. Als er erkrankte, kehrte er nach Frankfurt zurück, wo ihn die mystisch-empfindsame Frömmigkeit eines Pietistenzirkels berührte. In Straßburg, wo auch Johann Heinrich Jung(-Stilling) und Heinrich Leopold Wagner, später auch Jakob Michael Reinhold Lenz studierten, schloß er das Studium ab. Dort lernte er Johann Gottfried Herder kennen, der ihn mit Shakespeare, Ossian und der Volkspoesie vertraut machte. In dieser Zeit entstand seine Erlebnislyrik (‚Willkomm und Abschied‘, ‚Mailied‘), in der die Liebe zur Pfarrerstochter Friederike Brion aus dem nahen Dörfchen Sesenheim sich ausspricht. Wieder in Frankfurt, wo er als Advokat arbeiten sollte, ließ sich Goethe von Johann Heinrich Merck in den empfindsamen Darmstädter Kreis einführen, schrieb die Dramen ‚Götz von Berlichingen mit der eisernen Hand‘ (1773) und ‚Clavigo‘ (1774) und begann mit der Arbeit am ‚Faust‘. Die großen Sturm-und-Drang-Hymnen und -Oden entstanden nun (‚Mahomets Gesang‘, ‚Wanderers Sturmlied‘, ‚Ganymed‘, ‚Prometheus‘, ‚An Schwager Kronos‘). Straßburger Eindrücke wirkten nach in den Reden ‚Zum

Shäkespears Tag‘ und ‚Von deutscher Baukunst‘, welche die neuen menschlichen und dichterischen Werte verkündeten: Natur, Genie, Shakespeare und Nation. Das erfolglose Werben um eine Amtmannstochter in Wetzlar, an dessen Reichskammergericht Goethe seine juristischen Kenntnisse vervollständigen sollte, sowie der Selbstmord eines jungen Juristen wurden zum Anlaß für den Roman

‚Die Leiden des jungen Werthers‘ (1774). Zurück in Frankfurt, verkehrte Goethe im Salon der Sophie von La Roche, wo er die elegante Welt kennenlernte. Aus dieser eleganten, aber auch nüchtern-geschäftstüchtigen Welt, an die ihn seine Verlobung mit der Bankierstochter Lili Schönemann zu binden drohte, floh er, zunächst und vorläufig mit den Brüdern Stolberg auf eine Geniereise in die Schweiz, dann endgültig nach Weimar: Goethe nahm eine Einladung des Erbprinzen Karl August von Sachsen-Weimar an.

‚Götz von Berlichingen‘

Der 'große Kerl' des Sturm und Drang steht einer Zeit moralischen Niedergangs gegenüber. Die neue Zeit, mit den Augen Herders als Abfall von einem ursprünglichen, harmonischen Zustand gesehen, nimmt dem einzelnen die Freiheit organischer Entfaltung. Götz wird immer mehr eingeengt: „Die Welt ist ein Gefängnis“, heißt es am Ende. Für Goethe, den Sohn einer nur dem Kaiser untergebenen Reichsstadt, besteht das gute Alte, das Götz vertritt, in der Unabhängigkeit, die manche Grundherren und Städte im Mittelalter genossen, das schlechte Neue dagegen im absolutistischen Fürstentum. Die alten Unabhängigkeiten werden idealisiert und, widersprüchlich, mit dem Gedanken nationaler Einheit verbunden. Dem pessimistischen Geschichtsbild steht eine vage Zukunftshoffnung gegenüber. Mit der Mannigfaltigkeit der Schauplätze und Charaktere, am Vorbild Shakespeares abgelesen, wird bewußt gegen die Forderung der drei Einheiten von Handlung, Ort und Zeit verstoßen.

‚Die Leiden des jungen Werthers‘

Auch Werther kann sich in einer Öffentlichkeit rangstolzer Adliger und gedrückter Untertanen nicht entfalten. Er sucht statt dessen im Privaten, in Liebes- und Naturerlebnis, ganz aus der Fülle des Herzens zu leben; alles wird dabei zur Spiegelung seiner selbst. Doch der vollständige Einklang mit allem, der in Goethes Sesenheimer Gedichten für Augenblicke gelingt, läßt sich auf Dauer und unter Menschen nicht herstellen, ohne daß die Rechte anderer verletzt werden; Werther gefährdet die Ehe Alberts und Lottes. Die beiden Teile des Romans, um die Mittelachse der politischen Episode angeordnet, spiegeln einander. Im Frühling und Sommer des ersten Teils erlebt der hoffnungsvolle Werther ländliche, familiale Idyllen; sie beglücken, aber sie beengen ihn auch. Im Herbst und Winter des zweiten Teils erlebt der melancholische Werther unglückliche Menschen und eine wilde Landschaft aus dem Geiste Ossians; er leidet darunter, aber wenn er schließlich untergeht, geht er zugleich auf im unendlichen Ganzen. Die Form des Briefromans nach dem Vorbild Rousseaus erlaubt die Selbstaussprache der Subjektivität.

Der Goethe der Klassik (1775–1805)

Ab 1776 arbeitete Goethe als oberster Beamter im Weimarer Staatsdienst. Er versuchte, von einem konservativ bürgerlichen Standpunkt aus finanzielle, wirtschaftliche und soziale Reformen durchzuführen, scheiterte aber überall dort, wo der Adel dadurch seine Vorrechte eingeschränkt sah. In dieser Zeit erzog sich Goethe zum pflichtbewußten Arbeiten, wandte sich der Natur mit wissenschaftlichem Interesse zu, lernte von der Hofdame Charlotte von Stein, an die ihn eine tiefe Seelenfreundschaft band, maßvolles höfisches Betragen und entwickelte zusammen mit Herder, den er nach Weimar hatte rufen lassen, die Grundlagen des klassischen Humanitätsgedankens. Die Lyrik dieser Zeit ist noch dem Sturm und Drang zuzurechnen, läßt aber schon den Übergang erkennen: noch freie Rhythmen, aber gemäßigt und begrenzt (‚Grenzen der Menschheit'), noch Einheit von fühlendem Ich und Natur, aber Suche nach Ruhe und Frieden (‚An den Mond', ‚Wanderers Nachtlied') oder ein Zurückweichen vor der Gewalt des Naturmagischen in den Balladen (‚Erlkönig', ‚Der Fischer').
1786 flüchtete Goethe, enttäuscht von der Politik und wohl auch von der Liebe zu Frau von Stein, nach Italien. Nicht im Ganzen gefühlvoll aufzugehen, sondern das Einzelne im Ganzen mit Bestimmtheit wahrzunehmen, strebte er nun an. Klarheit, Ruhe und Harmonie der antiken Kunst, mit den Augen Winckelmanns gesehen, und die Sinnenfreude des italienischen Volks verhalfen ihm zu einem neuen, sinnenhaft erkennenden und genießenden Wirklichkeitsverhältnis. Karl Philipp Moritz, dem er in Rom begegnete, beeinflußte seine neue Auffassung von der Autonomie des Kunstwerks. Selbstfindung und -befreiung durch das Italienerlebnis schlugen sich später in den ‚Römischen Elegien' nieder (1795). Begonnene Arbeiten wurden nun vollendet. Zu ihnen gehört das Trauerspiel ‚Egmont' (1788), dem ‚Götz' ähnlich im Bestehen des Helden auf seiner Individualität, hier gesteigert zum unbedingten Vertrauen in den eigenen „Dämon", wie in der politisch-historischen Grundauffassung. Diese wird jetzt aber ins Positive gewendet: Wenn der Held auch untergeht, wird schließlich doch die Erhebung siegen, die die alten Freiheiten wiederherstellt. Auch das mehrfach umgearbeitete Drama ‚Iphigenie auf Tauris' (1787) wurde nun abgeschlossen. Nach seiner Rückkehr im Jahre 1788 schockierte Goethe die Weimarer, als er eine junge Näherin, Christiane Vulpius, zu seiner Hausgenossin machte; Jahre später heiratete er sie. Von den politischen Aufgaben ließ er sich nun weitgehend entlasten – kulturpolitische, wie die Leitung des Hoftheaters, an dem er manchmal selbst mitspielte, blieben bestehen –, so daß er sich nun vornehmlich der Dichtung und den Naturwissenschaften widmen konnte. 1790 erschienen das Drama ‚Torquato Tasso' und der ‚Versuch, die Metamorphose der Pflanzen zu verstehen'. 1792 nahm Goethe als Begleiter des Herzogs Karl August am erfolglosen Feldzug der Preußen und Österreicher gegen die Armee der Französischen Revolution teil. Seine kritische Antwort auf die Revolution gab er vor allem im Drama ‚Die natürliche Tochter' (1803) und im Novellenzyklus ‚Unterhaltungen deutscher Ausgewanderten' (1794).
Im Zeichen ästhetischer Überwindung der Revolution begann 1794 die Zusammenarbeit mit Schiller. Sie bezeugte sich in Goethes Beiträgen zu Schillers Zeitschriften, in den gemeinsam verfaßten ‚Xenien' (1797), bissigen Epigrammen, mit denen beide auf die geringe Resonanz der ‚Horen' reagierten, in den klassischen Balladen, die sie 1798 veröffentlichten, und in Schillers kritischer Anteil-

Ankunft in Weimar 1775
Politiker und Hofpoet
1786
,Iphigenie' 1787
Italienische Reise
Überwindung der Schuld durch Humanität
,Egmont' 1788
das 'dämonische' Ich und das alte Recht
1788
,Tasso' 1790
Dichter und Naturwissen-schaftler am Hof
Dichter und Gesellschaft
,Metamorphose der Pflanzen' 1790
Urpflanze
1794
,Wilhelm Meisters Lehrjahre' 1795/96
Bündnis mit Schiller
die Bildung der Individualität
,Hermann und Dorothea' 1797
Revolution und Idylle
Schillers Tod 1805

nahme an der Entstehung von Goethes Roman ‚Wilhelm Meisters Lehrjahre‘ (1795/96), der aus dem Fragment ‚Wilhelm Meisters theatralische Sendung‘ (entstanden 1777/85) hervorging. Den beiden Freunden eng verbunden war Wilhelm von Humboldt, ihren Versuch künstlerischer Gesetzgebung unterstützte Heinrich Meyer. Im Hexameterepos ‚Hermann und Dorothea‘ (1797) und im Drama ‚Die natürliche Tochter‘ (1803) setzte sich Goethe noch einmal mit der Französischen Revolution auseinander. Ihre Ideale der Gleichheit und Brüderlichkeit werden anerkannt, sind aber nur zu erreichen durch die Besinnung des einzelnen auf die ursprünglichen Verhältnisse, nämlich auf die Familie, und durch den freiwilligen Verzicht auf Politik, Parteilichkeit und Standesprivilegien. Diese Lebensphase endete mit dem Tod Schillers und mit den Napoleonischen Kriegen. Durch seinen Respekt vor Napoleon, in dem er einen großen, nur seinem „Dämon“ folgenden Menschen sah, Egmont vergleichbar, entfernte Goethe sich von den nationalliberalen Auffassungen seines Herzogs und Wilhelm von Humboldts.

‚Iphigenie auf Tauris‘ Euripides und Racine, griechische und französische Klassik also, liefern das Thema. Der griechische Mythos, der von Götterfluch und Menschenopfer handelt, wird humanisiert. Das Drama soll allseitige Harmonie herstellen: zwischen Göttern und Menschen, Regierenden und Regierten, zwischen göttlich vorgegebenem Gesetz und ‘natürlicher’ Gerechtigkeit, zwischen Mythos und Aufklärung also, zwischen Antike und Moderne. Der antike Konflikt zwischen Götterspruch und menschlicher, als Hybris gedeuteter Selbständigkeit ist jetzt zunächst im Innern jedes einzelnen zu lösen, im Gewissen Orests, der seine Schuld reuevoll anerkennt, im Herzen Iphigenies, der harmonischen „schönen Seele“, die sich zu unbedingter, vertrauender Wahrhaftigkeit durchringt. Diese autonome Leistung der Selbstüberwindung rechtfertigt es, auch von den anderen, von den Göttern und vom Herrscher Thoas, ein gleiches Maß an Humanität zu verlangen, wollen sie nicht ihre moralische Anerkennung verlieren. Nach einer Versfassung und zwei Prosaversionen erhielt das Werk erst in der vierten Fassung mit ihrem rein durchgeführten Blankvers und ihrer kargen, streng stilisierten Handlung die letzte Form.

‚Torquato Tasso‘ Tasso ist größtenteils noch Genie des Sturm und Drang, grenzenlos fühlend wie Werther, in mittelalterlichen Wertvorstellungen lebend wie Götz. Aber er hat sich nicht mit einer schlechten, niedergehenden Gesellschaft auseinanderzusetzen, sondern mit einem vorbildlichen Hof, einem idealen Weimar. In Tasso und Antonio stehen Dichter und höfischer Politiker einander gegenüber, dort die Forderung nach Unmittelbarkeit und Aufrichtigkeit des Gefühls, hier diplomatisches Verhalten um des harmonischen Zusammenlebens willen, dort das Dichten als Naturgabe und höchster Lebenszweck, der den ganzen Menschen verzehrt, hier das Dichten als Übung des Talents und schönes Dekor des gesitteten Lebens. Der Dichter will listiger sein als der Höfling und verfällt wahnhaftem Mißtrauen; der

Hofmann vermag nicht, die künstlerische Naturgabe neidlos anzuerkennen. Würden beide nicht um Ruhm und Liebe rivalisieren, so könnten sie einander ergänzen. Dann aber müßten sie Entsagung üben, so wie die Prinzessin es vorlebt. Der Versuch der Prinzessin, Tasso zu bilden, scheitert; aber der Schluß deutet eine Versöhnung zwischen Tasso und Antonio an.

Der Naturwissenschaftler Goethe Auch in der Natur sucht Goethe nach dem „Urphänomen", also nach der sinnlich wahrnehmbaren Erscheinung der Idee, so z. B. nach der „Urpflanze", d. h. nach derjenigen Pflanze, welche die Idee, das ursprüngliche Muster aller Pflanzen, darstellt. Im Bereich der Optik gilt ihm als Urphänomen der Gegensatz zwischen Licht und Finsternis, weswegen er in heftiger Kritik an Newton die Farben aus der Mischung von Hell und Dunkel zu erklären sucht. Aus beständiger Metamorphose (Verwandlung in höhere Formen), die durch Polarität (Spannung zwischen Gegensätzen) vorwärts getrieben wird, ergibt sich der Fortschritt in Natur und Geschichte.

Goethes Symbolbegriff Das „Urphänomen" ist die Erscheinung des Allgemeinen im Besonderen, z. B. der „Urpflanze" in der jeweiligen konkreten Pflanze. Darum ist es symbolisch. Ein Besonderes (z. B. dieser bestimmte Abend) wird nämlich zum Symbol, wenn die Dichtung es so lebendig erfaßt, daß sie es in ein Bild der allgemeinen – strenggenommen: immer unaussprechlichen – Idee verwandelt (z. B. in das Weltgesetz, daß alles Lebendige sich im harmonischen Zusammenhang zum Abend und zum Ende neigt). Im Gegensatz dazu ist die Allegorie nur die Illustration eines allgemeinen Begriffs (z. B. das Skelett mit Sanduhr und Sense als Illustration des Todes). Das Symbol ist demnach zugleich reales, zufälliges Besonderes als auch ideales, gesetzliches Allgemeines.

Der späte Goethe (1805–1832)

Strenge Zeiteinteilung im Dienst kulturpolitischer, naturwissenschaftlicher und dichterischer Arbeit, unterbrochen durch gelegentliche Badereisen: So sah das Leben des berühmten, vielbesuchten Mannes aus. Goethe löste sich nun von klassischer Strenge und suchte, ähnlich wie die Romantiker, sich auch das Fremde und in sich Widersprüchliche anzuverwandeln. Er blickte zurück: Die Autobiographie ‚Aus meinem Leben. Dichtung und Wahrheit' erschien (1811/14; Band 4 erst 1833), dazu ergänzend die ‚Italienische Reise' (1816/17) und die ‚Campagne in Frankreich' (1822). Begonnene Arbeiten wurden beendet: Die ‚Farbenlehre' kam 1810 heraus; die Bände ‚Wilhelm Meisters Wanderjahre oder Die Entsagenden' (1821/29) schlossen den Gesamtroman ab; 1808 wurde der erste Teil des ‚Faust' veröffentlicht. (Der ‚Urfaust', ein Werk des Sturm und Drang, blieb zu Goethes Lebzeiten unveröffentlicht; eine überarbeitete und

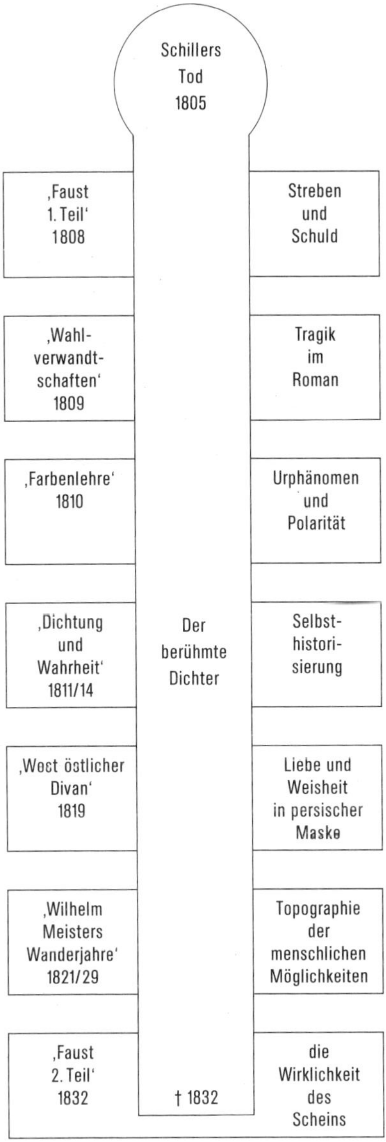
Schillers Tod 1805
‚Faust 1. Teil‘ 1808
Streben und Schuld
‚Wahlverwandtschaften‘ 1809
Tragik im Roman
‚Farbenlehre‘ 1810
Urphänomen und Polarität
‚Dichtung und Wahrheit‘ 1811/14
Der berühmte Dichter
Selbsthistorisierung
‚West östlicher Divan‘ 1819
Liebe und Weisheit in persischer Maske
‚Wilhelm Meisters Wanderjahre‘ 1821/29
Topographie der menschlichen Möglichkeiten
‚Faust 2. Teil‘ 1832
† 1832
die Wirklichkeit des Scheins

etwas erweiterte Fassung war unter dem Titel ‚Faust. Ein Fragment' 1790 erschienen.) 1831 schloß Goethe die Arbeit am zweiten Teil des ‚Faust' ab, der erst kurz nach seinem Tod erschien. Neue Werke entstanden: Im Roman ‚Die Wahlverwandtschaften' (1809) fallen Natur- und Sittengesetz auseinander, die „schöne Seele" verfällt tragischer Schuld, Entsagung und Tod lassen nur noch auf das Jenseits, nicht mehr auf ein grundsätzlich mögliches besseres Diesseits hoffen. Liebesbegegnungen Goethes wurden zum Anlaß einer Reihe von Gedichtzyklen, deren wichtigster der ‚West-östliche Divan' ist (1819, erweitert 1827), ein lyrisches Zwiegespräch mit Marianne von Willemer, umrahmt von Gedichten, in denen Goethe sich mit dem persischen Dichter Hafis identifiziert; das Symbol vermittelt hier zwischen Gefühlsausdruck und spruchhafter Dichtung der Altersweisheit. Zu dieser letzteren gehört auch das Gedicht ‚Urworte. Orphisch' (1817). Kurzformen altersweiser Belehrung wurden gesammelt in den aphoristischen ‚Maximen und Reflexionen' (ab 1809) und in den ‚Zahmen Xenien' (ab 1815).

‚Dichtung und Wahrheit' In seiner Autobiographie betrachtet Goethe sich selbst als historische Person. Er will nicht Fakten sammeln, sondern das „Grundwahre" darstellen, nämlich das Verhältnis der organisch sich entwickelnden Individualität zu ihrer Zeit. Solche Selbstdeutung hängt vom Standort ab, den das rückblickende Ich in seiner Entwicklung und in seiner Zeit einnimmt. Alles Frühere soll als sinnvolle Vorbereitung des schließlich Erreichten erscheinen. Daher muß zur „Wahrheit" der Fakten die „Dichtung" hinzukommen, die dichterische Deutung des Zusammenhangs, nicht die willkürliche Erfindung.

‚Wilhelm Meister' Der Roman stellt beispielhaft den Weg eines Menschen bürgerlicher Herkunft dar, der seine Individualität ohne berufsbedingte Einseitigkeit harmonisch zu entwikkeln und wirkend darzustellen sucht – ein Ziel, das zu verfolgen eigentlich nur einem reichen und berufslosen Aristokraten möglich scheint. Meisters ursprünglicher Versuch, sich im schönen Schein der Theaterwelt derart zu verwirklichen, erweist sich als realitätsferner Irrweg. In den ‚Lehrjahren' findet er, von einer reformbewußten adligen Geheimgesellschaft unvermerkt geleitet, auf höherer Stufe zum bürgerlichen, nützlich-tätigen Leben zurück und verbindet sich zugleich durch Heirat dem Adel. Das verlangt freilich Opfer: Kunst und Leben werden getrennt, die poetisch-dämonischen, unangepaßten Gestalten Mignons und des Harfners müssen untergehen. Wenn Meister in den ‚Wanderjahren' einen nützlichen Beruf ergreift – er wird Wundarzt –, so muß er damit auf das Ziel allseitiger Ausbildung verzichten; sie ist nur noch von allen Menschen zusammen als einem Ganzen erreichbar. Daher folgt der Roman nicht dem Leitfaden einer Lebensgeschichte; die Lebensgeschichte eines einzelnen ist nicht mehr repräsentativ für die vollkommene Bildung des Menschen schlechthin. Meisters Wanderschaft wird vielmehr zum Anlaß, verschiedene Bezirke vorzuführen, verschiedene Gedankenkreise, eingeschobene Novellen, pädagogische Modelle, die unterschiedliche Möglichkeiten des Menschseins vorstellen und einander spiegeln und relativieren. Die konkreten staatlichen Organisationen wie etwa Verwaltung und Heer werden allerdings weitgehend ausgespart.

‚Faust. Der Tragödie erster Teil‘ Der Stoff, auch von Klinger und Maler Müller behandelt, lag Goethe im Volksbuch ‚Historia von D. Johann Fausten‘ (1587) und in dramatischen Bearbeitungen vor. Im ‚Urfaust‘ und im ‚Fragment‘ stehen Gelehrten- und Liebestragödie noch unverbunden nebeneinander. Im ‚Faust‘ von 1808 werden beide einem gemeinsamen Gesichtspunkt untergeordnet: Der einzelne Mensch versucht, erkennend und fühlend den Zusammenhang der ganzen Welt unmittelbar zu erfassen; als Gelehrter ergibt er sich dabei der Magie, als Liebender vernichtet er den geliebten, aber an eine beschränkte Welt gebundenen Menschen. Die Wette mit Mephisto wird Anlaß zum Versuch, als einzelner all das, „was der ganzen Menschheit zugeteilt ist“, erkennend-fühlend zu genießen. Doch der harmonische Zusammenhang des Ganzen, den die Engel besingen (‚Prolog im Himmel‘), bleibt dem beschränkten, daher irrenden einzelnen verschlossen. Allerdings liegt gerade in seinem wenn auch irrenden und schuldhaften Streben nach dem Zusammenhang des Ganzen die Größe des Menschen. Darum wird ihm Mephisto als Prinzip ständiger Unzufriedenheit mitgegeben, das gerade durch diese negative Funktion das unaufhörliche Streben nach der Vereinbarung mit dem göttlichen Zusammenhang lebendig erhält. Dieser kosmischen Ganzheit entspricht die harmonische Welt, die der Dichter in sich fühlt; beiden steht die chaotische Fülle gegenüber, die das beschränkte Publikum zu sehen wünscht (‚Vorspiel auf dem Theater‘). Den gleichen Gegensatz zwischen Wirrnis und Zusammenhang erfährt der Dichter aber auch an sich selbst, nämlich als Zwiespalt zwischen dem Wechsel seines äußeren Lebens und seiner dauernden Teilhabe an der geistigen Welt (‚Zueignung‘). Die drei Vorstücke führen demnach anhand des einen Zwiespaltes vom einzelnen Menschen, dem Dichter, zum Welttheater. Als solches erscheint dann das Drama, das auch formal eine chaotische Fülle mit dem Durchblick auf einen höheren Zusammenhang verbindet.

‚Faust. Der Tragödie zweiter Teil‘ Nach sechzigjähriger Arbeit am ‚Faust‘-Stoff beendet Goethe den zweiten Teil des Dramas, der zwar durch vielfältige Spiegelungen auf den ersten bezogen (z. B. Blocksberg – klassische Walpurgisnacht), aber noch loser zusammengefügt ist als dieser und zugleich etwas Neues darstellt. Wenn Faust nach einem Heilschlaf des Vergessens aus der kleinen Welt des ersten Teils in die große Welt öffentlichen Handelns tritt, so nicht mehr als der einzelne, der sich genießend an die Stelle der Menschheit setzt, sondern als eine Figur, die sich die Welt handelnd und herrschend anzueignen sucht. Sein Charakter und die Abfolge des Geschehens sind noch unwichtiger als im ersten Teil. Es geht nun um die Variationen eines Themas, um die Verselbständigung des Scheins, dem der Mensch zum Guten wie zum Bösen unterworfen ist. Damit ist zunächst das Verhältnis von Kunst und Wirklichkeit angesprochen: Das Wesen der Wirklichkeit ist nicht unmittelbar faßbar, sondern nur im schönen Bild, im „farbigen Abglanz" zu erschauen. Aber auch das Papiergeld ist nur Schein, ein leerer, aber mächtig wirkender, der die politische Geschichte bestimmt (1. Akt). Die Idee des Menschen, die Synthese von griechischer Antike und nordischer Moderne, von Helena, dem Urbild der Schönheit, und Faust, dem Vertreter des modernen Bewußtseins, lebt nur in der Scheinwelt gelehrter Phantasie (2. und 3. Akt). Schließlich ist auch der Prozeß unendlicher Besitzvermehrung ein blendender Schein; er verselbständigt sich und bringt Vernichtung statt Freiheit (4. und 5. Akt). Die moderne Wirklichkeit ist scheinhaft, der Schein aber ist wirkend. Aus ihm vermag den irrend Strebenden allein die Liebe zu erlösen, den Mann nur das „Ewig-Weibliche".

Der Schiller des Sturm und Drang (1759–1787)

Der Sohn württembergischer Untertanen – sein Vater war Offizier im Dienst des Herzogs Karl Eugen – wuchs in Lorch und Ludwigsburg auf. 1773 befahl ihn der Landesvater, Herzog Karl Eugen, an die Militärschule nach Stuttgart, wo er zunächst Jura, dann Medizin studieren mußte, bis er 1780 zum Regimentsmedicus bestellt wurde. 1781 erschien sein Drama ‚Die Räuber', in welchem der antiautoritäre Protest der Stürmer und Dränger zum Angriff auf die ganze Weltordnung gesteigert, aber auch als verblendete Hybris verurteilt wird. Franz soll das absolute Böse verkörpern, Karl schwingt sich zum Weltenrichter auf; beide werden durch das unvorhergesehene Geschehen selbst gerichtet, das ihre Pläne ins Gegenteil umschlagen läßt. 1782 kam Schillers erste Gedichtsammlung unter dem Titel ‚Anthologie auf das Jahr 1782' heraus. Als ihm der Herzog weiteres Dramenschreiben verbot, flüchtete er nach Mannheim. In Bauerbach in Thüringen stellte ihm Henriette von Wolzogen ein Landhaus zur Verfügung. 1783 erschien das politische Trauerspiel ‚Die Verschwörung des Fiesco zu Genua'; hier scheitert der Aufständische an seinem überheblichen Glauben, alle Menschen berechnen zu können. Im selben Jahr ging Schiller als Theaterdichter nach Mannheim; dort veröffentlichte er im folgenden Jahr ‚Kabale und Liebe' (ursprünglicher Titel: ‚Luise Millerin') und hielt seine Antrittsrede in der Kurfürstlichen Deutschen Gesellschaft: ‚Was kann eine gute stehende Schaubühne eigentlich wirken?' (später gekürzt unter dem Titel: ‚Die Schaubühne als moralische Anstalt betrachtet'). Schiller denkt dabei nicht an die Verbreitung moralischer Lehrsätze durch das Theater, sondern an ein Bekanntmachen des Menschen mit der menschlichen Natur in einer Zeit der Unnatur. Hohe Schulden und die Herzenswirren, die seine Liebe zu Charlotte von Kalb, der Frau eines Offiziers, mit sich brachte, ließen ihn 1785 zu einem weiteren Gönner, Christian Gottfried Körner, nach Leipzig und später nach Dresden flüchten. Dort erschienen 1786 seine ‚Philosophischen Briefe'. Im folgenden Jahr reiste er nach Weimar, wo er von Herzog Karl August, der ihn zwei Jahre zuvor zum Rat ernannt hatte, Unterstützung erhoffte.

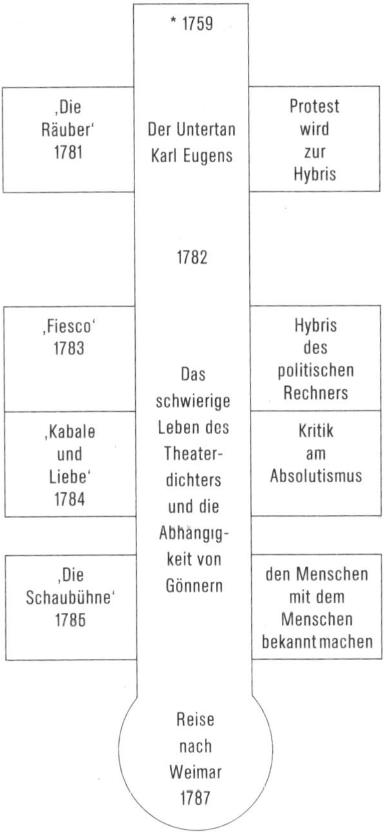

‚Kabale und Liebe' Ferdinands Protest gegen die Vaterwelt ist eng verbunden mit Schillers Kritik am Absolutismus. Das bürgerliche Trauerspiel zeigt hier, daß die bürgerliche Familie kein intakter Fluchtraum mehr ist. Die absolutistische Herrschaft greift in die Familie des Musikus Miller ein, nicht nur in Gestalt des Präsidenten, sondern auch in Gestalt Ferdinands, dessen Selbstgerechtigkeit und dessen Mißtrauen nicht von seiner aristokratischen Position zu lösen sind, wenn sie sich schließlich zerstörend gegen das Mädchen aus niederem Stand wenden. Doch auch die innere Problematik der Familie, die Unterdrückung der Tochter durch die verinnerlichten Normen patriarchalischer Herrschaft, wird deutlich.

Der Schiller der Klassik (1787–1805)

Die Übersiedelung nach Jena, die ihn Wieland und Herder nahebrachte, entsprach einer inneren Wandlung. Das zeigt sich am allmählichen Herauswachsen des Dramas ‚Don Carlos. Infant von Spanien' aus dem Sturm und Drang. Schiller hatte es nach mehrjähriger Arbeit noch bei Körner fertiggestellt; es wurde stückweise veröffentlicht und 1787 aufgeführt. Mit dem Gedicht ‚Die Götter Griechenlands' (1788) wandte er sich der Antike zu. Eine vernichtende Rezension von Bürgers Gedichten (1789) bekräftigte die neue, klassische Kunstauffassung. Vor allem trieb Schiller nun ausgiebige Geschichtsstudien. Seine ‚Geschichte des Abfalls der vereinigten Niederlande von der spanischen Regierung' (1788; unvollendet) trug ihm auf Veranlassung Goethes eine unbezahlte Professur für Geschichte in Jena ein. Sonst aber blieb das Verhältnis zu Goethe, der in ihm immer noch den Stürmer und Dränger sah, zunächst kühl. Auf studentische Kolleggelder hoffend, übersiedelte Schiller 1789 nach Jena, hielt seine berühmt gewordene Antrittsvorlesung ‚Was heißt und zu welchem Ende studiert man Universalgeschichte?' und schrieb eine ‚Geschichte des Dreißigjährigen Krieges' (1791/93). Aufgrund einer geringen herzoglichen Pension – sie wurde im folgenden Jahr durch eine dreijährige Beihilfe des dänischen Erbprinzen erheblich verbessert – wagte Schiller es 1790, die Weimarer Hofdame Charlotte von Lengefeld zu heiraten. Auf einer Reise nach Württemberg wurde er mit Hölderlin bekannt, den er nicht ohne Reserve zu fördern suchte. Er erweiterte das Geschichtsstudium nun durch ein philosophisch-ästhetisches Studium Kants. Daraus gingen u. a. die Schriften ‚Über Anmut und Würde' (1793), ‚Über das Erhabene' (1801) und ‚Über die ästhetische Erziehung des Menschen' (1795) hervor.

Schillers entschiedene Ablehnung der Französischen Revolution, für die er sich zunächst begeistert hatte, trug wesentlich zur Annäherung Goethes bei. Die Freundschaft beider, 1794 geschlossen, bestimmte Schillers weiteres Leben. Mit der Abhandlung ‚Über naive und sentimentalische Dichtung' (1795/96) suchte er ihrer beider Eigenart zu bestimmen. Auch die Freundschaft zu Wilhelm von Humboldt, der an der Gründung der ‚Horen' beteiligt war, vertiefte sich jetzt. Nach der langen Zeit theoretischer Arbeit wandte sich Schiller nun wieder der Dichtung zu. In den ‚Horen' und dem ebenfalls von ihm herausgegebenen Musenalmanach erschienen 1795/96 die großen Beispiele seiner Gedankenlyrik (u. a. ‚Die Teilung der Erde', ‚Das Ideal und das Leben', ‚Der Spaziergang'; im Almanach für das Jahr 1800 erschien ‚Das Lied von der Glocke', das eine große Nachwirkung im ganzen 19. Jh. hatte). Der sogenannte Balladen-Almanach von 1798 enthielt u. a. den ‚Taucher' und ‚Die Kraniche des Ibykus', der Almanach von 1799 ‚Die Bürgschaft'. Schließlich entstanden auch wieder Dramen. Aus der Beschäftigung mit dem Dreißigjährigen Krieg ging der ‚Wallenstein' hervor (1798/99; 3 Teile: ‚Wallensteins Lager', ‚Die Piccolomini', ‚Wallensteins Tod'). Nachdem eine Gehaltserhöhung es Schiller 1799 ermöglicht hatte, nach Weimar umzuziehen, wo er Goethe näher und den in Jena sich zusammenfindenden

	Reise nach Weimar 1787	
‚Don Carlos‘ 1787	Übergangszeit	zwischen Aufklärung und politischer Berechnung
	1789	
‚Anmut und Würde‘ 1793	Der Professor in Jena	die äußere Harmonie als Ausdruck der inneren
‚Ästhetische Erziehung‘ 1795		von der individuellen zur gesellschaftlichen Harmonie
	1794	
‚Naive und sentimentalische Dichtung‘ 1795/96		Bestimmung der modernen Dichtung
‚Wallenstein‘ 1798/99		die Hybris versuchter Geschichtsbeherrschung
‚Maria Stuart‘ 1801		Freiheit und Versöhnung durch Selbstüberwindung im Tod
‚Die Jungfrau von Orleans‘ 1801	Bündnis mit Goethe	
‚Die Braut von Messina‘ 1803		
‚Wilhelm Tell‘ 1804		von der alten zur neuen Idylle
	† 1805	

Romantikern ferner war, arbeitete der seit langem kränkelnde Dichter mit fieberhafter Intensität an Dramenübersetzungen und an seinen letzten großen Werken: ‚Maria Stuart' (1800), ‚Die Jungfrau von Orleans' (1801), ‚Die Braut von Messina oder Die feindlichen Brüder' (1803), ‚Wilhelm Tell' (1804), ‚Demetrius' (Fragment geblieben).

Der Historiker Schiller

Nach Schiller soll der Historiker die Geschichte von seiner Gegenwart her verstehen. Das heißt, er soll das vergangene Geschehen als Entwicklung aufzufassen suchen, die auf seine eigene Zeit hinzielt. Dazu muß er einen nur dichterisch erfaßbaren Zusammenhang in der Geschichte annehmen und ihn dann an den Tatsachen überprüfen. Hiermit ist dem einzelnen Menschen die Freiheit sinnstiftender Geschichtsdeutung gegeben (die Goethe in ‚Dichtung und Wahrheit' für sich beansprucht), aufgrund derer er dann auch sein Handeln sinnvoll einrichten kann. Vorerst allerdings müssen die Historiker noch die Tatsachen zusammenstellen, aber dem Dichter ist eine vorgreifende Geschichtsdeutung erlaubt. Mit Ausnahme der ‚Braut von Messina' behandeln alle klassischen Dramen Schillers historische Stoffe.

Der Philosoph und Ästhetiker Schiller

Schiller sucht das Schöne als Ausdruck der menschlichen Freiheit zu verstehen. Er unterscheidet die äußere, nur naturgegebene Schönheit von der sie erst belebenden *Anmut.* Die Anmut drückt ein Inneres aus, nämlich die Harmonie zwischen Empfindungen und moralischem Gesetz, Sinnlichkeit und Pflicht. Diese Harmonie muß vom einzelnen Menschen erst geschaffen werden, hängt somit von seiner freien Entscheidung ab. Er muß sich nämlich freiwillig so weit bilden, daß seine Empfindungen von selbst zu moralischen Entscheidungen führen. Dann hat er eine innere Harmonie, die *„schöne Seele"*, die sich in äußerer Harmonie, der Anmut, ausdrückt. Solange er sich noch in freiwilligem Zwang durch Willenskraft überwinden muß, um der Pflicht zu gehorchen, ist er erhaben. *Das Erhabene* drückt sich nicht in Anmut, sondern in *Würde* aus.

Hätte jeder einzelne die innere Harmonie erreicht, so wäre von selbst ein gesellschaftlicher Zustand geschaffen, in dem sich jeder in Freiheit selbst bestimmen könnte, ohne daß äußere Gesetze und Zwänge nötig wären. Damit die Menschen sich einem solchen idealen Zustand annähern, ist also eine *„ästhetische Erziehung"* erforderlich. Sie soll Revolutionen überflüssig machen, sie soll ohne revolutionäre Verletzung des Sittengesetzes das allmähliche Fortschreiten zur Freiheit bewirken.

Da der Mensch immer auch seinen Trieben ausgesetzt ist, kann er die selbstverständliche Harmonie der „schönen Seele" nie gänzlich erreichen. Wohl aber ist er zu erhabener Selbstüberwindung fähig. Diese letztere wird dargestellt in der Tragödie. Der Tragödienheld bewährt

seine Freiheit darin, starke Leidenschaften, schließlich sogar seinen Lebenswillen, in freiwilliger Anerkennung der moralischen Pflicht zu überwinden. Wenn ihm auch die erstrebte innere Harmonie versagt ist, so kann er schließlich doch in einem freien Akt sinnstiftender moralischer Deutung und würdevoller Selbstüberwindung seinen Untergang bejahen und gerade hierin seine absolute Freiheit erreichen.
Den Griechen war das Bedürfnis nach harmonischer Anmut noch eine selbstverständliche Gegebenheit. In diesem Sinn sind sie *naiv*. Der moderne Dichter dagegen erfährt die Harmonie als etwas Fremdes; er trauert ihr nach als etwas Verlorenem und muß sie nun bewußt als Ideal wieder anstreben. Dieses trauernde und intellektuell-bewußte Verhältnis zur Harmonie nennt Schiller *sentimentalisch*. Dem entspricht ein geschichtlicher Dreischritt: Der harmonischen Idylle griechischer Naivität (Arkadien) folgt die moderne sentimentalische Zerrissenheit, welche nach einer künftigen Idylle strebt (Elysium), in der Bewußtsein und Harmonie zugleich sind.
Neben diese Bestimmung der Moderne tritt eine Unterscheidung zweier Dichtertypen. Im Blick vor allem auf Goethe spricht Schiller von naiven Dichtern der Moderne. Darunter versteht er solche, die gleichsam naiv immer wieder zur Anschauung des Realen zurückkehren und nicht, wie die sentimentalischen Dichter es tun, ein abstraktes Ideal anstreben. Beide dichterischen Haltungen sollten einander ergänzen.

‚Don Carlos' Im Laufe seiner langen Entstehungsgeschichte erhält das Werk, das zunächst als Familientragödie im Fürstenhaus geplant war, einen zusätzlichen politisch-ideellen Gehalt. Zur Auseinandersetzung zwischen Vater und Sohn kommt der Gegensatz zwischen Absolutismus und Aufklärung. Dementsprechend tritt Carlos allmählich zurück, Marquis Posa dagegen in den Vordergrund. Doch sein aufklärerisches Programm (Fürstenerziehung, Gedankenfreiheit) zerbricht an der Problematik des politisch handelnden Menschen: Zum Handeln gezwungen, zerstört Posa die innere Harmonie seines Wesens und erniedrigt die anderen, auch seinen Freund Carlos, zu Objekten geheimer Berechnung; nicht einmal sein erhabenes Selbstopfer ist ganz frei davon. Indem Carlos und Philipp daraufhin ihre personenbezogenen Gefühle verleugnen und nur noch Prinzipien folgen (Selbstbestimmung der Menschheit bzw. Unterwerfung unter die Kirche), löschen sie auch die „Stimme der Natur", d. h. die Familienbindung, aus. Es siegt folgerichtig das tödlich-unnatürliche Prinzip der Inquisition. Allein in der Königin, die die Natur in sich nicht unterdrückt, bleibt eine Ahnung höherer menschlicher Harmonie bewahrt. Das Thema von der Überwindung der Leidenschaften und von der inneren Harmonie, die Ersetzung der Prosa durch den Blankvers, des Pathos durch ausdrucksvolle Kürze führen zur Klassik hin.

‚Wallenstein' Der umfangreiche Stoff, den Schiller sich durch seine ‚Geschichte des Dreißigjährigen Krieges' erschlossen hat, wird in ein Vorspiel und zwei Dramen gegliedert (‚Wallensteins Lager', ‚Die Piccolomini', ‚Wallensteins Tod'). Kein privater Familienkonflikt verstellt mehr die Problematik öffentlich-politischen Handelns. Das Thema ist die Rebellion im Kräftefeld von Freiheit, Macht und Irrtum. Die völlige Freiheit, welche die Soldaten des ‚Lagers' mit dem Tod zu erkaufen bereit sind, ist an den militärischen Gehorsam gebunden und setzt mit dem Faustrecht auch die Unfreiheit anderer voraus; tatsächlich sind die Soldaten nur irrende, unselbständige Figuren im Spiel des launischen Glücks. In den ‚Piccolomini' tritt das Bild möglichen Friedens, der Menschsein erlaubt und der Freiheit erst ihren Wert gibt, neben das Bild des Soldatseins. Zur Idylle führt kein Weg aus der Welt der Täuschung und der Rebellion, in der die Generäle leben. Im Zentrum dieser Welt steht Wallenstein. Ihn spiegelt das schwankende Heer, das er geschaffen hat, von dem er aber auch abhängt, weil es ihm seine Macht verleiht. Im Zaudern zwischen Gehorsam und Aufruhr sucht er sich die Freiheit der Entscheidung zu bewahren, sterndeutend sucht er das Geschick zu berechnen und ist schließlich doch nur ein Getriebener und Verblendeter. Sein Versuch, die Geschichte völlig zu beherrschen, um Frieden zu schaffen, endet ebenso im Tod wie Max Piccolominis Versuch, aus der Geschichte in die Utopie ewiger Idylle zu flüchten. Die Geschichte, die Wirklichkeit des „Gemeinen", des Egoismus, die bei allen mitspielt, auch bei Wallenstein, siegt über politisches Handeln, auch wenn es, wiederum wie auch bei Wallenstein, vom Streben nach dem Ideal mitbestimmt ist.

‚Maria Stuart', ‚Die Jungfrau von Orleans', ‚Die Braut von Messina' Nicht nur egoistisches politisches Handeln wie dasjenige Maria Stuarts, sondern sogar eines in göttlichem Auftrag wie dasjenige der Johanna von Orleans führt in Schuld, denn Johanna muß ihr „Herz", ihre menschliche „Natur", verleugnen. Doch bewahren beide Frauen ihre Freiheit und entsühnen sich, indem sie in höchster Selbstüberwindung ihre Verurteilung bejahen. Maria Stuart deutet den politischen Prozeß als Sühne für ihre Schuld, Johanna das ungerechte irdische als gerechtes himmlisches Gericht. Beide erringen angesichts des Todes eine Würde, die in Seelenschönheit übergeht. In beiden Fällen muß das private Gefühl, die Liebe, um des öffentlich-politischen Handelns willen überwunden werden. Nur im verklärten Tod ist noch eine Harmonie möglich. – In der ‚Braut von Messina' gibt Schiller seinem alten Thema des Familienkonflikts eine klassische Wendung: Ein Traumorakel, dem Zufälle und Irrtümer zur Erfüllung verhelfen, bestimmt Don Cesar dazu, seinen Bruder zu töten; er büßt dafür mit einem Selbstmord, den er als schicksalsüberwindende und versöhnende Tat freier Selbstbestimmung deutet. Das Private soll hier durch die Wiedereinführung des antiken, die Öffentlichkeit repräsentierenden Chores (s. S. 39 und 70) überwunden werden.

‚Wilhelm Tell' In seinem letzten vollendeten Drama, einem ästhetisch-utopischen Gegenbild zur Französischen Revolution, deutet Schiller den Kampf, in dem die Schweizer ihre „alte Freiheit" gegen den absolutistischen Zentralismus verteidigen, im Sinne seines geschichtlichen Dreischritts: Die paradiesische naive Idylle naturgemäßer Vaterordnung wird bedroht durch die geschichtliche, willkürliche Rechtsetzung. In ihrem Abwehrkampf verändern sich die Schweizer und legen schließlich den Keim zu einer höheren Idylle, zum „ästhetischen Staat", zur Brüdergemeinschaft der Freien und Gleichen. Der Ausgleich der Stände erfolgt aus Einsicht, nicht durch revolutionäre Gewalt. Tell ist kein revoltierender Sohn, sondern ein Familienvater, der zum Handeln gezwungen wird. Mit dem Mord an Geßler verteidigt er die naturgemäße Vaterordnung gegen eine pervertierte, die ihn zwingt, auf seinen Sohn zu schießen. Das unterscheidet ihn von Parricida, dem Vatermörder, und den Selbsthelfern des Sturm und Drang. Anders auch als die Jungfrau von Orleans kommt der Verteidiger der patriarchalischen Ordnung nicht mit sich selbst in Konflikt, wenn er tötet. Zunächst nur Außenseiter, privates Individuum wie die Selbsthelfer, rechtfertigt Tell seine Tat vor dem Anschlag als notwendige Verteidung der Gemeinschaft und ihrer Rechtsordnung. Er wird so ohne Bruch zum öffentlich-politisch handelnden Menschen. Auf der anderen Seite bilden die Schweizer nun eine Gemeinschaft, die den einzelnen als privates Individuum voraussetzt.

6.4.3 Verzweiflung am Bruch zwischen Ideal und Wirklichkeit: Hölderlin

Johann Christian Friedrich Hölderlin (1770–1843)

Aus einer pietistischen schwäbischen Familie stammend, wurde Hölderlin zum Theologen bestimmt. Er ging auf die Klosterschulen in Denkendorf und Maulbronn und studierte dann, zusammen mit Schelling und Hegel, am Tübinger Stift. 1792/93 erschienen seine ersten Hymnen. In Tübingen begeisterte er sich für die Französische Revolution und entschied sich gegen den Pfarrberuf. 1793 verließ er das Stift, um eine von Schiller vermittelte Hauslehrerstelle bei Charlotte von Kalb anzunehmen. So kam er nach Waltershausen bei Jena. In Jena hörte er Vorlesungen Fichtes und war häufiger Gast Schillers. 1794 erschien das ‚Fragment vom Hyperion' in Schillers ‚Thalia'. 1796 trat er eine andere Hauslehrerstelle bei der Frankfurter Bankiersfamilie Gontard an und verliebte sich in die Hausherrin, Susette Gontard, die als „Diotima" in seinen Roman ‚Hyperion oder Der Eremit in Griechenland' eingeht (1797/99). 1798 mußte er die Familie verlassen und zog zu seinem Freund Sinclair nach Homburg. Dort fand die Hauptarbeit am unvollendeten Drama ‚Der Tod des Empedokles' statt. Anschließend suchte er wieder als Hauslehrer zu arbeiten, 1801 in St. Gallen, 1802 in Bordeaux. In dieser Zeit, zwischen 1801 und 1806, entstand seine späte Lyrik. Außerdem schrieb er Nachdichtungen des griechischen Lyrikers Pindar und zweier Dramen des Sophokles. Vermutlich von einer tödlichen Erkrankung Susettes benachrichtigt – sie starb 1802 –, eilte er aus Bordeaux nach Deutschland zurück und verfiel allmählich in Schwermut und Verzweiflung. Ab 1806 lebte er in Pflege bei einem Schreinermeister in Tübingen.

Die geistige Position Die Übereinstimmung zwischen dem Guten, Schönen und Wahren macht die innere Einheit der Individualität aus; die Übereinstimmung ist für den, der enthusiastisch fühlt wie Klopstock, auch in der äußeren Natur erfahrbar, in deren großer Einheit er aufgehen kann. Die innere und äußere Harmonie zu verwirklichen ist sowohl höchste Freiheit, weil Selbstverwirklichung, als auch Gehorsam gegenüber dem göttlichen Gesetz, das das Wesen des Menschen als solche Harmonie bestimmt. Im Griechentum, einem naiven, aber auch heroisch-begeistert kämpfenden, scheint diese Verwirklichung gelungen. Inzwischen sind die Menschen vom göttlichen Gesetz abgefallen, sie müssen es erneut zu verwirklichen suchen.
Hölderlin erwartete die Wiederherstellung seines Griechentums zunächst von der Französischen Revolution. Als sie ihn enttäuschte, zog er sich in den Glauben an einen Mythos zurück, in dem Antike und Christentum, Harmonie des Wahren, Guten und Schönen mit Sündenfall und Erlösungshoffnung zusammengeschmiedet sind. Die dichterische Sprache muß diesen Mythos bewahren und die Wirklichkeit, prophetisch vorgreifend, ins Bild seiner Erfüllung verwandeln; die Erfüllung würde aus Deutschland ein Vaterland des Friedens und der Freundschaft machen, in dem die Menschen in Einklang wären mit der Natur. Diese Aufgabe der Dichtung ist auch ihr Thema; Hölderlin schreibt also Dichtung über das Dichten. Der Dichter aber steht völlig vereinsamt in einer Welt, die seinen utopischen Glauben nicht versteht. Hölderlin ist an dieser Einsamkeit verzweifelt, erstarrt und verstummt.

Lyrik Die Ablösung Hölderlins von seinem anfänglichen großen Vorbild Schiller zeigt sich formal darin, daß er die Reimstrophen aufgibt und zu Hymnen, Oden und Elegien in strengen antiken Versmaßen übergeht. In der Spätzeit entstehen die großen freirhythmischen Hymnen nach dem Vorbild Pindars mit ihren 'harten Fügungen' (hartem Nebeneinander von Wörtern ohne Verbindungspartikel, Nebeneinander von umfangreichen Satzgefügen und sentenzhaften Kurzsätzen). Der Konzentration auf die Idee, das Wesentliche, das im Wirklichen erscheinen soll, aber auch dem Weg in die Sprachlosigkeit entspricht eine zunehmende Verkürzung und Chiffrierung der Sprache, die die Gedichte verrätselt.

‚Hyperions Schicksalslied‘ (1798), *‚Der Frieden‘* (entstanden 1800), *‚Wie wenn am Feiertage ...‘* (entstanden 1800), *‚Der Rhein‘* (entstanden 1801), *‚Brot und Wein‘* (entstanden 1801), *‚Die Friedensfeier‘* (entstanden 1801/02), *‚Patmos‘* (entstanden 1802/03).

‚Hyperion‘ Der Briefroman verbindet subjektives, aber schon rückblickend reflektiertes Erleben mit geschichtlich-politischer Thematik. Hyperion lebt in der jüngsten Vergangenheit (zur Zeit des griechischen Aufstands gegen die Türkei im Russisch-Türkischen Krieg von 1769–1774), die zum elegischen Rückblick auf die verlorene Antike wie zur hymnischen Begeisterung im Kampf um ein sozusagen griechischeres Deutschland einlädt. Im privaten Idyll, in der Liebe zur „schönen Seele“ Diotima kann der einsame Hyperion den verlorenen Einklang mit der Natur erneut und zusammen mit menschlicher Harmonie erleben. Doch Diotima selbst empfindet, wie beschränkt diese Idylle ist, solange nicht alle frei und eigentlich menschlich sind, und sie sendet Hyperion fort, sich zu bilden, damit er einst das Volk erziehen könne. Als er sogleich mit seinem Freund Alabanda, der einer Geheimgesellschaft angehört, in den nun anhebenden Befreiungskampf zieht, willigt sie nur schweren Herzens ein. Tatsächlich vergehen sich die Revolutionäre gegen die Humanität, die sie ermöglichen sollten. Alle drei sind gebrochen. Die verlassene Diotima stirbt, Alabanda zieht fort: Idyllisches und Heroisches bieten keinen Ausweg; ersteres kann der Beschränkung, das zweite der Perversion nicht entgehen. Hyperion, nun wieder einsam, gesundet im Gefühl des Einklangs mit der Natur, in der auch die tote Geliebte anwesend ist. Es wird angedeutet, daß Hyperion als Dichter weiterleben wird.

‚Empedokles‘ Der ‚Empedokles‘ nimmt das Problem des gescheiterten Hyperion auf. Bei der Arbeit an den Dramenfragmenten verschiebt sich der Ausgangspunkt von der Schuld des Empedokles, der über Natur und Menschen herrschen will, zur Schuld des verführbaren, unreifen Volks. Der enttäuschte, einsame Priester der Naturharmonie stürzt sich in den Ätna, um unterzugehen in der großen Einheit der Natur, die Tod und Wiedergeburt einschließt; eben damit demonstriert und verheißt er aber auch diese Einheit sowie eine revolutionäre, aber nicht nur politische Erneuerung, so grundlegend wie Tod und Wiedergeburt, und schließlich die Versöhnung von Mensch und Natur.

7 **Romantik** (1795–1830)

1797	*Tieck, Ludwig:* Volksmärchen
1801	*Brentano, Clemens:* Godwi oder Das steinerne Bild der Mutter
1802	*Novalis:* Heinrich von Ofterdingen
1805/08	*Arnim, Achim von,* und *Brentano:* Des Knaben Wunderhorn
1812/15	*Grimm, Jacob* und *Wilhelm:* Kinder- und Hausmärchen
1813/15	*Hoffmann, E(rnst) T(heodor) A(madeus):* Phantasiestücke in Callots Manier
1815	*Eichendorff, Joseph von:* Ahnung und Gegenwart
1819/21	*Hoffmann:* Die Serapionsbrüder
1820/22	*Hoffmann:* Lebensansichten des Katers Murr nebst fragmentarischer Biographie des Kapellmeisters Johannes Kreisler in zufälligen Makulaturblättern
1826	*Eichendorff:* Aus dem Leben eines Taugenichts
1846	*Brentano:* Märchen
Am Rande der Romantik:	
1793	*Jean Paul:* Leben des vergnügten Schulmeisterleins Maria Wutz in Auenthal
1796/97	*Jean Paul:* Blumen-, Frucht- und Dornenstücke; oder Ehestand, Tod und Hochzeit des Armenadvokaten F. St. Siebenkäs
1800/03	*Jean Paul:* Titan
1804/05	*Jean Paul:* Flegeljahre
1807	*Kleist, Heinrich von:* Amphitryon
1808	*Kleist:* Der zerbrochne Krug
1808	*Kleist:* Das Käthchen von Heilbronn oder die Feuerprobe
1810/11	*Kleist:* Erzählungen
1821	*Kleist:* Prinz Friedrich von Homburg

7.1 Bild der Epoche

Unendlichkeit und Innerlichkeit

Die Harmonie, welche die Klassik erstrebte, läßt sich nach romantischer Auffassung nur verwirklichen, wenn man die Gesellschaft zum Ausdruck der All-Einheit macht, welche die unendliche Natur regiert. Dazu ist zunächst erforderlich, daß jeder einzelne diese All-Einheit erfährt. Das geschieht in Träumen und Phantasien, in denen ihn ein umfassendes Ganzes aufnimmt und birgt. Diese Erfahrungen können bis zur Todessehnsucht führen, zur Sehnsucht nämlich, sich im Unendlichen aufzulösen. Es entsteht eine Doppelbewegung: einerseits sehnsüchtiges Streben in die unendliche Natur, andererseits Versenkung ins eigene Innere.

All-Liebe und neue Frömmigkeit Das Gefühl der All-Einheit entspricht dem Gefühl liebevoller Einheit von Mutter und Kind. Gefühle des Einsseins und des Verschmelzens, die die Romantiker nicht zuletzt im erotischen Erlebnis suchen, werden von ihnen zugleich als religiöse Erlebnisse gedeutet, als Erfahrungen der göttlichen Liebe oder des allumfassenden Lebens, die beide einen höheren Wirklichkeitsgrad haben als die äußere Welt. Von dem so gearteten religiösen Gefühl ausgehend, suchen sie das Christentum zu erneuern. Damit stellen sie sich in entschiedenen Gegensatz zur rationalistischen Religionskritik der Aufklärung.

Familie, Staat und Kirche Damit die Gesellschaft zum Ausdruck der natürlichen All-Einheit werden kann, muß ihr eine naturhaft-organische Institution zugrunde gelegt werden, die alle in Liebe verbindet: die Familie, in der der einzelne wieder beschütztes Kind werden kann. Nach diesem Vorbild ist der Staat mit dem souveränen Herrscher als Vater des Volkes ebenso zu organisieren wie die Kirche, die die neue Frömmigkeit aufnehmen soll. Manche Romantiker konvertieren schließlich zur katholischen Kirche, weil sie in ihr solche Organisation am ehesten verwirklicht sehen.

Volk als Organismus Die Spätromantik fügt den Gedanken vom organisch sich entwickelnden Volkstum hinzu. Wie bei der entsprechenden Auffassung des Sturm und Drang geht es auch den Romantikern um die Betonung der nationalen Besonderheit. Anders als dort wird jetzt aber nicht zwischen Volk und der Gesellschaft insgesamt unterschieden. Daher dient der Gedanke der organischen Entwicklung nun dazu, die bestehende absolutistische Staatsordnung zu rechtfertigen: Sie ist organisch aus dem Volksgeist entstanden und deshalb wertvoll.

Dreiphasige Geschichte Ebenso wie die Klassik setzt auch die Romantik einen Zustand voraus, in dem sich das Ziel der Geschichte schon einmal darstellte. Sie sucht diesen Ursprung jedoch nicht in äußerer Harmonie, sondern in der inneren Haltung, in der kindlichen Offenheit für das Erlebnis unendlicher Einheit, nicht mehr im Griechentum, sondern im kindlich frommen Volk des Mittelalters. Der ursprüngliche Zustand soll wiedererstehen in einem künftigen Goldenen Zeitalter, das nun weniger eines des höheren Bewußtseins als eines der umfassenden Liebe ist.

Künstler und Philister Den Weg ins Innere zur unendlichen Einheit zu zeigen ist Aufgabe des genialen Künstlers, der insofern eine religiös-erzieherische Funktion hat. Ihm stehen jedoch die langweiligen, phantasielosen Philister gegenüber, das heißt die beschränkten Alltagsmenschen, die an das Bestehende, an nützliche Arbeit, Konkurrenz, Gewinnstreben gebunden bleiben. Ihnen fehlt der Sinn für die höhere Wirklichkeit der inneren Welt. Deshalb müssen sie nicht wie der Künstler unter der Sehnsucht nach dieser höheren Wirklichkeit leiden. In ihrer Welt ist der Künstler einsam und fremd. Aus ihrer nordischen Öde sehnt er sich nach dem heiter sinnenhaften, katholischen Italien.

Bildung und Freundschaft Der von der Klassik übernommene Bildungsgedanke löst sich von der bestehenden Gesellschaft. Man soll sich weiterhin zur harmonischen Individualität bilden, aber eher dadurch, daß man sich als fühlendes Glied im Weltzusammenhang denn als tätiges Mitglied der Menschheit versteht. Das Kloster wird zur symbolischen Bildungsstätte. Auch den Freundschaftskult führen die Romantiker weiter, ganz zu Beginn, um gemeinsam fortschrittlich zu wirken, dann aber, um die allgemeine Harmonie im Privaten vorwegnehmend zu erfahren.

Schwarze Romantik Die innere Welt, in die sich der Künstler begibt, kann sich unvermutet auch als etwas Krankhaftes erweisen, als ein Reich des Verbotenen, Triebhaften, Schauerlichen und Dämonischen. So kommt es zur „schwarzen Romantik“, die der Literatur das Reich der unbewußten Ängste und Wünsche erobert. Sie tendiert zum Nihilismus, dazu also, den Halt der überlieferten Werte zu verlieren, während sie dem Reiz nachgibt, den das Schauerliche in der langweiligen Welt der Philister ausübt.

Gegen Französische Revolution und Napoleon Die Romantiker sind häufig Beamte des absolutistischen Staates oder (zumeist niedere, verarmende) Adlige, die sich gegen eine moderne Geldherrschaft wenden, wie sie sie im Gefolge der Französischen Revolution entstehen sehen. Daher lehnen sie die Revolution nach kurzer Zustimmung entschieden ab. Die Spätromantiker entwickeln im Kampf gegen Napoleon einen zunehmenden Nationalismus und treten nach dem Sieg über ihn entweder in den Dienst der Reaktion, oder sie suchen Schutz in der Kirche.

Philosophische Grundlagen. Den bedeutendsten Einfluß üben Johann Gottlieb Fichte und Friedrich Wilhelm Joseph Schelling aus. *Fichte* lehrt den „subjektiven Idealismus“: Das menschliche Bewußtsein, nicht Gott oder die Natur, ist der geistige Schöpfer seiner Welt. Es muß sich auch dessen noch bewußt werden (es muß die „intellektuelle Anschauung“ seines Handelns gewinnen), um das Ziel völliger Selbständigkeit zu erreichen. – *Schelling* sucht das selbständige Bewußtsein als Ziel aller Entwicklung darzustellen. Er faßt die Entwicklung der Natur als zielgerichteten Schöpfungsprozeß eines unendlichen Geistes auf (objektiver, nicht subjektiver Idealismus). Auf der höchsten Stufe dieser Entwicklung, im Menschen, verkörpert sich dann der Geist als Einheit von Selbstbewußtsein und Natur. Diese Einheit ist in Analogie zum künstlerischen Schöpfungsprozeß zu verstehen. Das Kunstwerk verkörpert für Schelling nämlich die „intellektuelle Anschauung", Selbstbewußtsein des Bewußtseins, insofern es eine natürliche Welt darstellt, die aber vom künstlerischen Bewußtsein geschaffen wurde, das sich zugleich seiner schöpferischen Tätigkeit bewußt ist. – Stark von Schelling beeinflußt ist der protestantische Theologe *Daniel Friedrich Schleiermacher,* der den Glauben im ahnenden Anschauen des Universums zu begründen sucht.

7.2 Literarisches Leben

Einfluß der Frauen

Während die Klassik vornehme Geselligkeit kultiviert, tragen die Kreise der Romantiker zunächst bohemehafte, philisterfeindliche Züge. In dieser Umgebung, in der zugleich Mütterlichkeit und weibliches Gefühl aufgewertet werden, dürfen Frauen deutlicher als früher geistige Selbständigkeit zeigen. Sie führen nicht nur bedeutende Salons, wie Rahel Varnhagen und Henriette Herz in Berlin, Karoline Pichler in Wien, sie entwickeln auch ihre schriftstellerischen Talente, wie etwa an Pichler und Varnhagen, an Bettina Brentano, Karoline von Günderrode, Sophie Mereau, an Dorothea Veit-Schlegel und Caroline Schlegel-Schelling zu sehen ist.

Popularitätswunsch und Publikumsfeindschaft

Die schon von den Klassikern erfahrene Kluft zwischen dem anspruchsvollen Autor und einem Publikum, das sich der Massenliteratur zuwendet, vertieft sich weiter. Außerdem verstärkt sich die Abhängigkeit von den Verlegern. Schriftsteller wie Tieck sehen sich gezwungen, für große Verleger Massenliteratur zu produzieren. Sie reagieren darauf mit satirischer Literaturkritik und entwerfen ihre Arbeiten in zunehmendem Maß für eine kleine Elite Gleichdenkender, die das zu würdigen wissen, was im romantischen Sinn populär ist, nämlich das Volkstümliche, das, was dem kindlich einfachen Sinn des noch unverdorbenen Volkes entspricht.

Jenaer Frühromantik

Unter dem Einfluß Fichtes und in produktiver Auseinandersetzung mit Goethes ‚Wilhelm Meister' löst sich die Frühromantik allmählich von der Klassik und legt die theoretischen Grundlagen der Epoche. Den Kern des frühromantischen Kreises, der sich für kurze Zeit in und um Jena zusammenfindet, bilden Novalis und die beiden Brüder August Wilhelm und Friedrich Schlegel mit ihren Frauen Caroline und Dorothea sowie Wilhelm Heinrich Wackenroder, Ludwig Tieck, Friedrich Wilhelm Joseph Schelling und Daniel Friedrich Schleiermacher. Ein zweiter Treffpunkt ist Berlin, wo die Brüder Schlegel die Zeitschrift ‚Athenäum' herausgeben.

Heidelberger und Berliner Hochromantik Die jüngere, von den antinapoleonischen Befreiungskriegen geprägte Generation kommt zunächst in Heidelberg zusammen. Um die ‚Zeitung für Einsiedler' (später als Buch unter dem Titel ‚Trösteinsamkeit' erschienen), die von Arnim herausgegeben wird, scharen sich dort Clemens Brentano, Joseph von Eichendorff und Joseph Görres; ihnen stehen Ludwig Uhland und die Brüder Jacob und Wilhelm Grimm nahe. Achim von Arnim und Brentano wenden sich später nach Berlin, wo sie zusammen mit Heinrich von Kleist, Friedrich Heinrich Karl de la Motte-Fouqué, Adelbert von Chamisso und dem Staatsrechtler Adam Müller, später auch wieder mit Eichendorff, patriotisch zu wirken suchen. Die Freunde treffen sich in der ‚Christlich-Teutschen Tischgesellschaft', der die ‚Berliner Abendblätter' Kleists nahestehen.

7.3 Theorie und Formen der Literatur

Romantisieren der Wirklichkeit Die Romantiker fordern, die äußere Wirklichkeit müsse romantisiert werden. Das heißt, die Dichtung muß allmählich immer mehr Wirklichkeitsbereiche erfassen und sie durch ihre Darstellung in Bild und Zeichen des unendlichen Naturzusammenhangs und der inneren Erfahrung verwandeln. Dazu muß das wissenschaftliche Erkennen in die umfassendere dichterische Anschauung aufgenommen werden. (Vgl. S. 142: Friedrich Schlegels Begriff der „progressiven Universalpoesie".)

Verschmelzung Soll die Dichtung alles als zusammenhängendes Ganzes darstellen, so darf sie auch in sich selbst keine Trennungen dulden. Alles muß mit allem verschmelzen: Dichtung, Musik und Malerei sollen zu einer Gesamtkunst werden, die Sinneswahrnehmungen sollen im Hören von Farben und im Sehen von Musik zusammenfallen (Synästhesie), Kunst- und Volksdichtung sollen sich miteinander verbinden, die Gattungen ineinander übergehen. Eindeutige Regeln, Klarheit, scharfe Umrisse werden vermieden.

Romantische Ironie Die Verwandlung der Wirklichkeit ist das Werk der schöpferischen Phantasie. Sie herrscht demnach spielerisch und mit Willkür (d. h. mit völliger Freiheit) über die äußere Welt. Wenn sie alles verschmilzt, so bringt sie auch unvermutet Unterschiedliches zusammen, eine Fähigkeit, die die Romantiker Witz oder Scherz nennen. Im scherzhaften Spiel erscheint somit wieder die höhere Einheit. Zur völligen Freiheit der Phantasie gehört allerdings, der philosophischen Forderung der „intellektuellen Anschauung" entsprechend (s. S. 134), daß sie noch ihr eigenes Schaffen zu ihrem Gegenstand macht: Zusammen mit der Verwandlung der Wirklichkeit muß auch der künstlerische Schöpfungsprozeß zum Inhalt der künstlerischen Schöpfung werden; dichtend schreibt man zugleich über das Dichten. Das bedeutet, daß der Künstler sich bei der Arbeit selbst beobachtet, sich also auch von sich selbst und seiner Arbeit distanziert, ja sogar spielerisch die dichterische Illusion aufheben kann. Diese bewußte, kontrollierte Selbstdistanzierung und -relativierung nennen die Romantiker Ironie. Sie ist also zu unterscheiden vom karikierenden Spott der Satire, mit dem häufig die Philister und ihre Literatur gezeichnet werden. Durch die romantische Ironie vermag das Bewußtsein den Prozeß allgemeiner Verschmelzung zu leiten, ohne selbst in ihn einzugehen.

Fragment, Analogie, Aphorismus

Die Dichtung kann die innere Erfahrung des unendlichen Zusammenhangs am besten dadurch vermitteln, daß sie Leser und Zuhörer dazu anregt, ihn selbst zu phantasieren. Darum lieben die Romantiker das Fragment, das von Leser und Zuhörer verlangt, in neuen Bezügen zu Ende phantasiert zu werden. Auch die Verbindung unterschiedlicher Bereiche durch Analogien, die gegenseitige Spiegelung bestimmter Figurenkonstellationen dienen dem Zweck, unendliche Bezüge ahnbar zu machen. Dem unsystematischen Denken der Romantiker entspricht der Aphorismus, der Denken und Phantasieren der Zuhörer anregen, nicht festlegen soll.

Volksdichtung

Aus der Überzeugung vom kindlichen Sinn des einfachen Volkes und aus dem napoleonfeindlichen Nationalismus leitet sich das romantische Interesse an der Volksdichtung her. Brentano und Arnim veröffentlichen die Sammlung ‚Des Knaben Wunderhorn – Alte deutsche Lieder' (1806 und 1808), mit der sie die Vorstellung davon, was Volkspoesie sei, für die nachsten hundert Jahre bestimmen. Sie haben jedoch den volkstümlichen Stil oft eher selbst geschaffen als vorlagengetreu wiedergegeben. Die Brüder Grimm legen die von ihnen gesammelten ‚Kinder- und Hausmärchen' (1812/15) sowie ‚Deutsche Sagen' (1816–18) vor, Görres gibt ‚Die Teutschen Volksbücher' heraus (1807). Die Märchen und Gedichte der Romantiker sind von den Volksmärchen und -liedern stark beeinflußt und manchmal selbst zu volkstümlichen Märchen und Liedern geworden. Auch die ältere Literatur anderer indogermanischer Völker wird aufgesucht. August Wilhelm Schlegel stellt die maßgebenden Übersetzungen Calderóns und Shakespeares her, Tieck übersetzt den ‚Don Quijote' von Cervantes.

Mit ihren literatur- und sprachgeschichtlichen Arbeiten, vor allem mit ihrem ‚Deutschen Wörterbuch', werden die Brüder Grimm zu den Begründern der Wissenschaft von der deutschen Sprache und Literatur.

Roman Der Roman gilt den Romantikern als die wichtigste Gattung, weil sich alle anderen in ihn einschmelzen lassen. In der Auseinandersetzung mit Goethes ‚Wilhelm Meister', an dem sie die Vielbezüglichkeit loben, die Verflechtung des Helden in die bestehende Gesellschaft kritisieren, entwickeln die Frühromantiker ihre Kunstauffassung. Die romantischen Romane bleiben häufig Fragmente. Texte aus anderen Gattungen werden eingefügt: Märchen, Lieder, Reflexionen; eingestreute Briefe geben Kunde vom Innern der Menschen. Geheimnisvolle, schicksalhafte Verknüpfung der Figuren – sie ist wichtiger als das Fortschreiten der Handlung – deutet den unendlichen Zusammenhang an, der rettend oder bedrohlich sein kann, je nachdem, ob der Held seiner Triebhaftigkeit erliegt oder sie künstlerisch veredelt, so daß er die Welt mit Poesie durchdringen kann.

Jean Paul: ‚Blumen-, Frucht- und Dornenstücke; oder Ehestand, Tod und Hochzeit des Armenadvokaten F. St. Siebenkäs' (1796/97). *Ludwig Tieck: ‚Franz Sternbalds Wanderungen'* (1798). *Jean Paul: ‚Titan'* (1800/03). *Clemens Brentano: ‚Godwi oder Das steinerne Bild der Mutter'* (1801). *Novalis: ‚Heinrich von Ofterdingen'* (1802). *Ernst August Friedrich Klingemann (?): ‚Nachtwachen von Bonaventura'* (1804). *Jean Paul: ‚Flegeljahre'* (1804/05). *Achim von Arnim: ‚Armut, Reichtum, Schuld und Buße der Gräfin Dolores'* (1810). *Joseph von Eichendorff: ‚Ahnung und Gegenwart'* (1815). *E. T. A. Hoffmann: ‚Die Elixiere des Teufels'* (1815/16), *‚Lebensansichten des Katers Murr nebst fragmentarischer Biographie des Kapellmeisters Johannes Kreisler in zufälligen Makulaturblättern'* (1820/22).

Phantastische Erzählungen In der kürzeren Form der Erzählung, die bei ihnen phantastische Züge erhält, finden die Romantiker auch zur formalen Geschlossenheit. Ihre Erzählungen reichen vom Märchen bis zur Novelle. Das Märchen bzw. die märchenhafte Erzählung zeigt, wie sich im bedeutungsvollen Augenblick ein unendlicher Zusammenhang in der alltäglichen Welt offenbart; novellistisches Erzählen berichtet davon, wie das Dämonische in einem schicksalhaften Augenblick in die Alltagswelt einbricht und wie der einzelne darauf reagiert. Wenn dabei alle bisherigen Werte und Sicherheiten zerstört werden, so kann es zur schaurigen Komik des Grotesken kommen.

Märchenhaftes Erzählen: *Novalis:* die Märchen in *‚Heinrich von Ofterdingen'* (1802). *Friedrich Heinrich Karl de la Motte-Fouqué: ‚Undine'* (1811). *Adelbert von Chamisso: ‚Peter Schlemihls wundersame Geschichte'* (1814). *E. T. A. Hoffmann: ‚Der goldne Topf'* (1814). *Joseph von Eichendorff: ‚Aus dem Leben eines Taugenichts'* (1826).
Novellistisches Erzählen: *Heinrich von Kleist: Erzählungen* (1810/11), hier u. a. *‚Michael Kohlhaas', ‚Die Marquise von O…', ‚Das Erdbeben in Chili'. Clemens*

Brentano: ,Die Geschichte vom braven Kasperl und schönen Annerl' (1817). *Achim von Arnim: ,Der tolle Invalide auf dem Fort Ratonneau'* (1818). *E. T. A. Hoffmann: ,Das Fräulein von Scudéri'* (1819).
Mischformen: *Ludwig Tieck: ,Der blonde Eckbert'* (1796). *E. T. A. Hoffmann: ,Die Bergwerke zu Falun'* (1819). *Clemens Brentano: ,Gockel, Hinkel, Gackeleja'* (1838).

Lyrik Von der patriotischen und der religiösen Lyrik abgesehen, schreiben die Romantiker vor allem liedhafte Gedichte, deren Sprachmusik Inneres und Äußeres miteinander verschmilzt. Mit feinem künstlerischem Bewußtsein fühlen sie sich dabei sowohl in den einfachen Volksliedton ein als auch in komplizierte Strophenformen. Häufig sind die Gedichte in Romane eingebunden. Die von Herder in Deutschland eingebürgerte Romanze, ein episches Gedicht in reimlosen, vierhebigen Trochäen, erlebt jetzt ihre Blütezeit. Die spätromantische Ballade zeigt die Gefährdung des alltäglichen Lebens durch das Naturmagische.

Politische Lyrik: *Ernst Moritz Arndt: ,Bannergesänge und Wehrlieder'* (1813). *Theodor Körner: ,Leier und Schwert'* (1814).
Liedhafte Gedichte: *Clemens Brentano:* die Gedichte in *,Godwi oder Das steinerne Bild der Mutter'* (1801). *Joseph von Eichendorff:* die Gedichte in *,Ahnung und Gegenwart'* (1815), u. a. *,In einem kühlen Grunde'*, *,O Täler weit, o Höhen'*. *Wilhelm Müller: ,Die schöne Müllerin'* (1820), hier u. a. *,Das Wandern ist des Müllers Lust'*, *,Winterreise'* (1823), hier u. a. *,Der Lindenbaum'*.
Romanze: *Clemens Brentano: ,Romanzen vom Rosenkranz'* (1852).
Ballade: *Clemens Brentano: ,Lore Lay'* (in *,Godwi'*).

Schicksalsdrama und Lustspiel Das geringe Interesse der Romantiker an äußerer Handlung beeinträchtigt ihre Dramen, die oft zu romanhaften Großdramen anschwellen. Geschlossener, aber zu trivialer Schauerliteratur neigend, ist das Schicksalsdrama, das die übernatürliche und schreckliche Wirkung von Zufallen zeigt. Allein Kleist, der am Rande der Romantik steht, schreibt bedeutende Tragödien. Zwar bleiben auch die Lustspiele, wiederum von denen Kleists abgesehen, zumeist umfangreiche Lesetexte, aber das komische Spiel mit Schein und Sein liegt den Romantikern mehr. Es erlaubt Literatursatire und Philisterkritik sowie den ironischen Verweis auf die Unwirklichkeit des Theaters; im Wechsel von Schein und Sein löst sich die äußere Wirklichkeit schließlich in ein beliebiges Rollenspiel auf, das von romantischem Nihilismus begleitet sein kann.

Am wichtigsten sind die Tragödien und Komödien Kleists (s. S. 148).
Historisch-legendenhafte Großdramen: *Ludwig Tieck: ,Leben und Tod der heiligen Genoveva'* (1800). *Clemens Brentano: ,Die Gründung Prags'* (1815).
Schicksalsdrama: *Zacharias Werner: ,Der vierundzwanzigste Februar'* (1809). *Franz Grillparzer: ,Die Ahnfrau'* (1817).
Lustspiele: *Ludwig Tieck: ,Der gestiefelte Kater'* (1797). *Clemens Brentano: ,Ponce de Leon'* (1804). *Joseph von Eichendorff: ,Die Freier'* (1833).

7.4 Autoren

7.4.1 Frühromantik: Wackenroder, Tieck, Novalis, Schlegel

Wilhelm Heinrich Wackenroder (1773–1798)

Der früh verstorbene Berliner Freund Tiecks entdeckt in seinen ‚Herzensergießungen eines kunstliebenden Klosterbruders' (1797), einer Sammlung theoretischer und dichterischer Schriften, die Welt des Mittelalters und der Volksdichtung. Die fromme, andächtige Betrachtung der Künste, die miteinander verschmolzen werden, eröffnet die Ahnung des unendlichen Zusammenhangs.

Ludwig Tieck (1773–1853)

Der Sohn eines Seilermeisters mußte zunächst von Auftragsarbeiten für einen Berliner Verleger leben. Die Kluft zwischen poetischen Idealen und einer beschränkten Realität löste eine Wertkrise aus, die sich im Briefroman ‚William Lovell' (1795/96) spiegelt, der Geschichte von einem zerrissenen Menschen in der Tradition von Goethes ‚Werther'. Aus dieser Krise wurde Tieck durch die Freundschaft zunächst mit Wackenroder, dann mit den Jenaer Romantikern befreit. Sein Roman ‚Franz Sternbalds Wanderungen' (1798) verbindet die Darstellung romantischer Kunstauffassung mit einem Bildungsideal, das an Goethes ‚Wilhelm Meister' abgelesen ist. 1797 veröffentlichte Tieck seine ‚Volksmärchen': Nacherzählungen, Bearbeitungen, Dramatisierungen (‚Der gestiefelte Kater') von Volksmärchen und Geschichten aus Volksbüchern sowie selbständige Märchenerzählungen (‚Der blonde Eckbert'). 1819 gelang es Tieck, in Dresden Fuß zu fassen, wo er später Hofrat und Dramaturg des Hoftheaters wurde. Ab 1841 lebte er als Vorleser des preußischen Königs in Berlin.

Seine Tätigkeit als Sammler und Übersetzer, als Entdecker und Herausgeber (auch der Werke Wackenroders und des Novalis) macht Tieck zu dem Organisator der romantischen Bewegung. Als vielseitiger und fruchtbarer Schriftsteller wird er auch zu einem ihrer wichtigsten Anreger. Sein Weg führt von Schauerromantik (‚Der blonde Eckbert'), Märchensehnsucht und satirischer Literaturkritik (‚Der gestiefelte Kater') zu biedermeierlicher Resignation. Seine zahlreichen späten Romane und Novellen nähern sich dem historischen Roman (‚Der Aufruhr in den Cevennen', 1826) und dem idyllischen Realismus (‚Des Lebens Überfluß', 1839) des Biedermeier, ja sogar der jungdeutschen Thematik der Frauenemanzipation (‚Vittoria Accorombona', 1840).

Novalis, d. i. Friedrich von Hardenberg (1772–1801)

Novalis, von kleinadliger, pietistischer Herkunft, studierte Philosophie und Jura in Jena, Leipzig und Wittenberg. Er lernte Schiller kennen und schloß Freundschaft mit Friedrich Schlegel. 1794 trat er zur weiteren Ausbildung in den Verwaltungsdienst des kleinen Tennstedt in Thüringen ein. Im folgenden Jahr verlobte er sich dort mit der dreizehnjährigen Sophie von Kühn, die zwei Jahre später starb. Als idealisierte Gestalt lebt sie in seiner Dichtung weiter. Während Novalis allmählich zum sächsischen Salinen-Assessor aufstieg, nahm er über Schlegel eifrigen Anteil an den Bestrebungen der Jenaer Romantiker. Unter dem Titel ‚Blüthenstaub' veröffentlichte er im ‚Athenäum' von 1798 Aphorismen und Fragmente. Im ‚Athenäum' von 1800 erschienen die ‚Hymnen an die Nacht'. Das Romanfragment ‚Heinrich von Ofterdingen' wurde erst 1802 nach dem frühen Tod des Dichters publiziert, sein Aufsatz ‚Die Christenheit oder Europa' erst 1826.

Wenn die Dichtung die Welt „romantisiert", so lehrt Novalis, dann macht sie die Natur als ein hierarchisches System harmonischer Entsprechungen, letztlich als ein geistiges Prinzip offenbar. Der Tod, das Eingehen des einzelnen in die ewige Nacht, ist nur ein Aufgehen in dieser unendlichen Einheit, in der alles liebend miteinander verbunden ist (‚Hymnen an die Nacht'). Der Aufsatz ‚Die Christenheit oder Europa', der die Auffassung vom historischen Dreischritt vertritt, zeichnet ein idealisiertes Mittelalter, in dem die christliche Gesellschaft sich der geistigen Naturordnung einfügt, bis sie durch Gewinnsucht, Protestantismus und Aufklärung zerstört wird. Solche Ordnung kann nun bewußt und im Geiste liebevoller Versöhnung wieder hergestellt werden.
‚Heinrich von Ofterdingen', von Novalis als Bildungsroman eines sagenhaften Minnesängers geschrieben, zeigt, wie der Dichter auf dem Weg in sein eigenes Inneres immer mehr von der äußeren Welt im harmonischen Zusammenhang erkennt – so wird die Welt „romantisiert" –, bis er schließlich durch den Tod hindurch zur ersehnten „blauen Blume" gelangt, zur Vereinigung mit der Geliebten, damit auch zum Aufgehen in der liebebeseelten All-Einheit, in der sich das Märchen als das eigentlich Wirkliche enthüllt.

Friedrich Schlegel (1772–1829)

Der jüngere Bruder August Wilhelm Schlegels, des bedeutenden Kunst- und Literaturwissenschaftlers und Übersetzers, stammt aus einer alten Literaten- und Gelehrtenfamilie. Er studierte Jura und Altphilologie in Göttingen und Leipzig. Anschließend lebte er gelegentlich in Jena, wo er Novalis zum Freund gewann, vor allem aber in Berlin, wo er sich mit Schleiermacher, Tieck und Wackenroder befreundete und seine spätere Frau, die Schriftstellerin Dorothea Veit, kennenlernte, Tochter des aufgeklärten Philosophen und Ästhetikers Moses Mendelssohn. Nachdem er sich allmählich von der Klassik gelöst hatte, gab er, zusammen mit seinem Bruder, das ‚Athenäum' heraus (1798–1800), das literarische Organ der frühen Romantik. Hierin erschienen seine philosophischen Fragmente und seine Aufsätze ‚Charakteristik des 'Wilhelm Meister'' (1798) und ‚Gespräch über die Poesie' (1800). Sein einziger Roman, ‚Lucinde' (1799), erregte Entrüstung, weil Schlegel hier Philisterfeindschaft und harmonische Selbstbildung mit freier Sinnlichkeit und dem Gedanken von der Gleichberechtigung der Geschlechter verbindet. Nach einem unsteten Wanderleben konvertierte er 1808 zusammen mit seiner Frau zum Katholizismus und ließ sich in Wien nieder, wo er in die Dienste der absolutistischen Reaktion trat.

Mit seinen Aufsätzen und Aphorismen ist Schlegel der bedeutendste Literaturkritiker und -theoretiker der Frühromantik. Er bestimmt das Wesen der romantischen Ironie und definiert die Dichtung, welche Philosophie und Religion in sich aufnimmt, die Welt fortschreitend romantisiert und so alles Vereinzelte zusammenschmilzt, als „progressive Universalpoesie“.

7.4.2 Hochromantik: Brentano, Arnim, Eichendorff

Clemens Brentano (1778–1842)

Der Sohn von Goethes Jugendfreundin Maximiliane von La Roche, deren Mutter Sophie eine erfolgreiche Schriftstellerin der Aufklärung war, wuchs in einer wohlhabenden Frankfurter Kaufmannsfamilie auf. Bei Studienanfängen in Halle und Jena lernte er Wieland, Herder und Goethe kennen, die beiden Schlegel und Tieck sowie die Schriftstellerin Sophie Mereau, die er später heiratete. 1801 erschien sein Roman ‚Godwi oder Das steinerne Bild der Mutter‘ mit dem Untertitel ‚Ein verwildeter Roman von Maria‘. Danach stellte Brentano seine Existenz auf das ererbte Vermögen und auf seine Dichtung und führte ein Reiseleben um die beiden Pole Heidelberg und Göttingen. In dieser Zeit sammelte er Volkslieder, die er in ‚Des Knaben Wunderhorn‘ aufnahm, die Liedersammlung, die er 1806 und 1808 zusammen mit Arnim herausgab. 1804 veröffentlichte er das Lustspiel ‚Ponce de Leon‘, das aus melancholischem Wortwitz lebt. Später hielt Brentano sich meist in Berlin und Wien auf, wo er mit Kleist, Eichendorff und Friedrich Schlegel verkehrte. 1817 erschien ‚Die Geschichte vom braven Kasperl und schönen Annerl‘, im Jahr darauf das Erzählfragment ‚Aus der Chronika eines fahrenden Schülers‘. Nach seiner Generalbeichte im Jahr 1817 verstand Brentano sich als strenger Katholik, verwarf seine weltliche Dichtung und zeichnete später die Visionen einer westfälischen Nonne auf. Erst nach seinem Tode erschienen das unvollendete Versepos ‚Romanzen vom Rosenkranz‘ (1852) und die gesammelten ‚Märchen‘ (1846). Von letzteren war allein ‚Gockel, Hinkel, Gackeleja‘ schon früher (1838) vollständig veröffentlicht worden.

Die Klage über das Außenseitertum des Künstlers und die Sehnsucht nach Harmonie liegen Brentanos Werk zugrunde, die Sehnsucht nach mütterlicher Geborgenheit bei allen erotischen Erlebnissen, nach der Kinderzeit am Rhein, nach einem ‘Gewiegtwerden’, wie die sich verselbständigende Sprachmusik seiner Verse es beschwört (vgl. ‚Romanzen vom Rosenkranz‘). In seinen Liedern und Balladen – sie sind in die Prosaschriften eingestreut – verschmilzt er persönliches Empfinden mit den formelhaft-einfachen Wendungen des Volksliedes.
Im ‚Godwi‘, in dem romantische Ironie und lyrisches Gefühl die Handlung überwuchern, strebt ein philisterfeindlicher Außenseiter nach Selbsterfahrung in der Sinnlichkeit und findet schließlich ein Dauerndes nur in seinem eigenen Innern: die Erinnerung an ein unglückliches Freu-

denmädchen. Die Märchenerzählungen, oft Umdichtungen von Volksmärchen, verbinden deren Motive mit Sprachspielen, mit Gesellschaftssatire und der Vermischung von Wirklichkeit und Dichtung. In der Novelle ‚Die Geschichte vom braven Kasperl und schönen Annerl' treffen einander moralische Kritik an falschen Ehrbegriffen, Gesellschaftskritik und der Glaube an ein unabwendbares dämonisches Schicksal.

Achim von Arnim (1781–1831)

Arnim, der aus einer preußischen Diplomatenfamilie stammt, studierte zunächst Naturwissenschaften in Halle, wo er Tieck kennenlernte, dann in Göttingen. Auf einer seiner Bildungsreisen begann die lebenslange Freundschaft mit Brentano, dessen Schwester Bettina später seine Frau wurde. 1806 und 1808 gab er zusammen mit Brentano ‚Des Knaben Wunderhorn' heraus. Ab 1804 hielt er sich meist in Heidelberg und Berlin auf. In Heidelberg ließ er 1808 die ‚Zeitung für Einsiedler' erscheinen, die die Liebe zum Vaterland wieder entflammen sollte; dem gleichen Ziel diente die Berliner ‚Christlich-Teutsche Tischgesellschaft', die er mitbegründete. 1810 erschien sein Roman ‚Armut, Reichtum, Schuld und Buße der Gräfin Dolores', 1812 ‚Isabella von Ägypten', seine bekannteste Novelle. Nach dem Sieg über Napoleon übernahm Arnim in Berlin die Schriftleitung einer politischen Zeitung, kam aber, so konservativ er auch war, mit der Zensur in Konflikt und zog sich auf sein Gut zurück. Dort schrieb er neben dem Romanfragment ‚Die Kronenwächter' (1817) eine Anzahl Erzählungen und Novellen, u. a. ‚Der tolle Invalide auf dem Fort Ratonneau' (1818).

Bei dem eher nüchternen Arnim verliert das Phantastische seinen zwingenden Charakter. Wo es auf eine höhere poetische Natur verweist, ist es nicht mehr untrennbar mit der bestehenden Wirklichkeit verbunden (‚Isabella von Ägypten'). Wo es auf Dämonisches verweist, wird es beherrschbar gemacht; im ‚Tollen Invaliden' kritisiert Arnim den Glauben an das unabwendbare Schicksal. Mit realistischem Blick wendet er sich der Geschichte zu. Dabei stellt er in konservativer christlicher und vaterländischer Gesinnung die bessere altadlige Welt der neuen, geldbeherrschten gegenüber. So etwa in ‚Gräfin Dolores'; hier vertritt er im Gegensatz zu Friedrich Schlegel und Clemens Brentano eine strenge Eheauffassung. Aber auch die Gestalten aus der alten Welt müssen sich in der Gegenwart bewähren, wollen sie nicht der Kritik verfallen, die in den ‚Kronenwächtern', dem ersten historischen Roman, an überlebten Adelsvorstellungen geübt wird.

Joseph von Eichendorff (1788–1857)

Aus einer preußischen Offiziersfamilie stammend, streng katholisch erzogen, studierte Eichendorff Jura und Philosophie zunächst in Halle und ging dann nach Heidelberg, wo ihn die romantische Bewegung ergriff. Er lernte Schleiermacher, Görres, Arnim und Brentano kennen, später auch Friedrich Schlegel. Vor allem die Volkslieder, wie sie ihm in ‚Des Knaben Wunderhorn' bekannt wurden, beeinflußten ihn. In Wien, wo er seine Studien beendete, festigte sich sein napoleonfeindlicher Patriotismus. Während der Befreiungskriege erschien sein erster Roman, ‚Ahnung und Gegenwart' (1815). Nach den Kriegen stieg er als preußischer Beamter, zumeist in der Kultusverwaltung, in hohe Ämter auf, bis er 1844 um seinen Abschied bat, vor allem, weil er als Katholik die preußische Kirchenpolitik nicht billigte. In diesen Jahren erschienen u. a. seine Novellen und Erzählungen ‚Das Marmorbild' (1819), ‚Aus dem Leben eines Taugenichts' (1826) und ‚Dichter und ihre Gesellen' (1834). Die Gedichte, die in seine Prosatexte eingestreut waren, veröffentlichte er 1837 in einer ersten Sammlung. Hier finden sich diejenigen Lieder der Romantik, die am volkstümlichsten wurden: ‚In einem kühlen Grunde', ‚O Täler weit, o Höhen', ‚Der frohe Wandersmann' ‚Zwei Gesellen'.

Eichendorffs Dichtung lebt aus der sehnsüchtigen Phantasie, in der philisterfreien Ferne die eigentliche Heimat wiederzufinden. Wenn sich die Sehnsucht erfüllt, dann unter der Bedingung, daß der Held auf die sinnlichen Reize der Fremde verzichtet, die sich als dämonische herausstellen und ihn mit Verlassenheit bedrohen. Er muß sich binden an überpersönliche Werte, die Eichendorff im Patriotismus und in einem traditionellen Christenglauben sieht. Dem Patriotismus Eichendorffs ist allerdings ein Stück zeitkritischer Skepsis beigegeben. Das zeigt der Bildungs- und Abenteuerroman ‚Ahnung und Gegenwart', in dem sich ein Adliger, der an einem antinapoleonischen Bauernaufstand teilgenommen hat, schließlich ins Kloster zurückzieht.
Eichendorffs Lyrik, geprägt von der glücklichen Kindheit auf Gut Lubowitz und eingebettet in eine gesicherte religiöse Grundhaltung, beruft die philisterferne Welt der Waldeinsamkeit und vermittelt den Eindruck einer unmittelbar erlebten Weite der Landschaft, der Verschmelzung von Liebes- und Naturerlebnis. Das Vertrauen in seine Gotteskindschaft beschützt den Taugenichts (in der gleichnamigen Novelle), der zum Inbegriff der deutschen Romantik wurde und doch auch ein Nachfahr des spanischen Picaros (s. S. 74) ist, so daß er seine Märchenwünsche schließlich in Wirklichkeit verwandelt sieht, allerdings auf eine Weise, die ihn mit der Philisterwelt versöhnt.

7.4.3 Der Meister der schwarzen Romantik: Hoffmann

Ernst Theodor Amadeus Hoffmann (1776–1822)

Hoffmann verlebte eine schwierige, vaterlose Kindheit in einer preußischen Beamtenfamilie. Nach dem Studium der Rechte wurde auch er Beamter, ein sehr unzufriedener allerdings. 1802 wegen spöttischer Karikaturen in den polnischen Gebietsteil des damaligen Preußen strafversetzt, verlor er 1806 sein Amt, als er den Huldigungseid auf Napoleon, der Preußen besiegt hatte, verweigerte. Als Literat, Zeichner und Musiker – Hoffmann war ein fruchtbarer Komponist und hatte aus Verehrung für Mozart den Vornamen Amadeus angenommen – arbeitete er dann in Berlin, ab 1808 als Kapellmeister in Bamberg. Dort verliebte er sich unglücklich in eine junge Klavierschülerin, die als geheimnisvolle Gestalt in seine Dichtung einging. In Bamberg begann seine dichterische Arbeit. 1813–15 erschienen gesammelte Erzählungen unter dem Titel ‚Phantasiestücke in Callots Manier‘ (u. a. ‚Ritter Gluck‘, ‚Der goldne Topf‘ und die ‚Erzählung vom verlorenen Spiegelbilde‘, ein Gegenstück zu Chamissos berühmter Märchennovelle ‚Peter Schlemihls wundersame Geschichte‘, in welcher der Held seinen Schatten verliert). 1815/16 veröffentlichte Hoffmann den Schauerroman ‚Die Elixiere des Teufels. Nachgelassene Papiere des Bruders Medardus, eines Kapuziners‘, 1817 eine zweite Erzählsammlung unter dem Titel ‚Nachtstücke‘. 1814 konnte er in den Staatsdienst zurückkehren. Als Rat am Berliner Kammergericht schrieb er u. a. das Märchen ‚Klein Zaches genannt Zinnober‘ (1819), den Novellenzyklus ‚Die Serapionsbrüder‘ (1819/21), in dem wir Erzählungen wie ‚Das Fräulein von Scudéry‘, ‚Die Bergwerke zu Falun‘ und ‚Meister Martin der Küfner und seine Gesellen‘ finden, sowie den unvollendeten Roman ‚Lebensansichten des Katers Murr nebst fragmentarischer Biographie des Kapellmeisters Johannes Kreisler in zufälligen Makulaturblättern‘ (1820/22). Nun endlich genoß er Anerkennung und verkehrte mit bekannten Autoren wie Brentano, Chamisso und Fouqué. Doch als er starb, stand er wieder vor der Entlassung, weil er in seinem Märchen ‚Meister Floh‘ die Verfolgung der Demokraten satirisch kritisiert hatte.

Neben Ernst August Friedrich Klingemanns (?) Roman ‚Nachtwachen von Bonaventura‘ (1804) liefert Hoffmanns Dichtung die bedeutendsten Beispiele für die schwarze Romantik. Diese seine Dichtung läßt übergangslos, mitten in der kunstfeindlichen Philisterwelt, eine andere, geheimnisvolle Welt sinnlichen Reizes entstehen, die spukhaft und unheimlich ist. Wo beide einander berühren, entstehen Satiren und Grotesken. In diesem Grenzbereich ist der künstlerische Mensch angesiedelt. Flüchtet er sich ins Reich des Geheimnisvollen, eigentlich in sein eigenes Innere, so läuft er Gefahr, dessen zerstörerischer Macht zu verfallen, am unversöhnlichen Gegensatz beider Welten zu scheitern oder doch den Weg zurück in die Wirklichkeit nicht mehr zu finden. Andererseits kann er in der Philisterwelt nicht glücklich werden. Nur im Zauberland der Kunst lassen sich irdische und phantastische Welt gelegentlich miteinander versöhnen.

Im Märchen ‚Der goldne Topf‘ ist die Flucht ins Zauberreich geglückt; daß das nur eine Wunschphantasie ist, zeigt die ironische Distanzierung des Dichters. In der Kriminalnovelle ‚Das Fräulein von Scudéry‘ und in dem Roman ‚Die Elixiere der Teufels‘ wirkt der sinnliche Reiz der unheimlichen Welt zerstörerisch in die Wirklichkeit hinein. In der Kriminalnovelle verwechselt der Verbrecher den schönen Schein der Kunst mit dem wirklichen Glück, im Schauerroman treten Doppelgänger und andere Gestalten der Geheimniswelt dem Sünder warnend entgegen. In den ‚Lebensansichten des Katers Murr‘, der Parodie eines Bildungsromans, werden Philister- und Künstlerleben ironisch miteinander vermischt.

7.4.4 Am Rande der Romantik: Jean Paul und Kleist

Jean Paul, eigentlich Johann Paul Friedrich Richter (1763–1825) – Ein aufgeklärter Romantiker

Während seines bald wieder aufgegebenen Studiums der Theologie und Philosophie in Leipzig begann der bitterarme Predigersohn, Satiren in der Tradition der englischen Aufklärung zu schreiben; dazu gesellten sich später Texte, die auf die Empfindsamkeit zurückgingen. Auf die Vision seines eigenen Todes, als er fast mittellos bei seiner Mutter in Hof lebte, antwortete er, indem er das ‚Leben des vergnügten Schulmeisterleins Maria Wutz in Auenthal' schrieb; die Erzählung erschien 1793 zusammen mit dem Romanfragment ‚Die unsichtbare Loge'. Ein zweiter, vollendeter Roman, ‚Hesperus oder 45 Hundsposttage' (1795), begründete den Ruhm des Dichters. Es folgten zwei weitere Romane: ‚Leben des Quintus Fixlein' (1796) und ‚Blumen-, Frucht- und Dornenstücke; oder Ehestand, Tod und Hochzeit des Armenadvokaten F. St. Siebenkäs' (1796/97). 1798 zog Jean Paul nach Weimar, befreundete sich mit Herder und lernte die Frühromantiker kennen. In diese Zeit fällt die Hauptarbeit an seinem großen Roman ‚Titan' (1800/03). Nach Aufenthalten in Berlin, Coburg und Meiningen ließ er sich ab 1804 endgültig in Bayreuth nieder. Dort schrieb er die dichtungstheoretische Abhandlung ‚Vorschule der Ästhetik' (1804), die Erziehungslehre ‚Levana' (1807) und die Romane ‚Flegeljahre' (1804/05) und ‚Dr. Katzenbergers Badereise' (1809).

Jean Paul verbindet die Tradition der Aufklärungsepoche mit romantischem Denken: Von rationalistischer Gesellschaftskritik angeregt, stellt er Absolutismus und Philistertum satirisch dar; pietistisch-empfindsamer Gefühlskult bewegt ihn, das Gefühl unendlicher Harmonie zu vermitteln, das den Menschen in gefühlsseligen Augenblicken über die mangelhafte Wirklichkeit erhebt, oder Gestalten zu beschreiben, die das Glück beschränkter Idylle zumindest in der Phantasie bewahren. Aber ihm fehlt die Zukunftshoffnung, die der früheren Epoche noch eigen war. Die Erfahrung nicht nur der Armut, sondern auch der Einsamkeit und die Angst vor dem Tode verdüstern sein Leben.
Folglich löst er den Zwiespalt zwischen dürftiger Welt einerseits, Empfindung und Phantasie andererseits, zwischen Körper und Geist nicht auf, auch wenn harmonisierende Romanschlüsse darüber hinwegspielen. Er hält den Zwiespalt vielmehr ständig bewußt durch eine willkürlich-spielerische und distanzierende Darstellung, durch romantische Ironie also, wie er sie in seiner ‚Vorschule der Ästhetik' beschreibt, wo er sie allerdings als Humor bezeichnet. Das Hin und Her zwischen mitleidendem Verständnis, satirischer Kritik, gefühlsseliger Erhebung, phantasierter Idylle und ironischer Distanzierung bestimmt seinen Stil, der sprunghaft, abschweifend und mit gelehrten Anspielungen durchsetzt ist. Die Figur des Erzählers, die geheime Hauptfigur seiner Romane, versteht es, in solchem Hin und Her die reale Welt in Bausteine einer geistigen zu verwandeln, ohne das Leiden an der realen zu vergessen.

Im ,Wutz', der den Übergang von den ausschließlich satirischen Frühschriften zum Romanschaffen anzeigt, tröstet sich der Erzähler in seiner Angst vor dem Tod mit dem Beispiel eines naiv-kindlichen Schullehrers, der sein entbehrungsreiches Leben in eine phantasierte Idylle verwandelt. Siebenkäs (im gleichnamigen Roman) entzieht sich einer engen, philisterhaften Umgebung durch einen vorgespiegelten Tod, um das Glück bei einer idealen, vergeistigten Geliebten zu suchen, die, bleich und leidend, den Tod schon in die Seelengemeinschaft einbezieht. In der Inszenierung dieses Geschehens genießt der Erzähler seine Allmacht.
Im ,Titan', der Summe seines Romanschaffens, kritisiert Jean Paul satirisch eine Erziehung, die zu titanischem Machtstreben führt. Ähnlich wie im Schauerroman wird gezeigt, daß der Versuch, das Leben wie einen Mechanismus zu lenken, an den Mächten des Innern und schließlich an der Todesverfallenheit scheitern muß. Nur die dichterische Phantasie, nur der Erzähler besitzt Allmacht. In der Wirklichkeit kommt es darauf an, die Innerlichkeit in beschränkter Idylle zu bewahren. Der Roman endet mit der Hoffnung auf eine Gesellschaft der Brüderlichkeit. In diesem Sinn ist er ein utopischer Bildungsroman, in dem ein Fürst heranwächst, der eine bürgerliche Gesellschaft garantiert, in welcher Leistung zählt, nicht Geburt. Doch dies bleibt wirklichkeitsfern.

Heinrich von Kleist (1777–1811) – Desillusion und Unbewußtes

Der Sproß einer preußischen Offiziersfamilie begann zunächst eine Offizierslaufbahn. 1799 quittierte er den Dienst, um sich durch ein weitgespanntes Studium in Frankfurt a. d. Oder umfassend zu bilden. Diesen Versuch gab er jedoch bereits im folgenden Jahr wieder auf; wachsende Unzufriedenheit mit dem preußischen Absolutismus und eine unsichere Zukunft hatten ihn an seinem „Lebensplan" zweifeln lassen, mit Sicherheit tugendhaft und glücklich zu werden. Die Philosophie Kants nahm ihm die aus der Aufklärung stammenden philosophischen Gewißheiten, die solchem Plan zugrunde lagen. Dennoch blieb er auch nach der „Kantkrise" von 1801 ein Anhänger aufklärerischer Gesellschaftskritik. Er reiste ins nachrevolutionäre Paris, das ihn allerdings tief enttäuschte. Der Wunsch, im Geiste Rousseaus einfacher Landmann zu werden, führte zu zwei Schweizer Reisen, unterbrochen durch einen Weimarer Aufenthalt, bei dem er den alten Wieland zum Freund gewann. Als auch die neuen Pläne sich zerschlugen, reagierte Kleist mit Lebensüberdruß und schließlich mit einem Zusammenbruch. In dieser Lebensphase schrieb er, von der Wirklichkeit enttäuscht, die ersten Dichtungen. 1803 erschien seine Tragödie ,Die Familie Schroffenstein'. Ein zweiter Tragödienversuch, ,Robert Guiskard, Herzog der Normänner', blieb Fragment; als solches wurde er 1808 veröffentlicht.
Nach seinem Zusammenbruch beugte Kleist sich den Forderungen seiner Familie nach einem geregelten Beruf. 1804 erhielt er eine bescheidene Stelle im Staatsdienst. Doch schon im folgenden Jahr, als er zur weiteren Ausbildung in Königsberg war, wandte er sich wieder der Dichtung zu. Bald erschienen die Komödien ,Der zerbrochne Krug' (1808) und ,Amphitryon' (1807), letztere nach einer Vorlage Molières, weiterhin das historische Schauspiel ,Das Käthchen von Heil-

bronn' (1808) und die Novellen ‚Michael Kohlhaas' sowie ‚Das Erdbeben in Chili' (1807), die zusammen mit anderen in den ‚Erzählungen' (1810/11) gesammelt wurden. Zu diesen gehört auch ‚Die Marquise von O...' (1808), die, ebenso wie weite Teile der Tragödie ‚Penthesilea' (1808), in französischer Haft entstand, kurz vor Napoleons Sieg über Preußen. Danach gab Kleist zusammen mit dem Staatsrechtler Adam Müller in Dresden ‚Phöbus, ein Journal für die Kunst' heraus (nur 1808). Mit dem Sieg Napoleons war Kleists Beamtenlaufbahn beendet. Nachdem sich seine Pläne, in Dresden als Verlagsbuchhändler zu arbeiten, zerschlagen hatten, hielt er sich vorwiegend in Berlin auf. Zu seinen dortigen Bekannten gehörten Mitglieder der ‚Christlich-Teutschen Tischgesellschaft' wie Müller, Brentano, Arnim und Fouqué, deren Konservatismus Kleist allerdings nicht ganz teilte, da er wohl stärker den Reformvorstellungen des Freiherrn vom Stein zuneigte. Auf jeden Fall aber verband er sich nun ganz dem napoleonfeindlichen Nationalismus. Das drückt sich am extremsten im Drama ‚Die Hermannsschlacht' (1821) aus, politisch realistischer in seinem letzten Stück, ‚Prinz Friedrich von Homburg' (1821). Der Versuch, mit einer Tageszeitung, den ‚Berliner Abendblättern' (1810/11), die Nation moralisch zu reformieren, blieb erfolglos, obwohl Kleist hier den modernen Zeitungstyp schuf, der kurze Nachrichten mit politischen Kommentaren und literarischen Aufsätzen und Rezensionen mischt. Sein Aufsatz ‚Über das Marionettentheater' (1810) wie auch viele Anekdoten wurden hier veröffentlicht. Goethe, der Kleists zerissenes Wesen ablehnte, inszenierte 1808 eine erfolglose Uraufführung des ‚Zerbrochnen Krugs'. An der politischen Lage und seinen literarischen Mißerfolgen verzweifelnd, gab Kleist sich 1811 den Tod. Seine ‚Hinterlassenen Schriften' gab Tieck 1821 heraus.

Kleists Dichtung antwortet auf die enttäuschende Einsicht in die Übermacht einer deprimierenden Wirklichkeit. Früher einmal gab es für ihn eine beständige, harmonische Ordnung; sie ist nun zerstört. Daß sie sich wiederherstellen ließe, daran kann er nicht mehr glauben. Die Menschen leben im Krieg; Nationen, Familien, Mann und Frau, Obrigkeit und Untertan kämpfen miteinander. Gemeinschaft und Sicherheit sind verschwunden; es herrschen Zufall, Willkür und Ungerechtigkeit. Zwischenmenschliches Vertrauen ist untergraben, so daß die Versuche sprachlicher Verständigung in Täuschung und Mißverständnis enden. Auch sind sich die Menschen ihres eigenen Innern, ihrer naturhaftkreatürlichen Antriebe nicht mehr gewiß. Diese Antriebe werden unbewußt. Der Streit zwischen Unbewußtem und Bewußtsein zerreißt Kleists Gestalten innerlich und treibt manche von ihnen in den Wahnsinn.
Widersprüche und Mißverständnisse spitzen sich zu im dramatischen oder novellistischen Konflikt. Durch Zufälle, die unerwartet von außen in ihr Leben einbrechen, sehen sich die Menschen in die Situation des Kampfes und der Unsicherheit versetzt. Sie müssen reagieren. Dadurch kommen sie erst zu selbstverantwortlichem Handeln und zu Selbstbewußtsein, ohne ihrem Schicksal deswegen weniger hilflos ausgeliefert zu sein. Wenn sie nun reagieren, kann es geschehen, daß die unbewußte Wahrheit ihres eigenen Innern sich in Gebärden oder Träumen aus-

spricht oder in Verhören aus ihnen herausgefragt wird. Dann trennen sich Schein und naturhaftes Sein, der einzelne lernt sich so erst kennen. Es kann auch geschehen, daß unbedingtes Vertrauen in den anderen, aus vorsprachlicher Gefühlssicherheit geboren, zumindest den Weg anzeigt, der die Kluft zwischen den einzelnen überbrücken könnte.
Doch nur im märchenhaften Rahmen des ‚Käthchen von Heilbronn' führt das Aufdecken der inneren Wahrheit zu einem guten Ende. Zwar gründen positive Eigenschaften, gründen Liebe und der Sinn für Gerechtigkeit und Freiheit im Naturhaft-Kreatürlichen. Wird es aber durch äußeren Zwang unterdrückt, so bricht es gewaltsam, tierisch hervor, wie etwa bei der rasenden Penthesilea, die den Geliebten ermordet. Dann zerstört es die bestehende gesellschaftliche Ordnung, die für Kleist aber, so gebrechlich und ungerecht sie auch ist, dennoch unersetzlich bleibt. Lediglich in der ‚Hermannsschlacht' wird ein solcher Ausbruch des Tierisch-Naturhaften gerechtfertigt, denn diesmal zerstört er die Herrschaft einer welterobernden Nation, die die nackte Existenz des eigenen Volkes bedroht. Doch wenn ein Untertan wie Michael Kohlhaas seinem eingeborenen Gerechtigkeitssinn freien Lauf läßt, so muß ihm Einhalt geboten werden, sobald er zusammen mit der Ungerechtigkeit der bestehenden Ordnung diese selbst zu zerstören droht.
Der Konflikt zwischen Naturhaftem und Ordnung gibt dem einzelnen die Möglichkeit, sich moralisch zu bewähren, sei es auch im Untergang. Kohlhaas wie der Prinz von Homburg sind schließlich bereit, mit ihrem Leben dafür zu zahlen, daß sie die Ordnung verletzten, als sie ganz aus ihrem ursprünglichen, naturhaften Gefühl heraus handelten. Der Prinz kann danach begnadigt werden.
Wenn nicht die Gegner, sondern die herrschenden Vertreter der Ordnung selbst vom naturhaften Gefühl ergriffen werden, so kann Komik entstehen. So etwa in ‚Amphitryon', wenn Jupiter, vom irdischen Bedürfnis nach Liebe erfaßt, Alkmene zu täuschen sucht und angesichts ihrer Gefühlssicherheit zum betrogenen Betrüger wird, auch wenn er sie in einen tiefen inneren Zwiespalt stürzt. Im Lustspiel ‚Der zerbrochne Krug' wird der Dorfrichter Adam zum Richter seiner selbst und muß wider Willen seine allzu menschliche, sozusagen „adamische" Natur entlarven. So wird zwar die Gebrechlichkeit der bestehenden Ordnung offenbar, in der Gestalt des Gerichtsrats bleibt sie aber weiter gerechtfertigt.
Mit dem Zusammenfallen von Bewußtsein und Unbewußtem, das die ungebrochene Anmut ausmacht (‚Über das Marionettentheater'), wäre die verlorene Harmonie wiedergewonnen. In der Wirklichkeit läßt sich diese Harmonie nur mehr in einem gelegentlichen Aufblitzen erahnen. Sie drückt sich dagegen aus in Kleists künstlerischer Sprache. Diese beschreibt mit höchster Bewußtheit, sachlich und von außen, das unbewußte Innere; bündig und raffend ordnet sie alle Einzelheiten der Entfaltung des Konflikts unter und beläßt ihnen doch das Unbegreifliche.

8 Biedermeier und Vormärz (1815–1850)

Biedermeier:

1825	*Grillparzer, Franz:* König Ottokars Glück und Ende
1832	*Mörike, Eduard:* Maler Nolten
1838	*Mörike:* Gedichte
1842	*Droste-Hülshoff, Annette von:* Die Judenbuche
1844	*Hebbel, Friedrich:* Maria Magdalene
1844/50	*Stifter, Adalbert:* Studien
1852	*Hebbel:* Agnes Bernauer
1853	*Stifter:* Bunte Steine
1857	*Stifter:* Der Nachsommer
1872	*Grillparzer:* Ein Bruderzwist in Habsburg (postum)

Vormärz:

1826/31	*Heine, Heinrich:* Reisebilder
1827	*Heine:* Das Buch der Lieder
1831	*Grabbe, Christian Dietrich:* Napoleon oder Die hundert Tage
1835	*Gutzkow, Karl:* Wally, die Zweiflerin
1835	*Büchner, Georg:* Dantons Tod
1844	*Heine:* Deutschland. Ein Wintermärchen
1845/48	*Weerth, Georg:* Humoristische Skizzen aus dem deutschen Handelsleben
1879	*Büchner:* Woyzeck (postum)

8.1 Bild der Epoche

Unzufriedenheit des Bürgertums Das Bürgertum hatte den Kampf gegen Napoleon als Befreiungskampf der Nation verstanden. Nach dem Sieg erwartete es daher die Verwirklichung nationaler Einheit, und zwar unter einer Verfassung, die ihm politische Mitwirkung erlauben und Fürstenwillkür ausschließen würde. Die Fürsten dagegen betrieben die Restauration (Wiederherstellung) der vornapoleonischen Zustände; um das zu erreichen, schufen sie ein Polizeiregime. Dieser Konflikt, der zur Revolution von 1848 führen sollte, spaltet die Literatur in eine resignativ-konservative und in eine progressive Richtung, während die weiter bestehende Romantik, die für Fürstentum und Adel eintritt, ab 1815 deutlich reaktionär wird.

Unsicherheit Zugleich wächst ein allgemeines Gefühl der Unsicherheit. Die gegen Ende der Epoche einsetzende industrielle Revolution führt zu tiefen sozialen Umschichtungen: Zusammen mit einem reichen Großbürgertum entsteht eine breite Arbeiterschaft, während viele Handwerker und Bauern verarmen (Weberaufstand 1844). Dazu kommen neue Erfahrungen: unpersönliches Großstadtleben, ungeahnte Reisemöglichkeiten, eine Fülle neuer Informationen.

Gegenwartsbezug und Epigonentum Die Konflikte und Veränderungen lassen sich weder übersehen noch harmonisieren. Die Autoren wenden sich ihnen bewußt zu, oder sie wenden sich bewußt davon ab; in beiden Fällen sind sie unmittelbar auf die Gegenwart bezogen. Das Gefühl, die Kluft zwischen einer unbefriedigenden Wirklichkeit und menschenwürdiger Gemeinschaft nicht aus eigener Kraft schließen zu können, weder durch sittliche Leistung im Sinn der Klassik noch durch den romantischen Weg nach innen, deuten viele Autoren als ihr eigenes Unvermögen; sie halten sich für schwächliche Nachahmer (Epigonen) der früheren Generationen.

Freiheit und Notwendigkeit Die politische Spannung, die nach Auflösung strebt, und die wie eine Naturgewalt einsetzende Industrialisierung lassen das Gefühl entstehen, daß über die Köpfe der einzelnen hinweg eine neue Zeit anbricht. Viele stellen sich daher die Frage, ob das Handeln des Einzelmenschen überhaupt frei ist oder ob es naturhafter Notwendigkeit gehorcht. Wie verhält es sich zum allgemeinen Gang der Geschichte? So verstärkt sich das Interesse für geschichtsphilosophische Fragen.

Zerrissenheit Welche Möglichkeiten hat der einzelne, auf Unzufriedenheit und Unsicherheit zu reagieren? Er kann sich um so fester an überkommene Werte und Formen klammern, er kann sie aber auch radikal ablehnen; er kann sich in Weltschmerz versenken, ins Leiden an sich selbst und an der Übermacht des Schlechten, er kann aber auch die sich ankündigenden Tendenzen mit allen Kräften zu befördern suchen. So entstehen die beiden erwähnten Richtungen, die einander zum Teil heftig bekämpfen, und zwar nicht nur äußerlich im Streit zwischen Konservativen und Progressiven, sondern auch im Innern vieler Autoren selbst. In ihrem inneren Kampf erfahren diese somit die gesellschaftliche Zerrissenheit als ihre ganz persönliche. Manche „Europamüden" wenden sich ganz von den Problemen der Alten Welt ab und ziehen nach Amerika.

Biedermeier Man hat versucht, das Typische der beiden genannten Richtungen mit den Begriffen Biedermeier und Vormärz zu fassen. Der biedermeierliche Autor sucht nach dem Halt eines sittlichen Gesetzes, das ihm in der gesellschaftlichen Umwälzung verlorenzugehen scheint. Da er sich ihr gegenüber ohnmächtig fühlt, zieht er sich ins private Leben zurück; er kann sich in eine enge Idylle einzuspinnen suchen und mit liebevoll-aufmerksamem Blick für das Detail die kleinen Freuden des Alltags heiter genießen, er kann die Natur bewundern, die noch die verlorene Ordnung zeigt, er kann in der Erinnerung an eine geordnete Vergangenheit leben. (Die ‚Fliegenden Blätter' werden den Rückzug in die private Idylle später parodistisch in einem schwäbischen Lehrer namens Gottlieb Biedermaier verkörpern.) Jedoch bleibt der abgegrenzte Raum, der so hergestellt werden soll, ständig bedroht: durch das Chaos der Leidenschaften von innen, durch das Chaos einer sich zerstreitenden Gesellschaft von außen. Die sittliche Ordnung auch nur im kleinen, umgrenzten Bereich zu bewahren, verlangt jene Entsagung und Selbstüberwindung, mit denen für die Klassik der Weg zu einem humanen Leben aller begann. Man glaubt jetzt zu fühlen, daß alle Anstrengung vergebens sein wird. Auf dem Grund biedermeierlicher Heiterkeit liegt daher Schwermut. Beide Stimmungen verbinden sich miteinander im Humor, im schmerzlichen Lächeln über das einstige große Streben, über die Wünsche und Hoffnungen, die sich nicht erfüllten.

Vormärz Mit Vormärz ist diejenige Richtung gemeint, die zur Märzrevolution von 1848 hinführt. Ihre politischen Forderungen sind unterschiedlich. Während die nationalistischen Burschenschaften der Studenten und die Turnerbünde vor allem die nationale Einheit wollen, wünschen sich die Liberalen auch eine Verfassung, wollen die Radikaldemokraten die Fürstenherrschaft überhaupt abschaffen, erstreben einige sogar schon über die politische Veränderung hinaus auch eine radikale Änderung der Besitzverhältnisse. Politisch gärt es von Anfang an (Wartburgfest, 1817). Eine entscheidende literarische Opposition bildet sich aber erst, nachdem die französische Julirevolution von 1830 die Geister entzündet hat. Die literarische Opposition läßt sich in zwei Gruppen einteilen, die zwei Phasen des vorrevolutionären Prozesses bezeichnen: Junges Deutschland und Vormärz im engeren Sinn.

Junges Deutschland Als Junges Deutschland bezeichneten sich einige engagierte Schriftsteller nach 1830. Es sind dies vor allem Karl Gutzkow, Gustav Kühne, Heinrich Laube, Theodor Mundt und Ludolf Wienbarg, die von den etwas älteren, im Pariser Exil lebenden Ludwig Börne und Heinrich Heine beeinflußt waren. 1835 verbot der Frankfurter Bundestag ihre Schriften samt denen Heines. Den Vorwand hierfür lieferte Wolfgang Menzel, ein burschenschaftlicher nationalistischer Redakteur, ursprünglich selber oppositionell, der die Genannten öffentlich anschwärzte. – Teilweise gegen Goethe, den sogenannten Fürstendiener, vor allem aber gegen die Romantik gewandt, verkünden die Jungdeutschen den Beginn einer neuen Epoche, in der die Kunst bewußt politisch sein wird. Als Junge verstehen sie sich, weil sie sich politisch und moralisch gegen das „Ancien régime“ (alte Fürstenherrschaft) und darüber hinaus gegen alle überkommene Autorität wenden; sie sind gegen das Erstarrte und für die Bewegung. Politisch kämpfen sie gegen Kleinstaaterei und für eine Verfassung, vor allem aber gegen die Zensur, moralisch für die Befreiung der Sinnlichkeit und für das Recht auch der Frauen auf Bildung und Selbständigkeit. Wie die Aufklärung, deren Religionskritik sie weiterführen, erwarten sie allmähliche Reformen durch die freie Diskussion, in der sich die Vernunft schließlich durchsetzen wird. Ihren Gegnern, wie z. B. Menzel, gelten sie als unsittliche, undeutsche Franzosenfreunde. Da sie politische Breitenwirkung anstreben, verstehen sie sich nicht als Dichter, sondern als Schriftsteller; während sie die Leser unterhalten, indem sie auf geistreiche Weise die persönlichen Eindrücke und Gefühle mitteilen, die das gesellschaftliche Leben ihnen vermittelt, richten sie Pfeile ironischer und satirischer Kritik gegen die Autoritäten.

Vormärz im engeren Sinn Der gebildete, spätromantisch gesinnte Friedrich Wilhelm IV., der 1840 den preußischen Thron bestieg, erweckte zunächst Hoffnungen auf größere Liberalität, die er dann um so schlimmer enttäuschte. Zugleich waren die politischen Ansprüche des erstarkten gehobenen Bürgertums gewachsen, während das verarmende Kleinbürgertum und die Arbeiter unüberhörbar ihre sozialen Forderungen anmeldeten. Teils radikalisierte sich die Opposition daher ab 1840 (Ferdinand Freiligrath, Robert Eduard Prutz), teils traten neue, entschlossene Gestalten in den Vordergrund (Georg Herwegh, Georg Weerth). Die Linkshegelianer sowie Karl Marx und Friedrich Engels begannen ihren philosophischen Angriff. – Die neue Opposition will nicht mehr einzelne politische Institutionen, sondern die gesamte Gesellschaftsordnung ändern, zum Teil auch bald im sozialistischen Sinn, sie will nicht witzig die Klingen kreuzen mit der Zensur, sondern offen für die Revolution eintreten – die große Französische Revolution ist das vieldiskutierte Lernmodell –; man will nicht mehr unterhaltsamer Schriftsteller sein, nicht mehr von sich selber reden, sondern parteilich und theoriebewußt agitieren. Die Religionskritik verschärft sich, sie erhält jetzt eine praktische, gegen das Bündnis von Thron und Altar gerichtete Spitze. So entstehen revolutionäre Aufrufe, häufig in Liedform, politisch-philosophische Abhandlungen sowie Satiren auf den opportunistischen, knechtseligen „deutschen Michel“.

Philosophische Grundlagen. Den größten Einfluß auf die Literatur nicht nur dieser Epoche, sondern des ganzen 19. Jahrhunderts übt *Georg Wilhelm Friedrich Hegel* aus mit seinen Hauptwerken ‚Phänomenologie des Geistes‘ (1807), ‚Wissenschaft der Logik‘ (1812) und ‚Enzyklopädie der philosophischen Wissenschaften‘ (1817). Hegel versteht die gesamte Welt als geschichtlichen Prozeß; diesen

bezieht er ins begrifflich-systematische Denken ein, aber so, daß das Denken selbst wiederum zu etwas geschichtlich sich Entwickelndem wird.
Zu verstehen ist dies folgendermaßen: Gehen wir auf unsere Selbsterfahrung zurück. Körperlich bin ich morgen ein anderer als heute, aber geistig weiß ich mich morgen noch als genau derselbe. Irgendwie müssen sich in mir also zwei Gegensätze miteinander verbinden, die einander eigentlich ausschließen, nämlich die körperliche Veränderung und die geistige Identität. Nun ist Identität nur ein leeres Wort, wird sie nicht gefüllt mit den konkreten Erfahrungen, die ich in der sich verändernden Welt der Körper mache. Diese Erfahrungen wiederum hängen als die meinigen nur im Geist zusammen, das heißt: nur im Bewußtsein meiner Identität. Die beiden einander ausschließenden Gegensätze sind also zugleich aufeinander angewiesen.
Dieser eigenartige Widerspruch, der sich logisch abstrakt nicht lösen läßt, hebt sich praktisch auf im Laufe meiner Entwicklung. Die leere, erfahrungslose Identität, als welche ich auf die Welt komme, füllt sich allmählich mit Erfahrungen und nimmt diese auch als die ihren wahr; damit kommt das Bewußtsein überhaupt erst zum Bewußtsein seiner selbst. Im Leben steigert sich also das Bewußtsein zum Bewußtsein seiner selbst, zugleich wird es überhaupt erst existent in der Körperwelt, es kommt erst hier zur körperlichen Erscheinung.
Hegel verallgemeinert diese Deutung einzelmenschlicher Entwicklung zu einem abstrakten Schema von Gegensätzen, die einander ausschließen und zugleich aufeinander angewiesen sind (These und Antithese). Beide gelangen zur Synthese im geschichtlichen Werden, das eine stufenweise Steigerung von Gegensätzen und Synthesen darstellt. Die Lehre von dieser Entwicklung ist die Dialektik.
Das hier beschriebene Schema legt Hegel der Welt in ihrer Gesamtheit zugrunde. Demnach gibt es einen Weltgeist – Hegel nennt ihn auch Gott –, der sich zur Welt verhält wie mein Bewußtsein zu meinem Körper. In der stufenweisen Steigerung der Geschichte verwirklicht und erkennt sich dann der Weltgeist als er selbst; zugleich liegt er als leere Identität am Beginn der Geschichte.
Von hier aus antwortet Hegel auf die Frage nach dem Verhältnis von Freiheit und Notwendigkeit. Unfrei bin ich, sofern ich persönliche Ziele verfolgte, denn mein Handeln, ob ich es weiß und will oder nicht, dient letztlich nur dem allgemeinen Gang der Geschichte. Sofern sich darin aber der Geist verwirklicht, an dem ich als Geistwesen Anteil habe, dient mein Handeln auch meiner Selbstverwirklichung, werde ich freier.
Einige Schüler Hegels, die sogenannten *Rechtshegelianer,* ziehen daraus den Schluß, daß der einzelne sich dem Staat als der höheren Erscheinungsform des sich verwirklichenden Geistes unbedingt unterordnen müsse. Dies entspricht der konservativen Haltung des Biedermeier. Anders die sogenannten *Linkshegelianer,* die der vormärzlichen Tendenz zugehören. Sie sind erstens nicht davon überzeugt, daß die geschichtliche Entwicklung schon im bestehenden Staat ihr Ziel erreicht hat, und sie gehen zweitens davon aus, daß nicht der Geist dem einzelnen Menschen wie der materiellen Welt zugrunde liegt, sondern die sinnlichen, materiellen Bedürfnisse. Daher suchen sie Hegels Begriff des Geistes bzw. Gottes und dessen Verbindung mit dem Staat durch Begriffs- und Religionskritik aufzulösen. So vor allem *Ludwig Feuerbach,* der die Religionen als phantasierte Befriedigungen unerfüllter menschlicher Wünsche erklärt. *David Friedrich Strauß* führt die aufklärerische Bibelkritik fort und bezeichnet einen großen Teil des christlichen Dogmas als Mythos und Allegorie.

Die linkshegelianische Kritik entnimmt manche Anregung dem Denken des französischen Frühsozialisten *Claude-Henri de Saint-Simon.* Vor allem seine Fortschrittsüberzeugung, seine Forderung nach Befreiung der Sinnlichkeit, der Gedanke der Frauenemanzipation sowie seine Utopie einer brüderlich geeinten Weltgesellschaft sind hier zu erwähnen.

Karl Marx und *Friedrich Engels,* die radikalsten Denker des Vormärz, verbinden Hegels historische Dialektik mit der Bestimmung des Menschen als eines Naturwesens, das durch seine körperlich-materiellen Bedürfnisse angetrieben wird und so denkt, wie es seinen Interessen entspricht. Nicht die Verwirklichung des Geistes bestimmt dann die Geschichte, sondern die immer umfassendere Organisation der Arbeit; ihr entsprechend wandelt sich auch die Organisation politischer Herrschaft. Diese Entwicklung spitzt sich zu auf den modernen Gegensatz zwischen der Kapitalistenklasse, die die Produktionsmittel besitzt, und der Arbeiterklasse, die nur ihre Arbeitskraft besitzt. Wenn die Arbeiterklasse nicht mehr nur arbeitet, sondern auch die Kontrolle über die Produktionsmittel übernimmt, dann ist die Ausbeutung der Arbeitenden durch die Besitzer der Produktionsmittel zu Ende, somit die Ausbeutung arbeitender Menschen überhaupt. Und erst dann werden die Menschen frei, ihre Geschichte bewußt und selbständig zu machen (analog zum Selbstbewußtsein des Geistes bei Hegel). Denn bislang reagierten sie immer nur blind auf die strukturellen Zwänge, die durch die Entwicklung der Arbeitstechniken hervorgerufen wurden. Gelingt der Arbeiterklasse die Machtübernahme nicht, so ist eine Zukunft der Barbarei zu erwarten.

8.2 Literarisches Leben

Zeitschriften und freie Schriftsteller Das Bildungswesen wird verbessert, das Analphabetentum geht stark zurück; ein größeres Publikum will sich nun informieren und ablenken. Dem kommen Leihbibliotheken entgegen, große Lexika (Brockhaus, Meyer, Welcker), vor allem aber Zeitschriften. Neue Erfindungen wie die Schnelldruckpresse ermöglichen es, diese rasch und in hoher Auflage herzustellen. Viele Schriftsteller arbeiten als Redakteure und spezialisieren sich auf Prosagattungen (Erzählungen, Reiseberichte, Fortsetzungsromane), die bei ihrem Publikum ankommen. Zu den wichtigsten Zeitschriften gehören die Augsburger ‚Allgemeine Zeitung', das ‚Morgenblatt für gebildete Stände' (Redakteur: Wolfgang Menzel), ‚Europa. Chronik der gebildeten Welt' und der ‚Telegraph für Deutschland' (Redaktion: Karl Gutzkow). Der früher noch seltene freie Schriftsteller, der vor allem von seiner literarischen Produktion lebt, wird nun zu einer verbreiteten Erscheinung.

Zensur Eine rigorose Zensur sorgt allerdings dafür, daß solche Freiheit oft zur Vogelfreiheit wird. Zeitschriften, die sich nicht völlig anpassen, haben nur ein kurzes Leben. Umfangreichere Schriften, die naturgemäß nicht so häufig gelesen werden, sind immerhin von der Vorzensur ausgenommen. Oppositionelle Autoren, deren Zeitschriftenbeiträge immer wieder abgesetzt oder verstümmelt werden, veröffentlichen daher auch kürzere Texte in Buchform oder schreiben Jahrbücher (‚Hallische Jahrbücher' der Linkshegelianer, ‚Rheinische Jahrbücher' der Kommunisten).

Exil Ein bedeutender Teil der oppositionellen Literatur wird im Exil geschrieben, vor allem in Frankreich und England. Hierdurch verlieren die Autoren den engen Kontakt mit ihrem Publikum. Aber sie lernen auch die radikaleren, weiter fortgeschrittenen sozialen Bewegungen der anderen Länder kennen, deren Denken sie Deutschland dann vermitteln.

Almanach und Feuilleton Die erzwungene politische Enthaltsamkeit begünstigt eine unpolitisch-sentimentale Geselligkeit. Man schreibt einander Verse in Stammbücher und Poesiealben, trifft sich in poetischen Lesezirkeln und konsumiert die zahlreichen Taschenbücher und Almanache. Sie enthalten vor allem kürzere Erzählungen, durchgehend Massenware. Aber auch viele Erzählungen bedeutender spätromantischer und biedermeierlicher Autoren erscheinen auf diese Weise. Für eine kritische Öffentlichkeit hingegen schreiben die oppositionellen Autoren in den Feuilletons der Zeitschriften; dabei führen sie den politisch-literarischen Essay zu einer in Deutschland einmaligen Blüte.

Vereinzelung Die biedermeierlichen Autoren ziehen sich häufig in ruhige Provinzorte zurück und bleiben während ihres Lebens recht unbekannt oder doch zumeist ziemlich erfolglos. Die oppositionellen Autoren dagegen treibt es in die großen Städte, wo sie im Kreuzfeuer der öffentlichen Diskussion stehen; die radikaleren unter ihnen arbeiten sogar mit politischen Gruppen zusammen. So vereinsamen die einen in der Provinz, aber auch die anderen, die aus äußeren und inneren Gründen oft ein gehetztes, unstetes Leben führen, erfahren sich als Ausgeschlossene.

Schwäbischer Dichterkreis Das gilt weniger für den Schwäbischen Dichterkreis um Ludwig Uhland, Justinus Kerner und Gustav Schwab, der stark biedermeierlich geprägt ist. (Ihm nahe steht Wilhelm Hauff; Eduard Mörike und Nikolaus Lenau haben entferntere Beziehungen zu ihm.) Er nimmt eine gewisse Sonderstellung in der Epoche ein. Starke romantische Anregungen (Volksliedton, Aufwertung des Mittelalters, Phantastik) führen zur Beschäftigung mit Volksglauben und -sagen Schwabens und verbinden sich mit altwürttembergischem Selbstbewußtsein zum Lob eines hohenstaufischen und zugleich bürgerlichen Mittelalters, in dem noch Tatkraft, Treue und Recht sowie bürgerliches und nationales Selbstbewußtsein geherrscht haben sollen. Die Autoren sind gemäßigt liberal. Uhland, Abgeordneter im württembergischen Landtag, erarbeitet sich ein wissenschaftlich fundiertes Mittelalterbild. Schließlich siegt auch hier biedermeierliche Resignation.

8.3 Theorie und Formen der Literatur

Ferne des Schönen Die bestehende Wirklichkeit, die sich weder idealisieren noch poetisieren läßt, wird bevorzugt in Prosaformen dargestellt. Die häßliche Gegenwart verfällt ethischer bzw. politischer Kritik. Im letzteren Fall bedient man sich öfter der politischen Satire oder der Parodie oberflächlich harmonisierender Texte. Das Schöne erscheint nur in verlorener oder erhoffter Ferne; der biedermeierliche Autor sucht auf, was sich im kleinen an vergangener Schönheit bewahrte, falls er nicht gleich in die Vergangenheit zurückkehrt, der vormärzliche preist die Schönheit erhoffter heroischer Taten oder einer künftigen glücklicheren Welt.

Kleine Formen reflektierender Beschreibung Die Veränderungen, die sich vollziehen oder ankündigen, sind noch nicht im Zusammenhang erfaßbar. Darum hält man sich biedermeierlich an den überschaubaren Ausschnitt, in dem die alte Ordnung noch herrscht, vormärzlich an den Ausschnitt, den man aufgrund eigener Zeugenschaft beschreiben kann. Daher die Vorliebe für kleine Formen der Beschreibung und Reflexion wie Skizzen und Stimmungsbilder. Dem größeren Zusammenhang nähert man sich dann an, indem man die kleinen Formen reiht, etwa in Reisebildern oder in einer Reihe von Briefen.

Skizzen: *Adalbert Stifter u. a.: ‚Wien und die Wiener in Bildern aus dem Leben‘* (1844). *Adolf Glaßbrenner: ‚Berlin wie es ist – und trinkt‘* (Satire, 1832/50). *Georg Weerth: ‚Humoristische Skizzen aus dem deutschen Handelsleben‘* (Satire, 1845–48).
Briefe: *Hermann Ludwig von Pückler-Muskau: ‚Briefe eines Verstorbenen. Ein fragmentarisches Tagebuch aus Deutschland, Holland und England‘* (zugleich Reisebericht, 1830). *Ludwig Börne: ‚Briefe aus Paris‘* (1830/34). *Heinrich Heine: ‚Lutetia‘* (1840/43 als Zeitungsartikel, 1854 in Buchform).
Weitere Reiseberichte: *Karl Immermann: ‚Das Reisejournal‘* (1833). *Heinrich Heine: ‚Reisebilder‘* (1826/31, Prosa und Gedichte).

Dorfgeschichte Während man sich durch Reiseberichte aus der Enge unselbständigen Lebens hinausführen läßt, sei es auch nur, um sie um so schmerzlicher und kritischer zu empfinden, sucht man sich zugleich vor der Ungewißheit des Kommenden in einen noch engeren, aber auch sichereren Raum zurückzuziehen, ins Dorf. Die Dorfgeschichte, in Roman- oder Novellenform geschrieben, kann unterschiedliche Tendenzen aufnehmen. Auf der einen Seite steht

Auerbach, der das Landleben zwar sentimental und idyllisierend beschreibt, als Liberaler aber zugleich hofft, die Spannungen zwischen Stadt und Land ließen sich durch allmählichen Bildungsfortschritt überwinden. Auf der anderen Seite steht Gotthelf, der in erzieherischen Romanen für die Bauern die alte sittliche Ordnung und den Glauben gegen liberale und städtisch-kapitalistische Einflüsse zu bewahren sucht.

Berthold Auerbach: ‚Schwarzwälder Dorfgeschichten‘ (Erzählungen, 1843/54). *Jeremias Gotthelf (eigentlich Albert Bitzius): ‚Wie Uli der Knecht glücklich wird‘* (Roman, 1841). *Karl Immermann: ‚Der Oberhof‘* (aus dem Roman: *‚Münchhausen‘*, 1838/39).

Novelle und Märchen

Das Märchen muß den romantischen Anspruch aufgeben, die tatsächliche Verwandlung der Wirklichkeit durch die Phantasie darzustellen. Es wird anspruchsloser: unterhaltend, belehrend; oder es erinnert wehmütig an verlorenes Glück. Während die Märchentradition allmählich absinkt, gewinnt die Novelle zunehmend an Bedeutung. Hier verlagert sich das Interesse vom zentralen Konflikt selbst hin zu seinen psychischen und ethischen Folgen im Innern des Helden und in dessen Verhältnis zur Umwelt. Das verlangt eine umfangreichere Beschreibung, nicht zuletzt eine getreue Schilderung der Umwelt; reflektierende und belehrende Kommentare werden eingeschoben. Daher schwellen manche dieser Werke bis zur Romangröße an.

Märchen: *Wilhelm Hauff: ‚Märchenalmanache‘ auf die Jahre 1826 und 1827* (u.a. *‚Der Zwerg Nase‘, ‚Die Geschichte vom Kalif Storch‘, ‚Das kalte Herz‘*). *Eduard Mörike: ‚Das Stuttgarter Hutzelmännlein‘* (1853). *Heinrich Heine: ‚Deutschland. Ein Wintermärchen‘* (Parodie, zugleich Verserzählung, 1844).
Novelle: *Georg Büchner: ‚Lenz‘* (1839). *Annette von Droste-Hülshoff: ‚Die Judenbuche‘* (1842). *Adalbert Stifter:* die Novellen in *‚Studien‘* (1844/50) und *‚Bunte Steine‘* (1853). *Franz Grillparzer: ‚Der arme Spielmann‘* (1847). *Eduard Mörike: ‚Mozart auf der Reise nach Prag‘* (1855).

Zeitroman

Die Romane bilden unterschiedliche Formen aus, sind aber vor allem im Hinblick auf die aktuellen Probleme der Zeit geschrieben. Das ist am deutlichsten beim Frauenroman, der die jungdeutsche Emanzipationsthematik behandelt und auch teils von Frauen verfaßt wird. Es gilt aber auch für den historischen Roman, der geschichtliche Ereignisse beschreibt, aber mit bewußt aktueller Wertung, sei sie konservativ wie bei Stifter oder liberal wie bei Alexis. Schließlich trifft es auch zu für den Dorfroman (s. oben), der aus dem Gegensatz zwischen Stadt und Land lebt, wie für sein Gegenstück, den Abenteuerroman, der die Demokratie oder das Pionierleben in Amerika als Erholung für die „Europamüden“ verschreibt. Der Künstlerroman, sofern er noch weitergeführt wird, lehrt nun biedermeierlich die Notwendigkeit, sich der bestehenden gesellschaftlichen Ordnung anzupassen.

Frauenroman: *Theodor Mundt: ‚Madonna. Unterhaltungen mit einer Heiligen‘* (1835). *Karl Gutzkow: ‚Wally, die Zweiflerin‘* (1835). *Ida von Hahn-Hahn: ‚Gräfin Faustine‘* (1841). *Fanny Lewald: ‚Jenny‘* (1843).
Historischer Roman: *Willibald Alexis* (eigentlich Wilhelm Häring): *‚Die Hosen des Herrn von Bredow‘* (1846), *‚Ruhe ist die erste Bürgerpflicht‘* (1852). *Adalbert Stifter: ‚Witiko‘* (1865/67).
Abenteuerroman: *Charles Sealsfield* (eigentlich Carl Postl): *‚Das Kajütenbuch‘* (1841).
Künstlerroman: *Eduard Mörike: ‚Maler Nolten‘* (1832).

Historisches Drama Das Drama stellt Vergangenes dar, vor allem Epochenübergänge, um so in einem Gegenbild die verwirrende Gegenwart zu erhellen: Die strenge, aber verläßliche alte Ordnung scheint unterzugehen, ohne daß die neue Epoche dem einzelnen dafür mehr Freiheit gewährt.

Franz Grillparzer: ‚König Ottokars Glück und Ende‘ (1825). *Christian Dietrich Grabbe: ‚Napoleon oder Die hundert Tage‘* (1831). *Georg Büchner: ‚Dantons Tod‘* (1835). *Friedrich Hebbel: ‚Agnes Bernauer‘* (1852).

Volksstück Sehr beliebt waren die unterhaltenden, oft mit improvisierten Einlagen versehenen komischen Volksstücke, die in Vorstadttheatern und Gasthäusern aufgeführt wurden. Von einigen Berliner Revolutionskomödien abgesehen, die nur kurze Zeit gespielt werden konnten, war die Gattung biedermeierlich. Ihre Blüte erlebte sie in Wien. Hier sollte sie die unteren Schichten eine fromme, staatstreue Moral lehren und ihnen eine heitere, verzauberte Illusionswelt vorspiegeln. Raimund fügt realistische Elemente ein und vertieft die Gattung, indem er die Zufriedenheitsmoral durch eine untergründige Schwermut Lügen straft. Nestroy, dessen Stücke in einem realistisch gesehenen Kleinbürgermilieu spielen, wandelt das Volksstück in eine allseitige, melancholische Satire um, in welcher der virtuose, alles zerstörende Sprachwitz dazu tendiert, sich selber zu genügen.

Ferdinand Raimund: ‚Der Diamant des Geisterkönigs‘ (1824), *‚Das Mädchen aus der Feenwelt oder Der Bauer als Millionär‘* (1826), *‚Der Alpenkönig und der Menschenfeind‘* (1828). *Johann Nestroy: ‚Der böse Geist Lumpazivagabundus oder Das liederliche Kleeblatt‘* (1833), *‚Zu ebener Erde und im ersten Stock oder Die Launen des Glücks‘* (1835), *‚Einen Jux will er sich machen‘* (1842).

Lyrik Die liedhafte Lyrik entwickelt sehr unterschiedliche Formen: politisch-satirische Gedichte und revolutionäre Kampflieder bei den Autoren des Vormärz (Grün, Fallersleben, Herwegh, Freiligrath), Gedichte, in denen das Gefühl romantischer All-Einheit durch schwermütige Selbstreflexion gebrochen (Droste, Mörike, Lenau) oder sogar systematisch zerstört wird (Heine), weiterhin Gedichte, deren virtuose Formenstrenge jenen Halt vermitteln sollten, den die Dichter in den alten Wertordnungen nicht mehr finden (Platen, Rückert), schließlich Gedichte (des jungen Freiligrath), welche die exotische, abenteuerliche Ferne berufen. Im Versepos ruft man eine verlorene Idylle zurück, auch dort noch, wo diese Form parodiert wird wie in Heines ‚Wintermärchen'. Die Ballade wird breiter erzählend, eher bürgerlich und gegenwartsnah als heroisch und vorzeitlich.

Liedhafte Lyrik: *Anastasius Grün* (eigentlich Anton A. von Auersperg): *‚Spaziergänge eines Wiener Poeten'* (1831). *August H. Hoffmann von Fallersleben: ‚Unpolitische Lieder'* (1840/41). *Georg Herwegh: ‚Gedichte eines Lebendigen'* (1841–43). *Ferdinand Freiligrath: ‚Ça ira'* (1846). *Annette von Droste-Hülshoff: ‚Gedichte'* (1844). *Eduard Mörike: ‚Gedichte'* (1836). *Nikolaus Lenau: ‚Gedichte'* (1832). *Heinrich Heine: ‚Das Buch der Lieder'* (1827). *August von Platen-Hallermünde: ‚Sonette aus Venedig'* (1825). *Friedrich Rückert: ‚Die Weisheit des Brahmanen'* (1836/39, auch Sprüche und Prosa).
Versepos: *Eduard Mörike: ‚Die Idylle vom Bodensee'* (1846).
Ballade: *Ludwig Uhland: ‚Gedichte'* (1815, u. a. *‚Die Rache', ‚Des Sängers Fluch', ‚Bertran de Born', ‚Das Glück von Edenhall'*). *Annette von Droste-Hülshoff: ‚Gedichte'* (1844, u. a. *‚Der Knabe im Moor', ‚Die Vergeltung'*). *Heinrich Heine: ‚Romanzero'* (1851).

8.4 Autoren

8.4.1 Ein Vorläufer des Biedermeier: Hebel

Johann Peter Hebel (1760–1826)

Mit seinem ‚Schatzkästlein des rheinischen Hausfreundes' (1811) setzt der alemannische Geistliche und Gymnasiallehrer die alte Tradition der unterhaltsam-erbaulichen Kalendergeschichten fort. Dabei verbindet er die noch der Aufklärung verpflichtete Absicht, das einfache Volk zu Tugend und praktischer Vernunft zu erziehen, mit der Liebe zur dörflichen Idylle und der konservativen Moral, die dem Biedermeier eigen sind. Sein Sinn für das Lebenspraktische und auch für das Komische im Alltag läßt ihn Sentimentalität vermeiden und eine schlichte, kraftvolle Sprache finden.

8.4.2 Dramatiker: Büchner, Grabbe, Grillparzer, Hebbel

Georg Büchner (1813–1837)

Der hessische Arztsohn begann 1831 mit dem Studium der Medizin in Straßburg. Hier in Frankreich, wo die Erregung der Julirevolution noch nachklang, während schon der neue „vierte" Stand zu rebellieren begann, wurde er vom revolutionär-utopistischen Kommunismus beeinflußt, der auf Babeuf zurückging, sowie von Saint-Simons Aufwertung der Sinnlichkeit. Büchner setzte sein Studium in Gießen fort, wo er eine revolutionäre Geheimgesellschaft nach französischem Vorbild organisierte und zusammen mit dem Rektor Friedrich Ludwig Weidig eine

Flugschrift mit dem Titel ‚Der Hessische Landbote' (1834) verfaßte, die zur Agitation unter den Bauern bestimmt war. Das Unternehmen wurde verraten; Büchner mußte, allerdings erst sieben Monate später, nach Straßburg fliehen. Zu dieser Zeit war sein großes Revolutionsdrama ‚Dantons Tod' (1835) bereits fertig. Im selben Jahr begann seine Novelle ‚Lenz' in der von Gutzkow und Wienbarg geleiteten Zeitschrift ‚Deutsche Revue' zu erscheinen; diese wurde bald verboten, so daß der gesamte Text erst 1839 herauskam. 1836 schrieb Büchner die Komödie ‚Leonce und Lena' sowie das Fragment gebliebene Drama ‚Woyzeck', die beide zu seinen Lebzeiten weder gedruckt noch aufgeführt wurden. Er starb 1837 in Zürich, kurz nachdem er als Privatdozent mit anatomischen Vorlesungen begonnen hatte.

Büchner erkennt als unausweichliche Gesetzmäßigkeit der Geschichte, daß einer Revolution der Armen gegen die Reichen, so wie er sie sich wünscht, Revolutionen des Bürgertums gegen den Adel vorausgehen, die nur eine Geldaristokratie an die Macht bringen. Hiervon handelt die Tragödie ‚Dantons Tod': Die Französische Revolution hat das Schicksal der Armen nicht gebessert. Danton bleibt dem gegenüber gleichgültig, findet in seinem Tun keinen Sinn und verfällt dem Lebensüberdruß. Der sittenstrenge und selbstgerechte Robespierre benutzt die Unzufriedenheit des Volkes nur, um weitere Hinrichtungen zu rechtfertigen. Die Geschichte geht über beide Männer hinweg; Robespierre wird seinem Opfer Danton bald nachsterben. Die irdisch-sinnliche Liebe der Frauen dagegen, die ihren Geliebten in den Tod folgen, weist in eine noch offene Zukunft, in der irdisches Gluck, Genuß und Liebe, vielleicht möglich sein werden. Kurzszenen, die Bild an Bild reihen, und die Vielzahl der Gestalten verdeutlichen, daß der einzelne und seine Lebensgeschichte nicht mehr im Zentrum stehen.
Dennoch bleibt das Seelenleben des einzelnen wichtig, aber nicht dasjenige des großen Einzelnen, sondern das eines ‚Woyzeck', eines der Ärmsten der Armen, dem man nach fortwährenden Demütigungen auch seine Geliebte entreißt, weswegen er sie, dem Wahnsinn nahe, ermordet. Büchner analysiert hier die Psyche des Opfers, das, seiner Rechte noch nicht bewußt, in einer liebeleeren und darum sinnlosen Welt lebt. Auch in der Novelle ‚Lenz' geht es um Liebesverlust und Sinnleere: Lenz, der Dichter der einfachen Menschen, verfällt allmählich dem Wahnsinn. Andeutungen lassen erkennen, daß er zuvor seine Geliebte verloren hat, jene Friederike Brion, die der wirkliche Dichter des Sturm und Drang, Jakob Michael Reinhold Lenz, vergeblich umworben hatte.
Kein psychologisches Interesse hingegen darf die Hofgesellschaft beanspruchen, die historisch überlebt ist und vom wirklichen Leben, von den Sorgen der Armen getrennt. Ihr Dasein, so zeigt es ‚Leonce und Lena', ist ein possenhaftes Spiel toter Marionetten. Ihr Bewußtsein ist leer, ihre Sprache spielt gleichsam mit sich selbst: Der Wortwitz verselbständigt

sich. Der Prinz, der sich der inneren Leere durchaus bewußt ist, spielt in einer Welt der Langeweile und Sinnlosigkeit mit den Schablonen empfindsamer Gefühle. Ihn spiegelt der Narr, der, weniger närrisch, das gleiche müßige Nichtstun mit animalischem Genießen füllt. Hier bewirkt die Liebe das Wunder, dem Prinzen Gefühle und Menschlichkeit zu verleihen. Liebe und Genuß, Prinz und Narr, verkünden schließlich das irdische Glück für alle: ewiges Hochzeitsfest und Schlaraffenland. Ein Spaß nur, entfernt vom steinigen Weg der Geschichte, und doch im Grunde sehr ernst gemeint.

Christian Dietrich Grabbe (1801–1836)

Der Sohn eines Detmolder Zuchthausverwalters erreichte trotz gewisser Erfolge nicht die gewünschte Anerkennung als größter deutscher Dramatiker. Sein überzogener Anerkennungswunsch und eine unglückliche Ehe ließen ihn dem Alkohol verfallen. Grabbe schrieb zunächst das Drama ‚Herzog Theodor von Gotland' (1827), das den untergehenden Helden zeigt, dessen Größe nur mehr in einer ins Bombastische gesteigerten Verbrechernatur besteht, außerdem die Komödie ‚Scherz, Satire, Ironie und tiefere Bedeutung' (1827), welche romantische Ironie und Literatursatire zur Verspottung von Dichtung und Weltordnung überhaupt weiterführt, sowie die Tragödie ‚Don Juan und Faust' (1829), in der die zeittypische Zerrissenheit durch das erzwungene Beisammensein der beiden gegensätzlichen Gestalten ausgedrückt wird. Dann wandte Grabbe sich historischen Monumentaldramen zu: ‚Die Hohenstaufen' (1829/30), ‚Napoleon oder Die hundert Tage' (1831), ‚Hannibal' (1835), ‚Die Hermannsschlacht' (1838).

Der Dichtung Grabbes liegt das Gefühl einer sinnlosen und damit schaurig-komisch gewordenen, grotesken Welt zugrunde. Aus diesem Gefühl heraus äußern sich seine Helden zumeist blasphemisch oder menschenverachtend. Sie sind aber zugleich diejenigen, die aufgrund ihrer Tatkraft den anderen in der sinnlosen Welt ein Ziel zumindest vorschreiben können.

In ‚Napoleon oder Die hundert Tage' erleben wir, wie ein solcher großer Einzelner am Zufall scheitert. Damit verliert auch das Volk seine Lebensperspektive. Denn an sich ist es nur verachtenswerter Pöbel. So zeigt es sich unter dem schwächlichen bourbonischen König, der ein krämerisches Geldbürgertum begünstigt. Es verdient erst Respekt, wenn es vom Helden zu einer soldatischen, untergangsbereiten Masse zusammengeschweißt wird. Diesen Respekt zollen breit ausgemalte Schlachtenszenen dem französischen wie dem preußischen Heer. Aber die preußischen Soldaten sind nicht nur todesbereit, sondern auch von brüderlicher Gemeinsamkeit beseelt. Der Nationalismus verleiht Halt in einer sinnleeren Welt.

Franz Grillparzer (1791–1872)

Grillparzer, der aus einer verarmten Wiener Rechtsanwaltsfamilie stammte, wuchs in der Atmosphäre eines kaisertreuen Liberalismus auf, der noch vom Reformwerk des aufgeklärten Kaisers Joseph II. geprägt war. Seinen ersten großen Erfolg errang er mit der Tragödie ‚Die Ahnfrau' (1817), die noch dem romantischen Schicksalsdrama zugehört. Aufgrund seines zweiten Stückes, ‚Sappho' (1818) – es zeigt, wie die berühmte griechische Dichterin Sappho daran zerbricht, daß hohe Kunst und ein bescheidenes irdisches Glück einander ausschließen –, wurde Grillparzer zum Theaterdichter des Burgtheaters ernannt. Doch erst 1832, nach seiner Ernennung zum Direktor des Hofkammerarchivs, konnte er ein finanziell gesichertes Leben führen. Bis dahin schrieb er die Trilogie ‚Das goldene Vließ' (1821), eine Dramatisierung der Argonautensage, sowie die Tragödien ‚König Ottokars Glück und Ende' (1825) und ‚Ein treuer Diener seines Herrn' (1828), mit denen die Reihe der politisch-historischen Dramen beginnt. Etwa gleichzeitig entstanden ‚Des Meeres und der Liebe Wellen' (1831), ein lyrisches Drama, das die tragische Liebesgeschichte Heros und Leanders aufgreift, von der die griechische Sage berichtet, sowie ‚Der Traum ein Leben' (1834), ein dramatisches Märchen, das sich des barocken, vor allem in Spanien beliebten Nebeneinanders von Traum und Leben bedient, um in der Art der Volksstücke die Bescheidung mit dem stillen Biedermeierglück zu lehren. Das erste Stück, das Grillparzer nach der Ernennung zum Direktor schrieb, war die Komödie ‚Weh dem, der lügt' (1838). Sie wurde zum Mißerfolg, woraufhin der Autor beschloß, künftig keine Stücke mehr zu veröffentlichen und frei von den Zwängen des Publikumserfolgs zu schreiben. Tatsächlich erschienen von den bedeutenden historischen Dramen ‚Ein Bruderzwist in Habsburg', ‚Libussa', ‚Die Jüdin von Toledo' zu Lebzeiten des Dichters nur Fragmente. Vollständig wurden sie erst in seinem Todesjahr veröffentlicht. Allein die Novelle ‚Der arme Spielmann' (1847) blieb von diesem Verdikt ausgenommen.

Im Mittelpunkt von Grillparzers Dichtung steht die Frage nach der moralischen Berechtigung des Handelns im persönlichen und politischen Bereich. Es darf nicht aus Eigennutz geschehen, sondern es muß selbstlos dem Erhalt der Ordnung dienen, hier der moralischen, dort der politischen. Im letzteren Fall ist die übernationale Einheit des Kaiserreichs gemeint. Ein allmählicher Fortschritt zur Humanität, den Grillparzer im Sinn der Klassik wünscht, ist ohne die Bewahrung der Ordnung nicht möglich. Aus solcher Einsicht handelt der erste habsburgische Kaiser im Gegensatz zum untergehenden Böhmenkönig (‚König Ottokars Glück und Ende').
Schuldfreies Handeln ist damit allerdings noch nicht erreicht. Sogar die Vertreter der habsburgischen Ordnung sind selbst oft schuldig (‚Die Jüdin von Toledo'). Außerdem lehrt Grillparzers ernste Komödie ‚Weh dem, der lügt', daß zielbewußtes Handeln und völlige Aufrichtigkeit einander ausschließen. Und schließlich sind die Folgen politischen Handelns in den wirren Zeiten geschichtlichen Umbruchs unabsehbar; die Taten verselbständigen sich, und keine Reue kann sie rückgängig machen. Kaiser Rudolf II. ist sich des vergeblichen Kampfes gegen die

Zeit schmerzlich bewußt; darum zögert er zu handeln und wird gerade dadurch ähnlich schuldig wie sein Bruder, der voll tatendurstigen Eigennutzes nach der Krone greift und dann bereut (,Ein Bruderzwist in Habsburg').
Vom guten Willen führt kein Weg zum schuldlosen Vollbringen. Solange die Menschen das nicht erkennen, ihr schuldhaftes Versagen nicht anerkennen, leben sie in der Illusion. Grillparzer benutzt die Mittel des spanischen Barockdramas, um zu zeigen, wie die Menschen von ihrer Täuschung geheilt werden. Wer aber den Weg aus der reinen inneren Welt, in der nur das Schöne und Gute herrscht, nicht hinausfindet zum selbständigen Handeln, der macht sich ebenfalls schuldig, wie wir am ,Armen Spielmann' erkennen. Begehren gehört zum Wesen der Menschen; sie sind nicht gemacht, um nur in einer inneren Welt zu leben, ebensowenig wie in Libussas matriarchalischer Welt des Friedens und der Eintracht, die der festen, richtenden Hand entbehrt, und auch nicht in der Welt der Priester, die jedes Begehren mit dem Tod bestrafen (,Des Meeres und der Liebe Wellen').
Was schützt dann noch vor Sinn- und Ausweglosigkeit? Die Pflicht, auch wenn sie den Menschen schuldig werden läßt. Die Pflicht des Herrschers, die staatliche Ordnung durch Befehl und Richterspruch zu wahren, die Pflicht des Untertans, sich ihr einzufügen und dem Herrscher treu zu dienen, auch wenn dieser fehlbar ist (,Ein treuer Diener seines Herrn').

Friedrich Hebbel (1813–1863)

Hebbel entstammt einer armen Handwerkerfamilie aus Dithmarschen, seinerzeit dänisch regiert. Unter großen Entbehrungen und mit der Hilfe von Gönnern gelang es ihm allmählich, sich als Schriftsteller durchzusetzen. Nach den beiden frühen Dramen, ,Judith' (1840) und ,Genoveva' (1843), und der Komödie ,Der Diamant' (1847) schrieb er in Paris, wo er von einem Reisestipendium des dänischen Königs lebte, das bürgerliche Trauerspiel ,Maria Magdalene' (1844). Obwohl er dadurch recht bekannt wurde, rettete ihn erst die 1846 geschlossene Ehe mit der Wiener Burgschauspielerin Christine Enghaus vor der Armut. Jetzt entstanden neben kleineren Werken seine großen historischen und historisch-mythischen Dramen ,Herodes und Mariamne' (1849), ,Agnes Bernauer' (1852), ,Gyges und sein Ring' (1856) und ,Die Nibelungen' (1861).

Hebbels Dramen zeigen den Menschen in einer geschichtlichen Krise, in der die geltenden Werte sich verändern. Der Verehrung einer heiliggehaltenen Ordnung steht die Berechnung persönlichen Nutzens entgegen, der gemeinsamen Unterordnung das Streben nach Besonderheit. Die alten wie die neuen Werte haben ihre relative Berechtigung: Die alte Ordnung ist vor dem Zerfall in persönliche Interessen zu bewahren, aber der berechtigte Wunsch des einzelnen, sich in seiner Besonderheit zu behaupten, muß gegen die alte Ordnung durchgesetzt werden.

Hebbel deutet diesen Gegensatz mit Hilfe der Hegelschen Dialektik. Eine Versöhnung der alten und der neuen Werte (eine Synthese im Sinne Hegels) ist vorerst nicht möglich. Eben dies muß aber derjenige leisten, der in einer sinnvollen Wertordnung leben will. Nur das Anerkennen dieser tragischen Ausweglosigkeit, die Bereitschaft, Schuld zu tragen und vielleicht sogar selbst unterzugehen, kann ihn vor Sinnlosigkeit retten. Solches Anerkennen hält zugleich die Möglichkeit einer künftigen Synthese offen. – Die Männer sind in Hebbels Dramen zumeist einseitige, starre oder berechnende Ausführende des geschichtlichen Wandels, die Frauen erleiden den Wertkonflikt passiv.
Mit ‚Maria Magdalene' behandelt das bürgerliche Trauerspiel zum erstenmal einen rein innerbürgerlichen Konflikt. Die enge Welt des kleinen Zunfthandwerkers mit seinem starren, vom Gerede der anderen abhängigen Ehrbegriff, aber auch mit seinem Festhalten an Treu und Glauben, wird durch geldgierige Berechnung zerstört. Klara, die ihrem eigenen Herzen folgen, selbständig leben und dennoch dem geliebten Vater gehorchen will, wird zum Opfer des Vaters, der sie zur völligen Unterwerfung unter seinen Ehrbegriff erpreßt, wie auch des geldgierigen Leonhard, der diesen Ehrbegriff raffiniert in seine Berechnungen einbezieht.
Die Bürgerstochter Agnes Bernauer wird allein deswegen, weil sie außergewöhnlich schön und tugendhaft zugleich ist, zerrieben zwischen den persönlichen Wünschen Herzog Albrechts und der Berechnung Herzog Ernsts, seines Vaters, der die alte Ordnung auch um den Preis eines Justizmordes und eines Krieges zu erhalten sucht.

8.4.3 Prosa und Lyrik des Biedermeier: Stifter, Mörike, Droste-Hülshoff

Adalbert Stifter (1805–1868)

Der Sohn eines bäuerlichen Händlers aus Südböhmen studierte in Wien Jura und nebenbei Naturwissenschaften. 1837 heiratete er, ohne sein Studium beendet zu haben, und lebte mühsam von Privatunterricht. Mit der 1840 erschienenen Erzählung ‚Der Condor' gewann Stifter erste Anerkennung. In rascher Folge schrieb er weitere Erzählungen und Novellen, die, teilweise stark überarbeitet, mitsamt der ersten in den ‚Studien' (1844/50) gesammelt wurden (u. a. ‚Die Mappe meines Urgroßvaters', zuerst 1841; ‚Der Hochwald', 1842; ‚Abdias', 1842; ‚Brigitta', 1844; ‚Der Hagestolz', 1844). Der literarische Erfolg sowie der Privatunterricht in vornehmen Häusern, z. B. in dem des Fürsten Metternich, erlaubten nun einen bescheidenen Wohlstand. 1853 erschien eine zweite Sammelausgabe mit dem Titel ‚Bunte Steine'. Die bekannteste der hier vereinigten Novellen ist ‚Bergkristall' (ursprünglich ‚Der Heilige Abend', 1845). In der programmatischen Vorrede zu dieser Sammlung spricht Stifter von der „Andacht zum Kleinen" und vom „sanften Gesetz", das auch das Kleine mit der großen Ordnung verbinde. Nachdem die Revolution, die ihn zutiefst verstörte, niedergeschlagen war, wurde er zum Schulrat ernannt. Neben weiteren Erzählungen, die erst nach seinem Tode gesammelt erschienen, schrieb er nun den Bildungsroman ‚Der Nachsommer' (1857) und den historischen Roman ‚Witiko' (1865/67).

Stifter sucht nachzuweisen, daß eine gottgegebene moralische Ordnung die Geschichte sowohl der Völker wie des einzelnen Menschenlebens bestimmt. Sie offenbart sich aber weniger in den auffälligen Ereignissen und großen Helden als vielmehr im Unbedeutenden und Alltäglichen. Dieses ist daher mit freundlicher Wärme und Genauigkeit zu betrachten, zugleich aber auch aus dem Abstand gelassener, ja geradezu wissenschaftlich nüchterner Sachlichkeit, aus dem es erst als Teil eines größeren Zusammenhangs erkennbar wird. Solch einen Zusammenhang, den die Dichtung Stück um Stück vor das Auge stellt, bildet vornehmlich die vom modernen Leben noch unberührte Landschaft. Stifter hat sie beschrieben und gemalt.

In der Gesellschaft wird die Ordnung ständig vom Ausbruch wilder Leidenschaften bedroht. Sie müssen daher durch Erziehung gebändigt werden. Stifter stellt eingegrenzte Räume idyllischer Geborgenheit dar, in denen abgeklärte Menschen leben, denen solche Bändigung nach langem Kampf gelungen ist. Er ist sich aber auch der Gefahr bewußt, daß der Mensch in der Abgeschlossenheit vereinsamen und sich verhärten kann. Der einzelne soll daher aus seinem gesicherten Raum hinaus wohltätig auf andere einzuwirken suchen. Diese Wirkung ist vor allem der Altersweisheit gegeben. In der Novelle ‚Bergkristall' zeigt sich aber, wie auch frommer kindlicher Glaube vor der Drohung des Elementaren bewahrt und die Menschen miteinander verbindet.

Der Held im ‚Nachsommer', frei von Geldsorgen und von kaufmännischem Zweckdenken, erkundet zunächst als Amateurgeologe auf immer ausgedehnteren Streifzügen die grundlegende Ordnung der Natur. Dabei lernt er einen Freiherrn kennen, der beschädigte Kunstwerke restauriert und dessen Landsitz eine wohlgeordnete kleine Welt für sich darstellt. Hier macht der junge Mann sich mit der Kunst vertraut. Der alternde Freiherr, in abgeklärter „nachsommerlicher" Freundschaft seiner Nachbarin verbunden, hatte dieser einstmals leidenschaftlichen Liebe entsagt; der Bildungsweg seines jungen Freundes hingegen mündet in die Ehe. So lernt der Held im abgegrenzten Raum einer stillstehenden Vergangenheit, die naturhafte Ordnung auch in Kunst und zwischenmenschlichem Leben treu zu verehren bzw. sachgemäß zu bewahren. Dadurch kommen alle Lebensbereiche zu einer schönen, aber musealen Einheit. Eben dies will Stifters Erzählen leisten: die harmonische Restauration einer untergehenden Ordnung.

Eduard Mörike (1804–1875)

Der Sohn eines Arztes und einer Pfarrerstochter wurde in Ludwigsburg geboren, studierte am Tübinger Stift Theologie und erhielt nach langem Vikariat 1834 eine Pfarrstelle im kleinen Cleversulzbach. 1828/29 hatte er in Cottas ‚Morgenblatt für gebildete Stände' die ersten Gedichte veröffentlicht, 1832 erschien die erste Fassung des Künstlerromans ‚Maler Nolten' (zweite, unvollendete Fassung aus dem Nachlaß, 1878), 1838 die erste Sammlung der Gedichte. 1843 schon ließ Mörike sich in den Ruhestand versetzen, zog nach Mergentheim und dann nach Stuttgart, wo er, um heiraten zu können, einige Stunden in der Woche Literaturunterricht erteilte. In dieser Zeit entstanden weitere Gedichtsammlungen, das Versepos ‚Die Idylle vom Bodensee' (1846), die Märchen ‚Das Stuttgarter Hutzelmännlein' (1853) und ‚Die Hand der Jezerte' (1853) sowie die Novelle ‚Mozart auf der Reise nach Prag' (1855). Seine letzten Lebensjahre verbrachte Mörike in zunehmender Zurückgezogenheit teils in Stuttgart, teils in Lorch (Remstal) und in Nürtingen.

Mörike fühlt sich zutiefst bedrängt von dem, was ihn insgeheim fasziniert, nämlich von einem unbürgerlichen Künstlerleben und von erotischer Verlockung. Das faszinierend Bedrohliche verbietet er sich, das alltägliche Berufsleben aber, sein Pfarrerdasein, langweilt ihn. Im ‚Maler Nolten' rechnet er selbstkritisch mit solcher Haltung ab. Die Hauptgestalten, die sich fremd fühlen in der Alltagswelt, verfallen ihrem Innern: Leidenschaften, schuldhafte Vergangenheit drängen ans Licht und bestimmen schicksalhaft das äußere Leben. Die Zerrissenheit zwischen der lockend bedrohlichen und der langweiligen Welt führt zu Schwermut, Wahnsinn, Todessehnsucht und Selbstmord. Für sich selbst hat Mörike diesen Konflikt durch den Rückzug in idyllische Abgeschiedenheit, Ruhe und Träumerei erträglich gemacht.
In seinen weiteren Werken werden Schwermut und ziellose Sehnsucht durch stille Heiterkeit vergoldet oder auch von einem schalkhaften Scherz vertrieben, der, weil er unverbindlich ist, sogar mit dem Erotischen spielen kann. Die Gedichte gestalten oft Augenblicke träumerischen, halbwachen Bewußtseins, in denen Inneres und Äußeres in konfliktlosem Einklang sind. Dabei drücken sie seelische Bewegung und lustvolle Sinneswahrnehmung in feinster Nuancierung aus und entpersönlichen beides durch die artistische Form, deren Schlichtheit nur scheinbar ist; tatsächlich ist sie ein raffiniert verwirklichtes Stilideal. Nicht selten hat Mörike sich antike oder goethische Ausdrucksformen virtuos anverwandelt. So entstehen Gebilde einer sich selbst genügenden Schönheit, die dennoch innerlich ansprechen.

Annette von Droste-Hülshoff (1797–1848)

Droste-Hülshoff stammt aus einem alten katholischen Adelsgeschlecht Westfalens. Ihre Kindheit und Jugend verbrachte sie auf der Burg Hülshoff bei Münster, später übersiedelte sie auf den nahe gelegenen Witwensitz der Mutter. Die dort entstandenen Gedichte und Versepen, auch der erste Teil des Gedichtzyklus ‚Das geistliche Jahr', erschienen 1838, gesammelt unter dem Titel ‚Gedichte'. Ab 1841 verbrachte Droste-Hülshoff die meiste Zeit in Meersburg am Bodensee, zunächst in der Nähe Levin Schückings, eines jungen Schriftstellers, an dem sie mit uneingestandener Liebe hing und an dessen Werken sie teilweise mitarbeitete. Jetzt entstand ihr Hauptwerk: 1842 erschien ihre einzige Novelle, ‚Die Judenbuche', 1844 die erste Gesamtausgabe der Gedichte, im Jahr darauf ‚Bilder aus Westfalen', dann aus dem Nachlaß ,Das geistliche Jahr' vollständig (1851) und die späten Gedichte (,Letzte Gaben', 1862).

Leidend unter den strengen Konventionen ihrer standesbewußten Familie, Konventionen, die sie aber gänzlich akzeptierte, verbrachte Droste-Hülshoff ihr Leben in zunehmender Zurückgezogenheit. Sie vertritt eine strenge, patriarchalische Ordnung und steht politisch auf der Seite der Restauration. Einsames Erleben der westfälischen Landschaft, Kampf um Glaubensstärke, strenge Vergeltungsmoral, dazu die Welt des Übersinnlichen, in die sich die einsame, kränkelnde Frau versenkt, aber auch das Komische, ja sogar die komischen Züge, die dem Gespenstischen eigen sind, das Groteske also: das sind die Themen ihrer Dichtung.
Droste-Hülshoff beschreibt die Landschaft, vor allem auch die kleinen Dinge, sachlich und genau, und doch bleibt die Umgebung auf Empfindung und existentielle Situation des redenden Ichs bezogen; sie verwandelt sich ins Schaurige oder erhält eine hintergründige moralische Bedeutung. Der Reiz dieser Dichtung, die kein träumerisches Verschmelzen kennt, besteht in der komprimierten Verbindung des Sachlichen mit dem Geheimnisvollen. In der ,Judenbuche' ist die Natur, vor allem die Buche selbst, an der geheimnisvollen Bestrafung eines Mordes beteiligt, der in einer Zeit gestörter gesellschaftlicher Ordnung erst möglich wird. Die Kriminalgeschichte erhält so Allgemeingültigkeit. ,Das geistliche Jahr' stellt Deutschlands bedeutendste religiöse Lyrik des 19. Jahrhunderts dar. Traditionelle Motive verbinden sich hier mit einer eigenständigen, nicht dem Gefühl, sondern der religiösen Besinnung entspringenden Bildlichkeit.

8.4.4 Prosa und Lyrik des Vormärz: Gutzkow, Herwegh, Weerth

Karl Gutzkow (1811–1878)

Der Sohn eines prinzlichen Bereiters aus Berlin wurde aus einem Mitarbeiter Wolfgang Menzels zu dessen Gegner. Wegen seines Romans ,Wally, die Zweiflerin' (1835), der den Anlaß für das Verbot jungdeutscher Schriften gab, erhielt Gutzkow eine Gefängnisstrafe. Als Herausgeber von ,Telegraph für Deutschland' und als Mitarbeiter an vielen anderen Zeitschriften entwickelte er sich zum einflußreichsten Kritiker seiner Zeit. Großen Erfolg hatten seine mehrbändigen Romane ,Die Ritter vom Geist' (1850/51) und ,Der Zauberer von Rom' (1856/61), die in Simultantechnik („Romane des Nebeneinanders“) ein umfassendes Zeitbild entwarfen.

In ,Wally, die Zweiflerin' begeht eine Frau Selbstmord, die ihre Glaubenssicherheit verloren hat, ohne sich zu einer neuen, freieren Auffassung durchringen zu können. Daraus spricht weniger die Forderung nach Frauenemanzipation und freier Sinnlichkeit als vielmehr die Wertkrise, unter der Gutzkow leidet und mit ihm seine ganze Epoche. Er will nicht revolutionieren, sondern das ehrliche Gespräch unter den Gebildeten der verfeindeten Gruppen anregen. Im Alter schließt er Frieden mit dem Nationalismus und hofft auf einen geläuterten Katholizismus.

Georg Herwegh (1817–1875)

Der Sohn eines Stuttgarter Gastwirts mußte sein Theologiestudium abbrechen, nachdem er wegen unehrbietigen Betragens vom Tübinger Stift verwiesen worden war. Anschließend arbeitete er als Journalist und Übersetzer. Wegen Beleidigung eines Offiziers mußte er 1839 ins schweizerische Emmishofen fliehen. Dort schrieb er für die liberale ‚Deutsche Volkshalle‘ Aufsätze zu Literatur und Politik. In Zürich erschienen 1841–43 seine ‚Gedichte eines Lebendigen‘, die, obwohl in Preußen sogleich verboten, einen Verkaufserfolg erzielten wie wohl noch keine Gedichtsammlung zuvor. Während einer triumphalen Deutschlandreise Herweghs gewährte der preußische König ihm eine Audienz und verwies ihn kurz darauf des Landes. 1843 veröffentlichte er einen zweiten Teil der Gedichte und zog nach Paris. Im Revolutionsjahr führte er ein Freiwilligenkorps deutscher Emigranten nach Baden; nach der Niederlage flüchtete er auf Schweizer Gebiet. Enttäuscht, verspottet und allmählich verarmend, verbrachte er sein weiteres Leben in Zürich und, nach einer Amnestie, in Baden-Baden. Gegen Ende seines Lebens schrieb er auch Lieder für Lassalles Arbeiterverein und die Sozialdemokratische Arbeiterpartei. Die Gedichte der Spätzeit erschienen gesammelt erst nach seinem Tode unter dem Titel ‚Neue Gedichte‘ (1877).

Herwegh machte die allgemeinen Wandlungen der politischen Stimmung nicht mit, wie sie sich am Werk Ferdinand Freiligraths, eines anderen Vormärz Lyrikers, ablesen lassen. Dieser geht in den vierziger Jahren von unpolitischen Gedichten abenteuerlich-exotischen Inhalts zur Revolutionslyrik über und wird später, im Krieg von 1870, nationalistische Töne anschlagen. Herwegh hingegen bleibt zeit seines Lebens ein Radikaldemokrat, freilich ein zunehmend illusionsloserer. Bitter kritisiert er schließlich den Nationalismus des Bismarckschen Preußen, das den Krieg von 1870/71 führt und Elsaß-Lothringen annektiert.
Poesie soll nach Herwegh eine Vorläuferin der politischen Tat sein, aber keine unkünstlerische. Deswegen wendet er sich ebenso wie Heine gegen eine kunstlose Tendenzpoesie und gegen die Abwertung Goethes. (Gegen Heine und für Börne entscheidet er sich jedoch im Streit über republikanische oder soziale Revolution; s. S. 171.) Tatsächlich gelingt es ihm in vielen Gedichten, Sprachfiguren der politischen Rede mit eingängigen, aber nur scheinbar einfachen Versformen zu verbinden sowie eine traditionelle Bildsprache auf neue Inhalte zu beziehen und sie mit dem Gefühl gerechter Empörung zu beleben.

Georg Weerth (1822–1856)

Der Sohn eines Generalsuperintendenten aus Detmold war zunächst Buchhalter und Journalist in Köln. 1843 ging er nach Bradford (Yorkshire), wo er Friedrich Engels zum Freund gewann. In dieser Zeit entstanden die ‚Skizzen aus dem sozialen und politischen Leben der Briten' (1844/48; u. a. ‚Das Blumenfest der englischen Arbeiter', 1845) sowie die ‚Lieder aus Lancashire' (1845) und andere Gedichte. Später zog er nach Brüssel, wo er auch mit Karl Marx zusammenarbeitete. Dort schrieb er einen unvollendeten Roman (veröffentlicht als ‚Fragment eines Romans' erst 1956), in dem zum erstenmal in der deutschen Literatur ein Arbeiter zur Hauptgestalt wird. In der Revolutionszeit war Weerth Feuilletonchef der kommunistischen ‚Neuen Rheinischen Zeitung'. In ihr erschienen seine Satiren ‚Humoristische Skizzen aus dem deutschen Handelsleben' (1845–48; die ersten Kapitel in der ‚Kölnischen Zeitung') und ‚Leben und Taten des berühmten Ritters Schnapphanski' (1848/49). Wegen letzterer erhielt er drei Monate Gefängnis. Später arbeitete er als reisender Kaufmann. Er starb in Havanna.

Weerths Satiren, mit denen er politisch eingreifen will, verspotten keine abstrakten Typen, sondern ganz bestimmte Personen, aber nur um in ihnen das Sozialtypische (nicht das Charaktertypische) zu treffen: den historisch überholten, überflüssig und parasitär gewordenen Adel oder das opportunistische, kapitalbesitzende Bürgertum, das sich völlig einem System anpaßt, in dem Geldeswert und Konkurrenzkampf alles Glück und alle Mitmenschlichkeit verdrängt haben. Die Satire entlarvt die heuchlerischen, häufig christlichen Redensarten, mit denen das inhumane Verhalten bemäntelt wird. Anders als der Satiriker Glaßbrenner, der die Ungerechtigkeit bloßstellt, unter welcher die kleinen Leute zu leiden haben, geht Weerth von der grundsätzlichen marxistischen Gesellschaftskritik aus.

8.4.5 Zerrissener und Revolutionär: Heine

Heinrich Heine (1797–1856)

Heine entstammt einer Düsseldorfer Kaufmannsfamilie. Nach kurzer Lehrzeit im Bankhaus eines Hamburger Onkels begann er in Bonn mit dem Jurastudium. Er setzte es fort in Göttingen, das er wegen einer Duellaffäre für einige Zeit mit Berlin vertauschen mußte, und promovierte 1825 in Göttingen. Im gleichen Jahr gab er seinen jüdischen Glauben auf und ließ sich taufen, um dadurch das „Entreebillett zur europäischen Kultur" zu erhalten. In Bonn hatte er A. W. Schlegel kennengelernt, der ihn mit der Verskunst und der älteren deutschen Literatur vertraut machte, in Berlin besuchte er Vorlesungen Hegels und befreundete sich mit Rahel und Karl August Varnhagen von Ense, die einen berühmten Salon führten. 1822 erschien sein erster Band ‚Gedichte', 1827 gefolgt vom ‚Buch der Lieder', das ihn berühmt machte. Nach einer Fußreise durch den Harz schrieb er die ‚Harzreise' (1826), die er in den ersten Teil der ‚Reisebilder' (1826/31) einfügte.
1831 zog Heine nach Paris, wo ein Jahr zuvor die Julirevolution stattgefunden hatte. Hier lebte er von seinen schriftstellerischen Einkünften, zunächst auch von Zuwendungen des Hamburger Onkels und später von einer Pension der französischen Regierung. 1835 wurden seine Schriften in Deutschland verboten. Heine veröffentlichte nun kritische, von der Philosophie Saint-Simons beeinflußte Darstellungen auf deutsch und französisch, um die Deutschen über Frankreich und die Franzosen über Deutschland zu informieren. Hierzu gehören Kunstkritiken

(‚Der Salon. Erster Band', 1834) sowie politische und literarisch-philosophische Essays (u. a. ‚Französische Zustände', 1832; ‚Die romantische Schule', 1835; ‚Zur Geschichte der Religion und Philosophie in Deutschland', 1835; ‚Ludwig Börne', 1840); Berichte für die Augsburger ‚Allgemeine Zeitung' (1840–43 zumeist verstümmelt abgedruckt, 1854 gesammelt und erweitert unter dem Titel ‚Lutetia'). 1840 kam das Prosafragment ‚Der Rabbi von Bacherach' heraus.
Die wichtigsten Werke der vierziger Jahre, in denen Heine sich mit Karl Marx befreundete, sind die beiden politisch-literarischen Satiren ‚Atta Troll' (1843) und ‚Deutschland. Ein Wintermärchen', das im kommunistischen ‚Vorwärts!' und im Lyrikband ‚Neue Gedichte' (1844) erschien. Das letzte Lebensjahrzehnt wurde verdüstert durch ein quälendes Siechtum und durch erpresserische Machenschaften der reichen Verwandten, die befürchteten, durch Heines Schriften kompromittiert zu werden. Trotzdem vollendete er in seiner ‚Matratzengruft' noch die ‚Lutetia', verfaßte ein sozialkritisches Manuskript, das aber nach seinem Tod größtenteils vernichtet wurde, und ließ die beiden Gedichtbände ‚Romanzero' (1851) und ‚Gedichte 1853 und 1854' (1854) erscheinen.

Heine kämpft gegen das Bündnis von Fürstenherrschaft und Kirche. Er ist aber ebenso empfindlich gegenüber den nationalistischen und antisemitischen Tönen der nationalliberalen Opposition. Schließlich wendet er sich auch gegen Radikaldemokraten wie Ludwig Börne, der ebenfalls als Emigrant in Paris lebt. Diese Richtung ist ihm zu asketisch. Als Anhänger Saint-Simons erwartet Heine von der Revolution auch eine Freigabe der irdischen Genüsse („Sensualismus" und „Hellenismus") und das Ende christlicher Sinnenfeindschaft („Spiritualismus" und „Nazarenertum"). Insbesondere fürchtet er, daß der Respekt vor der Kunst und die Fähigkeit, sie zu genießen, verlorengehen würden. Daß Börne Goethe völlig abwertet, daß die politische Tendenzliteratur insgesamt so kunstlos ist, scheint ihm ein schlimmes Vorzeichen. Außerdem hält Heine Börnes Kampf um eine Republik für unwichtig. Nicht die republikanische Staatsform sei entscheidend, sondern die Tatsache, daß die materiellen Bedürfnisse des armen Volkes gestillt würden; unter der Bourgeoisie, die 1830 in Frankreich an die Macht kam, ginge es dem Volk nicht besser als unter dem früheren Adel. Allerdings äußert Heine seine Hoffnung auf eine soziale Revolution eher andeutungsweise und verschlüsselt, um sein bürgerliches Publikum nicht zu verprellen. Schließlich mißbilligt er Börnes Umgang mit ungepflegten Handwerkern. Nicht sich zur Masse hinunterzubegeben, sondern sie zu kultivieren ist sein Ziel. Darum fürchtet er auch den anarchistischen Aufruhr und sucht, wiederum im Sinne des Saint-Simonismus, nach einem genialen politischen Führer in der Art Napoleons, der von einer Elite aus Wissenschaftlern und Künstlern beraten werden soll.
Das politische Engagement trägt zu Heines zeittypischer Zerrissenheit bei. Als Dichter sucht er den persönlichen Ausdruck in der Art der Romantiker; als Berufsschriftsteller ist er aber auf ein Publikum angewiesen, das – so sieht er es als Gesellschaftskritiker – die romantische

Sprache persönlichen Gefühls als Konvention genießt, hinter der es seine Wirklichkeit, nämlich sein Vorteilstreben und sein Duckmäusertum, verbirgt. Heine will sich also noch in einer Sprechweise ausdrükken, die er zugleich als Konvention durchschaut. Künstlerisch bewältigt er diesen Widerspruch durch die bewußte Mischung konventioneller Rede und persönlichen Ausdrucks: Amüsanter Konversationston wird unterbrochen vom Pathos der Empörung und des Freiheitsverlangens, stimmungsvoller, aber zum Klischee gewordener Gefühlsausdruck von ironischen Pointen; konventionelle Begriffspersonifikationen (z. B. „die Armut" als Person) werden assoziativ in unerwartete Zusammenhänge gestellt und so verlebendigt. Dabei gelingt es Heine oft, harmlose und verstecktere, verbotene oder ungern gehörte Aussagen zu verbinden.
Die Gedichte führen zunächst elegant und kunstfertig den romantischen Volksliedton weiter, zeigen aber schon früh, wie unecht und konventionell er inzwischen geworden ist. Sie zeigen das in stimmungstötenden, ironisch-selbstironischen Brüchen, dann auch im Aufreißen der Konvention durch unverstellte Sinnlichkeit oder platte Alltäglichkeit, schließlich in der politischen Satire. Diese konfrontiert systematisch den unecht-sentimentalen Schein, z. B. die deutschnationale Schwärmerei, mit dem Wirklichen, z. B. dem denkfeindlichen Untertanengehorsam, der das fortschrittlichere Frankreich mehr haßt als die eigenen Unterdrücker. Neben aggressivem Spott spürt man die schwermütige Klage – selbstironische Brechungen können nicht darüber hinwegtäuschen – über die Unerfülltheit des Glücksverlangens in einer Welt, in der bislang das Schlechte gesiegt hat. In den späten Gedichten, die eine reiche Vielfalt der Formen zeigen, tritt diese Schwermut am reinsten hervor.
In den ‚Reisebildern' reiht Heine kurze Episoden lose aneinander, in denen Land und Leute nur Anlaß sind, um Subjektives auszudrücken: amüsante Anspielungen und Pointen, Stimmungen, Phantasien, kritische Anmerkungen zur Politik, zu Wissenschafts- und Literaturbetrieb. Durch die subjektive Darstellung hindurch soll die eigentliche gesellschaftliche Realität begriffen werden, die sich erst dem kritisch-analytischen Blick zu erkennen gibt. Dieses Prinzip wird besonders deutlich in ‚Deutschland. Ein Wintermärchen'. Auch dies ein Reisebild, in plaudernden Volksliedversen dargeboten, zugleich eine scharfe Satire auf preußische Herrschaft und nationalliberale Ideologie. Das vielschichtige Werk enthält darüber hinaus Heines an Hegel geschulte Geschichtsauffassung, der zufolge eine alte Gesellschaftsform zwar noch existieren kann, auch wenn sie historisch schon überholt und somit eigentlich tot ist, einmal aber die fortschrittliche Form existieren wird, die bis jetzt nur im Gedanken lebt, nämlich die Utopie der Saint-Simonisten, die der Dichter voraussagt. Wenn der Dichter jedoch allein die Wölfe als seine Kampfgefährten anredet, so zeigt sich, daß er in Wirklichkeit keine nennenswerte gesellschaftliche Schicht auf seiner Seite hat.

9 Realismus (1850–1895)

1854/55	*Keller, Gottfried:* Der grüne Heinrich (zweite Fassung 1879/80)
1856	*Keller:* Die Leute von Seldwyla (zweiter Band 1874)
1868	*Raabe, Wilhelm:* Abu Telfan oder Die Heimkehr vom Mondgebirge
1874	*Meyer, Conrad Ferdinand:* Jürg Jenatsch
1878	*Storm, Theodor:* Carsten Curator
1881	*Keller:* Das Sinngedicht
1883/84	*Meyer:* Die Hochzeit des Mönchs
1887	*Fontane, Theodor:* Irrungen Wirrungen
1888	*Storm:* Der Schimmelreiter
1891	*Raabe:* Stopfkuchen. Eine See- und Mordgeschichte
1894/95	*Fontane:* Effi Briest
1897	*Fontane:* Der Stechlin

9.1 Bild der Epoche

Pragmatismus und Naturwissenschaften

Die industrielle Revolution des 19. Jahrhunderts fördert ein pragmatisches Denken. Diesem gelten ethische Prinzipien und philosophische Grundfragen als zweitrangig gegenüber Nutzen und praktischem Erfolg. Die Lehre biologischer Entwicklung, die der Engländer Charles Darwin aufstellt (‚Über die Entstehung der Arten durch natürliche Zuchtwahl', deutsch 1860), wird auf die Gesellschaft übertragen; man sieht sie durch den „Kampf ums Dasein" bestimmt. Ein sachlich beschreibender Stil, der sich subjektiver Kommentare und philosophischer Erörterungen enthält, zieht in die Literatur ein.

Fassade und Prüderie

Der Pragmatismus untergräbt nicht nur die religiösen Normen, sondern auch die humanistischen Wertvorstellungen von Aufklärung und Klassik. Geistig verunsichert, immer stärker vom erfolgsorientierten Denken bestimmt, sucht man um so krampfhafter den Schein zu wahren, die Fassade der Ehrbarkeit und Sittenstrenge. Körperliches und Triebhaftes, jene Kräfte also, die nach Zerstörung jeglicher Fassade streben, werden verleugnet. Die Literatur muß sich dem Diktat einer engherzigen öffentlichen Prüderie unterwerfen.

Bildungsbürger und Besitzbürger Für den Pragmatismus ist das klassische Ideal des sich harmonisch ausbildenden Einzelmenschen ohne Bedeutung. Das gebildete Bürgertum, im Glauben an dieses Ideal erzogen, sucht es entweder dennoch mit der Beschreibung bürgerlicher Arbeitswelt und dem hier herrschenden Erfolgsstreben zu verbinden, oder es blickt zurück in die Vergangenheit, wo große Menschen und große Völker sich noch in ihrer Besonderheit zu entwickeln schienen, oder es kritisiert unmittelbar das Erfolgsdenken, die Geldgier und die Fassadenkultur des Besitzbürgertums.

Schicksal Naturwissenschaftlicher Determinismus wie auch das Gefühl des Bildungsbürgers, in der sich entwickelnden Wirtschaftswelt ausgeschlossen zu sein, schlagen sich literarisch im Schicksalsgedanken nieder. Die Zwänge der Gesellschaft scheinen die Menschen mit schicksalhafter Gewalt zu ergreifen. Ob diese Gewalt letztlich doch einer höheren, gerechten Ordnung dient, ist eine immer wieder aufgeworfene und unterschiedlich beantwortete Frage.

Aristokratische Haltung und Nationalismus Der Mißerfolg der Revolution von 1848 hat das aufkeimende bürgerliche Selbstbewußtsein gedemütigt. Das Bürgertum sucht sich aufzuwerten, indem es aristokratisch-militärisches Verhalten nachahmt. Es übernimmt den entsprechenden Ehrbegriff, z. B. beim Duell, strebt nach Orden, militärischen Rängen und Adelstiteln und sucht durch aristokratische Villen, monumentale Fassaden und üppiges Dekor zu imponieren. Der Sieg über Frankreich und die Reichsgründung von 1871 erlauben es, diese Haltung in einen Ausdruck nationaler Größe umzudeuten. (Im Vielvölkerstaat Österreich, dessen Existenz durch jeglichen Nationalismus bedroht wird, gibt es einen stärkeren deutschen Nationalismus erst gegen Ende des Jahrhunderts.)

Provinzialismus Die weiterwirkende nationale Zersplitterung und der relativ späte industrielle Aufschwung (keine Kolonien) sorgen dafür, daß weiterhin ein engstirniger Provinzialismus herrscht. (Das gilt auch für die Schweiz, wo eine demokratische Entwicklung jedoch die Nachahmung des Aristokratischen und einen militaristischen Nationalismus verhindert.)

Kompromiß Insgesamt sucht die Literatur den Kompromiß: zwischen Kritik und Anpassung, dem Protest gegen ein ungerechtes Schicksal und dem Glauben an einen tieferen Sinn, klassischem Ideal und der Anerkennung moderner Wirtschaft und Wissenschaft, Aufwertung des Bürgertums und aristokratischer Haltung, Weltoffenheit und Provinzialismus. Das kann wie in Freytags vielgelesenem Roman ‚Soll und Haben‘ (1855) auf Verherrlichung des Bestehenden hinauslaufen. Die Kritik am Besitzbürgertum wird hier auf jüdische

Spekulanten verschoben, während dieses nur in der älteren und sympathischen Form biederen Händlertums erscheint. Der Aufstieg zum erfolgreichen und nationalbewußten Untertan kann dann als allseitiger Bildungsprozeß dargestellt werden.

Resignation des Sonderlings In den letzten Jahrzehnten der Epoche und bei den bedeutenderen Autoren endet die Suche nach einem Kompromiß aber zumeist in Resignation, im wehmütig lächelnden Einverständnis damit, daß harmonische Selbstverwirklichung und ethischer Anspruch in der Welt nicht zu verwirklichen sind. (Das ist pessimistischer als die Forderungen der Klassik, um des Ideals willen, und des Biedermeier, um der Ordnung willen Entsagung zu üben.) Diese Haltung verkörpert der Sonderling. Er grenzt sich von der besitzbürgerlichen Welt ab, ohne doch ihren Zwängen entgehen zu können. Während der romantische Außenseiter, der junge Künstler, noch eine Welt der Philister herausforderte, blickt der alte Sonderling wehmütig zurück.

Kunst als Dekor und Familienunterhaltung Ob sie verherrlicht oder im Bewußtsein ihrer Ohnmacht kritisiert, die Kunst wird gerade im Gegensatz zur Klassik nicht mehr in der Hoffnung auf eine eingreifende ethische Wirkung hin geschrieben. Sie bekommt so eine Tendenz zur Unverbindlichkeit, zum Dekor. Dadurch aber kann sie Teil der Fassade werden, auch wo sie diese kritisiert; dies ist die Zeit, in der man die Wohnzimmer mit Prachtausgaben der Klassiker schmückt, Bildung somit in ein vorzeigbares und verwertbares Ding verwandelt. Zugleich soll die Literatur der gemütlichen abendlichen Entspannung in der Familie dienen – abends wird vorgelesen –, nachdem man tagsüber um den Erfolg zu kämpfen hatte.

Weiterleben des Biedermeier Am beliebtesten ist daher die Unterhaltungsliteratur, die vor den zeitgenössischen Problemen flüchtet und weiterhin die provinzielle biedermeierliche Idylle vor Augen stellt (sog. Butzenscheibenromantik) oder die biedermeierliche Lust am Exotischen und Abenteuerlichen pflegt (vgl. die Abenteuerromane Karl Mays).
Die Tradition vormärzlicher Literatur hingegen bricht in Deutschland ab; ihre Vertreter passen sich an oder werden nicht mehr beachtet. Sie lebt aber noch bis zum Jahrhundertende weiter in einer heute fast vergessenen Literatur deutscher Emigranten in den USA sowie unterschwellig auch in der kaum bekannten frühen Arbeiterliteratur.

Philosophische Grundlagen. Dem sachlich pragmatischen Denken gibt der sogenannte Positivismus des Franzosen *Auguste Comte* eine philosophische Grundlage. Comte fordert, man solle sich nur mit dem Positiven beschäftigen – darunter versteht er die sinnlich wahrnehmbaren Tatsachen –, Fragen nach Wahrheit,

Wesen, Ursache hingegen als unfruchtbare Metaphysik aus der Philosophie verbannen. Der Fortschritt der Philosophie bestehe im Verzicht zunächst auf religiöse, dann auf solche metaphysischen Begriffe. Schließlich werde es einer Elite von Wissenschaftlern möglich sein, die Gesellschaft sachgemäß zu planen. Dieser Fortschrittsoptimismus kann sich auf die Entwicklung der Naturwissenschaften berufen (die allerdings am Begriff der Ursache festhalten).
Die resignative Tendenz der Literatur stützt sich auf die Philosophie *Arthur Schopenhauers*. Er schrieb seine Werke, vor allem ‚Die Welt als Wille und Vorstellung', zwar schon in der ersten Jahrhunderthälfte, wird aber erst im letzten Drittel populär. Was wir wahrnehmen, sind nach Schopenhauer Erscheinungsformen einer metaphysischen Instanz, nämlich eines blinden, ziellosen Willens. Dieser wirkt auch in jedem einzelnen; deswegen werden wir unser Leben lang von einem Wunsch zum andern getrieben, ohne je wirklich befriedigt zu sein. Der Kunstgenuß kann dies für kurze Zeit unterbrechen, auf die Dauer gewährt aber nur der Verzicht auf den Willen die ersehnte Ruhe im Nichts (Nirwana).
Elemente des Hegelschen Denkens wirken weiter in der Kunsttheorie. Feuerbach beeinflußt Keller und die Literatur deutscher Emigranten in den USA.

9.2 Literarisches Leben

Massenproduktion Ständige drucktechnische Fortschritte, Lockerung der Zensur und Verringerung des Analphabetentums durch bessere Schulbildung lassen Produktion und Absatz der Literatur wiederum emporschnellen. Die Autoren, die von ihrem Honorar leben wollen, auch die bedeutenden unter ihnen, müssen sich den Zwängen der Massenproduktion anpassen.

Familienblätter Dazu gehört vor allem, daß sie kurze Erzähltexte verfassen, Novellen oder Romanfortsetzungen, die in der liberalen ‚Vossischen Zeitung' oder in Familienblättern mit den bezeichnenden Titeln ‚Die Gartenlaube', ‚Daheim', ‚Am häuslichen Herd' erscheinen. Sie entsprechen dem Wunsch des Publikums nach idyllischen oder exotischen Stoffen, die so erzählt sind, daß auch sehr prüde Leser sie akzeptieren. Die Romane, die zumeist in einer der Zeitschriften erscheinen, bevor sie als Buch herauskommen, müssen zum Abdruck in einzelnen Fortsetzungen geeignet sein.

Leihbüchereien und Kolportage Großen Zuspruch in allen Schichten finden die aufblühenden Leihbüchereien und Volksbibliotheken. Hier werden vor allem Romane ausgeliehen. Für die unteren Schichten gibt es außerdem die billige Kolportageliteratur (frz. colportage = Hausierhandel), die an der Haustür verkauft wird. Man kolportiert Klassiker ebenso wie Familienblätter und die sogenannten Groschenhefte. Außerdem erscheinen jetzt auch die Klassikerreihen in Massenauflage.

Literaturkritik ohne literarische Zentren Eine Literaturkritik, die im Gegensatz zum Vormärz nicht politisch, sondern lediglich ästhetisch urteilen will, wird zur festen journalistischen Einrichtung. Sie formuliert ihr Programm vor allem in der ersten Epochenhälfte in der Zeitschrift ‚Die Grenzboten' und in den ‚Preußischen Jahrbüchern'. Dagegen gibt es so gut wie keine literarischen Zentren. Dichterkreise wie der ‚Tunnel über der Spree', zu dem Theodor Fontane in seinen mittleren Jahren gehört, oder der klassizistische Münchner Dichterkreis um Paul Heyse und Emanuel Geibel haben keine größere Bedeutung. Alle wichtigen Werke der Epoche werden von zurückgezogen lebenden Autoren geschrieben.

9.3 Theorie und Formen der Literatur

Realismus Die zeitgenössische Literaturkritik verlangt eine realistische Dichtung. Von Realismus spricht man üblicherweise dann, wenn die Schriftsteller ihr Interesse dem Alltäglichen zuwenden, um es ernsthaft, umfassend und ohne subjektive Kommentare zu beschreiben, so daß die Darstellung den Vergleich mit der historischen Wirklichkeit herausfordert. Zum Alltäglichen gehört insbesondere auch die Arbeitswelt. Sie erhält nun ihren eigenen Wert – Ansätze dazu finden sich schon in der vorhergehenden Epoche –, erscheint aber noch ganz in der Sicht des Bürgers, nicht in der des Arbeiters wie später im Naturalismus. Da sich die distanzierte Beschreibung größerer Zusammenhänge im Grunde nur in erzählender Literatur durchführen läßt, ist diese Epoche wie keine andere auf Roman und Novelle konzentriert.

Verklärung Die Literaturkritik fordert nun aber weiter, daß das Alltägliche zugleich verklärt werde: Die Dichtung müsse auch eine tiefere, „poetische", mehr dem Schönheitsgefühl als der Einsicht zugängliche Wahrheit aufzeigen. Man glaubt nämlich, daß sich in der alltäglichen Wirklichkeit, so unvollkommen sie ist, ein harmonisches Ganzes verberge. Das ist die tiefere Wahrheit, die die Dichtung aufdekken muß. Sie soll das Alltägliche zwar in treffender Wahrscheinlichkeit darstellen, aber ohne das Häßliche zu zeigen, und ihre Kritik in Versöhnung ausklingen lassen. Die Versöhnung wird somit im schönen Schein des Kunstwerks geleistet, nicht von der schlechten Wirklichkeit eingeklagt. Diese Verbindung von Realismus mit „poetischer" Wahrheit bezeichnen die Zeitgenossen als „poetischen Realismus" (Otto Ludwig) oder als „Idealrealismus" (Friedrich Theodor Vischer).

Humor Damit die Dichtung die Versöhnung darstellen kann, muß Humor zu ihrer Grundstimmung werden. Er ist die Gegenmacht in der Kunst zur Resignation in der Wirklichkeit. Er läßt sich verstehen als das wehmütig lächelnde Einverständnis damit, daß der einzelne zugunsten der Harmonie, die zwischen allen insgeheim besteht, auf seine eigene Erfüllung verzichtet. Er kann es tun, weil er sich letztlich einem harmonischen Ganzen verbunden weiß und in diesem Bewußtsein den schicksalhaften Zwängen überlegen, sosehr er ihnen in Wirklichkeit auch unterworfen bleibt. Nicht immer gelingt es, solche Überlegenheit im Verzicht zu erreichen. Der Humor kann in bittere Ironie oder ins Gefühl einer sinnlosen, grotesken Welt umschlagen.

Doppelbödigkeit Das Programm des poetischen Realismus verlangt vom Autor eine doppelbödige Darstellung. Einerseits ist die alltägliche Welt genau, einfach und wiedererkennbar zu beschreiben, andererseits muß die Beschreibung auf die tiefere Wahrheit verweisen. Beiden Aufgaben sucht er dadurch zu genügen, daß er den alltäglichen Dingen und Vorgängen einen möglichst unauffälligen Symbolwert verleiht. Ein spannungsvolles Gleichgewicht zwischen realer und symbolischer Ebene kann sich so einstellen.

Gesellschaftsroman Dem Realismus entspricht ein Romantyp, der ein Panorama der Gesellschaft malt. Tatsächlich bietet er jedoch fast immer nur einen größeren Ausschnitt. Gehobenes Bürgertum, niederer und mittlerer Adel stehen im Mittelpunkt, Hochadel und Arbeiter erscheinen, wenn überhaupt, nur am Rande. Die Beschreibung tendiert dazu, die Handlung zu verdrängen, am deutlichsten im ‚Stechlin'. Die äußere Handlung wird von anderen Romantypen entlehnt, vom Liebesroman (‚Die Chronik der Sperlingsgasse', ‚Frau Jenny Treibel'), vom Eheroman (‚Unwiederbringlich', ‚Effi Briest'), von der Kriminalgeschichte (‚Stopfkuchen') oder der Dorfgeschichte (‚Das Gemeindekind'). Auch die Verbindung mit der Autobiographie ist möglich (‚Ut mine Stromtid'). Raabes Romane sind zumeist fingierte Lebensrückblicke, wie Erinnerung überhaupt die Lieblingsperspektive der Autoren wird. Typisch für die deutsche Literatur ist die Verknüpfung des Gesellschaftsbilds mit dem Bildungsroman.

Wilhelm Raabe: ‚Die Chronik der Sperlingsgasse' (1857), *‚Stopfkuchen. Eine See- und Mordgeschichte'* (1891). *Fritz Reuter: ‚Ut mine Stromtid'* (1862/64). *Marie von Ebner-Eschenbach: ‚Das Gemeindekind'* (1887). *Theodor Fontane: ‚Unwiederbringlich'* (1891), *‚Frau Jenny Treibel oder Wo sich Herz zum Herzen find't'* (1892), *‚Effi Briest'* (1894/95), *‚Der Stechlin'* (1897).

Bildungsroman Der Bildungsroman wird um die Beschreibung des bürgerlichen Wirtschaftsalltags bereichert, aber auch um den Aspekt der Weltveränderung verkürzt; der einzelne muß lernen, sich in die Welt einzufügen. Allerdings kann er dabei besitzbürgerlich aufsteigen. Soweit diese Möglichkeit positiv gewertet wird, ist der Roman optimistisch, wie Freytags oben erwähntes Beispiel zeigt.

Mit der Kritik am Besitzbürgertum aber wird der Roman resignativ, vielschichtiger und problembewußter.

Gottfried Keller: ,Der grüne Heinrich' (erste Fassung 1854/55; zweite Fassung 1879/80), *,Martin Salander'* (1886). *Gustav Freytag: ,Soll und Haben'* (1855). *Wilhelm Raabe: ,Die Leute aus dem Walde, ihre Sterne und Schicksale'* (1863), *,Der Hungerpastor'* (1864), *,Abu Telfan oder Die Heimkehr vom Mondgebirge'* (1868).

Historischer Roman Die bildungsbürgerliche Rückwendung in die Vergangenheit bringt den vielgelesenen *Professorenroman* hervor (,Ein Kampf um Rom', ,Ekkehard'). Hier wird gelehrtes Wissen dazu verwendet, den Leser in die exotische, germanisch-deutsche Vergangenheit zu entführen. Gelehrtes Wissen verarbeitet auch ein Romantyp, der als eine Art erzählter Geschichtsschreibung die Tradition nationaler Größe stiften soll, nach der man zur Zeit der Reichsgründung verlangt (,Die Ahnen'). Anspruchsvoller sind die Romane, die wichtige, oft krisenhafte Perioden der Geschichte unausgesprochen mit der Gegenwart konfrontieren (,Vor dem Sturm', ,Schach von Wuthenow', ,Jürg Jenatsch').

Joseph Victor Scheffel: ,Ekkehard' (1855). *Gustav Freytag: ,Die Ahnen'* (1873/74). *Felix Dahn: ,Ein Kampf um Rom'* (1876). *Theodor Fontane: ,Vor dem Sturm. Ein Roman aus dem Winter 1812 auf 13'* (1878), *,Schach von Wuthenow. Erzählung aus der Zeit des Regiments Gensdarmes'* (1882). *Conrad Ferdinand Meyer: ,Jürg Jenatsch'* (1874).

Novelle Sofern die Novelle ein bedeutungsvolles Ereignis mitten im Alltagsleben darstellt, ist sie für den doppelbödigen Stil des poetischen Realismus besonders geeignet. Da sie nur einen begrenzten Ausschnitt der Wirklichkeit wiedergibt, läßt sich in ihr leichter als im Roman ein Sinnzusammenhang zeigen. Sie ist daher die beliebteste zeitgenössische Gattung und erreicht in dieser Epoche auch ihren Höhepunkt. Man sucht sie theoretisch genau zu bestimmen (Heyse) und verlangt, um die Gattung aufzuwerten, die Einhaltung strenger Formvorschriften. In der Praxis lassen sich die meisten Autoren nicht merklich einengen. Während zunächst die Beschreibung dörflicher oder kleinbürgerlicher Gegenwart vorherrscht, tritt später die historische Novelle in den Vordergrund.

Theodor Storm: ,Immensee' (1850), *,Pole Poppenspäler'* (1874), *,Aquis submersus'* (1876), *,Carsten Curator'* (1878), *,Der Schimmelreiter'* (1888). *Wilhelm Heinrich Riehl: ,Kulturgeschichtliche Novellen'* (1856). *Gottfried Keller: ,Die Leute von Seldwyla'* (erster Band, 1856, enthält u. a. *,Die drei gerechten Kammacher'*; zweiter Band, 1874, enthält u. a. *,Kleider machen Leute'*), *,Der Landvogt von Greiffensee'* (1877), *,Das Sinngedicht'* (Novellenzyklus, 1881). *Wilhelm Raabe: ,Unsers Herrgotts Kanzlei'* (1862), *,Else von der Tanne'* (1865), *,Der Dräumling'* (1872), *,Zum Wilden Mann'* (1874), *,Pfisters Mühle'* (1884). *Conrad Ferdinand*

Meyer: ,Der Schuß von der Kanzel' (1878), *,Der Heilige'* (1879/80), *,Gustav Adolfs Page'* (1882), *,Das Leiden eines Knaben'* (1883), *,Die Hochzeit des Mönchs'* (1883/84), *,Die Versuchung des Pescara'* (1887).

Drama Das Drama gilt jetzt zwar als höchste literarische Gattung, trotz eingehender theoretischer Untersuchungen (Vischer, Ludwig, Freytag) entstehen aber keine bedeutenderen Stücke. (Hebbel, dessen Hauptwerk in die fünfziger Jahre fällt, lehnt den Realismus ab.) Eine Ausnahme macht der Österreicher Anzengruber, der das Wiener Volksstück weiterführt. Er stellt weiterhin mit erzieherischem Anspruch Probleme aus dem bäuerlichen oder kleinbürgerlichen Alltag dar, hebt aber die Mischung aus Ernst und Posse auf, die dem Volksstück bis dahin eigen war, und trennt ernstes Schauspiel von der Komödie.

Otto Ludwig: ,Der Erbförster' (1850). *Gustav Freytag: ,Die Journalisten'* (Komödie, 1852). *Ludwig Anzengruber: ,Der Meineidbauer'* (1871), *,Die Kreuzlschreiber'* (Komödie, 1872), *,Das vierte Gebot'* (1877).

Oper Anders steht es mit der Oper. Richard Wagner, Komponist und Autor, schafft „Gesamtkunstwerke" (Musik, Text und Bühnenbild sollen im Sinn romantischer Gattungsmischung ein Ganzes bilden) aus barockem und romantischem Geist, die dennoch für die Epoche aktuell sind. Üppiges barockes Dekor und romantisch-mittelalterliche Stoffe dienen dazu, nationale Größe zu repräsentieren, die Wagner mit einem biologisch begründeten Rassedünkel verbindet. Zugleich stellt er aber auch in verschleierter Form die gesellschaftlichen Probleme des 19. Jahrhunderts dar und nimmt Todessehnsucht und rauschhaft schönen Untergang des großen Einzelnen voraus, die der Ästhetizismus der folgenden Epoche feiern wird. Er hat nicht nur die Musik, sondern auch die Literatur der Moderne (Thomas Mann) wesentlich beeinflußt.

Richard Wagner: ,Tannhäuser und der Sängerkrieg auf der Wartburg' (1845), *,Lohengrin'* (1847), *,Der Ring des Nibelungen'* (1853/74), *,Tristan und Isolde'* (1859), *,Die Meistersinger von Nürnberg'* (1862, komponiert 1867), *,Parsifal'* (1877, komponiert 1882).

Lyrik Die meisten Gedichte der Epoche folgen klassisch-romantischen Mustern. Das gilt auch für das Werk Geibels, des seinerzeit berühmtesten Lyrikers. Die Vielgestalt der lyrischen Gattungen reduziert sich jetzt auf Erlebnisgedicht und Ballade. Im *Erlebnisgedicht* gelingt den besten Autoren durch symbolische Doppelbödigkeit bei bewußt einfachem Sprechen eine unauffällige Schönheit. Keller und Storm bevorzugen das Naturgedicht. Fontanes späte Gedichte spiegeln in kunstvoll einfachem Dahinplaudern ironisch das Alltägliche und Banale. Gegen Ende der Epoche entwickelt C. F. Meyer unter französischem Einfluß eine Lyrik, in welcher Gefühl nicht mehr als Ausdruck persönlichen Erlebens erscheint, sondern als etwas, was leitmotivisch verwendeten Chiffren und Dingsymbolen sozusagen von selbst anhaftet. – Die *Balladendichtung,* die mit Fontane und Meyer ihre beiden Gipfel erreicht, konzentriert sich auf die historische und die Heldenballade. Fontane beruft die Rache verletzter moralischer Ordnung und preist den fraglosen, braven Dienst – auch des preußischen Adels – an der Gemeinschaft, die durch dämonische Kräfte des Innern wie der äußeren Natur bedroht ist. In Meyers historischen Balladen werden geschichtlich bedeutsame Situationen und Menschen abgebildet, mit Vorliebe die Augenblicke heftigster Gefühle und seelischer Grenzsituationen. – Einen Sonderfall stellen die *Bildgeschichten* Wilhelm Buschs dar. In ihnen erreicht der pessimistische Humor der Epoche eine Bandbreite, die vom Sentimentalen bis zum Grotesken reicht.

Gedichte: *Gottfried Keller: ‚Winternacht‘, ‚Abendlied‘* (in: ‚Gedichte‘, 1851). *Theodor Storm: ‚Abseits‘, ‚Meeresstrand‘, ‚April‘, ‚Ein Sterbender‘* (in: ‚Gedichte‘, 1852). *Theodor Fontane: ‚An meinem fünfundsiebzigsten Geburtstage‘, ‚Summa summarum‘* (in: ‚Gedichte‘, 1898). *Conrad Ferdinand Meyer: ‚Abendrot im Walde‘, ‚Schwüle‘, ‚Abendwolke‘, ‚Zwei Segel‘, ‚Der römische Brunnen‘* (in: ‚Gedichte‘, 1882).
Balladen: *Moritz Graf Strachwitz: ‚Das Herz von Douglas‘* (1848). *Theodor Fontane: ‚Der alte Ziethen‘* (1847), *‚Archibald Douglas‘* (1867), *‚Die Brück' am Tay‘* (1880), *‚John Maynard‘* (1886), *‚Herr von Ribbeck auf Ribbeck im Havelland‘* (1889). *Conrad Ferdinand Meyer: ‚Bettlerballade‘* (1875), *‚Mit zwei Worten‘* (1877), *‚Alte Schweizer‘* (1882), *‚Der Rappe des Komturs‘* (1882), *‚Die Füße im Feuer‘* (1882).
Bildgeschichte: *Wilhelm Busch: ‚Max und Moritz‘* (1865), *‚Die fromme Helene‘* (1872), *‚Maler Klecksel‘* (1884).

9.4 Autoren

9.4.1 Ein Schweizer Republikaner: Keller

Gottfried Keller (1819–1890)

Der Sohn eines früh verstorbenen Züricher Drechslers wurde wegen eines geringfügigen Vergehens von der Schule verwiesen und versuchte, sich in München zum Maler auszubilden, hatte jedoch keinen Erfolg. 1842 kehrte er nach Zürich zurück, wo er sich mit deutschen Schriftstellern des Vormärz befreundete, die in die Schweiz emigriert waren. Diese Begegnung beeinflußte deutlich seine erste Sammlung ‚Gedichte‘ (1846). Ein Stipendium der Züricher Regierung erlaubte ihm 1848 einen zweijährigen Studienaufenthalt in Heidelberg, wo er begeistert Ludwig Feuerbach hörte. Anschließend ging er für fünf Jahre nach Berlin. Hier bildete er sich im Kreise Varnhagens von Ense und in der Begegnung mit Literaturwissenschaftlern und Verlegern. In diesen sieben Jahren entstand der Kern seines Werks: 1851 erschienen die ‚Neueren Gedichte‘, 1854/55 kam die erste Fassung des Bildungsromans ‚Der grüne Heinrich‘ heraus (zweite Fassung 1879/80), 1856 der erste Band der Novellensammlung ‚Die Leute von Seldwyla‘.

1855 kehrte Keller nach Hause zurück, versuchte vergeblich, als freier Schriftsteller und politischer Journalist zu leben, und mußte sechs Jahre ohne Einkommen bei Mutter und Schwester verbringen, bis er 1861 als Staatsschreiber des Kantons Zürich angestellt wurde. Während er pflichtbewußt seine Aufgaben erfüllte, wurde ihm später literarischer Ruhm zuteil. In dieser Zeit beendete er die ‚Sieben Legenden' (1872). 1876 legte er sein Amt nieder, um die letzten Lebensjahre dem Abschluß seines Werkes zu widmen. Neben der zweiten Fassung des Romans wurden die beiden Novellensammlungen ‚Züricher Novellen' (1876/78) und ‚Das Sinngedicht' (1881) beendet. 1886 erschien schließlich sein zweiter Roman, ‚Martin Salander'.

In seinem Bestreben, die Leser politisch aufzuklären, in seinem selbstverständlichen Eintreten für die schweizerische Republik bezeugt sich Kellers dauerndes politisches Engagement. Angesichts der zunehmenden Zerstörung alter Bindungen durch Geld- und Erfolgsdenken wendet er sich mehr und mehr der Vergangenheit zu, tritt sein zunächst untergründiger Pessimismus immer offener zutage, am deutlichsten im ‚Martin Salander'. Es ist bezeichnend, daß gerade seine Lieblingsgestalten ihr Leben in tapferer Resignation zu Ende führen. Daraus spricht nicht nur die zunehmende Kluft zwischen künstlerischem Menschen und politisch-wirtschaftlichem Leben, sondern auch das persönliche Problem eines tiefen Schuld- und Minderwertigkeitsgefühls, das es Keller unmöglich machte, eine Liebesbeziehung einzugehen.

Kellers Dichtung ist von entschiedener Diesseitigkeit. Feuerbachs Atheismus führt ihn nicht vor das Schreckbild des einsamen Todes, sondern befreit ihn erst dazu, die Schönheit des vergänglichen irdischen Daseins zu genießen. Die ‚Sieben Legenden' parodieren unaufdringlich christliches Entsagungsdenken und verweisen dagegen auf Natürlichkeit und Sinnlichkeit. Kellers Humor ist unsentimental; er kann sich in die mitleidlose Beschreibung des grotesk komischen Anblicks verwandeln, den die bornierten, in Geld- und Selbstsucht erstarrten Menschen bieten.

Das Provinzielle hat bei Keller Gleichnischarakter. Wenn die Seldwyler Geschichten den Leser in Menschlichkeit und in die Wahrnehmung seiner gesellschaftlichen Verantwortung einführen wollen, so geschieht das zwar am Beispiel des Dorf- und Kleinstadtlebens. Aber Seldwyla ist kein ausgegrenztes Gegenbild der großen Welt, sondern ihr entlarvendes Abbild. Es zeigt, wie der alte Ehrbegriff einer handwerklich geprägten Gesellschaft häufig genug zur Fassade wird, hinter der sich Konkurrenz und Spekulation breitmachen.

Der autobiographische Bildungsroman ‚Der grüne Heinrich' wird bestimmt durch die ungelöste Spannung zwischen der Anpassung an Schule und Beruf einerseits, Phantasie und künstlerischem Außenseitertum andrerseits. Die Phantasie wirkt auf widersprüchliche Weise. In phantastischen Lügen, im blinden Hingegebensein an seine Künstlerträume, äußern sich Heinrichs Eitelkeit und Herrschsucht, die ihn andern, vor allem seiner Mutter gegenüber schuldig werden lassen. Aber die Phantasie treibt ihn auch dazu, gegen ungerechte Autorität und veräußerlichte Moral zu rebellieren. Er lernt schließlich, die Phantasie auf das Natürliche zu richten, sowohl als Künstler, der nach der Natur malt und nicht mehr aus dem Kopf, wie auch als Liebender, dem die unwirklich reine Luftgestalt Annas allmählich verblaßt vor der naturhaft sinnlichen Judith. Aber die im Bildungsroman erstrebte Integration des Außenseiters in die Gesellschaft ist damit noch nicht erreicht. Sie verlangt die volle Anpassung, den gänzlichen Verzicht auf das Künstlertum, den Verzicht nicht nur auf das Übertriebene, sondern auch auf das Rebellische der Phantasie. Damit wird auch das Natürliche verfehlt, das nur in der Rebellion gegen die herrschende moralische Fassade zu erreichen wäre. Bildung im Sinne einer organischen Entfaltung der künstlerischen Begabung ist nicht mehr möglich. In der ersten Fassung des Romans stirbt Heinrich kurz nach dem Tod der Mutter, die zweite Fassung endet mit dem freundlich distanzierten Nebeneinanderleben Heinrichs und Judiths.

9.4.2 Schwermut in norddeutscher Provinz: Storm

Theodor Storm (1817–1888)

Der Sohn eines Advokaten aus dem damals dänischen Husum studierte in Kiel und Berlin und kehrte 1843, nun selbst Advokat, in die Heimat zurück. Als Anhänger der antidänischen Volksbewegung ging er, obwohl er den preußischen Obrigkeitsstaat ablehnte, 1853 ins Exil nach Potsdam und Heiligenstadt. Dort diente er sich vom unbezahlten Assessor zum schlechtbezahlten Kreisrichter hoch. Nach ersten Veröffentlichungen in den vierziger Jahren erschienen 1851 die ‚Sommergeschichten und Lieder'; sie enthalten u. a. das Märchen ‚Der kleine Häwelmann' und ‚Immensee' (erste Fassung 1849), Storms berühmteste Novelle. Ein Jahr später kam die erste Ausgabe der ‚Gedichte' heraus; sie erreichte zu Storms Lebzeiten sieben, mehrfach erweiterte Auflagen.
In Heiligenstadt (ab 1856) begann die Lyrik hinter den Novellen zurückzutreten (u. a. ‚Auf dem Staatshof', 1858; ‚Im Schloß', 1861; ‚Auf der Universität', 1863). Nach der Niederlage Dänemarks 1864 kehrte Storm nach Husum zurück, wo er zunächst als Landvogt und dann, nach der Einverleibung Schleswigs durch Preußen, bis 1880 als Amtsrichter arbeitete. In der zweiten Husumer Periode entstanden neben der schwermütigen Spätlyrik die reifen Novellen, unter ihnen ‚Draußen im Heidedorf' (1872), ‚Pole Poppenspäler' (1874), ‚Aquis submersus' (1876), ‚Carsten Curator' (1878), ‚Der Herr Etatsrat' (1881), ‚Hans und Heinz Kirch' (1882), ‚Zur Chronik von Grieshuus' (1884), ‚Ein Fest auf Haderslevhuus' (1885), ‚Ein Doppelgänger' (1886), ‚Der Schimmelreiter' (1888).

Politisch zuerst von Dänemark, dann von Preußen enttäuscht, zog Storm sich in eine ganz im Privaten angesiedelte Dichtung zurück. Doch das Private ist keine zwar bedrohte, aber doch schützende Gegenwelt

mehr wie im Biedermeier. Auch hier haben sich jetzt Geld und Fassade durchgesetzt und die Menschen verhärtet. Schwermut herrscht: Erinnerung vereinsamter Sonderlinge an verlorene Idylle und verfehltes Glück, Hilflosigkeit gegenüber den verhängnisvollen Zufällen, Unfähigkeit zum erlösenden Wort, das die Hemmungen und Konflikte – häufig ist es der Vater-Sohn-Konflikt – durchbrechen würde.
Storms Novellen stehen zunächst den Gedichten nahe; ihnen fehlt die bewegende Handlung, statt dessen fangen sie idyllische, elegische und unheimliche Stimmungen ein. Die Märchen leben aus dem Traumhaften und Unerklärlichen. Seit der Heiligenstädter Zeit bemüht sich Storm, das Geschehen zeitlich, räumlich und sozial genau festzulegen und die stimmungshaften Situationen eng miteinander zu verknüpfen, vor allem in der nun häufigen Geschichtsnovelle. Dennoch bleibt das „Poetische“ erhalten, und zwar dadurch, daß er Ursachen und Zusammenhänge nicht ausspricht, sondern symbolisch andeutend in der Schwebe läßt.
Im ‚Schimmelreiter‘, in Storms letzter Novelle, die seine wichtigsten Motive noch einmal zusammenfaßt, ist die Spannung zwischen Gespenstischem und Wirklichem, Sage und Geschichte schon in der Spannung zwischen Binnen- und doppelter Rahmenerzählung angelegt. Der Held scheitert an Unwissenheit und kurzsichtigem Besitzdenken seiner Umwelt, aber auch an einer untrennbaren Verknüpfung von Schuld und Schicksal. Die Vernichtung, symbolisiert in der Naturgewalt des Meeres, ist unaufhaltsam.

9.4.3 Ein kritischer Philister: Raabe

Wilhelm Raabe (1831–1910)

Der Sohn eines Justizbeamten aus dem Braunschweigischen verließ vorzeitig das Wolfenbütteler Gymnasium und begann eine Buchhändlerlehre in Magdeburg. 1854 ging er nach Berlin, um sich als Gasthörer an der Philosophischen Fakultät weiterzubilden. Hier schrieb er unter dem Pseudonym Jakob Corvinus seinen ersten Roman, ‚Die Chronik der Sperlingsgasse‘ (1857). Der Erfolg gab ihm Mut, endgültig als freier Schriftsteller zu leben. Das verlangte allerdings fleißige Arbeit: Raabe schrieb in seinem Leben rund 30 Romane und 35 Novellen.
Von 1856 bis 1862 lebte er in Wolfenbüttel. Hier schrieb er u. a. den traditionellen Bildungsroman ‚Die Leute aus dem Walde, ihre Sterne und Schicksale‘ (1863), den historischen Briefroman ‚Nach dem großen Kriege‘ (1861) sowie Novellen (‚Die schwarze Galeere‘, 1861, ‚Unsers Herrgotts Kanzlei‘, 1862). Nach seiner Heirat zog Raabe für acht Jahre nach Stuttgart, wo er manche literarische Anregung empfing (Friedrich Theodor Vischer, Ferdinand Freiligrath, Eduard Mörike) und zu seiner eigenen Form fand. Es entstanden u. a. die drei großen Zeitromane: ‚Der Hungerpastor‘ (1864), ‚Abu Telfan oder Die Heimkehr vom Mondgebirge‘ (1868) und ‚Der Schüdderump‘ (1869) sowie die Novelle ‚Else von der Tanne‘ (1865). ‚Der Hungerpastor‘ aus der ‚Stuttgarter Trilogie‘ und ein weiterer, ‚Drei Federn‘ (1865), sind wiederum Bildungsromane.
Von 1870 bis zu seinem Tod lebte Raabe in Braunschweig. Von den vielen

Werken, die er nun noch vollendete, sind die Novellen ‚Der Dräumling' (1872), ‚Zum Wilden Mann' (1874) und ‚Pfisters Mühle' (1884) hervorzuheben sowie die Romane ‚Horacker' (1876), ‚Alte Nester. Zwei Bücher Lebensgeschichten' (1879, ein Bildungsroman), ‚Das Odfeld' (1888), ‚Stopfkuchen. Eine See- und Mordgeschichte' (1891), ‚Die Akten des Vogelsangs' (1896) und ‚Hastenbeck' (1898).

Die von Raabe herbeigewünschte Reichseinheit unter preußischer Führung enttäuscht ihn tief, denn sie bringt nicht die erhoffte Demokratisierung, sondern sie verstärkt mit gründerzeitlichem Spekulationsfieber und Protzertum noch die gemeinsame Herrschaft von Geld und Adel. Nur in kleinen Gemeinschaften, oft stammtischartigen Freundeskreisen, sieht er noch Menschlichkeit bewahrt. Dort glaubt er, eine nationalbewußte, aber zugleich gegen Adelsdünkel und Protzertum gerichtete Haltung leben zu können, deren geistige Wurzeln im Sturm und Drang und in den antinapoleonischen Befreiungskriegen liegen. In seiner Dichtung wirken diese privaten, scheinbar philiströsen Inseln wie biedermeierlich enge Gegenbereiche. Raabe verbindet jedoch auf unterschiedliche Weise gerade das Private und Provinzielle mit den großen untergründigen Zügen der Geschichte, während er das öffentlich herrschende Philistertum der selbstgerechten Untertanenseelen geißelt.
Daß das große Publikum aus seinem Werk schließlich nur Stammtischnationalismus und eine banal biedermeierliche Zufriedenheit herausliest, zeigt, wie unwirklich die Inselwelten in seiner Zeit waren. Auf Stillschweigen und Unverständnis reagiert Raabe, indem er sich immer stärker vom Kulturbetrieb abwendet und in seiner Dichtung immer deutlicher den Sonderling hervortreten läßt, der, im äußeren Verhalten oft spießerhaft, das Weltgetriebe durchschaut hat und sich mit der Vergeblichkeit aller großen Pläne abfindet. Neben ihm steht die Figur des sich erinnernden bildungsbürgerlichen Erzählers, der stellvertretend für den Leser allmählich die Hohlheit der modernen Gesellschaft erkennt. Damit ist die Gegenposition zu Raabes frühen Bildungsromanen erreicht, in denen der einzelne noch erzieherisch in die Gesellschaft hineingeführt wird.
Raabes Humor schwankt zwischen dem satirischen Angriff auf das herrschende Philistertum und dem lächelnden Einverständnis mit der Vergeblichkeit. Dieses Einverständnis rechtfertigt sich durch das Stück Unwahrhaftigkeit und Begrenztheit, das nach Raabe einer jeden Lebenshaltung und einer jeden Sichtweise der Dinge notwendig anhaftet, so daß der Dichter versöhnlich mit verschiedenen Positionen spielen kann.

9.4.4 Zwischen Kritik und Anpassung in Preußen: Fontane

Theodor Fontane (1819–1898)

Der Apothekersohn aus Neuruppin schloß sich 1842/43 dem Leipziger ‚Herwegh-Verein' an und schrieb kritische Gedichte im Stil Heines. 1844 jedoch wurde er Mitglied des konservativen literarischen Sonntagsvereins ‚Tunnel über der Spree'. Dort ermunterte man ihn zur Balladendichtung. Nach ersten Naturballaden errang er Erfolge mit seinen Preußenliedern, in denen er ehemalige Feldherren als Männer des Volks feierte (‚Männer und Helden', 1850). Dazu kamen später Balladen im schottischen Stil und auch solche, die sich auf die Gegenwart bezogen (zusammengestellt in der zweiten Auflage der ‚Gedichte', 1875).
Nach kurzer, aber heftiger Begeisterung für die Revolution von 1848 nahm Fontane eine Stelle als Zeitungskorrespondent für die preußische Regierung an. Ab 1859 arbeitete er als Redakteur für die christlich-konservative ‚Kreuzzeitung'. In dieser Zeit entstanden die ‚Wanderungen durch die Mark Brandenburg' (1862–1882), historisch-anekdotische Erzählungen mit genauen Detailbeschreibungen. Die ‚Wanderungen', in denen die Mark als Lebenswelt des preußischen Landadels erscheint, lieferten Material für Fontanes spätere Romane. Außerdem berichtete er in mehreren Büchern von den zeitgenössischen Kriegen, vom Deutsch-Dänischen 1864, vom Preußisch-Österreichischen 1866 und vom Deutsch-Französischen Krieg 1870/71. Während des letzteren wurde er als preußischer Spion verhaftet und entging nur knapp der Exekution.
1870 wechselte er als Theaterkritiker über zur liberalen ‚Vossischen Zeitung'. Etwa zwanzig Jahre lang kommentierte er nun die literarische Entwicklung Deutschlands; in seinen letzten Rezensionen besprach er mit zurückhaltender Anerkennung die ersten naturalistischen Stücke. Erst als Mittfünfziger begann er mit seinem umfangreichen erzählerischen Werk. In rascher Folge erschienen nun Romane und Erzählungen. Dem Erstling ‚Vor dem Sturm. Ein Roman aus dem Winter 1812 auf 13' (1878) folgten u. a. ‚Grete Minde. Nach einer altmärkischen Chronik' (1879), ‚L'Adultera' (1880), ‚Schach von Wuthenow. Erzählung aus der Zeit des Regiments Gensdarmes' (1882), ‚Unterm Birnbaum' (1885), ‚Irrungen Wirrungen' (1887), ‚Stine' (1890), ‚Unwiederbringlich' (1891), ‚Frau Jenny Treibel oder Wo sich Herz zum Herzen find't. Roman aus der Berliner Gesellschaft' (1892), ‚Effi Briest' (1894/95). Kurz vor Fontanes Tod begann die illustrierte Wochenschrift ‚Über Land und Meer' mit dem Vorabdruck seines Hauptwerks, des Romans ‚Der Stechlin' (1897).

Fontane hegt ein tiefes Mißtrauen gegenüber der triebhaften Natur des Menschen. Darum beruft er das strafende Schicksal und verlangt nach festen moralischen Normen, wie sein strenger protestantischer Glaube sie lehrt. Andererseits aber haßt er die unpersönliche Starrheit jedes Gesetzes und wünscht, ganz seiner Natur leben zu können. So schwankt er zwischen protestantischer Strenge und unbändigem Freiheitswunsch, bürgerlicher Normalität und poetischer Ausnahme, zwischen Anpassung und Protest.
Ähnlich widersprüchlich sind seine gesellschaftlichen Erfahrungen. Als einer, der sich einmal für Heine, Herwegh und die Revolution begei-

sterte, verlangt er nach Fortschritt zu sozialer Gerechtigkeit. Er erlebt aber, daß der Fortschritt nur den protzigen Besitzbürger hervorbringt, der seinen Egoismus heuchlerisch hinter den Konventionen versteckt. Von dieser Haltung sind die adlig-konservativen Kreise, in denen Fontane zuverlässige Freunde fand, weitgehend frei; dort aber stoßen ihn Standesdünkel und Provinzialismus ab. So schwankt er zwischen liberal-fortschrittlicher und konservativer Haltung.
In diesen Spannungen steht das literarische Werk. Ein vorgegebenes Geschick bestimmt das Leben von Fontanes Gestalten. In den frühen Kriminalgeschichten erscheint es als strafendes Schicksal (‚Unterm Birnbaum'), in den späteren Romanen, welche die gehobene Gesellschaft malen, als unentrinnbarer Zwang der Konventionen. Daß Fontane diesen Zwang als leidvoll empfindet, zeigt sich an den Frauen, die sich ihrer Natur gemäß verhalten und dafür von einer prüden Gesellschaft den Konventionen geopfert werden (Lene in ‚Irrungen Wirrungen'; Stine, Effi Briest). Dabei wird zugleich der patriarchalische Charakter der Konventionen deutlich. Daß Fontane diese letztlich aber akzeptiert, zeigt sich daran, daß er die Opfer schließlich entsagen und mit ihnen einverstanden sein läßt. Das ist die Voraussetzung der poetischen Verklärung. Seine Sympathie allerdings gehört den passiven Opfern. Um so unsympathischer zeichnet er die besitzbürgerliche Jenny Treibel, die ihre eigensüchtigen Ziele verfolgt.
In den weiblichen Opfern leidet, so wie Fontane es sieht, die Natur an der Gesellschaft. Diesen Konflikt erfahren die männlichen Gestalten als inneren, denn von ihnen wird verlangt, sowohl ihrer Natur gemäß zu leben als auch die moralischen Normen durchzusetzen. Das gelingt ihnen aber nicht. Entweder sind sie starre Vertreter der herrschenden Moral (Innstetten in ‚Effi Briest'), oder sie sind letztlich schwach und halbherzig wie Schach von Wuthenow oder wie Graf Holk in ‚Unwiederbringlich'. Sie unterwerfen sich schließlich der gesellschaftlichen Heuchelei, die einerseits die moralischen Normen ohne Rücksicht auf den Einzelfall durchzusetzen verlangt, sich andererseits aber durchaus damit begnügt, daß die Fassade gewahrt bleibt. An diesem Zwiespalt scheitern sie.
Eine spannungsvolle Verbindung der Gegensätze gelingt Fontane schließlich im ‚Stechlin', freilich um den Preis, den Konfliktbereich von Ehe und Sexualität weitgehend auszuklammern, an dem seine Gesellschaftsromane den Widerspruch zwischen Natur und Gesellschaft hauptsächlich aufzeigen. ‚Der Stechlin' ist ein politisches Testament, geschrieben im Bewußtsein einer Zeitenwende. Gegenüber seinen erstarrten und überlebten Standesgenossen, die satirisch gezeichnet werden, vertritt der alte Dubslav den Adel, „wie er sein sollte": frei von moderner Heuchelei, aufgrund christlich-patriarchalischen Fürsorgedenkens aber offen für die moderne Idee sozialer Gerechtigkeit. Ebenso wie der

Stechlinsee verspürt auch Dubslav in all seiner provinziellen Enge feinfühlig die kommenden sozialen Umwälzungen, die alle Ordnung sprengende Gewalt der Industrialisierung. Demgegenüber lebt er noch einmal vor, wie eine Verbindung alter moralischer Ordnung mit moderner Wendung zum Einzelmenschen aussehen könnte: Er gehorcht der Pflicht, im Dienst des Ganzen den persönlichen Egoismus zu überwinden; er lebt zugleich nach der Devise, jeder einzelne müsse immer wieder erneut und ohne Prinzipienreiterei sich fragen, welches Verhalten im einzelnen Fall das richtige sei. Doch ob sein Vorbild in die Zukunft wirken wird, bleibt eher fraglich; der Tod des alten Sonderlings prägt das Ende des Romans stärker als die Hochzeit seines Sohnes.
Fontane versteht es, Widersprüchlichkeit in Vielschichtigkeit zu verwandeln. Das geschieht vor allem in der Konversation mit ihrem leichten Plauderton, in dem auch Fontanes späte Gedichte geschrieben sind. Der Dialog, der zunehmend das äußere Geschehen verdrängt, beleuchtet die Sachverhalte unter verschiedenen Aspekten. Indem die Figuren einander in Gesprächen und Briefen unterschiedlich charakterisieren, relativieren sich ihre Standpunkte. So wird der Leser von der einzelnen Figur zum Blick auf den größeren Zusammenhang geführt, ohne daß sich dieser in einem abstrakten Begriff erschöpfen ließe. Zugleich verspürt man unter dem Plauderton das Wirken des Schicksals. Fontane deutet es an, indem er ganz alltägliche Dinge in wiederkehrende symbolische Chiffren verwandelt. So vermag der Dichter, indem er seine widersprüchlichen Gefühle und Erfahrungen literarisch fruchtbar macht, eine von tiefen Widersprüchen zerrissene Zeit nicht nur in ihrer Erstarrung und Heuchelei zu kritisieren, sondern auch im zusammenhängenden künstlerischen Bild zu spiegeln.

9.4.5 Aufbruch in die Moderne: Meyer

Conrad Ferdinand Meyer (1825–1898)

Der Sohn eines früh verstorbenen Züricher Beamten stand zunächst unter dem lähmenden Einfluß seiner puritanisch strengen und depressiven Mutter, die ihn wegen seiner brotlosen künstlerischen Versuche für einen verlorenen Menschen hielt. Ein Lausanner Freund der Familie, der ihm die Welt der französischen Literatur eröffnete, und die freundliche Betreuung in einer Nervenheilanstalt halfen dem apathisch gewordenen jungen Mann, sich fürs erste aus der düsteren Familienatmosphäre zu lösen und etwas Selbstvertrauen zu gewinnen.
Nach dem Tode der Mutter im Jahre 1856 konnte Meyer zusammen mit seiner Schwester, die ihn bewunderte und unterstützte, über ein ansehnliches Vermögen verfügen. Die ersten beiden Gedichtbände erschienen: ‚Zwanzig Balladen von einem Schweizer‘ (1864) und ‚Romanzen und Bilder‘ (1870). Den Durchbruch brachte der epische Gedichtzyklus ‚Huttens letzte Tage‘ (1871). Dies ist ein Monolog des im Sterben liegenden Ulrich von Hutten, der sein abenteuerliches Leben und mit ihm die bewegte Epoche der Renaissance an sich vorüberziehen

sieht. 1873 erschien die erste Novelle, ‚Das Amulett', im Jahr darauf folgte der historische Roman ‚Jürg Jenatsch. Eine alte Bündnergeschichte'.
1875 heiratete der nun bekannte Dichter in eine der angesehensten Züricher Familien ein. Anerkannt und frei von materiellen Sorgen, schrieb er seine großen Novellen: ‚Der Schuß von der Kanzel' (1878), ‚Der Heilige' (1879/80), ‚Plautus im Nonnenkloster' (1881), ‚Gustav Adolfs Page' (1882), ‚Das Leiden eines Knaben' (1883), ‚Die Hochzeit des Mönchs' (1883/84), ‚Die Richterin' (1885), ‚Die Versuchung des Pescara' (1887), ‚Angela Borgia' (1891). 1882 war die erste Auflage seiner gesammelten ‚Gedichte' erschienen. Doch zu Beginn der neunziger Jahre war seine seelische Kraft erschöpft. 1892 mußte er wieder eine Nervenheilanstalt aufsuchen. Krank und umdüstert dämmerte er dahin.

In seinen Novellen beschreibt Meyer historische Augenblicke, zumeist aus der Übergangsepoche zwischen Mittelalter und Neuzeit. Grausamkeit und Zügellosigkeit, Falschheit und Untreue regieren die Welt, so daß unbarmherzige Herrscher vonnöten sind, um wenigstens die äußere Ordnung aufrechtzuerhalten. Eine gerechte göttliche Leitung ist nicht mehr erkennbar. Wer sich auf den Kampf der Begierden nicht versteht, der Unschuldige und Einfältige, wird verleumdet und verfolgt. Wer sich aber darauf einläßt, sei es auch wider Willen und in bester Absicht, der weckt das Böse in der eigenen Brust, verliert seine innere Sicherheit und wird zum Spielball von Zufällen. Sie führen ihn schicksalhaft in den Untergang, in dem Schuld und Unschuld schließlich nicht mehr voneinander zu scheiden sind.
Gefeit vor dem Kampf der Begierden wäre nur der Zuschauer, der die Falschheit durchschaut und doch gleichmütig mit ansehen kann, wie das unvermeidliche Unheil geschieht. Doch dazu muß man seine wahren Gefühle verbergen, sich hinter Masken verstecken und verfällt somit wieder der Zweideutigkeit, die das Verhältnis der Menschen untereinander bestimmt. Der verhärtete Herrscher und der Sterbende können den Gleichmut zwar aufbringen; ihnen erscheint das Menschenleben als sinnlose Tragödie. Doch führt diese Einsicht über die Entsagung hinaus ins schwermütige Verstummen.
Auch Meyers einzige heitere Novelle, ‚Der Schuß von der Kanzel', spielt vor diesem düsteren Hintergrund. Todesnähe und wilde Macht der Begierden erscheinen hier unverhüllt in den Träumen. Der maskenhaft undurchschaubare General, der aus ironischer Distanz mit den Menschen spielt, ist ein Sterbender. Er stört ihre idyllische Welt auf und entlockt ihnen als teuflischer Versucher ihr verborgenes Böses, freilich um dadurch alles noch einmal zum Guten zu lenken.
Die Verwandlung des Geschehens ins abgeschlossene Kunstwerk soll auch dem Leser den gleichmütigen Blick ermöglichen, der noch im Schrecklichen das Schöne genießt. Daher sucht Meyer die Handlung durch Bilder starrer Schönheit zu unterbrechen, vor allem, indem er Tote wie die Skulpturen eines Grabmals erscheinen läßt. Auch die häu-

fig verwendete Rahmenerzählung bewirkt künstlerische Distanz. Außerdem freilich erhöht die zwischengeschobene Figur des Erzählers den Eindruck der Ungewißheit gegenüber dem zweideutigen Geschehen. Mit Starrheit und Abgrenzung kontrastiert der schnelle Fluß des Erzählens. Der straffe, dramenhafte Aufbau der Novellen entspricht dem schicksalhaften Ablauf der von Zufällen getriebenen Handlung. Auf das Schicksalhafte verweisen auch Vordeutungen, bedeutsame Parallelen und Kontraste sowie auffällige Dingsymbole.
Mit dem Versuch, Sinnlosigkeit und Grausamkeit der Welt durch die schöne Form zu bannen, die dabei freilich das Lebendige ins tote Bild verwandelt, berührt sich Meyer mit zeitgenössischen französischen Autoren (Baudelaire, Flaubert) und weist auf den Ästhetizismus der folgenden Epoche voraus. Das zeigt sich am deutlichsten in seiner Lyrik. Die Vorliebe für das Kunstding als Gegenstand des Gedichts und das Reden in privaten, nicht mehr gänzlich aufschließbaren Bildern läßt hier insbesondere an Rilke und George denken.

10 Der Beginn der Moderne (1880–1915)

Naturalismus:

1882/84	*Hart, Heinrich* und *Julius:* Kritische Waffengänge
1888	*Hauptmann, Gerhart:* Bahnwärter Thiel
1889	*Holz, Arno* und *Schlaf, Johannes:* Papa Hamlet
1892	*Hauptmann:* Die Weber
1893	*Hauptmann:* Der Biberpelz

Gegenpositionen:

1891	*Wedekind, Frank:* Frühlingserwachen
1892	*George, Stefan:* Algabal
1893	*Schnitzler, Arthur:* Anatol
1894	*von Hofmannsthal, Hugo:* Der Thor und der Tod
1897	*George:* Das Jahr der Seele
1900	*Schnitzler:* Reigen
1901	*Mann, Thomas:* Buddenbrooks
1903	*Hofmannsthal:* Ausgewählte Gedichte
	Mann, Th.: Tonio Kröger
1906	*Musil, Robert:* Die Verwirrungen des Zöglings Törleß
1907	*Rilke, Rainer Maria:* Neue Gedichte
1910	*Rilke:* Die Aufzeichnungen des Malte Laurids Brigge
1912	*Mann, Th.:* Der Tod in Venedig

10.1 Bild der Epoche

Krisenbewußtsein Seit dem internationalen Börsenkrach von 1873 führten die immer rascher fortschreitende Industrialisierung und der Streit um Kolonien und Absatzmärkte zu krisenhaften Spannungen in und zwischen den Nationen. Die Sensibleren unter den Zeitgenossen spürten, wie sich hinter einer glänzenden Fassade die Konflikte entwickelten. So entstand das pessimistische Grundgefühl, daß das Jahrhundertende (frz. Fin de siècle) auch das Ende einer Epoche anzeigt. Der Eindruck, dem Fin de siècle anzugehören, konnte sich als Dekadenzgefühl äußern, das heißt als Überzeugung, alt, müde, krankhaft verfeinert zu sein. Manchmal wurde er auch überlagert von der Hoffnung auf eine grundlegende Erneuerung. In jedem Fall herrschte das Bewußtsein einer tiefen geistigen Krise.

Individualität und Außenseitertum Die humanistisch gebildeten Schriftsteller gewannen den Eindruck, daß individuelle geistig-künstlerische Leistung nichts mehr gilt in einer Gesellschaft, in der sich einerseits die Massen organisierten, in der andererseits nur der materielle Vorteil und die glänzende Fassade zählten. Sie hielten fest an der Vorstellung der Individualität, sahen aber, daß sie sie in der bestehenden Gesellschaft nicht verwirklichen konnten. Daher verstanden sie sich als Außenseiter, als eine verkannte Elite außerhalb der etablierten Kreise. Sie suchten das Publikum, das den Wert der Individualität verkannte, durch die Darstellung des Häßlichen und Tabuisierten zu provozieren – darauf reagierte die staatliche Zensur oft sehr heftig –, oder sie wandten sich verächtlich von ihm ab. Wie sehr sie in Wirklichkeit unter ihrem Außenseitertum litten, zeigt sich darin, daß fast alle wenigstens für kurze Zeit den Ausbruch des Ersten Weltkriegs begrüßten, weil sie glaubten, daß er alle wieder vereinen würde.

Moderne Als Außenseiter und als Zeugen einer Zeitenwende wollten die Schriftsteller mit der etablierten Literatur brechen, also vor allem mit der marktbeherrschenden gehobenen Unterhaltungsliteratur. Wegen dieses Bruches mit einer bestimmten literarischen Tradition verstanden sie sich als Moderne. Sie traten auf als die junge Generation, auch wenn sie sich als dekadente Spätlinge fühlten. Die Naturalisten verlangten sogar eine „Literaturrevolution“.

Selbstbeobachtung Zum Gefühl geistiger Isolation gehört es, daß die Autoren sich auf ihre eigene Psyche verwiesen sehen. Sie sprechen von moderner Nervosität und Sensibilität und beobachten ihre eigenen Wahrnehmungen und Empfindungen. Diese Selbstbeobachtung kann sehr unterschiedliche Formen annehmen; man kann Wahrnehmungen und Empfindungen sachlich registrieren, man kann sie feiern und sich selbst dabei erhöhen, man kann aber auch unter der zwanghaften Selbstbeobachtung leiden, weil sie dazu führt, daß die eigenen seelischen Regungen ihre Selbstverständlichkeit verlieren und fragwürdig werden. Die Individualität, auf die man sich zurückziehen wollte, wird dann zu einem Quell der Beunruhigung.

Psyche und Frauenbild Die triebhaften und unbewußten Züge der Psyche rükken in den Mittelpunkt des Interesses. Die Naturalisten beschreiben sie mehr von außen, im Ausdruck, den sie im Reden und Tun der Personen finden; die Vertreter der Gegenpositionen beschreiben sie mehr von innen, in der unmittelbaren Wiedergabe der Gefühle, oder auch in Bildern und Stimmungen, welche die innere Gestimmtheit der erlebenden Personen spiegeln. Da die Literatur bis in die jüngste Vergangenheit hinein zumeist von Männern geschrieben wird, tritt damit auch das Unbewußte am herrschenden männlichen Frauenbild in den Vordergrund; dazu gehört vor allem die Stilisierung der Frau entweder zum kindhaften oder zum übermächtigen, beschützenden oder gefährlichen Wesen. Die Naturalisten zeigen zwar häufig Frauen als Opfer gesellschaftlicher Verhältnisse; dennoch werden diese meist, im Guten oder im Bösen, als die seelisch Stärkeren dargestellt. Häufig treten zwei entgegengesetzte Frauentypen auf: die „femme fatale", das dämonische Weib, an dem die Männer zugrunde gehen, und die „femme fragile", die zerbrechliche, zarte und kränkelnde Kindfrau.

Aufbruch in neue Räume Die Phantasien der Modernen siedeln sich an in exotischen Ländern oder in fernen Zeiten, in Zeiten des Aufbruchs und der Erneuerung wie der Renaissance oder in solchen der Dekadenz wie der Spätantike. Oder man wendet sich Randgruppen zu wie der Künstlerboheme oder der Welt der Arbeiter und kleinen Leute, wo sozialer Untergang sich mit der Hoffnung auf Erneuerung verbindet. Schließlich kann man auch in eine innere Welt aufbrechen, in der man eine phantastische Schönheit und gefährliche, verdrängte Gefühle oder ein fragloses, reines Dasein sucht.

Lebenspathos Der lebensschwache Dekadente und der lebensferne Außenseiter suchen in den neuen Räumen das starke, wilde Leben. Ihm möchten alle im intensiven und unmittelbaren Erlebnis so nahe kommen wie möglich. Im Extremfall sucht man den rauschhaften Untergang im All-Leben, so daß der Lebenskult in Todessehnsucht umschlagen kann. In der Vorstellung, im See oder Meer unterzugehen, läßt sich dieser Wunsch ausphantasieren. Sie wird daher zu einem verbreiteten literarischen Motiv.

Naturalismus (1885–1895) In Deutschland beginnt die literarische Moderne mit dem Naturalismus. Er sucht das eigentliche Leben im Alltag der Arbeiter und kleinen Leute, den er aus deren eigenem Blickwinkel und ohne Beschönigung darstellen will. Daher zeigt er vor allem das Häßliche und Triebhafte und schockiert so das Publikum. Außerdem übernehmen die Naturalisten Forderungen der nun entstehenden Frauenbewegung. In ihren theoretischen Schriften erhoffen sie eine gesellschaftliche Veränderung, die den Armen zu ihrem Recht verhilft. Sie selbst würden dann von Außenseitern zu geistigen Führern der Nation. Manche Naturalisten bemühen sich, die Arbeiter zum Individualitätsbewußtsein zu erziehen. In ihren dichterischen Texten hingegen schlägt eher der grundsätzliche Pessimismus durch. Die ausweglose Lage der Armen wird hier mit anklagendem Mitleid vorgeführt. Nachdem das Verbot der SPD 1890 aufgehoben, die Arbeiterbewegung somit parlamentarisch in die Gesellschaft integriert worden ist, verlieren die Unterschichten ihren Reiz für die Naturalisten. Das politische Engagement verebbt wieder.

Naturalismus und Naturwissenschaft Der relative Optimismus der Naturalisten speist sich aus ihrer Übertragung naturwissenschaftlicher, vor allem biologischer Erkenntnisse auf die Gesellschaft. Aus der jungen, von Charles Darwin begründeten Wissenschaft von der Evolution des Lebens lesen sie die Überzeugung von einer naturgesetzlich sich vollziehenden Höherentwicklung heraus. Diese übertragen sie auf die Menschheitsgeschichte, die nun als Teil einer unaufhaltsamen Höherentwicklung alles Lebendigen erscheint. Dafür müssen sie freilich in Kauf nehmen, daß der einzelne Mensch innerhalb dieser Entwicklung unfrei ist, naturgesetzlich determiniert durch Vererbung und Milieu. Das Leben unterdrückter und herrschender, edler und verkommener Menschen ist gleichermaßen dichterischer Darstellung wert, weil sie alle unter dem gleichen Gesetz stehen: Sie sind unfrei. Die Unfreiheit zeigt sich in der durch Milieu und Vererbung determinierten Psyche, die naturwissenschaftlich, nämlich minuziös und distanziert, beschrieben wird.

Gegenpositionen zum Naturalismus

In den neunziger Jahren betonen die Naturalisten zusammen mit den anderen zeitgenössischen Richtungen wieder eindeutig den Wert der Individualität. Diese Richtungen der Moderne unterscheiden sich vom Naturalismus durch die Ablehnung der Naturwissenschaften und das Desinteresse fürs Alltagsleben. Individualität sehen sie häufig in aristokratischer Haltung verwirklicht. Da sich für diese Richtungen der Moderne kein kleinerer gemeinsamer Nenner finden läßt, bezeichnet man sie meist als ‘Gegenpositionen zum Naturalismus’.
Je nachdem, welche Züge besonders hervortreten, werden auch genauere Bestimmungen gewählt, die aber für die Gesamtheit der Gegenpositionen zu eng sind. Wenn der Weg nach innen besonders ins Auge fällt, spricht man auch von ‘Neuromantik’. Wenn das punktuelle Registrieren subjektiver Eindrücke charakteristisch scheint, übernimmt man aus der Malerei den Begriff des ‘Impressionismus’. Auch ‘Jugendstil’ war zunächst eine künstlerische Epochenbezeichnung. Sie trifft die Verwendung von Bildern wie Meer oder Teppich, welche die zeitlose Verflechtung ins All-Leben ausdrücken (in Analogie zur ornamentalen Verschlingung der Linien im künstlerischen Jugendstil), die Vorliebe für dazugehörige Requisiten wie Schwäne und Pfauen, Parks und Teiche sowie schließlich die Tendenz, Menschen durch Reduktion auf streng stilisierte Gesten und vornehm geäußerte Gefühle so zu beschreiben, als seien sie Kunstgegenstände. Mit dem Begriff des ‘Symbolismus’ ist das Bemühen angesprochen, eine schöne, ganz in sich ruhende Dichtung zu schaffen, die ein reines, immaterielles Sein hinter dem Gegenständlichen fühlbar macht; das soll mittels Symbolen geschehen, deren eigentlicher Inhalt das Unsagbare ist. Die ‘Neuklassik’ schließlich, die die Rückbesinnung auf Ideen und Formen klassischer Dichtung verlangt, erhebt zum Programm, was für die humanistisch gebildeten Autoren zumeist eine selbstverständliche Voraussetzung war.

Antimoderne Zu unterscheiden von den eben beschriebenen Gegenpositionen ist eine Gruppe, die ihr Außenseitertum durch die entschiedene Ablehnung alles Modernen zu überwinden sucht, nämlich alles dessen, was sich in den Großstädten entwickelt: demokratische Ideen, Internationalismus, Wissenschaft. Hierin sehen diese Autoren die herrschende Tendenz. Wenn sie dagegen Heimat, Nationalismus und Volksglauben hochhalten, so verstehen auch sie sich als Opposition zum Zeitgeist. Wie die Naturalisten wenden auch sie sich dem Alltag zu, jedoch dem Alltag in einer mittelalterlich-ständisch geprägten Welt des Adels und der Bauern. Hier suchen sie das eigentliche Leben, nämlich jugendfrisches, gesundes Kämpfertum. Sie tendieren dazu, Individualität als Verwirklichung völkischer Eigenart zu deuten und das Erlebnis lebendiger All-Einheit auf dasjenige der Volksgemeinschaft einzuengen. Die Ablehnung moderner Wissenschaft und die Wertschätzung des Aristokratischen teilt die Antimoderne mit den Gegenpositionen zum Naturalismus. Theoretisch wird ihre Haltung, die sich häufig mit Antisemitismus verbindet, von Paul de Lagarde und vor allem in Julius Langbehns einflußreichem Buch ‚Rembrandt als Erzieher' (1890) begründet.
Führende Vertreter dieser Richtung, die vielgelesene und für lange Zeit berühmte Werke hervorgebracht haben, sind Balladenautoren wie Börries von Münchhausen, Lulu von Strauß und Torney und Agnes Miegel sowie Heimatdichter wie Hermann Löns und Gustav Frenssen. Auf niedrigerem literarischem Niveau stehen die zahlreichen Autoren einer programmatischen 'Heimatkunst', wie sie nun von Friedrich Lienhard, Adolf Bartels und anderen gefordert und verwirklicht wird.

Ausländische Einflüsse Die Erschütterung der Tradition, mit welcher das moderne Bewußtsein einsetzt, haben andere Länder schon früher als die deutschsprachigen erfahren. Von ihnen, vor allem von Frankreich, Rußland und den skandinavischen Ländern, gehen entscheidende Einflüsse aus. Stimmung des Fin de siècle, Dekadenzgefühl und Interesse für das eigene Innere lernt man von den Franzosen Paul Bourget und Joris-Karl Huysmans, dem Belgier Maurice Maeterlinck, dem Norweger Arne E. Garborg, dem Schweden Ola Hansson und den Dänen Herman Bang und Jens Peter Jacobsen. Von den Russen Dostojewski und Tolstoi geht eine neue Religiosität aus, die mit dem Lebenspathos verknüpft wird. Ersterer fördert das psychologische Interesse, vom zweiten übernehmen die Naturalisten das Mitleid mit den Armen. Ihre theoretischen Grundlagen verdanken sie dem Franzosen Emile Zola. Das gesamte moderne Theater schließlich ist nicht denkbar ohne den Norweger Henrik Ibsen und den Schweden Johan August Strindberg.

Suche nach neuer Bindung Die Autoren suchen von Anfang an Wege, die sie aus ihrem Außenseitertum hinaus und zu neuen Bindungen führen. Die meisten gewinnen dem noch unbestimmten Lebenspathos schließlich genauer umschriebene religiöse, mythische oder allgemein metaphysische Vorstellungen ab, die wieder ein Gemeinschaftsgefühl begründen können. Dabei kommt es gelegentlich zu engeren Berührungen zwischen Moderne und Antimoderne. Die Neigung, weltanschaulich festere Positionen einzunehmen, kennzeichnet u. a. den Beginn der nächsten literarischen Periode.

Arbeiterliteratur Die Arbeiterbewegung schafft sich ihre eigenen kulturellen Kommunikationsmittel (Zeitschriften, Kalender, Liederbücher) und eine eigene Literatur. Im Vordergrund steht die Lyrik. Sie schließt an die radikaldemokratische Bewegung des Vormärz an, zunächst an die späten Gedichte Georg Herweghs, dann auch an Heinrich Heine und Georg Weerth. Zum Kampflied treten Gedichte mit weltanschaulichen und satirischen Inhalten und solche, in denen die Natur als Gegenbild zur bedrückenden Arbeitswelt erscheint. Entstehendes proletarisches Bewußtsein spricht sich in einer Fülle von Autobiographien aus. Herausragend sind hier August Bebels ‚Erinnerungen aus meinem Leben' (1910/14). Das Theater, zunächst ganz der Agitation gewidmet, muß sich unter dem Sozialistengesetz auf historische Stoffe beschränken.

Philosophische Grundlagen. Die Erkenntnistheorie, die der Literatur der Epoche zugrunde liegt, ist diejenige des Empiriokritizismus. Nach dieser von dem österreichischen Physiker *Ernst Mach* begründeten Lehre setzt sich die Wirklichkeit aus den einzelnen Wahrnehmungen zusammen. Hierauf kann sich der Impressionismus stützen. Die Naturalisten beziehen ihre Begriffe der Evolution und Determination von Charles Darwin (s. oben Seite 193f.) und von den Positivisten, nämlich von den Engländern *John Stuart Mill* und *Herbert Spencer* und dem Franzosen *Hippolyte Taine,* einem Schüler von *Auguste Comte* (s. oben Seite 175f.). Taine lehrt, daß die Menschen determiniert seien durch Abstammung, historische Situation und Milieu. In Deutschland vertritt der einflußreiche Zoologe *Ernst Haeckel* die Evolutionstheorie. Die unbewußten Triebregungen, denen sich jetzt das Interesse zuwendet, werden wissenschaftlich erforscht von *Sigmund Freud*, dem Begründer der Psychoanalyse.
Der Kulturpessimismus kann sich weiterhin auf das Werk *Arthur Schopenhauers* stützen (s. oben Seite 176). Die zentrale philosophische Gestalt jedoch, auch für die Naturalisten, ist *Friedrich Nietzsche,* vor allem mit seinen Werken ‚Die Geburt der Tragödie aus dem Geiste der Musik' (1872) und ‚Also sprach Zarathustra' (1883/91). In seinen kulturkritischen Schriften analysiert er eindringlich die Lage der humanistischen Intelligenz, die er als großer Außenseiter selber durchlebte. In der ‚Geburt der Tragödie' will er den Pessimismus durch Lebenspathos und ästhetische Haltung überwinden. Das Schreckliche des Lebens läßt sich demnach bejahen oder verhüllen. Bejaht wird es im Dionysischen, nämlich in rauschhafter Selbstauflösung aus dem Bewußtsein heraus, daß auch der Tod in

den ewig strömenden Formenwechsel des Lebens einbezogen ist. Verhüllt wird es dagegen im Apollinischen, im harmonischen Maß festumrissener individueller Schönheit. Die Kunst soll Dionysisches und Apollinisches miteinander verbinden.
Aus dieser Verbindung des Gegensätzlichen erwächst im späteren Werk die Fragestellung, wie im flutenden Leben Selbstverwirklichung möglich sei. Zunächst sucht Nietzsche zu zeigen, daß es weder eine eigentliche Wirklichkeit hinter unseren Wahrnehmungen noch moralische und religiöse Werte hinter unseren leiblichen Sehnsüchten und Nöten gibt. Dies soll man jedoch nicht als Anlaß zu nihilistischer Verzweiflung, sondern als Befreiung zum Selbstwerden verstehen. Eine solche Befreiung ist nicht möglich, wenn ich meine Leiblichkeit und damit mich selbst um irgendwelcher Werte willen verleugne, wohl aber, wenn ich sie bejahe. Da sie das Lebendige an mir ist, bedeutet das folgerichtig, daß ich mich dann auch mit dem lebendigen Werden selbst identifiziere. So wird aus dem fremden Leben, das mich ängstigt, mein eigenes, aus dem „Du mußt" das „Ich will". Mit dieser Bejahung auch noch der schrecklichen Seiten des Lebens folge ich dem Willen zur Macht: Ich sehe alles, was geschieht, als von mir Gewolltes an, genieße es und behaupte mich so in ständiger Verwandlung. So wird das Leben zu einem schönen und lustvollen, von jeder äußeren Sinngebung befreiten Spiel der Selbstverwirklichung. Sofern es das ist, muß ich es auch als Ewiges bejahen können; das heißt, ich muß die ewige Wiederkehr des Gleichen, ewige Selbstzerstörung und neue Selbstschöpfung, wollen, ja letztlich muß ich mit ihr ganz selbstverständlich eins sein. Aus dem „Ich will" wird dann das „Ich bin".
Das allerdings wird erst der künftige Übermensch können, nicht die Masse, sondern die aristokratische Ausnahme. Alles, was ihn verneint, christliches Mitleid, Demokratie und Sozialismus, alle Gleichheitslehren verfallen schärfster Kritik. Der Gedanke ständiger Verwandlung schließt ein systematisches Philosophieren aus; Nietzsche, der auch als Dichter und Komponist Beachtung verdient, spricht in Aphorismen, Bildern und Gleichnissen. Seine spätere Wirkung wurde wesentlich dadurch mitbestimmt, daß seine Schwester den Nachlaß in nationalistischer und antisemitischer Richtung verfälschte.

10.2 Literarisches Leben

Großstadt Das Lebensgefühl der Modernen ist von der Entstehung der Großstädte mitgeprägt. Hier spürt man am deutlichsten die sich anbahnenden Konflikte, das Anwachsen der Massenbewegungen, die Auflösung traditioneller Bindungen. Hier empfängt man die Fülle neuer Eindrücke, die die 'moderne Nervosität' hervorrufen. Zumeist verhalten sich die Schriftsteller widersprüchlich zur Großstadt. Ihre Dynamik zieht sie an, der Kampf ums Geld stößt sie ab. Daher siedeln sich viele in den Vorstädten an; dort entstehen die später so genannten Künstlerviertel. Man liebt das Café, den halb öffentlichen, halb noch schützend privaten Raum. Lediglich die Antimoderne lehnt die Großstadt eindeutig ab.

Literarische Zentren Während die Autoren der vorangegangenen Epoche zurückgezogen lebten, verkehren die Modernen in literarischen Zirkeln, die hauptsächlich in vier Großstädten angesiedelt sind, in Berlin, München, Wien und Prag. Die Antimoderne hält sich fern. Auffällig ist, daß der Naturalismus in Wien und Prag zwar diskutiert wird, aber nur im Deutschen Reich Fuß fassen kann, am stärksten in Berlin. Hier ist die Industrialisierung am weitesten fortgeschritten. Hier äußern sich auch kleinbürgerliche Schriftsteller, während die tonangebenden Autoren der übrigen Zentren, vor allem die Wiener und die Prager, aus dem gehobenen Bürgertum stammen.

Gruppen In München, wo man sich im damaligen Vorort Schwabing traf, bildete sich ein früher naturalistischer Kreis um Michael Georg Conrad und seine Zeitschrift ‚Die Gesellschaft'. Neben anderen Gruppen entstand hier auch der elitäre und ästhetizistische Kreis um Stefan George und seine ‚Blätter für die Kunst'. In Berlin gaben die Brüder Heinrich und Julius Hart mit der Zeitschrift ‚Kritische Waffengänge' das Startzeichen für die naturalistische Bewegung. Zunächst trafen sich die Naturalisten, die sich auch ‚Das jüngste Deutschland' nennen, im literarischen Verein ‚Durch'. Die Brüder Hart, denen auch Arno Holz und Gerhart Hauptmann nahestanden, zogen später in den Vorort Friedrichshagen, wo sich ein neuer Kreis um sie sammelte. Die wichtigste Zeitschrift der Bewegung war die von Otto Brahm herausgegebene ‚Freie Bühne für modernes Leben'. Die Wiener Dichter um Hugo von Hofmannsthal, Arthur Schnitzler und Richard Beer-Hofmann pflegten die Melancholie des Fin de siècle. Von den Pragern, die auf einer deutschen Sprachinsel inmitten tschechisch sprechender Bevölkerung lebten, ist Gustav Meyrink (ursprünglich Gustav Meyer) zu nennen. In ihrer isolierten Lage entwickeln die Prager eine Poesie des Geheimnisvollen und Dämonischen.

Volksbühne In Berlin gab es auch ein naturalistisches Theater. 1889 wurde zusammen mit der gleichnamigen Zeitschrift der Theaterverein ‚Freie Bühne' gegründet, weil vereinsinterne Aufführungen nicht der strengen Zensur unterlagen. Hier konnten die Stücke der Naturalisten und ihrer ausländischen Vorbilder erscheinen. 1890 gründeten Friedrichshagener Autoren die ‚Freie Volksbühne', mit der sie sich besonders an Arbeiter richten wollten. Nach dem Bruch zwischen ihnen und der SPD, die Franz Mehring mit der Weiterführung der ‚Freien Volksbühne' beauftragte, eröffneten die Friedrichshagener die ‚Neue Freie Volksbühne'. Im Bemühen, die Arbeiter zu bilden, fügten die Volksbühnen dem naturalistischen Programm vor allem klassische Stücke hinzu. Ein eigenes Arbeitertheater entwickelte sich hier noch nicht.

Kabarett In der oppositionellen Künstlerboheme entstand das Kabarett, ähnlich wie der Naturalismus hauptsächlich im Deutschen Reich, da in Österreich die kleinbürgerliche Boheme weniger ausgeprägt war. Chanson und Song, Sketches und der wiederentdeckte Bänkelsang wurden hier gepflegt. Da die Zensur in Preußen wesentlich strenger eingriff als in Bayern, waren die Berliner Kabaretts, das 1901 gegründete ‚Überbrettl' und das kurz darauf entstandene ‚Schall und Rauch', zu dem Christian Morgenstern und Max Reinhardt gehörten, eher unterhaltsam-grotesk als politisch aggressiv. Im liberaleren München dagegen verband sich Unterhaltung mit politischer Satire. Zu den dortigen ‚Elf Scharfrichtern', ebenfalls 1901 gegründet, gehörte auch Frank Wedekind, der zusammen mit Ludwig Thoma für den ‚Simplicissimus' schrieb, die berühmte satirische Zeitschrift, die zuerst 1896 erschien. Sie gab einem 1903 gegründeten Kabarett, an dem sich Max Dauthendey, Franz Blei, Erich Mühsam und Joachim Ringelnatz beteiligten, den Namen.

10.3 Theorie und Formen der Literatur

Sprachkrise Die Außenseiter fühlen sich nicht nur von der etablierten Gesellschaft, sondern von der äußeren Wirklichkeit überhaupt getrennt. Das zeigt sich schon zu Beginn der Epoche, etwa an Gedichten Detlev von Liliencrons; hier werden subjektive Einzeleindrücke impressionistisch zu einer Gesamtstimmung zusammengesetzt. Eine solche Darstellungsweise bedeutet im Grunde, daß der Zusammenhang der äußeren Wirklichkeit durch die Sprache nicht mehr selbstverständlich vermittelt wird. In Hugo von Hofmannsthals ‚Brief' (1902) wird diese Einsicht ausgesprochen. Hofmannsthal läßt Lord Chandos, einen englischen Autor des frühen siebzehnten Jahrhunderts, einen Brief an seinen Freund schreiben, den Philosophen Francis Bacon. Dem Philosophen, dessen Name an die neuzeitliche Vorstellung von der Wirklichkeit als dem naturwissenschaftlich Analysierbaren und Beherrschbaren geknüpft ist, erklärt der Lord, nicht mehr mit Hilfe der begrifflichen Sprache, sondern nur im unmittelbaren und unsagbaren Erlebnis gehe ihm eine Ahnung von der Ganzheit des Lebens auf.

Konsequenter Naturalismus und Sekundenstil Die Naturalisten versuchen, die subjektiven Einzeleindrücke mit Hilfe einer naturwissenschaftlichen Methode zu objektivieren. Am deutlichsten zeigt sich das in der Theorie des 'konsequenten Naturalismus' von Arno Holz. Der Autor wählt, hierin dem wissenschaftlichen Experimentator entsprechend, der seine Versuchsanordnung aufbaut, zunächst einen bestimmten Wirklichkeitsausschnitt. Dann gibt er alle, auch die kleinsten Einzeleindrücke in zeitlicher Folge wieder – man hat das 'Sekundenstil' genannt –, wobei er sich selbst wie eine Art Fotoapparat zu verhalten versucht und auf jeden wertenden Kommentar verzichtet. Auch die Sprache wird so wiedergegeben, wie er sie vernimmt, in Satzfetzen, als Umgangssprache und Dialekt. Das Ziel ist, die Subjektivität des Autors soweit wie möglich auszuschalten. Die Notwendigkeit einer solchen Versuchsanordnung zeigt, daß die Sprache auch für die Naturalisten nicht mehr selbstverständlich äußere Wirklichkeit vermittelt. Der Sekundenstil ermöglicht es, die Äußerungen feinster seelischer Regungen der dargestellten Figuren auszudrücken.

Programmschriften des Naturalismus: *Heinrich* und *Julius Hart: ‚Kritische Waffengänge‘* (Zeitschrift, 1882/84). *Carl Bleibtreu: ‚Die Revolution der Literatur‘* (1886). Wilhelm Bölsche: ‚Die Naturwissenschaftlichen Grundlagen der Poesie‘ (1887). Arno Holz: ‚Die Kunst. Ihr Wesen und ihre Gesetze‘ (1891/92).

Innerer Monolog und erlebte Rede

Die Subjektivierung der Sprache läßt sich dazu verwenden, die seelischen Regungen nicht erst in den Äußerungen der Figuren, sondern bereits in deren Bewußtsein darzustellen. Das geschieht, indem man ihre unausgesprochenen Gedanken und Eindrücke wiedergibt. Die Figuren reden innerlich mit sich selbst. Das kann entweder in der Ichform geschehen (innerer Monolog) oder in der dritten Person Singular Präteritum (erlebte Rede). Diese Technik, von Arthur Schnitzler virtuos gehandhabt, ermöglicht die literarische Darstellung des Bewußtseinsstroms.

Naturalistisches Drama

Die naturalistischen Dramatiker wählen meist einen zeitlich und räumlich eng begrenzten Wirklichkeitsausschnitt, häufig ein Familiengeschehen. Detaillierte Szenenanweisungen beschreiben das prägende Milieu. Ein Besucher setzt die Handlung in Gang. Diese, von den passiven Helden eher erlitten als vorwärtsgetrieben, verläuft meist ergebnislos, läßt die Zukunft offen oder mündet wieder in den Anfang. Allerdings – so hat man es von Henrik Ibsen gelernt – wird dabei oft eine Lebenslüge aufgedeckt: Es kommt etwas an den Tag, was jemand früher getan hat und gerne weiter verheimlicht hätte. Im Trauerspiel ‚Die Weber‘ und in der Komödie ‚Der Biberpelz‘ löst sich Gerhart Hauptmann von diesem Schema. In den ‚Webern‘ wird ein ganzer Stand zum Handlungsträger, im ‚Biberpelz‘ übertölpelt die lebenskräftige Heldin aus der Unterschicht eine verknöcherte Bürokratie. Wedekinds frühe Stücke stehen dem Naturalismus nahe. Er kritisiert die bürgerliche Moral vom Standpunkt der Künstlerboheme, die Verwirklichung der Individualität im lebenskräftigen, auch sexuell freien Sich-Ausleben fordert.

Gerhart Hauptmann: ‚Vor Sonnenaufgang‘ (1889), *‚Die Weber‘* (1892), *‚Der Biberpelz‘* (1893), *‚Fuhrmann Henschel‘* (1899), *‚Rose Bernd‘* (1903), *‚Die Ratten‘*

(1911). *Arno Holz* und *Johannes Schlaf: ,Familie Selicke'* (1890). *Johannes Schlaf: ,Meister Oelze'* (1982). *Max Halbe: ,Jugend'* (1893). *Hermann Sudermann: ,Heimat'* (1893). *Frank Wedekind: ,Frühlingserwachen'* (1891), *,Der Erdgeist'* (1895), *,Der Marquis von Keith'* (1900), *,Die Büchse der Pandora'* (1902).

Dramatische Kurzformen Die Naturalisten schreiben noch vorwiegend konventionelle fünfaktige Dramen. Da es ihnen aber weniger um die allmähliche Entwicklung eines Konflikts geht als um Zustandsbeschreibung oder um das Aufdecken einer vergangenen Tat, tendieren sie schon zu kürzeren Formen bis hin zum Einakter. Diese Tendenz hat sich im übrigen Theater der Epoche durchgesetzt. Hier geht es um das Problem, daß der einzelne seine Individualität nicht mehr aus einer sinnvollen, weil auf eine akzeptierte gesellschaftliche Umwelt bezogenen Reihe von Handlungen verstehen kann. Schnitzler zeigt daher Menschen, deren Leben in Episoden zerfällt. Im sog. 'lyrischen Drama' werden Augenblicke höchster Lebens- und Todesnähe gestaltet, wird teilweise aber auch kritisch gezeigt, daß sich auf solchen Augenblicken allein kein sinnvolles Dasein im zwischenmenschlichen Bezug aufbauen läßt.

Arthur Schnitzler: ,Anatol' (1893), *,Reigen'* (1900). – Lyrisches Drama: *Hugo von Hofmannsthal: ,Gestern'* (1891), *,Der Thor und der Tod'* (1894). *Gerhart Hauptmann: ,Hannele'* (1893; ab 1896: *,Hanneles Himmelfahrt'*) (Übergang vom naturalistischen zum lyrischen Drama). *Rainer Maria Rilke: ,Die weiße Fürstin'* (1899/1900; zweite Fassung 1920).

Lyrik Die Lyrik der Naturalisten ist derjenigen des Vormärz verpflichtet und durch soziale Anklage und Mitleidspathos bestimmt. Oft behandelt sie das Halbweltmilieu, das einen besonderen Reiz ausübt. Mit Arno Holz beginnt die moderne Großstadtlyrik. Liliencron, dessen impressionistische Gedichte kraftvollen Lebensgenuß preisen, galt den Naturalisten als Mitstreiter; auch in Prag wurde er verehrt. Am Rande des Naturalismus steht Richard Dehmels Lyrik, die sozialkritische Züge trägt, aber mehr noch eine meist erotische Lebenslust lehrt. Die entscheidenden formalen Neuerungen bringen die eindeutig nichtnaturalistischen Dichter Stefan George, Hugo von Hofmannsthal und Rainer Maria Rilke. Ihre Lyrik schafft einen Gefühlsraum, in dem äußere Welt und Inneres nicht mehr voneinander zu unterscheiden sind.

Detlev von Liliencron: ,Adjutantenritte und andere Gedichte' (1883). *,Moderne Dichtercharaktere', herausgegeben von Wilhelm Arent* (1884) (erste Sammlung naturalistischer Lyrik). *Arno Holz: ,Buch der Zeit'* (1886). *Richard Dehmel: ,Aber die Liebe'* (1893). *Stefan George: ,Algabal'* (1892), *,Das Jahr der Seele'* (1897; u. a. ,Komm in den totgesagten park und schau', ,Wir schreiten auf und ab im reichen flitter', ,Ihr tratet zu dem herde'), *,Der siebente Ring'* (1907; u. a. ,Das Zeitgedicht': „Ich euch gewissen"). *Hugo von Hofmannsthal: ,Ausgewählte*

Gedichte' (1903; u. a. ,Vorfrühling', ,Lebenslied', ,Terzinen Über Vergänglichkeit', ,Ballade des äußeren Lebens'). *Rainer Maria Rilke: ,Das Buch der Bilder*' (1902; u. a. ,Herbsttag', ,Herbst'), *,Neue Gedichte*' (1907; u. a. ,Früher Apollo', ,Der Panther', ,Römische Fontäne', ,Das Karussell'), *,Der neuen Gedichte anderer Teil*' (1808; u. a. ,Archaischer Torso Apollos', ,Blaue Hortensie').

Novelle Wie im Drama, so tendiert man auch in der Prosa zu kürzeren Formen bis hin zu Prosagedichten. Vor allem aber führt die Krise der Sprache und des Wirklichkeitsverständnisses zur Erneuerung der Novellenform. Ihre Spannweite reicht nun von Novelletten, die auf den Ausbruch seelischer Spannungen konzentriert sind, zu längeren Novellen, in denen sich der Konflikt zwischen Seelischem und Triebhaftem einerseits, der äußeren Wirklichkeit andererseits allmählich steigert. Dieser Konflikt bleibt fast immer ungelöst und endet meist in einer Katastrophe. Häufig führt die Berührung zwischen der äußeren und der inneren Welt zum Gefühl des Unheimlichen. Entsprechend der Forderung des konsequenten Naturalismus, sich jeden Kommentars zu enthalten, sind die Prosaskizzen von Holz und Schlaf auf den Dialog konzentriert und nähern sich daher der dramatischen Form.

Novelletten des Naturalismus: *Arno Holz* und *Johannes Schlaf: ,Papa Hamlet*' (1889), *,Die papierne Passion*' (1892). *Arno Holz: ,Der erste Schultag*' (1889). *Gerhart Hauptmann: ,Bahnwärter Thiel*' (1888). – Novellen der Gegenpositionen: *Hugo von Hofmannsthal: ,Reitergeschichte*' (1899). *Arthur Schnitzler: ,Lieutenant Gustl*' (1900). *Rainer Maria Rilke: ,Die Turnstunde*' (1902). *Thomas Mann: ,Tonio Kröger*' (1903), *,Der Tod in Venedig*' (1912). *Heinrich Mann: ,Pippo Spano*' (1905).

Roman Da ein individueller Lebenslauf innerhalb eines akzeptierten gesellschaftlichen Zusammenhangs den Erfahrungen der Schriftsteller widerspricht, wird insbesondere der Roman in seiner überkommenen biographischen Form problematisch. (Das heißt nicht, daß nicht viele konventionelle Romane geschrieben und gelesen würden; das geschieht jedoch im Umkreis der Heimatkunst und der gehobenen Unterhaltungsliteratur.) Die wenigen naturalistischen Romanautoren verbinden einen schon modernen, an Emile Zola geschulten sozialkritischen Blick mit der traditionellen Erzählweise des Realismus. Die Theorie des konsequenten Naturalismus ist für die Romanform nicht geeignet, weil die geforderte minuziöse Darstellung einen allzu engen Wirklichkeitsausschnitt verlangt. Die Vertreter der Gegenpositionen schreiben zumeist Romane, die eigentlich umfangreiche Novellen sind. Rilke schafft einen neuen Romantyp aus Tagebuchaufzeichnungen mit offenem Schluß. Thomas Mann findet wieder zur geschlossenen Form, indem er nicht den Lebenslauf eines einzelnen Menschen, sondern den einer Familie durch mehrere Generationen auf dem Weg in die Dekadenz darstellt. Die besten von Heinrich Manns frühen Romanen sind moralische Satiren der zeitgenössischen Gesellschaft und verweisen schon auf die folgende Epoche.

Naturalismus: *Max Kretzer: ‚Meister Timpe‘* (1888). – Gegenpositionen: *Ricarda Huch: ‚Erinnerungen von Ludolf Ursleu dem Jüngeren‘* (1892). *Richard Beer-Hofmann: ‚Der Tod Georgs‘* (1900). *Thomas Mann: ‚Buddenbrooks‘* (1901). *Heinrich Mann: ‚Professor Unrat‘* (1905), *‚Die kleine Stadt‘* (1909). *Robert Musil: ‚Die Verwirrungen des Zöglings Törleß‘* (1906). *Hermann Hesse: ‚Unterm Rad‘* (1906). *Arthur Schnitzler: ‚Der Weg ins Freie‘* (1908). *Rainer Maria Rilke: ‚Die Aufzeichnungen des Malte Laurids Brigge‘* (1910).

10.4 Autoren

10.4.1 Naturalismus: Holz und Hauptmann

Arno Holz (1863–1929) – Vom Naturalismus zur Lebensmystik

Der Apothekersohn aus Ostpreußen trug zu den ‚Modernen Dichtercharakteren‘ bei, gehörte dem Verein ‚Durch‘ an und war für kurze Zeit Schriftleiter der ‚Freien Bühne‘. Mit seiner Gedichtsammlung ‚Buch der Zeit‘ (1886) schuf er die beste Lyrik des frühen Naturalismus. Dann schrieb er zusammen mit seinem Freund Johannes Schlaf novellistische Prosaskizzen. Die erste, ‚Papa Hamlet‘ (1889), erschien unter dem Pseudonym Bjarne P. Holmsen, ein Zeichen für den Einfluß der skandinavischen Literatur. Zusammen mit anderen Skizzen (u. a. ‚Die papierne Passion‘, ‚Ein Tod‘) und dem gemeinsamen Drama ‚Familie Selicke‘ wurde sie auch im gemeinsamen Sammelband ‚Neue Gleise‘ (1892) veröffentlicht. Währenddessen entwickelte Holz in seiner Schrift ‚Die Kunst. Ihr Wesen und ihre Gesetze‘ (1891/92) die Theorie des konsequenten Naturalismus.
Zu Beginn der neunziger Jahre wandte sich Holz mit parodistischen und satirischen Texten vom Naturalismus ab. Die Zusammenarbeit mit Schlaf endete im Streit um den beiderseitigen Anteil an der ‚Familie Selicke‘. Anschließend schrieb der Dichter zusammen mit seinem Freund Oskar Jerschke weitere Theaterstücke, diesmal im Hinblick auf den Publikumserfolg mit gängigen Formen und Themen (Tragikomödie ‚Traumulus‘, 1905). 1898/99 erschien sein nachnaturalistisches Hauptwerk, der Gedichtzyklus ‚Phantasus‘, der bis 1925 in mehreren Fassungen verändert und erweitert wurde.

Holz ist der große Anreger der naturalistischen Bewegung, und zwar als Theoretiker des konsequenten Naturalismus, als Gedichtautor, der eine provozierend schnoddrige Umgangssprache in die Lyrik einführt, wie auch, zusammen mit Schlaf, als Begründer des Sekundenstils in der kurzen Prosa. Das zeitgenössische Krisenbewußtsein zeigt sich in den satirisch-parodistischen Zügen seines Werks. Im ‚Phantasus‘ sucht er es mit Hilfe von Evolutionslehre und Lebenspathos zu überwinden. In diesem Zyklus führt die Phantasie des Dichters durch eine Reihe von Leben und Wiedergeburten und durch Auseinandersetzungen mit den Größen der Literatur hindurch: Das Werk soll alles umfassen, das

Leben und die Kunst, die ganze äußere Welt wie die Fülle persönlicher Eindrücke und Assoziationen. Tonfall der Umgangssprache, überquellende Wortschöpfungen und Motivfülle verbinden sich in einer rhythmisierten Prosa, die zur Gedichtform stilisiert wird durch das sogenannte Mittelachsenprinzip. Das heißt, die reimlosen Gedichte werden so gedruckt, daß in jeder Zeile rechts und links von einem gedachten Vertikalstrich die gleiche Anzahl Silben steht.

Gerhart Hauptmann (1862–1946) – Vom Naturalismus zum Mythos

Der schlesische Gastwirtssohn, der zunächst Bildhauer werden wollte, zog 1885 nach Erkner bei Berlin, trat dem Verein ‚Durch' bei und schloß sich dem ‚Jüngsten Deutschland' an. In diesem Umkreis entstanden die bekanntesten Zeugnisse des Naturalismus: die Novelle ‚Bahnwärter Thiel. Novellistische Studie aus dem märkischen Kiefernforst' (1888), die Schauspiele ‚Vor Sonnenaufgang. Soziales Drama' (1889), das der neuen Bewegung zum Durchbruch verhalf, ‚Das Friedensfest. Eine Familienkatastrophe' (1890) und ‚Einsame Menschen' (1891) sowie die beiden Höhepunkte naturalistischer Dichtung, ‚Die Weber. Ein Schauspiel aus den vierziger Jahren' (1892; im gleichen Jahr wie die Dialektfassung ‚De Waber') und ‚Der Biberpelz. Eine Diebskomödie' (1893). Ihnen folgten die beiden Dramen ‚Florian Geyer. Die Tragödie des Bauernkrieges' (1896) und ‚Fuhrmann Henschel' (1899).
Ab 1901 lebte Hauptmann zumeist im schlesischen Agnetendorf oder auf der Ostseeinsel Hiddensee. Eine längere persönliche Krise endete mit künstlerischer Umorientierung. Einerseits erschien mit ‚Rose Bernd' (1903), der Tragödie einer Kindsmörderin, noch ein soziales Drama, und ‚Der Biberpelz' fand zwei Fortsetzungen in den Tragikomödien ‚Der rote Hahn' (1901) und ‚Die Ratten' (1911). Andererseits hatte Hauptmann schon 1893 in dem mißglückten Stück ‚Hanneles Himmelfahrt. Eine Traumdichtung' naturalistische und neuromantische Elemente vermischt. Er dramatisierte nun Märchen- und Legendenstoffe und verband Wirklichkeit und Traumwelt miteinander, häufig im Gewand traditioneller Formen. Die beiden Dramen ‚Die versunkene Glocke. Ein deutsches Märchendrama' (1897) und ‚Und Pippa tanzt! Ein Glashüttenmärchen' (1906) sind hierfür beispielhaft.
Als hoch geehrter literarischer Repräsentant der Weimarer Republik suchte der Dichter in der Besinnung auf die Klassik und im Rückgriff auf mythisches Denken ein überzeitliches, gesellschaftsfernes Reich der Dichtung zu schaffen. Das Hexameterepos ‚Des großen Kampffliegers, Landfahrers, Gauklers und Magiers Till Eulenspiegel Abenteuer, Streiche, Gaukeleien, Gesichte und Träume' (1928) verwandelt die zeitgenössische Wirklichkeit unter Rückgriff auf traditionelle Formen und Motive in eine religiös-mythische Welt. Im Drama ‚Vor Sonnenuntergang' (1932) sucht der Held Lebenssicherheit, allerdings vergeblich, in der vermeintlich heilen Welt der Klassik. Ratlos und mit widersprüchlichen Gefühlen stand Hauptmann dem Dritten Reich gegenüber. Während er sich in die nationalsozialistische Kulturpolitik einspannen ließ, zog er sich in eine bewußt unpolitische Haltung zurück. In den ersten Jahren des Zweiten Weltkriegs entstand die Tragödientetralogie um das mythische griechische Atridengeschlecht (‚Iphigenie in Aulis', 1944; ‚Agamemnons Tod', 1948; ‚Elektra', 1947; ‚Iphigenie in Delphi',

1941). Strenge klassische Form (u. a. Blankvers), mythologischer Stoff und pessimistischer Schicksalsglaube verbinden sich miteinander.

In der Nachfolge Ibsens beginnt Hauptmann, die psychischen Regungen der Menschen darzustellen, so wie sie sich am deutlichsten in der 'Familienkatastrophe' offenbaren, in der Verheimlichtes und Verdrängtes zutage tritt. Dieses private Geschehen begreift er ebenso wie allgemeiner gesellschaftliches als Ausdruck eines elementaren Schicksals. Im Frühwerk wird das Schicksal im Sinn des Lebenspathos und des naturalistischen Determinismus und Darwinismus gedeutet: Wer durch Vererbung oder Milieu zur Schwäche verurteilt ist, geht zugrunde. Im ‚Bahnwärter Thiel' beschreibt Hauptmann die Regungen einer dumpfen, sprachlosen Seele, die ihre Familienkatastrophe erlebt und im tierhaften Zornesausbruch doch nur ihr unabwendbares Schicksal besiegelt. Im späteren Werk, in dem sich die psychologische Beobachtung teilweise zur Beschreibung einer Traumwelt wandelt, wird das Schicksal als mythisches Verhängnis gezeichnet; in der Atridentetralogie ist es zugleich ein Familienfluch.

‚Die Weber', die nach historischen Quellen gearbeitet sind, erweitern den eben skizzierten Rahmen durch die sozialkritische Massendarstellung im Sinne Büchners. Hier erscheint das Proletariat, allerdings nur das vorindustrielle Landproletariat, zum erstenmal als kollektiver Held. Der Konflikt entzündet sich am Gegensatz zweier Klassen. Hauptmann versteht es, die Figuren sowohl deutlich dem einen oder dem anderen Lager zuzuordnen als sie auch mit unverwechselbaren, individuellen Zügen zu versehen. Die Schlußszene jedoch, der Tod des alten Hilse durch eine verirrte Kugel, läßt den Weberaufstand als aussichtslosen Kampf gegen ein unfaßbares Schicksal erscheinen. Dieser offene Schluß hält so die Waage zwischen der gesellschaftskritischen Tendenz und dem Schicksalsgedanken. Es bleibt das respektvolle Mitleid, das der Zuschauer dem kollektiven Helden der Tragödie entgegenbringt.

‚Der Biberpelz' zeigt eine Welt, in welcher der Lebenskampf das Verhältnis zwischen den Menschen zwar untergründig bestimmt, für diesmal aber nicht durch eine Katastrophe offen zutage tritt. Die lebenstüchtige Mutter Wolffen hat sich realistisch auf den untergründigen Kampf eingestellt. Der obrigkeitsgläubige Wehrhahn, der erstarrt ist im offiziellen Fassadenkult, muß diese eigentliche Wirklichkeit verkennen. Der offene Schluß sorgt dafür, daß die Satire der preußischen Bürokratie nicht durch eine Entlarvung und Bestrafung der Mutter Wolffen ihre Schärfe verliert. Doch ebensowenig gibt er dem nur allzu harmlosen Obrigkeitskritiker Doktor Fleischer recht. Der Lebenskampf aller gegen alle ist unabwendbar. In ihm, so zeigt es sich im ‚Roten Hahn', wird schließlich auch Mutter Wolffen schicksalhaft scheitern.

10.4.2 Die Gesellschaftskritik der Boheme: Wedekind

Frank Wedekind (1864–1918)

Der Arztsohn wurde in Hannover geboren und verbrachte seine Jugend in der Schweiz. Nach dem Abbruch seines Jurastudiums in München begann eine unruhige Reisezeit. Wedekind lebte, der Boheme nahe, in Zürich, Berlin, München, Paris und London. 1891 erschien sein erstes wichtiges Stück: ‚Frühlingserwachen. Eine Kindertragödie'. Ihm folgte 1895 die Tragödie ‚Der Erdgeist', die 1907 mit der Fortsetzung ‚Die Büchse der Pandora' (1902) zur Tragödie ‚Lulu' zusammengefaßt wurde.
1895 ließ Wedekind sich endgültig in München nieder und begann, an der soeben gegründeten politisch-satirischen Zeitschrift ‚Simplicissimus' mitzuarbeiten. Zwei dort abgedruckte Spottgedichte auf Kaiser Wilhelm II. brachten ihm später eine siebenmonatige Festungshaft ein. Nach der Lyrik- und Prosasammlung ‚Die Gräfin Russalka' (1897) erschienen in rascher Folge Theaterstücke: die Groteske ‚Der Kammersänger' (1899) und die tragikomischen Schauspiele ‚Der Marquis von Keith' (1900), ‚König Nicolo' (1902; ursprünglicher Titel: ‚So ist das Leben') und ‚Hidalla oder Sein und Haben' (1904; später auch: ‚Karl Hetmann, der Zwergriese'). Gleichzeitig arbeitete Wedekind als Dramaturg und als Schauspieler in seinen eigenen Stücken. Außerdem entwickelte er sich schnell zum profiliertesten Mitglied des 1901 gegründeten Münchner Kabaretts ‚Elf Scharfrichter'. Die beiden Literaturkomödien ‚Oaha – Die Satire der Satire' (1908) und ‚Zensur. Theodizee in einem Akt' (1908) verbinden die Frage nach der moralischen Wirkung der Dichtung mit der Eheproblematik, an der Wedekind auch in anderen späten Stücken die ihn bewegenden Probleme exemplifizierte (u. a. ‚Schloß Wetterstein', 1912, und ‚Franziska', 1912).

Wedekinds Gesellschaftssatire stellt die tierhafte Schönheit und Unschuld lebenskräftiger Triebnatur, wie z. B. Lulu sie verkörpert, einer heuchlerischen Moral und skrupellosem Geschäftssinn gegenüber, welche die Entwicklung freier Individualität verhindern. In ‚Frühlingserwachen' stehen dementsprechend die erstarrte, verlogene Welt der Erwachsenen und die unschuldige, lebensnahe Sinnlichkeit der Jugendlichen einander gegenüber. Diese Kritik ist im Grundsätzlichen noch kaum vom Naturalismus unterschieden, auch wenn Wedekind ihm mangelndes Interesse an der Individualität vorwirft.
Im weiteren Werk, das wesentliche Züge des Expressionismus vorbereitet, zeigt Wedekind, daß der Aufstand gegen die Welt der Verlogenheit mißlingt. Er scheitert nicht nur an der Übermacht der Heuchler, sondern vor allem daran, daß sich aus der Anerkennung der Triebnatur allein keine widerspruchsfreie Lebenspraxis entwickeln läßt. Man müßte konsequenterweise die Triebnatur auch im anderen Menschen völlig anerkennen, sich seinen Launen unterwerfen, keine Eifersucht zeigen, völlig selbstlos sein. Das aber widerspräche der eigenen Natur. Wo sich die Menschen ohne Respekt vor dem anderen gänzlich ihrer Natur hingeben, wie im Verbrechermilieu, in das Lulu allmählich gerät, herrscht

schließlich nur der Kampf aller gegen alle, in dem der Schwächere untergeht, eben der Kampf, der untergründig auch die Welt der wohlanständigen Heuchler bestimmt.
Es gibt mephistophelische Abenteurer wie den Marquis von Keith, die daraus die Folgerung ziehen, man müsse nach dem Sieg in dem nun einmal unvermeidlichen Kampf streben und könne das nur, indem man die übermächtige Heuchelei durch zynische Anpassung an ihre eigenen Regeln betrügt. Dadurch aber wird man nicht nur selbst zum Heuchler, man verurteilt sich auch zur Einsamkeit dessen, der sich an keinen Menschen binden darf, weil er jeden nur als Gegner oder als Mittel zu einem vorläufigen Sieg betrachten muß.
Diese Ausweglosigkeit, die auch den kritischen Anspruch des satirischen Künstlers wieder in Frage stellt, führt ins Tragikomische, Groteske oder Absurde. Die Fragwürdigkeit der Literatur wird daher bei Wedekind zum Thema der Literatur. Das zeigt sich darin, daß er ältere literarische Formen parodistisch wiederaufnimmt. Seine Gestalten sind nicht realistisch oder gar naturalistisch gezeichnet, aber auch keine Individualitäten; sie werden in zunehmendem Maß zu einer Art von Schachfiguren, die in einem phantasierten Experiment des Autors Positionen äußerster Konsequenz verkörpern. Seine Thesenstücke tendieren zur pointierten sprachlichen Verkürzung und zur Charakterisierung der Fassadenwelt durch sprachliche Klischees. Mit Wedekind beginnt auch das bänkelsängerhafte Chanson des Kabaretts.

10.4.3 Junges Wien: Hofmannsthal und Schnitzler

Hugo von Hofmannsthal (1874–1929) – Vom selbstkritischen Ästhetentum zur Suche nach harmonischer Ordnung

Der Sohn eines Bankdirektors, zusammen mit Schnitzler der wichtigste Repräsentant des Jungen Wien, galt lange als Frühvollendeter. Seine Berühmtheit gründete in seiner Lyrik (‚Ausgewählte Gedichte', 1903) und in seinen lyrischen Dramen (‚Gestern. Dramatische Studie', 1891; ‚Der Thor und der Tod', 1894; ‚Das kleine Welttheater oder Die Glücklichen', 1903). ‚Das Bergwerk zu Falun' (erster Akt 1900, vollständig 1932) steht dem lyrischen Drama nahe. Unterschätzt wurden dagegen die frühen Novellen ‚Das Märchen der 672. Nacht' (1895) und ‚Reitergeschichte' (1899).
Zusammen mit einer lebensgeschichtlichen Neuorientierung – u. a. entschloß sich der studierte Romanist, auf eine Habilitation zu verzichten und freier Schriftsteller zu werden – kam es um die Jahrhundertwende zu einer künstlerischen Krise, der Hofmannsthal im Essay ‚Ein Brief' (1902) Ausdruck gab (s. Seite 199). Er wandte sich fast ganz dem Theater zu und bearbeitete zunächst ältere Tragödienstoffe, vor allem aus dem Umkreis des Ödipus-Mythos. ‚Jedermann. Das Spiel vom Sterben des reichen Mannes' (1911) ist die Bearbeitung eines spätmittelalterlichen Dramas. Den Bearbeitungen folgten Neuschöpfungen, und zwar sowohl Opernlibretti für den Komponisten Richard Strauss (u. a. ‚Der Rosen-

kavalier', 1911; ‚Ariadne auf Naxos', 1912; ‚Arabella oder der Fiakerball', 1933) wie auch Komödien (‚Der Schwierige', 1921; ‚Der Unbestechliche', 1923).
Von der Auflösung des Habsburgerreiches beim Ausgang des Ersten Weltkrieges tief erschüttert, suchte Hofmannsthal eine neue politische Ordnung und gesellschaftliche Einheit in der Rückbindung an die deutsche Kulturgeschichte; dazu rief er auf mit der Rede ‚Das Schrifttum als geistiger Raum der Nation' (1927). Schon im Schauspiel ‚Das Salzburger Große Welttheater' (1922) hatte er barocke Vorstellungen von einer zugleich kosmischen und gesellschaftlichen Ordnung in die Gegenwart übertragen. Der Versuch, alte Ordnungsvorstellungen und moderne gesellschaftliche Konflikte in einem überhistorischen, geistigen Raum miteinander zu versöhnen, bestimmt auch die Tragödie ‚Der Turm' (erste Fassung 1923–25; zweite Fassung 1927), die auf das barocke Motiv vom Leben als Traum zurückgeht. Die düstere zweite Fassung spiegelt den zunehmenden Pessimismus des Dichters.

Vom vergänglichen „äußeren Leben", von der als sinnlos empfundenen gesellschaftlichen Wirklichkeit abgewendet, sehnt sich der junge Hofmannsthal nach der ewigen Ganzheit des All-Lebens, die er in der Schönheit von Natur und Kunst erahnt. ‚Das Bergwerk zu Falun' symbolisiert das Aufgehobensein in dieser Ganzheit. Auch der Klangzauber seiner Gedichte, die teilweise symbolistische Züge tragen, läßt sie verspüren. Die Gedichte deuten aber auch das Ungenügen an, als Ästhet in einem Reich der Schönheit zu leben und damit von der Alltagswirklichkeit der anderen Menschen ausgeschlossen zu sein. In den lyrischen Dramen wird dieses Ungenügen selbstkritisch als Problem formuliert: Wer nur für die Augenblicke lebt, in denen er sich mit dem All-Leben in völliger Übereinstimmung fühlt, bleibt auf die Dauer einsam. – Neben der Phantasiewelt der Harmonie gibt es diejenige aggressiver und sinnlicher Wünsche. Die Novellen zeigen den tödlichen Zusammenstoß zwischen dieser Welt und der Wirklichkeit.
In der Heiratsthematik, die den Komödien und den meisten Opernlibretti zugrunde liegt, werden die beiden Wünsche, in der Lebensganzheit aufgehoben zu sein und sich zugleich in der äußeren Wirklichkeit an andere zu binden, miteinander verknüpft. Die eheliche Bindung nämlich soll verstanden werden als äußeres Zeichen für jene ewige Ganzheit, in der nicht nur zwei Menschen liebend miteinander verbunden sind, sondern in der alles harmonisch zusammenhängt. Durch die Ordnung der Ehe verwirklicht sich im äußeren Leben, wenn auch unvollkommen, die ersehnte Ganzheit, in welcher der einzelne in Freiheit aufgehoben ist.
Seit der Erschütterung durch den Ersten Weltkrieg sucht Hofmannsthal ein entsprechendes Modell nicht nur für den privaten, sondern auch für den öffentlichen Bereich. Es müßte freilich zeigen, wie auch gesellschaftliche Auseinandersetzungen integriert werden könnten. Damit stellt sich erneut das Problem der Aggression, das in den Novellen nicht gelöst wurde und in der Heiratsthematik ausgeklammert blieb. Hof-

mannsthal sucht ein solches Modell in barocken Vorstellungen, nach denen die gesellschaftliche Ordnung Ausdruck einer von Gott gegebenen kosmischen ist. Diese Einsicht läßt den Benachteiligten im ‚Salzburger Großen Welttheater' auf seine Aggression verzichten. Das Unbefriedigende, das in der allegorischen Übertragung einer moralischen Einzelentscheidung auf gesellschaftliche Probleme liegt, soll im ‚Turm' überwunden werden. Die Frage, wie sich eine dauernde geistige Ordnung in der äußeren Welt des Streites und der Gewalt verwirklichen ließe, wird in der ersten Fassung durch die Hoffnung auf den messianischen Kinderkönig beantwortet, der von der sinnlich-aggressiven Welt nicht berührt wurde. Unzufrieden auch mit dieser Allegorie, schreibt Hofmannsthal eine zweite, resignierte Fassung, in der er dem Geist nur noch den Rückzug aus der verhängnisvollen Geschichte in den Turm zugesteht.

Arthur Schnitzler (1862–1931) – Psychologe des Fin de siècle und skeptischer Humanist

Der Sohn eines erfolgreichen Wiener Medizinprofessors kam als praktischer Arzt schon früh mit der gerade entstehenden Psychoanalyse Sigmund Freuds in Berührung. 1890 entstand um ihn und Hofmannsthal der Kreis des Jungen Wien. Schnitzler vertauschte allmählich die ärztliche Tätigkeit mit der literarischen und lebte schließlich als freier Schriftsteller. In seinem Lebenslauf fehlt die krisenhafte künstlerische Umorientierung, die für viele andere Autoren der Epoche kennzeichnend ist, obwohl Desillusion und Pessimismus sich im Laufe seines Lebens verstärken.
Sein Werk besteht vor allem aus skizzenhaften oder novellistischen Erzählungen und aus Schauspielen; die letzteren sind häufig Kurzdramen oder Reihungen kurzer Dramen. Von den Erzählungen sind zu nennen: ‚Die Toten schweigen' (1897), ‚Lieutenant Gustl' (1900), ‚Fräulein Else' (1924), ‚Traumnovelle' (1925/26). Die wichtigsten dramatischen Werke sind: ‚Anatol' (1893; Zyklus aus sieben, teilweise schon früher veröffentlichten Einaktern), ‚Liebelei' (1896), ‚Reigen' (1900), ‚Der grüne Kakadu. Groteske in einem Akt' (1899), ‚Professor Bernhardi' (1912), ‚Komödie der Verführung' (1924). 1908 erschien ‚Der Weg ins Freie', ein Konversationsroman, der die Gesellschaft des Fin de siècle analysiert, 1928 ‚Therese. Chronik eines Frauenlebens', ein Roman, der den sozialen Abstieg einer Frau und mit ihm die gänzliche innere Leere jener Gesellschaft beschreibt.

Schnitzler teilt die Auffassung Freuds, daß wesentliche seelische Antriebe aus dem Unbewußten kommen, nicht aber dessen Überzeugung, das Unbewußte lasse sich erklären und therapeutisch auflösen. Daher erscheint ihm der einzelne gerade in seinem eigensten Bereich, in dem der Gefühle, als unselbständig. Hier wird er von außen bestimmt, von einer letztlich unauflöslichen Mischung aus unbewußten Antrieben und materiellen Interessen. Moralische Werte wie Treue und Aufrichtigkeit verlieren dadurch ihre psychische Grundlage, denn wer kann

noch wissen, ob er wirklich aufrichtig ist oder nur ein tiefer liegendes Gefühl nicht bemerkt, das sich schon morgen äußern kann? Noch weniger kann er je der Aufrichtigkeit der anderen gewiß sein. Dieser Zweifel führt dazu, daß ein ehrliches Gespräch kaum möglich scheint.
An Gestalten des Wiener Fin de siècle, vor allem am „jungen Herrn" aus gehobenen Kreisen und an seinem „süßen Mädel" aus der Vorstadt, zeigt Schnitzler, wie Menschen falsch reagieren. Falsch ist es nämlich, aus dem Zweifel in stimmungsvolle Augenblicke zu flüchten, in denen man die Illusion unendlichen Geliebtwerdens hat. Es folgen nur Desillusion und neue Flucht. Man lebt dann einsam von Episode zu Episode, schwankend zwischen Sehnsucht und Enttäuschung. Die Figuren reden aneinander vorbei, mißverstehen einander oder monologisieren. In ‚Lieutenant Gustl' und ‚Fräulein Else' wird fast die ganze Handlung in Assoziationen und inneres Selbstgespräch der Hauptfiguren verlegt; die Technik des inneren Monologs macht sie dem Leser zugänglich. Im ‚Reigen' sind die Episoden auf die sexuelle Begegnung reduziert. In zehn Dialogen wird jeweils ein Liebespaar vorgestellt; nach jeder Begegnung wird einer der beiden Partner ausgetauscht, bis sich der Reigen mit der Dirne schließt, mit der er auch begann. So zeigen sich Einsamkeit und Austauschbarkeit der einzelnen.
Schnitzler sucht keinen Halt in neuer metaphysischer Bindung. Er besteht trotz aller Skepsis gegenüber der seelischen Verläßlichkeit der Menschen auf der Verantwortung jedes einzelnen, der andere leiden macht. Hierauf beruht seine kritische Sichtweise. Er entlarvt Heuchelei und Fassade nicht nur im Persönlichen und Seelischen, sondern auch in gesellschaftlichen Konventionen, im Duellzwang, in der Unterdrückung der Frau oder im Antisemitismus. Mit dem Ersten Weltkrieg allerdings sieht er eine Zeit solcher Massenbewegung und Massenmanipulation beginnen, daß die persönliche Entscheidung vollends sinnlos wird. Darum handeln seine Texte von der Zeit vor 1914, in der Individualität zwar in Frage gestellt war, ein individueller moralischer Anspruch aber noch aufrechterhalten werden konnte.

10.4.4 Der Außenseiter als Kritiker: Kraus (s. Seite 233f.)

10.4.5 Der Beginn der modernen Lyrik: George und Rilke

Stefan George (1868–1933) – Die Bildung einer künstlerischen Elite

Der Sohn eines Weinhändlers aus Bingen am Rhein fühlte sich von Jugend an zum Dichter berufen. Reisen in ganz Europa machten ihn mit den modernen Dichtern, vor allem mit den symbolistischen Lyrikern Frankreichs, bekannt. Der Versuch, den jungen Hofmannsthal für ein Dichterbündnis zu gewinnen, mißlang. 1892 gründete George die Zeitschrift ‚Blätter für die Kunst' und scharte einen Kreis von Jüngern um sich, viele von ihnen junge Gelehrte, die ihren Meister kultisch

verehrten. Nach dem Ende des Ersten Weltkriegs schrieb George nur noch wenige Gedichte, 1919 hörten die ‚Blätter für die Kunst' auf zu erscheinen. Gegen Ende seines Lebens zog sich George in die Schweiz zurück und schwieg zu den Ehrungen, mit denen ihn die Nationalsozialisten bedachten.
Georges schmales Werk besteht neben Übersetzungen fast ausschließlich aus Gedichtzyklen. Den ‚Hymnen' (1890) und den ‚Pilgerfahrten' (1891) folgte mit dem symbolistischen Zyklus ‚Algabal' (1892) um den spätrömischen Kaiser Heliogabal der erste Höhepunkt des Frühwerks. Ihm schlossen sich ‚Die Bücher der Hirten- und Preisgedichte, der Sagen und Sänge und der hängenden Gärten' an (1895). Seinen vollendeten Abschluß fand das Frühwerk im Zyklus ‚Das Jahr der Seele' (1897). Hier spiegelt sich ein melancholisches Ich in jugendstilhafter Landschaft.
War die erste Phase bestimmt vom Prinzip 'l'art pour l'art' (die Kunst um der Kunst willen), so beanspruchte der Dichter in der nächsten Phase das Amt des Sehers, der der Gesellschaft eine antimoderne Ordnung aufzeigt. In diese Phase gehören die Zyklen: ‚Der Teppich des Lebens und die Lieder von Traum und Tod mit einem Vorspiel' (1910), ‚Der siebente Ring' (1907) und ‚Der Stern des Bundes' (1914). Die im letzten Zyklus, ‚Das neue Reich' (1928), gesammelten Gedichte, die teilweise sehr viel früher entstanden, sollen u. a. den Ersten Weltkrieg deuten.

George teilt die Zeitkritik der Antimodernen, will aber nicht umstandslos zu Heimatkult und Nationalismus zurück, sondern eine dauernde Herrschaft des Geistes errichten. Unter dem Einfluß der französischen Symbolisten versteht er darunter zunächst ein wirklichkeitsfernes Reich hochstilisierter, strenger Schönheit. Eine eigene Rechtschreibung und Interpunktion, ein jugendstilhafter, stark stilisierter Druck und Buchschmuck sollen dieses Reich von den Banausen abgrenzen. Die in kleinen Auflagen gedruckten Schriften werden anfänglich nur an ausgewählte Freunde verteilt, ein Protest gegen Masse und literarischen Markt. Kultisches und magisches Denken soll der Kunstwelt ihre innere Einheit geben.
‚Algabal' beschreibt ein künstliches Reich kostbarer Schönheit, das ganz der Willkür des einsamen Herrschers unterworfen ist, dem ein Menschenleben nichts, die schöne Gebärde alles bedeutet. Erscheint hier noch wilde Leidenschaft, freilich von strenger Form gebändigt, so durchzieht ‚Das Jahr der Seele' ein Gleichklang zwischen einem melancholischen Ich, das vergebens auf dauerndes sommerliches Glück hofft, und einer jugendstilhaften, gebändigten Natur, die sich im immergleichen, jahreszeitlichen Zyklus wandelt.
Aus dem künstlerischen Reich wird in den folgenden Zyklen das kommende mythische Reich dauernder Ordnung, das der Dichter verkündet und das eine künstlerische Elite, Georges hierarchischer Orden, verwirklichen wird. Im ‚Siebenten Ring' verklärt George den früh verstorbenen jugendlichen Freund Maximin zum Messias des neuen Reiches, dessen Ordnung zunehmend durch mystische Verweise auf Volk und

Natur begründet wird. Der Dichter übernimmt nach dem Weltkrieg den einstmals abgelehnten Nationalismus der Antimoderne. Dem Charakter zeitkritischer Verkündigung entsprechend, erhält seine Lyrik nun häufig spruchhafte Form.

Rainer (eigentlich René) Maria Rilke (1875–1926) – Das Verweisen auf den Weltinnenraum

Der Sohn eines Prager Bahnbeamten begann mit tastenden, vom Naturalismus beeinflußten Versuchen in Lyrik, Kurzprosa und Kurzdramen. Die damals bekannte Schriftstellerin Lou Andreas-Salomé, mit der er von 1896 bis 1900 vorwiegend in München und Berlin zusammenlebte und auch später noch freundschaftlich verbunden blieb, half ihm, menschlich und künstlerisch zu reifen. 1901 heiratete er die Bildhauerin Clara Westhoff in der Worpsweder Künstlerkolonie bei Bremen, doch schon im folgenden Jahr begann ein Wanderleben, dessen Mittelpunkt bis zum Beginn des Ersten Weltkriegs Paris war, wo Rilke zunächst als Sekretär des französischen Bildhauers Auguste Rodin arbeitete. In diesen Jahren erschienen neben der lange berühmten Dichtung aus rhythmisierter Prosa ‚Die Weise von Liebe und Tod des Cornets Christoph Rilke‘ (1904), neben Erzählungen (u. a. ‚Die Turnstunde‘, 1902) und Kurzdramen (u.a. das lyrische Drama ‚Die weiße Fürstin‘, 1899/1900) die ersten wichtigen Gedichtzyklen: ‚Das Buch der Bilder‘ (1902), ‚Das Stunden-Buch‘ (1905), ‚Neue Gedichte‘ (1907), ‚Der neuen Gedichte anderer Teil‘ (1908). Die Pariser Eindrücke wurden verarbeitet im Tagebuchroman ‚Die Aufzeichnungen des Malte Laurids Brigge‘ (1910).
Aus München, wohin Rilke sich nach dem Krieg flüchtete, vertrieb ihn der Terror, den das Militär während und nach der Zerschlagung der Räterepublik ausübte. Rilke lebte nun zumeist in der Schweiz, wo ein Gönner ihm den Schloßturm von Muzot im Wallis zeitweilig zur Verfügung stellte. Hier entstand das Spätwerk: Der Zyklus ‚Sonette an Orpheus‘ (1923) wurde geschrieben, der Zyklus ‚Duineser Elegien‘ (1923), schon vor dem Krieg auf Schloß Duino bei Triest begonnen, wurde vollendet.

Spießbürgerlichen Konventionen, der Herrschaft des Geldes, des Besitzdenkens und der Technik stellt Rilke eine innere Welt entgegen. Diese innere Welt wird für ihn im Laufe der Zeit immer abstrakter. Zunächst sucht er sie im geheimnisvollen tschechischen Prag, dann, auf der Stufe des ‚Stunden-Buchs‘, in einem unfaßbaren, erst noch werdenden Gott, schließlich, zur Zeit der ‚Neuen Gedichte‘, in einem überpersönlichen, immateriellen Innenraum. Der Innenraum wird zwar nicht genauer bestimmt, die Dichtung versucht aber, ein Gefühl von ihm zu vermitteln, wenn sie Personen und Dinge, vor allem Kunstgegenstände, beschreibt. Das geschieht in den sogenannten Dinggedichten. Hier erscheinen Personen und Gegenstände als deutlich umrissene, in der äußeren Welt angesiedelte, zugleich aber geht von ihnen eine Bewegung aus, die den Leser mitzieht zu dem, was die Dinge eigentlich sind, nämlich zum Innenraum. Im Gleichgewicht zwischen äußerer Erschei-

nung und Verweis auf den Innenraum besteht die Schönheit der Kunstgegenstände. Gegenüber dem unbestimmten Innenraum verlieren die Ordnungen der Konventionen und des Besitzes ihre Geltung. Daher spürt Rilke im Schönen die tödliche Gleichgültigkeit gegenüber allen vorläufigen Sicherheiten, die auf solchen Ordnungen aufbauen.
Diese Antwort der Kunst versagt aber angesichts des Erlebnisses der modernen Großstadt. Der fiktive Tagebuchschreiber im ‚Malte Laurids Brigge', dem ersten bedeutenden Roman der Moderne, spürt intensiv, wie die Menschen unter Einsamkeit, Gleichgültigkeit und Sinnlosigkeit leiden. Um sich nicht ganz im Mitleiden aufzulösen, sucht er nun nicht mehr Halt im Schönen – die Großstadtwirklichkeit ist zu häßlich –, sondern er erinnert sich an seine Kindheit, um seine frühen Ängste noch einmal zu durchleben und jetzt zu bewältigen. Dieser Versuch mündet in die Frage nach der Möglichkeit zwischenmenschlicher Bindung. So wie Rilke sie sieht, ist diese Bindung immer damit verbunden, daß einer den anderen auf das Bild festzulegen sucht, das er sich von ihm macht, um ihn so als festumrissenes Gegenüber geistig besitzen zu können. Dagegen wäre eine Liebe zu lernen, die dem anderen seine Freiheit läßt, weil sie in ihm den Verweis auf den Innenraum sieht und durch ihn hindurch auf diesen zielt.
In den beiden späten Zyklen versucht Rilke, mit Hilfe von Chiffren und mythischen Bildern das menschliche Dasein zu deuten. Die ‚Duineser Elegien' sind eine Klage über die Gespaltenheit des Daseins. Der Mensch ist angesiedelt in der vergänglichen äußeren Welt der Einsamkeit und der scheinhaften Bestimmungen, und er ist in seiner Sterblichkeit zugleich bezogen auf den dauernden, von jeder Bestimmung freien Innenraum, in dem die Toten anwesend sind. Nur der Engel, eine Symbolfigur der Vollkommenheit und Schönheit, aber auch der Gleichgültigkeit, empfindet diese Spaltung nicht. Dafür aber ist dem Dichter, eben weil er unter der Spaltung leidet, die brüderliche Liebe zu allem gegeben, was hinfällig in der äußeren Welt existiert, und in seiner Dichtung vermag er, es in der Bezogenheit auf den Innenraum zu zeigen und es damit zu bewahren. So erwächst aus der Klage selbst die freudige Bejahung der vergänglichen Welt. Von dieser Fähigkeit der Dichtung, die äußere Welt durch Verwandlung in ihr immaterielles Wesen zu bewahren, reden die ‚Sonette an Orpheus'. Dichtung – für sie steht Orpheus, der mythische Sänger – schafft somit überhaupt erst die uns zugängliche eigentliche Wirklichkeit.

10.4.6 Große Prosaisten des 20. Jahrhunderts: Th. Mann, H. Mann, Musil, Hesse

Musil und Hesse werden in Kapitel 11, die Brüder Mann in Kapitel 12 dargestellt. In den entsprechenden Epochen liegt jeweils der Schwerpunkt ihres Werkes.

11 Die Entfaltung der Moderne (1910–1930)

Literatur der Existenz:

1908	*Walser, Robert:* Jakob von Gunten
1912	*Kafka, Franz:* Das Urteil
1919	*Trakl, Georg:* Die Dichtungen
1925	*Kafka:* Der Prozeß

Expressionismus:

1910	*Döblin, Alfred:* Die Ermordung einer Butterblume
1911/22	*Sternheim, Carl:* Die Hose (1911) Der Snob (1914) 1913 (1915) Das Fossil (1922) („Maske"-Tetralogie)
1912	*Heym, Georg:* Umbra vitae
	Benn, Gottfried: Morgue und andere Gedichte
1915	*Döblin:* Die drei Sprünge des Wang-Lun
1917	*Lasker-Schüler, Else:* Die gesammelten Gedichte
	Kaiser, Georg: Die Bürger von Calais
1920	*Toller, Ernst:* Masse Mensch
	Brecht, Bertolt: Baal
	Menschheitsdämmerung Herausgegeben von Kurt Pinthus

Zwischen Gesellschaftskritik und neuer Bindung:

1909	*Mann, Heinrich:* Die kleine Stadt
1918	*Mann, H.:* Der Untertan
1918/19	*Kraus, Karl:* Die letzten Tage der Menschheit
1923	*Rilke, Rainer Maria:* Duineser Elegien Sonette an Orpheus
1923–1925	*Hofmannsthal, Hugo von:* Der Turm
1924	*Mann, Thomas:* Der Zauberberg
	Schnitzler, Arthur: Fräulein Else
1927	*Hesse, Hermann:* Der Steppenwolf
	Toller: Hoppla, wir leben!
	Zweig, Arnold: Der Streit um den Sergeanten Grischa
	Brecht: Bertolt Brechts Hauspostille
1929	*Döblin:* Berlin Alexanderplatz
	Jahnn, Hans Henny: Perrudja
1930	*Musil, Robert:* Der Mann ohne Eigenschaften (1. Band)
	Brecht: Aufstieg und Fall der Stadt Mahagonny

11.1 Bild der Epoche

Verschärfung der Krise

Um 1910 meldet sich die zweite Generation der Modernen zu Wort. Inzwischen war die Fassade der nationalen Stärke und Gemeinsamkeit immer brüchiger geworden; um so krampfhafter wurde sie aufrechterhalten. Die Niederlage im Ersten Weltkrieg verstärkte eher noch den selbstgerechten Nationalismus, nicht zuletzt in so mächtigen Institutionen wie Justiz und Armee. Doch die Intellektuellen mußten nicht nur auf den Widerspruch zwischen nationalem Anspruch und Wirklichkeit reagieren. Die Industrialisierung war inzwischen so weit fortgeschritten, daß die Menschen zu Sklaven der Maschinen zu werden schienen. In den Großstädten erlebte man, wie das Leben anonymer Massen vom industriellen Arbeitsrhythmus bestimmt wurde, von unpersönlicher Verwaltung, von der Hektik des modernen Verkehrswesens, von der Flut der Informationen, die einem jeden vom Film und von der jetzt voll entfalteten Massenpresse aufgedrängt wurden. Schließlich empfand man den Bruch der geistigen Tradition noch stärker als früher. Die Wissenschaft schien die Wirklichkeit der äußeren Welt wie der Gefühle aufgelöst zu haben in Beziehungen und Abhängigkeiten ohne tieferen Zusammenhang. Das Massensterben im Krieg zerstörte den Glauben an den Wert des Einzelmenschen. Für die in Österreich aufgewachsenen Schriftsteller kommt noch der Zerfall des Vielvölkerstaates im Jahr 1918 hinzu, der auf viele von ihnen wie ein Trauma wirkte.

Die Sensibleren unter den Zeitgenossen mußten sich also mit einer widersprüchlichen Erfahrung auseinandersetzen: Einerseits sahen sie sich einer starren gesellschaftlichen Fassade gegenüber, andererseits fühlten sie sich einem hektischen, fremden und übermächtigen Lebensrhythmus ausgeliefert. Zugleich schienen sich äußere Wirklichkeit, aber auch das Ich ins Unfaßbare aufzulösen.

Entfremdung

So kommt es zum Gefühl einer existentiellen Entfremdung: Die industrielle Gesellschaft tritt dem einzelnen als etwas Fremdes gegenüber, und da er ihrem Rhythmus gehorcht, wird er sich selber fremd, während er sich zugleich vom Zusammenhang der Natur ausgeschlossen fühlt. Er fühlt sich also von Natur und Gesellschaft getrennt, ganz auf sich selbst zurückgeworfen und dazu noch innerlich gespalten. Die zusammenhanglose äußere Wirklichkeit wird sinnlos und bedrohlich. Einsamkeit, unbestimmte Angst und Verlust der Selbstgewißheit begleiten das Gefühl existentieller Entfremdung. Die eigene Welt, die einem fremd wird, kann lächerlich wirken. Als lächerliche und bedrohliche zugleich wird sie grotesk. Häufig wird sie auch satirisch dargestellt.

Literatur der Existenz Das Grundgefühl der Epoche spricht sich aus in der Literatur der Existenz. Sie zeigt das Ausgeliefertsein des einzelnen, der seine Selbstgewißheit verloren hat, an eine bedrohliche, sinnlose Welt. Krankheit und Gefangenschaft sind häufige Motive. Dadurch, daß die gewohnte Welt des Lesers ins Unheimliche oder Groteske verfremdet wird, wirkt diese Literatur oft unverständlich und schockierend. In reiner Form findet sich die Literatur der Existenz nur selten, vor allem bei Franz Kafka oder Georg Trakl. Robert Walser ist ein Vorläufer. Auch die anderen literarischen Richtungen der Epoche gehen von der Erfahrung der Entfremdung aus, aber sie versuchen zugleich, mit dem Aufzeigen einer neuen Lebensperspektive darauf zu antworten.

Expressionistische Revolte Ähnlich dem naturalistischen Protest zu Beginn der Moderne antworteten die Expressionisten mit einer literarischen Revolte. Die Revolte soll vom Gefühl des Ausgeliefertseins befreien und darum umfassend sein. Sie ist gegen jegliche Herrschaft und jede Autorität gerichtet, insbesondere gegen die Eltern, dann gegen die Erwachsenen überhaupt. Erwachsene gelten als bürgerlich. Der Begriff der Bürgerlichkeit bezieht sich dabei nicht auf eine soziale Schicht, sondern er soll die Haltung derjenigen treffen, die in der Welt der Fassade und der doppelten Moral gefangen sind und rücksichtslos, autoritär und opportunistisch nach dem vermeintlichen Glück in umgrenzter Idylle suchen. Die so verstandenen Bürgerlichen will man schockieren und entlarven, nicht zuletzt durch die Darstellung des Häßlichen und Ekelhaften. Glaubte die ältere Generation, einer untergehenden Epoche anzugehören, so prophezeien die frühen Expressionisten die Katastrophe, das Ende der sinnlosen Welt.

Expressionistischer Rausch Das Ich, das sich als ohnmächtig erfahren hat, soll im Revoltieren seine Allmacht verspüren. Das kann es nicht nur, wenn es entlarvt, schokkiert und zerstört, sondern vor allem auch, wenn es sich in eine Ekstase hineinsteigert, in der es die Einheit mit dem ganzen Leben zu fühlen meint, nach der auch die ältere Generation suchte. Darum feiert man z. B. den schrankenlosen Sinnenrausch, der alle bürgerlichen Konventionen sprengt. Eine solche Ichsteigerung ist freilich zugleich eine Eingrenzung des Menschen, nämlich auf elementare Sinnlichkeit. Diese gilt als noch nicht entfremdet. Der Rausch erfaßt letztlich nicht einzelne Personen, sondern erstrebt die Verschmelzung mit dem Unendlichen. Darum schlägt die Ichsteigerung, ebenso wie das Lebenspathos der Älteren, schließlich in Ichauflösung um. Sie wird weiterhin als Untergehen im Meer phantasiert, aber auch als Eingehen in den Mutterschoß der Erde, als Aufgehen in den Massen oder schlicht in kosmischer Unendlichkeit.

Einfluß des Futurismus Der Akt des Revoltierens, in dem das Ich sich verspürt und steigert, wird zum Selbstzweck. Die Bewegung wird wichtiger als das Ziel. Vom 'Futurismus' (Hauptvertreter: Filippo Tommaso Marinetti), dem italienischen Gegenstück des Expressionismus, lernen die Autoren, den Rausch der Bewegung zu schätzen, die Schnelligkeit der Motoren und damit teilweise auch die sonst abgelehnte Technik. Von der anderen Seite des futuristischen Programms, der Forderung nach Zerstörung des Alten, übernehmen sie freilich nur das Aufbrechen sprachlicher Konventionen, nicht die präfaschistische Verherrlichung des Krieges. Allerdings kann der Wunsch nach rauschhaft elementarer Sinnlichkeit auch bei ihnen zur Rechtfertigung barbarischer Gewalt führen.

Der neue Mensch des Expressionismus Dem entfremdeten Menschen stellen die Expressionisten den Menschen schlechthin gegenüber, jenseits nationaler und sozialer Schranken. Tatsächlich beschreiben sie damit freilich den vorgesellschaftlichen, auf seine bloße Existenz oder auf Elementares reduzierten Einzelmenschen. Im Rausch, in dem das Ich diese Reduktion vollzieht, gibt es seine Besonderheit auf. Die Expressionisten verlangen nun nach einem, der durch sein selbstloses, rauschhaft-begeistertes Opfer die anderen aufrüttelt und sie empfänglich macht für den Wert des Menschseins schlechthin, für das also, was allen gemeinsam ist. Wer das vollbringt, gilt als der neue Mensch. Er soll die Brüderlichkeit herbeiführen und die Entfremdung beenden. Ob ihm das tatsächlich gelingt, ist jedoch die Frage. Oft genug scheitert er an der Einsichtslosigkeit der Massen, die er doch befreien wollte. Oft ist auch der Rausch des Selbstopfers wichtiger als der konkrete Zweck. Um das Leiden an der Entfremdung auszudrücken, die Bereitschaft zum Selbstopfer und die Hoffnung auf eine neue, bessere Welt, verweisen die Schriftsteller öfter auf Christi Leidensweg und Verkündigung.

Ausdruck und Abstraktion im Expressionismus Die Expressionisten – der Begriff wurde zuerst auf die bildende Kunst, dann auf die Literatur angewendet – wollen im Gegensatz zum impressionistischen Registrieren von Eindrücken den Ausdruck eines Inneren geben (lat. expressio = Ausdruck). Unter dem Innern verstehen sie das noch nicht entfremdete Wesen, also z.B. nicht bestimmte seelische Erfahrungen oder Deformierungen einzelner Menschen, sondern das Typische, das Menschliche an sich. Das allerdings ist eine abstrakte Gedankenkonstruktion. So kommt es, daß die Steigerung zum ekstatischen Gefühl verbunden ist mit dem entgegengesetzten Zug zur Abstraktion und Konstruktion, ein Zug, den die expressionistische Malerei sinnfällig macht.

Phasen des Expressionismus Die Expressionisten versuchen, die Vorstellungen vom selbständigen Einzelmenschen zu bewahren, allerdings indem sie unvermerkt den Einzelmenschen auf das reduzieren, was ihm noch zweifelsfrei zu eigen ist, auf bloße Existenz oder elementare Triebhaftigkeit. Vor diesem gemeinsamen Hintergrund heben sich verschiedene Phasen ab. Von etwa 1910 bis zum Beginn des Ersten Weltkriegs stehen antiautoritäre Revolte, Generationskonflikt und der Versuch zu schockieren im Vordergrund. Während des Krieges treten die Gedanken der Brüderlichkeit und des Opfers immer stärker hervor; die meisten Autoren verbinden sie mit utopischem Sozialismus oder pazifistischem Protest. Zugleich spaltet sich die kurzzeitige dadaistische Bewegung vom Expressionismus ab. Als sich in den ersten Jahren der Weimarer Republik die Wirklichkeitsferne der expressionistischen Revolte herausstellte, begannen viele zu resignieren. Der Expressionismus fächerte sich auf und verband sich mit den anderen Richtungen.

Dadaismus Der Dadaismus – der Name soll wahrscheinlich überhaupt nichts bedeuten, vielleicht an kindliches Stammeln erinnern – entwickelte sich 1916 in Zürich aus dem Kabarett. Ab 1920 begann er wieder zu zerfallen. Die Dadaisten (Hauptvertreter: Hugo Ball) verbinden die antiautoritäre Revolte zunächst mit Anarchismus und revoltieren dann gegen Sinn überhaupt. Sie mischen Kabarett, Dichterlesung und Ausstellung, um im sinnfreien, häufig parodistischen und grotesken Spiel mit Versatzstücken der Sprache und der Massenkultur zu schockieren. So entstehen Unsinnsgedichte, reine Klanggedichte und Geräuschkompositionen, Plakate, Collagen und Kunstobjekte. Die vor allem von Hans Arp geübte Technik, die persönlichen Assoziationen niederzuschreiben, wird zum Prinzip des französischen, vom Dadaismus beeinflußten Surrealismus. Sie dient dann nicht mehr der Sinnzerstörung, sondern dem Ausdruck des Unbewußten.

Neue Sachlichkeit In der Zeit zwischen der wirtschaftlichen Stabilisierung 1923/24 und der Weltwirtschaftskrise 1929/30 verändert sich das Grundgefühl der Epoche: Man erlebt die Herrschaft einer unpersönlichen, technisch planenden Sachlichkeit. Manche werten das positiv, fühlen sich unter dieser Herrschaft weniger entfremdet. Es findet sich eine verbreitete, allerdings nicht zu literarisch bedeutsamen Werken führende Neigung, die USA als Land des technischen Fortschritts zu verherrlichen, den selbständigen Einzelmenschen in Gestalt des planenden Ingenieurs wiederauferstehen zu lassen und gesellschaftliche Probleme als eine Art lösbarer technischer Konstruktionsaufgaben zu betrachten. Literarisch wichtiger wird die Neue Sachlichkeit, sobald sie zur desillusionierenden Beschreibung führt. Das geschieht in den letzten Jahren der Republik (s. unten Seite 251). Insgesamt folgt der Ekstase und dem Pathos des Expressionismus eine sachliche oder ironisch distanzierte Darstellungsweise. Die expressionistische Zerstörung der Idylle und die Tendenz zum unpersönlich Konstruktiven leben aber in ihr fort.

Gesellschaftskritik und neue Bindung

Neben und nach dem Expressionismus entsteht eine umfangreiche und wichtige Literatur, die versucht, wieder ein Ganzes zu überblicken, in das der einzelne eingebettet ist, sei dies der gesellschaftliche, sei es ein metaphysischer Zusammenhang. Hieran nimmt auch der Großteil der älteren Generation teil, die inzwischen zu festeren weltanschaulichen Positionen gefunden hat. Es lassen sich drei Tendenzen unterscheiden, die alle den kritischen Blick auf die Gegenwart voraussetzen. Die erste Gruppe sucht den einzelnen an eine neue mythische oder mystische Ganzheit zu binden. Hierzu gehören Hugo von Hofmannsthal, Hermann Hesse, Robert Musil, Rainer Maria Rilke, Alfred Döblin, Hans Henny Jahnn. Das Verhältnis Thomas Manns zum Mythos ist ironisch gebrochen. Auch die abendländische Geistesgeschichte kann zu einem quasi mythischen Raum werden, in dem der einzelne wieder Halt sucht, so zum Beispiel bei Rudolf Borchardt und Rudolf Alexander Schröder. Joseph Roth mythisiert nach seiner ersten sozialistischen Phase das alte Österreich. Eine zweite, linksbürgerliche Gruppe nimmt politisch Stellung. Dabei gehen die Autoren von massenpsychologischen oder soziologischen Analysen aus. Zu ihnen zählen Heinrich Mann, Karl Kraus, Kurt Tucholsky, Lion Feuchtwanger, Arnold Zweig, Ödön von Horváth, Oskar Maria Graf. Die dritte Gruppe schließlich wird von den Vertretern der proletarisch-revolutionären Literatur gebildet.

Proletarisch-revolutionäre Literatur

Die älteren Ansätze einer Arbeiterliteratur im Umkreis der SPD entwickeln sich nicht nennenswert weiter. Statt dessen aber wenden sich Schriftsteller der expressionistischen Generation, die den Ersten Weltkrieg erlebt haben, anarchistischen oder kommunistischen Positionen links von der SPD zu. Zu ihnen gehören Egon Erwin Kisch, Johannes R. Becher, Franz Jung, Ernst Toller, B. Traven (auch: Ret Marut, eigentlich Hermann Otto Feige), Erich Mühsam, Friedrich Wolf, Theodor Plievier. Aus der agitatorischen Arbeit für die KPD gehen Arbeiterschriftsteller wie Willi Bredel, Hans Marchwitza, Ludwig Turek und Erich Weinert hervor. Mitte der zwanziger Jahre beginnt Bertolt Brecht mit seinen marxistischen Studien. Es entsteht eine umfangreiche, vom Arbeiterlied über Romane und Autobiographien reichende Literatur mit häufig dokumentarischem Charakter. Theaterkollektive werden gegründet (s. unten Seite 222). Die literarische Praxis wird begleitet von einer Diskussion über das Verhältnis von Intellektuellen und Arbeitern, Kunst und Politik, in welcher der Ungar Georg Lukács der führende Kopf ist.

Antimoderne und völkischer Mythos

Auch die Antimodernen, denen sich nun zusätzliche Autoren anschließen, gehören zu denen, die Halt in überpersönlichen Bindungen suchen. Aus dem Idealbild des Aristokraten entwickelt sich nach dem Krieg dasjenige einer Elite heroisch-aristokratischer Ästheten. Der späte Stefan George zeichnet dieses Bild, Gottfried Benn tut es im Anschluß an seine expressionistische Phase, ebenso Rudolf Binding sowie Ernst Jünger mit seinen Kriegsbüchern ‚In Stahlgewittern. Aus dem Tagebuch eines Stoßtruppführers‘ (1920) und ‚Der Kampf als inneres Erlebnis‘ (1922). Das Verhältnis dieser Autoren zum Nationalsozialismus ist unterschiedlich; der Gedanke einer aristokratisch-ästhetischen Elite stand der nationalsozialistischen Praxis eher entgegen. Die Autoren, die sich der NS-Bewegung anschließen, führen das völkische Denken der Antimoderne weiter zur Lehre von der rassischen Überlegenheit des Deutschtums. Diese Position, häufig verbunden mit Soldatenethos und dem Ideal eines undemokratischen Ständestaates, vertreten schon früh Erwin Guido Kolbenheyer (‚Paracelsus‘, 1914–1924; ‚Heroische Leidenschaften‘, 1927) und Hans Grimm (‚Volk ohne Raum‘, 1926). Großen Erfolg hatten die vielen nationalistischen Kriegsbücher wie etwa Werner Beumelburgs ‚Gruppe Bosemüller. Der Roman des Frontsoldaten‘ (1930).

Philosophische Grundlagen. Die Philosophie *Friedrich Nietzsches* (s. oben Seite 196f.) beherrscht auch diese Epoche. Das existentielle Denken wird angeregt durch das spät erst beachtete Werk des Dänen *Sören Kierkegaard,* eines Zeitgenossen Schopenhauers. Kierkegaard geht vom vereinzelten sterblichen Menschen aus, der seiner Existenz einen ewigen Sinn geben muß, will er nicht in Verzweiflung verfallen. Das kann er aber nicht aus eigener Kraft. Denn selbständiges Denken kann zwischen zeitlicher Existenz und Ewigkeit nicht vermitteln. Es bleibt stecken in der Selbstbeobachtung, solange der Mensch sich als konkretes Wesen nicht aus dem Blick verlieren will, und gerade das soll er ja nicht. Der Mensch muß sich daher für den christlichen Glauben an einen ewigen Gott entscheiden, der in der zeitlichen Existenz mit all ihren leidvollen Bedingtheiten Gestalt gewann, der also durch sein Leben den für den Menschen unlösbaren Widerspruch gelöst hat. Die Weisen der Selbstbeobachtung, die Kierkegaard durchspielt, faszinierten schon manche der älteren Generation. Jetzt fühlen sich viele von den Themen der Vereinzelung, der Angst und der persönlichen Entscheidung angesprochen.

Erkenntnistheoretisch greift man, soweit man vom vereinzelten Menschen ausgeht, weiterhin auf den Empiriokritizismus zurück (s. oben Seite 196). Auch die Psychoanalyse *Sigmund Freuds* hat noch großen Einfluß; man versucht sie häufig massenpsychologisch zu erweitern. Auf der Suche nach neuen Bindungen wenden sich die Autoren den unterschiedlichsten religiösen und philosophischen Lehren zu; jeder sucht seine eigene Lösung. Die anarchistischen Autoren lernen von dem Franzosen *Pierre Joseph Proudhon* und dem Russen *Michael Bakunin,* zwei Philosophen des 19. Jahrhunderts, die kommunistischen von *Marx* und *Engels* (s. oben Seite 155), teilweise auch von *Wladimir Iljitsch U. Lenin,* dem Kopf der sowjetischen Revolution, die Antimodernen gehen auf den nationalistisch und antisemitisch verfälschten Nietzsche zurück, daneben vor allem auf *Langbehn* (s. oben Seite 195) und den pessimistischen Kulturphilosophen *Oswald Spengler.*

11.2 Literarisches Leben

Massenkultur Das zahlreiche, nach Zerstreuung verlangende Großstadtpublikum läßt organisierte Massenkultur zum lohnenden Geschäft werden. Varietés, Revuen und Sportveranstaltungen werden für den Massenbesuch eingerichtet. Schlagermusik liegt in der Luft. Große Verlagshäuser wie Mosse, Ullstein und Scherl leben im wesentlichen von Zeitschriften und Illustrierten; Reklame ist die Hauptsache, schöne Literatur ist Nebensache. Presse, Informations- und Unterhaltungsindustrie verschmelzen im Hugenberg-Konzern zu einem Imperium, das u.a. über Zeitungen, Zeitschriften und Groschenhefte verfügt, über Druckereien, eine Nachrichtenagentur und vor allem über die ‚Ufa', Deutschlands größten Filmvertrieb. Diesen konservativen bis reaktionären Unternehmungen steht auf der Linken nur die von Willi Münzenberg herausgegebene ‚Arbeiter-Illustrierte Zeitung' gegenüber. Angesichts der Massenkultur müssen die Autoren einen neuen, einen auffälligen, provozierenden, spannenden Stil finden oder sich pressewirksam verkaufen. Theaterstücke stehen und fallen mit ihrer mehr oder weniger aufsehenerregenden Inszenierung.

Film Technisch wird die Massenkultur ermöglicht durch die Schallplatte, den billigen Druck von Fotos in hohen Auflagen, durch den Hörfunk (ab 1923) und vor allem durch den Film (erstes Kino in Deutschland 1910). Daß er das Fremde und Geheimnisvolle ganz realistisch vor Augen stellen kann, nähert den Film derjenigen Literatur an, die die gewohnte Welt verfremden will. Darum sind Autoren wie Kafka von ihm fasziniert. Die Expressionisten lassen sich von den hektischen Bewegungen der frühen 'lebenden Bilder' mitreißen. Viele Schriftsteller versuchen sich als Verfasser von Filmszenarios. Bald werden die erfolgreichen Bücher der hohen Literatur auf die Leinwand gebracht. Filmische Darstellungstechniken gehen in die Schreibweise und in die Bühneninszenierungen ein. Erwin Piscator und Bertolt Brecht haben die Möglichkeiten des neuen Mediums produktiv zu nutzen verstanden.

Berlin Das literarische Leben konzentriert sich mehr und mehr auf Berlin. Hier ist die Herausforderung durch die Massenkultur am größten, erlebt man am eindringlichsten den Widerspruch zwischen Geschäft und Kunst, ist man dem faszinierenden technischen Fortschritt am nächsten. Hier sind auch die sozialen Spannungen, ist der Widerspruch zwischen erstarrter nationalistischer Fassade und hektischem

Lebensrhythmus am deutlichsten. Während die Antimoderne die Großstadt ablehnt, ist das Verhältnis der anderen Richtungen zu ihr meist zwiespältig; im Expressionismus wird sie als Ungeheuer dargestellt.

Zeitschriften Kennzeichnend für das rege literarische Leben und das starke gesellschaftskritische Engagement der Schriftsteller sind die vielen literarischen Zeitschriften, die alle zugleich politische Themen behandeln. Konservativ sind ‚Der Türmer', ‚Süddeutsche Monatshefte', ‚Hochland', ‚Die Hilfe'; weltbürgerlich-liberal ‚Die Neue Rundschau' und ‚Der Neue Merkur'; republiktreu und linksbürgerlich ‚Die Weltbühne' (herausgegeben von Carl von Ossietzky und Kurt Tucholsky) und ‚Das Tage-Buch'. Das völkisch-antimoderne Denken fand das wichtigste seiner vielen Organe in der kulturpolitischen Zeitschrift ‚Die Tat'. ‚Die Aktion' von Franz Pfemfert wandelte sich von einer literarischen Zeitschrift, an der die meisten Expressionisten mitarbeiteten, zu einer rein politischen, die anarchistische und marxistische Positionen zu verbinden suchte. Auch ‚Der Sturm', von Herwarth Walden (eigentlich Georg Levin) herausgegeben, der zunächst die expressionistischen Künste in ihrem Zusammenhang darstellte, vertrat später mehr und mehr eine kommunistische Politik. Angesichts der wachsenden nationalsozialistischen Bedrohung schlossen sich die kommunistischen Schriftsteller 1928 im BPRS (Bund Proletarisch-Revolutionärer Schriftsteller Deutschlands) zusammen, dessen theoretisches Organ, ‚Die Linkskurve', gegen faschistische, aber auch gegen linksbürgerliche Auffassungen polemisierte. Eine Sonderstellung nehmen ‚Die Zukunft' (Maximilian Harden) und ‚Die Fackel' (Karl Kraus) ein, zwei Zeitschriften, die von den Herausgebern größtenteils auch selbst geschrieben wurden und einen individuell-moralischen Standpunkt in Kunst und Politik vertreten.

Proletarisches Theater Aus den alten Volksbühnen (s. oben Seite 198) entstand die lose mit der SPD verbundene Volksbühnenbewegung, eine Theatergemeinschaft, die den Arbeitern neben Unterhaltung hauptsächlich klassische Bildung und auch nichtkommunistische Gesellschaftskritik anbot. Gegen dieses Programm bildete sich innerhalb und außerhalb der Volksbühnenbewegung eine linke Opposition, die teilweise vom sowjetrussischen 'Proletkult' (Kurzbezeichnung für: proletarische Kultur) angeregt war, der durch eine neue, experimentelle Literatur das Klassenbewußtsein der Arbeiter heben wollte. So kam es u.a. zu Massenfestspielen mit Arbeiterschauspielern. Wegweisend waren die Inszenierungen Erwin Piscators: Die kollektiv erarbeiteten Stücke wurden teilweise von Arbeitern gespielt; bei den Aufführungen, die in politische Aktivitäten der linken Parteien eingebunden waren, verwendete Piscator Bildprojektionen und Filme, um zu aktualisieren und zu dokumentieren, sowie die Simultanbühne, die im Nebeneinander mehrerer Spielorte das Nebeneinander der gesellschaftlichen Kraftzentren spiegelt.

Kabarett Der expressionistische Protest kam auch dem Kabarett zugute, etwa dem ‚Neopathetischen Cabaret', das 1910 in Berlin entstand und dem u. a. Kurt Hiller, Georg Heym und Else Lasker-Schüler angehörten. 1916 gründeten die Dadaisten das ‚Cabaret Voltaire' in Zürich. Ihre Blüte erlebte die Kabarettkultur jedoch im Berlin der zwanziger Jahre. Fürs alte ‚Schall und Rauch' schrieben Joachim Ringelnatz (eigentlich Hans Bötticher) und Erich Mühsam, zwei Anarchisten aus der Münchner Boheme; die Chansons Kurt Tucholskys und Walter Mehrings, der 1920 das ‚Politische Kabarett' gründete, wurden hier vorgetragen.

11.3 Theorie und Formen der Literatur

Montage Dem hektischen Lebensrhythmus einer zusammenhanglos scheinenden Welt entspricht die Literatur durch Montage. Mit diesem ursprünglich filmtechnischen Begriff ist die lose Reihung von Szenen oder Bildfolgen gemeint, die keinen, zumindest keinen sogleich erkennbaren handlungsmäßigen oder sachlichen Zusammenhang haben, sondern eher assoziativ oder symbolisch aufeinander verweisen. Die Montage, die in Lyrik, Dramatik und Prosa verwendet wird, erweckt den Eindruck gereihter Momentaufnahmen; es scheint, als springe der Autor willkürlich, oft auch hektisch von einem Gegenstand zum anderen. Verwandt hiermit ist die Collage. Der Begriff stammt aus der darstellenden Kunst. Berühmt wurden die fotografischen Collagen John Heartfields, zu denen Kurt Tucholsky teilweise die Kommentare schrieb. In der Literatur bezeichnet man mit Collage die Reihung vorgeformten Sprachmaterials, von Zeitungsausschnitten oder gängigen Redewendungen, wie die Massenkultur sie zur Verfügung stellt.

Expressionistisches Pathos In Revolte und Ekstase versuchen die Expressionisten, die Massenkultur gleichsam zu überschreien, und ähneln sich ihr eben dadurch an: Die pathetische Gebärde, der plakathafte Aufruf, der reklamehafte Superlativ sollen den Leser aufrütteln. Dieses Pathos ist durch die Verbindung von Bewegung und Starre geprägt. Einerseits werden die strengen Formen aufgelöst, nichts soll den Sprachrausch hemmen, Verben heftiger Bewegung herrschen vor. Andererseits werden die Sätze verkürzt; Konjunktionen und Adjektive, das, was verbindet und veranschaulicht, entfallen; die Substantive und Ausrufe stehen wie starre Blöcke nebeneinander, die Verben werden häufig substantiviert. Alles soll ebenso mitreißend wie endgültig sein.

Dokumentarstil Auf der Linken und bei den Autoren, die von der Neuen Sachlichkeit beeinflußt sind, will man die Leser durch dokumentarische Züge von seiner politischen Auffassung oder von seiner technisch-sachlichen Haltung überzeugen. Theaterstücken und Romanen wird statistisches Material zugrunde gelegt. Sie nähern sich so der Reportage an, die in einzelnen Fällen zu einer eigenwertigen literarischen Gattung mit künstlerischem Anspruch aufsteigt (Egon Erwin Kisch, Arthur Holitscher). Die zahlreichen Biographien und Geschichtsromane der Epoche bezeugen, wie sich dokumentarisches mit psychologischem Interesse verbindet.

Lyrik des Expressionismus Pathos, aber mehr noch die Reihung des Zusammenhanglosen kennzeichnen die Lyrik des Expressionismus. Ihre äußerste Verkürzung erreicht die lyrische Sprache bei Stramm, während sich in Stadlers Langzeilen der Lebenskult der älteren Generation äußert, jetzt in der Form des gewaltsamen, lustvollen Aufbruchs. Insgesamt schwanken die expressionistischen Lyriker zwischen Einheitssehnsucht und Provokation. Mit pathetischer Gebärde verlangt Becher nach Frieden und Brüderlichkeit. Nach Brüderlichkeit und Erbarmen in mystischer Einheit aller sehnt sich Werfel. Lasker-Schüler beruft das Kindererlebnis von der Einheit der Welt. Benn verbirgt die Sehnsucht nach allgemeiner Verschmelzung unter der Parodie des Idyllischen und der Reduktion des Menschen auf die ekelerregende tote Materie. Heym verwandelt das Alltägliche provozierend ins dämonisch Mythische. Das Selbstverständnis des Expressionismus spricht aus den Titeln der zeitgenössischen Gedichtsammlungen; ‚Menschheitsdämmerung' bietet eine heute noch gültige Auswahl. Der Reihungsstil kennzeichnet auch die expressionismusnahe Lyrik Trakls, der die existentielle Verzweiflung des Menschen in der entfremdeten Welt anspricht.

Georg Heym: ‚Der ewige Tag' (1911). *Gottfried Benn: ‚Morgue und andere Gedichte'* (1912). *August Stramm: ‚Gedichte'* (1913). *Ernst Stadler: ‚Der Aufbruch'* (1914). *Johannes R. Becher: ‚An Europa'* (1916). *Franz Werfel: ‚Gesänge aus den drei Reichen'* (1917). *Else Lasker-Schüler: ‚Die gesammelten Gedichte'* (1917).

Expressionistische Gedichtsammlungen: *‚Kameraden der Menschheit, Dichtungen zur Weltrevolution'*, herausgegeben von Ludwig Rubiner (1919). *‚Menschheitsdämmerung, Symphonie jüngster Dichtung'*, herausgegeben von Kurt Pinthus (1920). *‚Verkündigung, Anthologie junger Lyrik'*, herausgegeben von Rudolf Kayser (1921).

Dichtung der Existenz, dem Expressionismus nahestehend: *Georg Trakl: ‚Die Dichtungen'* (1919).

Lyrik neben und nach dem Expressionismus

Neben und nach dem Expressionismus versucht die Antimoderne, die antiken und klassischen Formen der Lyrik zu bewahren (Schröder). Der späte Stefan George teilt das antimoderne Denken (s. oben Seite 211f.). Auch Karl Kraus wendet sich mit seiner Gedankenlyrik rückwärts, allerdings um durch Bewahrung der Sprache vor der Massenkultur auch die immer noch zukunftweisenden bürgerlichen Freiheiten zu erhalten. Einen ganz eigenen Weg findet Rilke in seinem Spätwerk (s. oben Seite 213). Ein scheinbar lässiges Dahinreden kennzeichnet die nachexpressionistischen Gedichte Benns. Zusammen mit dem wehmütigen Benennen untergehender exotischer Schönheit und sinnleer gewordener Mythen kleidet es sich in einlullenden Rhythmus und kalkulierten Wohllaut.

Karl Kraus: ‚Worte in Versen‘ (9 Folgen, 1916–1930). *Rainer Maria Rilke: ‚Sonette an Orpheus‘* (1923), *‚Duineser Elegien‘* (1923). *Gottfried Benn: ‚Gesammelte Gedichte‘* (1927). *Stefan George: ‚Das neue Reich‘* (1928). *Rudolf Alexander Schröder: ‚Mitte des Lebens‘* (1930).

Kabarettistische und politische Lyrik

Von der Lyrik des Kabaretts und der politischen Linken gehen neue Impulse aus. Vor allem die Ballade ändert sich. Sie besingt, teilweise in der Tradition Wedekinds, die antibürgerlichen Nichthelden, die Außenseiter und Verachteten, oder sie feiert die Werke und Leiden der namenlosen Proletarier. Weinert, der vom Kabarett zur Arbeiterdichtung kommt, schreibt satirische und agitatorische Gedichte, Balladen und Lieder (‚Der rote Wedding‘). Brecht, der sich vom Anarchisten zum Marxisten wandelt, schafft mit seinen Songs, Balladen und spruchhaften Gedichten (auch in seinen Opern) neue ästhetische Formen politischer Lyrik. Becher wird zum lyrischen Chronisten der kommunistischen Bewegung. Daneben steht das linksbürgerliche Kabarett. Tucholsky kämpft in seinen Chansons witzig, aber mit zunehmender Verzweiflung gegen spießbürgerliches, nationalistisches und obrigkeitsstaatliches Denken, insbesondere bei der reaktionären Justiz. Mehring schreibt satirische Songs; er montiert Fetzen aus der Massensprache in seine Tempo-Gedichte, die dem hektischen Lebensrhythmus der Zeit entsprechen. Später werden Kästners Chansons populär, die Sentimentalität hinter Sachlichkeit und Ironie verstecken.

Walter Mehring: ‚Das politische Cabaret‘ (1919), *‚Das Ketzerbrevier‘* (1921). *Kurt Tucholsky: ‚Fromme Gesänge‘* (1919), *‚Das Lächeln der Mona Lisa‘* (1929), *‚Deutschland, Deutschland über alles‘* (1929). *Bertolt Brecht: ‚Bertolt Brechts Hauspostille‘* (1927). *Erich Weinert: ‚Politische Gedichte‘* (1928). *Erich Kästner: ‚Herz auf Taille‘* (1928). *Johannes R. Becher: ‚Der große Plan‘* (1931).

Expressionistisches Drama Die expressionistische Reduktion aufs abstrakt Typische führt beim Theater zu äußerster Vereinfachung des Bühnenbildes; man experimentiert mit Klang- und Lichteffekten. Oft haben die Figuren in den Stücken keine individuellen Namen. Das Drama kreist um die Frage, ob die metaphysische Wandlung des einzelnen zum neuen Menschen glückt oder nicht, oder es zeigt, wie der neue Mensch an der Heuchelei der Spießbürger oder am Unverständnis der Massen scheitert. Man montiert die Stationen der Wandlung oder des Scheiterns zu Bildfolgen zusammen; dabei kommt es weniger auf bündige Handlung und geschlossenen Spannungsbogen als auf ausdruckskräftige, exemplarische Einzelszenen an. Bei den wichtigsten Autoren deuten sich hier schon die eigenen Wege an, die sie weitergehen werden: Barlach fragt nach der Möglichkeit der Annäherung an Gott, Kaiser nach einer Ethik in der Massengesellschaft, Toller nach den ethischen Folgerungen aus Krieg und gescheiterter Revolution. Brechts frühes Stück ist eine Parodie des Expressionismus, ihm in Form und Lebenskult aber verbunden.

Reinhard Johannes Sorge: ‚Der Bettler. Eine dramatische Sendung‘ (1912). *Walter Hasenclever: ‚Der Sohn‘* (1914). *Georg Kaiser: ‚Von morgens bis mitternachts‘* (1916), *‚Die Bürger von Calais‘* (1917), *‚Die Koralle‘* (1917), *‚Gas‘* (1918), *‚Gas. Zweiter Teil‘* (1920). *Reinhard Goering: ‚Seeschlacht‘* (1918). *Ernst Barlach: ‚Der arme Vetter‘* (1918), *‚Die echten Sedemunds‘* (1921). *Ernst Toller: ‚Masse Mensch. Ein Stück aus der sozialen Revolution des zwanzigsten Jahrhunderts‘* (1920), *‚Die Maschinenstürmer. Drama aus der Zeit der Ludditenbewegung in England‘* (1922), *‚Hinkemann‘* (1923). *Bertolt Brecht: ‚Baal‘* (1920).

Religiöses Drama Einige Autoren versuchen, durch religiöse Bindung einen Weg aus Elend, Streit und Grausamkeit zu finden. Schon Hofmannsthals Stücke und Opern haben letztlich eine religiöse Grundlage in der geglaubten Ganzheit des Daseins (s. oben Seite 208). Das Ringen um Gott kennzeichnet die Dramen Barlachs, der sich sehr rasch von der ethischen Unabhängigkeit des expressionistischen neuen Menschen löst. Jahnn geht von der christlichen auf frühe nichtabendländische Religionen zurück.

Hugo von Hofmannsthal: ‚Der Rosenkavalier‘ (1911), *‚Der Schwierige‘* (1921), *‚Das Salzburger große Welttheater‘* (1922), *‚Der Turm‘* (1923–1925). *Hans Henny Jahnn: ‚Pastor Ephraim Magnus‘* (1919), *‚Medea‘* (erste Fassung 1926, zweite Fassung 1959). *Ernst Barlach: ‚Die Sündflut‘* (1924), *‚Der blaue Boll‘* (1926).

Gesellschaftssatire in der Komödie Der Fassadencharakter der Gesellschaft und das Schablonenhafte der Massenkultur fordern die satirische Komödie heraus, die der kritisierten Welt freilich keine Alternative gegenüberstellt. Diese Gesellschaftssatire beginnt mit Wedekinds späten Stücken (s. oben Seite 206f.). Thoma stellt sie noch in den Rahmen des traditionellen Volksstücks. Sternheims

Bürgersatire verwendet expressionistische Stilmittel und Wertungen wie sprachliche Verkürzung und die Verherrlichung rücksichtsloser Lebenskraft, um die Kleinbürgergesinnung zynisch zu bejahen. Auch Brechts Heimkehrerstück bezieht seine Stärke aus der Kleinbürgersatire. Bei Goll verwandelt sie sich in die surrealistische Groteske. Kraus gebraucht in seiner monumentalen grotesk-satirischen Revue die Zitatmontage, um die verlogene Sprache der Kriegsbejaher zu entlarven. Tollers groteske Darstellung der Inflationsgesellschaft zeigt schon den aufkommenden Massenwahn, der nach dem Diktator ruft. Musil spiegelt das stereotype Rollenverhalten in einer kommerzialisierten Welt. Zuckmayers schwankhafter Rückblick auf den wilhelminischen Obrigkeitsstaat endet versöhnlich.

Ludwig Thoma: ‚Moral‘ (1908). *Carl Sternheim: ‚Die Hose‘* (1911), *‚Bürger Schippel‘* (1913), *‚Der Snob‘* (1914), *‚1913‘* (1915), *‚Das Fossil‘* (1922). *Karl Kraus: ‚Die letzten Tage der Menschheit‘* (erste Fassung 1918/19, zweite Fassung 1922). *Bertolt Brecht: ‚Trommeln in der Nacht‘* (1919). *Ernst Toller: ‚Der entfesselte Wotan‘* (1923). *Robert Musil: ‚Vinzenz und die Freundin bedeutender Männer‘* (1924). *Yvan Goll (eigentlich Isaac Lang): ‚Methusalem oder Der ewige Bürger‘* (1924). *Carl Zuckmayer: ‚Der Hauptmann von Köpenick. Ein deutsches Märchen‘* (1931).

Zeitstück, Volksstück, lehrhaftes Theater

Gesellschaftskritisch sind auch die ernsthaften Stücke. Die Standpunkte der Autoren reichen von linksbürgerlichen bis zu proletarisch revolutionären. Vorherrschend ist das reportagehafte Zeitstück; es erscheint als Zeitrevue aus gereihten Kurzszenen (Toller) oder als Debattenstück, das eine Gerichtsverhandlung vorführt oder doch den Zuschauer zum Richter über die Wechselreden macht (Lampel, Wolf). Seltener ist das traditionell gebaute historische Drama (Bruckner). Das zunächst noch traditionelle Volksstück (Thoma), das auch expressionistische Formen kennt (Lasker-Schüler), wird von Fleißer mit dem Zeitstück verbunden. Sie zeigt, wie das bedrohte kleinbürgerliche Patriarchat der Provinz sich brutal behauptet. Horváth treibt die hier vorgenommene Entmystifizierung des Volkstümlichen noch weiter (s. unten Seite 261). Mit ‚Mann ist Mann‘ und seinen beiden Opern beginnt das lehrhaft erzählende Theater Brechts, das unterschiedliche Elemente des zeitgenössischen Theaters mit distanzierter Gesellschaftskritik verbindet, ohne sich bei der oberflächlichen zeitgeschichtlichen Aktualität aufzuhalten.

Else Lasker-Schüler: ‚Die Wupper‘ (1909). *Ludwig Thoma: ‚Magdalena‘* (1912). *Marieluise Fleißer: ‚Fegefeuer in Ingolstadt‘* (1926), *‚Pioniere in Ingolstadt‘* (erste Fassung 1928, zweite Fassung 1929). *Bertolt Brecht: ‚Mann ist Mann. Die Verwandlung des Packers Galy Gay in den Militärbaracken von Kiloa im Jahre neunzehnhundertfünfundzwanzig‘* (1926), *‚Die Dreigroschenoper‘* (1928), *‚Aufstieg und Fall der Stadt Mahagonny‘* (1930). *Ernst Toller: ‚Hoppla, wir leben!‘* (1927).

Peter Martin Lampel: ‚Revolte im Erziehungshaus‘ (1928). *Friedrich Wolf: ‚Cyankali‘* (1929), *‚Die Matrosen von Cattaro‘* (1930). *Ferdinand Bruckner (eigentlich Theodor Tagger): ‚Elisabeth von England‘* (1930).

Erzählkrise Die Erzählkrise, die in der vorangegangenen Epoche begann, verstärkt sich. Das einfache Beschreiben eines sich entwickelnden Zusammenhangs ist überholt angesichts des verlorenen Glaubens an sinnvolle Zusammenhänge überhaupt, insbesondere an die biographische Einheit des erlebenden Ich. Die Autoren führen neue Erzähltechniken ein bzw. führen die Neuerungen der vorangegangenen Epoche weiter (Montage, innere Rede, Reihung von Assoziationen, dokumentarische, belehrende, analysierende und essayistische Darstellung). Häufig wird, ausgesprochen oder unausgesprochen, das Problem des Erzählens im Text selbst reflektiert. Die äußere Handlung tritt demgegenüber zurück. Die Krise läßt das Erzählen also nicht versiegen, sondern sie fordert das Experimentieren mit neuen Formen heraus.

Erzählung Der geschlossene novellistische Spannungsbogen entspricht nicht mehr dem neuen Wirklichkeitsverständnis. Novellen im herkömmlichen Sinn, auch wenn viele den Begriff noch gebrauchen, werden nur noch von den epigonalen Autoren geschrieben. Am besten faßt man die vielen neuen Kleinformen unter dem neutralen Begriff der Erzählung zusammen. Eine charakteristische neue Form ist die gedrängte, auf eine unerwartete Pointe hinzielende Kurzgeschichte, die zunächst für den Leser der Massenpresse bestimmt ist.
Die kleine Prosa des Schweizers Walser ist noch teilweise der impressionistischen Skizze verpflichtet; sie beschreibt Fremdheit, Sinnlosigkeit, Gleichgültigkeit, auf welche der Erzähler mit ironischer Distanzierung, auch sich selbst gegenüber, reagiert. Angesichts einer Welt, in der nichts Sinnvolles geschieht, wird der Erzählvorgang zum Selbstzweck, obwohl auch er letzten Endes gleichgültig ist. Daß Walser schließlich verstummt, ist insofern folgerichtig. Nicht einmal mehr spielerische Ironie herrscht in Kafkas Erzählungen. Die beängstigende Sachlichkeit des Grotesken, die sich hier ausbreitet, trifft genau die Erfahrung existentieller Entfremdung.
Viele Erzählungen kreisen um die Auflösung des isolierten Ich. Das kann, so wie bei Ehrenstein und Einstein, mit der Provokation durch Satire und Groteske verbunden sein. Bei Döblin entsteht die Groteske aus dem Zusammenprall der fremden Dingwelt mit dem krankhaften Innern. Benn beschreibt das moderne Bewußtsein, dem alles außer den isolierten Fakten fragwürdig geworden ist. Stefan Zweig, Werfel und Schnitzler bringen die verdrängten Gefühle zur Sprache. Heym und Sternheim suchen aus der Ichproblematik in die Ekstase auszuweichen. Musil flüchtet aus dem Labyrinth eines fremd gewordenen Innern in

einen Bereich mystischen Zusammenhangs. Hesse verbindet den älteren Gegensatz zwischen Außenseiter und Spießbürgerwelt mit dem Rückzug in eine Welt des Innern, die manchmal eher sentimental idyllisch, manchmal eher faszinierend bedrohlich ist.
Das Bewußtsein, daß die private Idylle den gesellschaftlichen Umwälzungen nicht standhalten kann, äußert sich bei Thomas Mann in wehmütiger Ironie. Heinrich Mann und Brecht wenden den Blick vom Privaten ab. H. Mann analysiert sozialpsychologisch die Tendenz zum Totalitarismus. Brecht entwickelt in seiner Kurzprosa einen sachlich-unpsychologischen Erzählstil; er wendet sich gegen das konventionelle Kunstverständnis, löst sich aber auch von der Neuen Sachlichkeit, der er diesen Erzählstil mit verdankt.

Hermann Hesse: ‚In der alten Sonne‘ (erste Fassung 1908, zweite Fassung 1930), *‚Klein und Wagner‘* (1919). *Alfred Döblin: ‚Die Ermordung einer Butterblume‘* (1910). *Albert Ehrenstein: ‚Tubutsch‘* (1911). *Stefan Zweig: ‚Erstes Erlebnis‘* (1911). *Carl Einstein: ‚Bebuquin oder Die Dilettanten des Wunders‘* (1912). *Georg Heym: ‚Der Irre‘* (1913). *Franz Kafka: ‚Das Urteil‘* (1912), *‚Die Verwandlung‘* (1915), *‚In der Strafkolonie‘* (1919), *‚Ein Hungerkünstler‘* (1922). *Carl Sternheim: ‚Busekow‘* (1913). *Gottfried Benn: ‚Gehirne. Novellen‘* (1916). *Robert Walser: ‚Der Spaziergang. Erzählungen‘* (1917). *Franz Werfel: ‚Nicht der Mörder, der Ermordete ist schuldig‘* (1920). *Arthur Schnitzler: ‚Fräulein Else‘* (1924). *Thomas Mann: ‚Unordnung und frühes Leid‘* (1925). *Heinrich Mann: ‚Kobes‘* (1925). *Bertolt Brecht: ‚Die Bestie’* (1928). *Robert Musil: ‚Die Amsel‘* (1928).

Roman Der Blick der Romanautoren kann sich auf die gesellschaftlichen Mächte richten, denen der einzelne ausgeliefert ist. Das Gefühl der Ohnmacht und Sinnlosigkeit kann bewirken, daß an die Stelle sich entwickelnder Handlung die Darstellung des Immergleichen, manchmal des Absurden tritt. Walser und Kafka beschreiben heruntergekommene, surrealistisch wirkende Institutionen, in die der einzelne eingebunden ist. Während Walsers labile Helden schließlich in eine ungewisse Freiheit entlassen werden, bleiben die Menschen in Kafkas Romanen gefangen. Schnitzler stellt scheinbar einen geschlossenen Lebenslauf dar, tatsächlich aber den seelischen und gesellschaftlichen Niedergang einer Frau, deren Leben in immergleicher Zufälligkeit und Vergeblichkeit verläuft. In Arnold Zweigs Antikriegsroman verwandelt sich die Absurdität der Institutionen und die Fremdheit herrschender Gewalt in konkret benennbare und politisch kritisierbare Unmenschlichkeit. Heinrich Mann analysiert satirisch die Opportunisten, welche die menschenverachtende Herrschaft stärken, indem sie sich ihr anpassen.
Der Frage, wie der Mensch sein Leben einrichten soll in einer Zeit, welche die Zerstörung überkommener Werte und die Entfesselung sinnloser Gewalt erlebt hat, gehen die Autoren nach, indem sie die Form des Bildungsromans (s. Seite 111) aufnehmen und zugleich auflösen. Zwi-

schen der metaphysischen Sinngebung der Bildung und der Gesellschaft, in der sie anzuwenden wäre, herrscht eine unüberbrückbare Kluft. Döblins Helden lernen die Absage an jegliche Gewalt, die Helden Hesses werden von anderen in ihr fremdes Inneres eingeführt, wobei sie teilweise auch herrschende Gewaltmechanismen entdecken. In beiden Fällen kommen die Gestalten nicht dazu, ihre neue Haltung in der Wirklichkeit zu bewähren. Die Rückkehr zum Kreatürlichen und die Beendigung einer Menschheitsgeschichte aus Kriegen und Untaten wird in Jahnns Roman einem jungen, handlungsunfähigen Menschen aufgetragen. Thomas Mann entläßt seinen jungen Bildungsbürger in die tödliche Ungewißheit des Krieges. Musils philosophischer Roman zeigt, wie eine ganze Gesellschaft an dem Versuch scheitert, ihre Friedensvorstellungen, denen eine gemeinsame, verbindliche Idee fehlt, überzuführen in eine Wirklichkeit, die auf den Krieg hintreibt.

Robert Walser: ‚Der Gehülfe‘ (1908), *‚Jakob von Gunten. Ein Tagebuch‘* (1908). *Alfred Döblin: ‚Die drei Sprünge des Wang-Lun. Chinesischer Roman‘* (1915), *‚Berlin Alexanderplatz. Die Geschichte vom Franz Biberkopf‘* (1929). *Heinrich Mann: ‚Der Untertan‘* (1918). *Hermann Hesse: ‚Demian. Die Geschichte einer Jugend von Emil Sinclair‘* (1919), *‚Der Steppenwolf‘* (1927). *Thomas Mann: ‚Der Zauberberg‘* (1924). *Franz Kafka: ‚Der Prozeß‘* (1925), *‚Das Schloß‘* (1926). *Arnold Zweig: ‚Der Streit um den Sergeanten Grischa‘* (1927). *Arthur Schnitzler: ‚Therese. Chronik eines Frauenlebens‘* (1928). *Hans Henny Jahnn: ‚Perrudja‘* (1929). *Robert Musil: ‚Der Mann ohne Eigenschaften‘* (1930).

11.4 Autoren

11.4.1 Literatur der Existenz: Trakl und Kafka

Georg Trakl (1887–1914) – Verzweiflung und Konstruktivismus

Der Sohn eines wohlhabenden Salzburger Eisenhändlers studierte Pharmazie, war aber aufgrund von Rauschgiftsucht und tiefen Depressionen zu regelmäßiger Arbeit als Apotheker nicht fähig. Die Depressionen gingen auf religiöse Schuldgefühle zurück, die mit dem Leiden an der Kälte der Mutter und mit einer inzestuösen Schwesterbeziehung zusammenhingen. 1906 erschienen Trakls erste lyrische Dramen und Prosaskizzen, 1909 die ersten Gedichte, ab 1910 entstand sein reifes Gedichtwerk. Zu Beginn des Ersten Weltkriegs als Militärapotheker eingezogen, erlebte er tief verzweifelt die Schlacht um Grodek in Galizien. Bald darauf starb er an einer Überdosis Kokain. Gedichtsammlungen erschienen erst nach seinem Tod: ‚Sebastian im Traum‘ (1915), ‚Die Dichtungen‘ (1919). 1939 wurden die Jugenddichtungen unter dem Titel ‚Der goldene Kelch‘ herausgegeben.

Trakls Gedichte folgen keinem Gedanken- oder Handlungsgang, keiner Gefühlsentwicklung eines einheitlichen Ich. Sie bestehen vielmehr aus aneinandergereihten Assoziationen, die immer wieder auf den Bereich

der Schuld, der Schwermut, des Untergangs und der Sehnsucht nach Erlösung verweisen. Diesem Bereich verbunden sind Wörter, die die Vorstellung kalter, fremdartiger Schönheit suggerieren.
In einem langwierigen Arbeitsprozeß streicht Trakl alles Persönliche und Eindeutige und reduziert die Aussagen auf wenige Vorstellungen, Gestalten, Landschaften; im Grunde arbeitet er mit einer begrenzten Zahl von Schlüsselwörtern. Diese Grundelemente, einfache Aussagen oder auch nur Benennungen, werden immer wieder neu kombiniert, bis die aneinandergereihten Elemente schließlich abstrakte Entsprechungen und Gegensätze bilden, die zudem durch musikalischen Rhythmus und Wohllaut miteinander verbunden sind. So entsteht anstelle eines folgerichtigen Nacheinanders das Nebeneinander eines strukturellen Feldes.
Der Leser gewinnt dadurch den Eindruck einer chaotischen und grauenerregenden Welt, die doch auf eine unverständliche Weise geordnet erscheint. Aus den Pausen zwischen den Aussagen und Benennungen, sozusagen aus der Leere des Sinnlosen heraus, scheint eine unpersönliche Trauer und fremdartige Schönheit zu reden.

Franz Kafka (1883–1924) – Der Untergang des Ich in der verwalteten Welt

Der Sohn eines Prager Kaufmanns arbeitete nach dem Abschluß seines Jurastudiums nacheinander bei zwei Versicherungsgesellschaften. 1908 erschienen seine ersten Erzählungen. Ungelöste psychische Konflikte beeinflußten sein Schreiben, vor allem die Bindung an einen als übermächtig und zerstörend empfundenen Vater, der sich aus der Armut hatte emporarbeiten müssen und der die Eigenart seines Sohnes nicht verstand. Im ‚Brief an den Vater' (erst 1952), den dieser freilich nie erhielt, beschreibt Kafka seine Sicht des Vaterkonflikts. Die Geschichte einer unglücklichen Verlobung schlägt sich nieder in der Erzählung ‚Das Urteil' (1912) und im Roman ‚Der Prozeß' (1925). Neben dem ‚Urteil' sind von den Erzählungen zu nennen: ‚Die Verwandlung' (1915), ‚Ein Landarzt' (1917), ‚Ein Bericht für eine Akademie' (1917), ‚In der Strafkolonie' (1919), ‚Ein Hungerkünstler' (1922) und ‚Josefine, oder Das Volk der Mäuse' (1924). Ebenso wie ‚Der Prozeß' blieb auch Kafkas erster Roman, ‚Der Verschollene' (erschienen 1927), unvollendet. Das erste Kapitel des ‚Verschollenen' erschien schon 1913 gesondert unter dem Titel ‚Der Heizer'. Der einzige abgeschlossene Roman ist ‚Das Schloß' (1926). Kafka starb nach langem Leiden an Kehlkopftuberkulose.

Kafka bewahrt und zerstört zugleich die Vorstellung von einem selbständigen Ich. Er bewahrt es, indem er das Ideal der Selbständigkeit noch überhöht: Seine Helden wollen in ihrer Einzigartigkeit anerkannt werden, sie wollen sich gänzlich unterscheiden von der Masse der Gleichförmigen und Angepaßten und oft auch Unterdrückten. Oft nämlich sind die Menschen den willkürlichen Entscheidungen anonymer Mächte ausgeliefert, die nie selbst in den Blick kommen. Höchstens erscheint der

untergeordnete Teil einer Verwaltungshierarchie, von der sinnlose, widersprüchliche Befehle ausgehen, die von brutalen Handlangern vollstreckt werden (‚Der Prozeß‘, ‚Das Schloß‘).
Die Erzählperspektive verstärkt das Gefühl anonymer Übermacht. Häufig berichtet ein Erzähler nüchtern und distanziert in der Er-Form vom Helden. Der Erzähler weiß auch, was im Helden vorgeht. Über dessen Umwelt weiß er aber nicht mehr als dieser selbst, und das ist sehr wenig. Vergeblich versucht der Held, mit einem großen Aufwand an formaler Logik seine Umwelt zu verstehen. Der Leser nimmt an diesen Versuchen teil, scheinbar von einem objektiven, sachlichen Standpunkt aus, tatsächlich aber ebenso unwissend wie der Held. So erscheint die subjektive Erkenntnisschwäche als objektive Unerkennbarkeit.
Das verzweifelte Bemühen der Figuren, ihre Einzigartigkeit durchzusetzen und die absurde Welt zu durchschauen, wird nun aber von Kafka als existentielle, nicht weiter herleitbare Schuld dargestellt. Daher mißlingt das Aufbegehren, in dem der Wunsch steckt, anders und besser zu sein als die unterdrückte Masse. Es führt schließlich in Verzicht, erzwungene Selbstverleugnung, in den Untergang. Allerdings erringen die Helden mit dem vergeblichen Protest in ihrer fiktiven Umwelt zunächst größtes Aufsehen und dann, nachdem sie häufig grotesker Lächerlichkeit oder der Verachtung verfallen, immerhin Mitleid und Parteinahme des Lesers. Hierdurch erscheinen sie, wenngleich nur als lächerliche, groteske und bemitleidete Gestalten, dann doch als ganz Besondere, denen sich alle Aufmerksamkeit und Anteilnahme zuwendet. So wird die Einzigartigkeit zerstört und paradoxerweise gerade darin bewahrt.
Dieses Paradox drückt sich auch in den Tiergestalten Kafkas aus. Aus ihnen spricht der Wunsch, ausgenommen zu sein vom Gesetz der Alltagspflichten, das die Menschen unterdrückt und gleichförmig macht. Tiere können fraglos und gleichgültig ein eigenes Leben führen. Dafür bedeutet aber die „Verwandlung“ zum Tier, aus der menschlichen Gemeinschaft ausgestoßen zu werden und einsam sterben zu müssen.
Weil seine Texte über eine existentielle Schuld belehren sollen, die nicht in einer einzelnen Verfehlung liegt, wählt Kafka oft die belehrende Gleichnisrede, die Parabel. Aus seinen Parabeln lassen sich aber keine eindeutigen Schlüsse und Lehren ziehen. Sie führen vielmehr ins Paradox und verweisen auf eine absurde Welt grotesker Geschehnisse. Hierin erscheint die reale Welt verfremdet und doch für die Moderne schrecklich vertraut: Kein anderer Autor der Epoche hat deren Grunderfahrung, nämlich Isolation, Unsicherheit des Ich und Fremdheit der Welt, reiner herausgearbeitet.
Kafka durchlebte diese Grunderfahrung intensiver und auswegloser als andere, wie seine Tagebücher und Briefe erkennen lassen. Er durchlebte sie als Jude in einer antisemitischen Umwelt: Er fand keinen Halt mehr im orthodoxen jüdischen Glauben, aber konnte und wollte auch

sein Judentum nicht preisgeben. Er durchlebte sie als deutschsprachiger Dichter im fremden tschechischen Sprachgebiet, als unselbständiger Angestellter in einer verzweigten hierarchischen Verwaltung und nicht zuletzt als unselbständiger Sohn, der sich nie vom Bild des erdrückenden übermächtigen Vaters lösen konnte.

11.4.2 Der Außenseiter als Kritiker: Kraus

Karl Kraus (1874–1936)

Kraus stammt aus einer reichen, nach Wien eingewanderten Familie. Der Vater war Großkaufmann und Papierfabrikant. Während des später abgebrochenen Studiums zunächst der Rechte, dann der Philosophie und Literatur begann Kraus mit journalistischen Arbeiten. Da seine satirischen Angriffe oft nicht abgedruckt wurden, gründete er 1899 eine eigene Zeitschrift, ‚Die Fackel', deren Beiträge er ab 1912 alle selbst verfaßte. Sie erschien bis zu seinem Tode. Sein Antikriegsstück ‚Die letzten Tage der Menschheit' kam 1918/19 in Sonderheften der ‚Fackel' heraus. Die meisten seiner Bücher enthalten Beiträge, die vorher in der ‚Fackel' erschienen waren. Neben den Lyrikbänden ‚Worte in Versen' (neun Folgen, 1916–1930) und den Aphorismen (u.a. ‚Sprüche und Widersprüche', 1909) sind vor allem seine Essays zu nennen. In der frühen Essaysammlung ‚Sittlichkeit und Kriminalität' (1908) verteidigt er das Privatleben gegen die öffentliche Neugier, in den wichtigsten weiteren Sammlungen setzt er sich grundsätzlich mit der journalistischen Sprache auseinander (‚Heine und die Folgen', 1910, ‚Nestroy und die Nachwelt', 1912, ‚Literatur und Lüge', 1929). Erst nach seinem Tod erschien die Schrift ‚Die dritte Walpurgisnacht' (1952), in der er die ersten Jahre der nationalsozialistischen Herrschaft kommentiert.

In Kraus findet eine Gesellschaft, die an die pompöse Fassade glaubt, ihren satirischen Kritiker. Er entlarvt sie vom Standpunkt des Außenseiters aus, zu welchem der Intellektuelle, der als unabhängiger Einzelmensch selbständig denken will, in der Moderne geworden ist. Aus erlittener und zugleich gesuchter Isolation heraus verteidigt er die Ideale der Klassik, die offiziell immer noch gelten: Selbstbestimmung des einzelnen, Streben nach Humanität, Unabhängigkeit der Kunst von der Gesellschaft. Dabei gebraucht er die empörte Polemik und die satirische Vergrößerung des Details. Nebensächliche, scheinbar unwichtige Behauptungen, nicht zuletzt die Phrasen, über die man sonst hinweghört, werden beim Wort genommen, und es erweist sich, daß die offiziellen Ideale hier vergessen sind. Hierin liegt ein Potential an Unmenschlichkeit, dessen Ausbruch im großen Kraus befürchtet. Seine Satire nimmt es ahnungsvoll vorweg.
Anlässe seines Kampfes sind moralische Heuchelei in Justiz und Presse sowie die Verknüpfung der Kunst mit Geschäft und Werbung im literarischen Klüngelwesen und in der Wiener Massenpresse. Im Ersten Weltkrieg sieht Kraus – er war einer der ganz wenigen Schriftsteller, die keinen Augenblick der Kriegsbegeisterung verfielen – seine Ahnungen

bestätigt. ‚Die letzten Tage der Menschheit', das große Panorama des Krieges, reiht Momentaufnahmen und Dialoge, die häufig aus authentischen Zitaten montiert sind. Zitatmontagen, Allegorien, groteske Verfremdungen sollen deutlich machen, daß sich im Untergang der Humanität etwas auswirkt, was sich schon lange hinter der Fassade und in der Phrase eingenistet hatte. In den folgenden Jahren versteht Kraus sich zunehmend als Hüter der reinen, ursprünglichen Sprache, die von keinem Interesse besudelt ist.

11.4.3 Drei Lyriker: Heym, Lasker-Schüler, Benn

Georg Heym (1887–1912) – Entfremdung und Lebenskult

Der Sohn eines Staats- und Militäranwalts aus dem preußischen Schlesien studierte, hauptsächlich in Berlin, Jura und dann orientalische Sprachen, um Dolmetscher im diplomatischen Dienst zu werden. Als Fünfundzwanzigjähriger ertrank er beim Schlittschuhlaufen auf der Havel. Angeregt durch den ‚Neuen Club', eine Künstlergruppe, die im ‚Neopathetischen Cabaret' ihre Texte vortrug, schrieb er in seinen letzten beiden Lebensjahren Gedichte, welche die expressionistische Lyrik begründeten (‚Der ewige Tag', 1911, ‚Umbra vitae', 1912). 1913 erschien noch ein Band Erzählungen unter dem Titel ‚Der Dieb'.

In Heyms bewußt einfachen Gedichten scheint die Welt sinnlos und tot. Öde Weite kennzeichnet häufig die Landschaften, Enge und Erstarrung die Städte. Die Dinge gewinnen ein unheimliches Eigenleben, das Tote gewinnt dämonische Macht. Die Dingwelt kann sich zu dämonisch-mythischen Gestalten verdichten. Angesichts dieser grotesken Welt sehnt sich Heym nach dem intensiven, bewegten Leben. Doch bleibt die Lebenssehnsucht fast immer unerfüllt. Sie verwandelt sich daher in Aggression und Aufruhr. Die sinnlose Welt soll zerstört werden. Im Wunsch nach Krieg, Zerstörung und rauschhaftem Untergang liegt freilich wieder ein untergründiges Einverständnis mit dem Toten. In der industriellen Großstadt, die Heym besonders anzieht, sieht er beides, totenhafte Starre und tödlichen Aufruhr.

Else Lasker-Schüler (1869–1945) – Chiffren der verlorenen Einheit

Else Schüler stammte aus einer wohlhabenden Elberfelder Kaufmannsfamilie. Lasker ist der Name ihres ersten Mannes. Seit der Jahrhundertwende lebte sie in der Berliner Boheme, bis 1912 verheiratet mit Georg Levin, der sich auf ihre Veranlassung hin Herwarth Walden nannte. Sie war die Hauptmitarbeiterin an seiner Zeitschrift ‚Sturm'. Die Lyrik ihrer ersten Schaffensperiode ist zusammengestellt in den ‚Gesammelten Gedichten' (1917). Daneben erschienen ihr wichtigstes Stück, ‚Die Wupper' (1909), Erzählungen wie ‚Das Peter Hille-Buch' (1906) und ‚Der Prinz von Theben' (1911), Sammlungen von Gedichten und kleiner Prosa (u.a. ‚Die Nächte Tino von Bagdads', 1907) und halb erzählte, halb in Briefform geschriebene Geschichten, unter ihnen ‚Der Malik. Eine Kaisergeschichte mit selbstgezeichneten Bildern' (1919). Zu ihrem jüdischen Erbe bekannte sich die Dichterin mit den ‚Hebräischen Balladen' (1913) und den Erzählungen ‚Der Wunderrabbiner von Barcelona' (1921) und ‚Artur Aronymus. Die Geschichte meines Vaters' (1923). 1932 erschien ‚Konzert', die zweite Lyriksammlung. Im folgenden Jahr floh Lasker-Schüler vor dem Nationalsozialismus in die Schweiz. Ihre letzten Lebensjahre verbrachte sie in Palästina. Ihre späten Gedichte sind in der Sammlung ‚Mein blaues Klavier' (1943) enthalten.

In Lasker-Schülers Werk, auch im erzählerischen und dramatischen, geht es um den lyrischen Eindruck, vor allem um Trauer und Sehnsucht. Aus der Einsamkeit, unter der sie trotz vieler Bekanntschaften litt, und aus Enttäuschungen sehnt sie sich nach harmonischer Einheit. Ihre Dichtungen sind immer auf ein Du gerichtet, hoffend, daß es die Einheit gewährt, anklagend, weil es sie versagt. Zugleich wird die Einheit in dichterischer Verwandlung der Welt geschaffen mit einfachen Sätzen und wenigen chiffrenhaften Bildern, die Inneres und Äußeres, Gefühle und Dinge ohne weiteres in eins setzen, manchmal unbekümmert um grammatisch-logische Bezüge. Schließlich wird die Einheit als erreichte gezeigt: als Versöhnung der Religionen, als kosmische Entgrenzung von Ich und Du, als orientalisch-hebräische Märchenwelt, die aus der Stimmung des verlorenen Kindheitsparadieses lebt.

Gottfried Benn (1886–1956) – Todessehnsucht und Rettung in der Kunst

Benn stammt aus einer preußischen Pfarrersfamilie. Nach dem Studium der Medizin in Magdeburg und Berlin erlebte er den Ersten Weltkrieg als Militärarzt. Anschließend ließ er sich als Arzt in Berlin nieder. 1912 erschien sein erstes Bändchen expressionistischer Lyrik mit dem Titel ‚Morgue und andere Gedichte' (Morgue = Name des Pariser Leichenschauhauses). Es folgten die Bände ‚Söhne. Neue Gedichte' (1913), ‚Fleisch. Gesammelte Lyrik' (1917), ‚Schutt' (1924), ‚Betäubung' (1925), ‚Spaltung. Neue Gedichte' (1925), ‚Gesammelte Gedichte' (1927). Daneben veröffentlichte er u. a. die sogenannten Rönne-Novellen unter dem Titel ‚Gehirne. Novellen' (1916), essayistische Erzählungen um einen Arzt namens Rönne, sowie das Stück ‚Der Vermessungsdirigent. Erkenntnistheoretisches Drama' (1919).
Ab 1930 schrieb Benn hauptsächlich Essays (u. a. ‚Zur Problematik des Dichterischen', ‚Der Aufbau der Persönlichkeit. Grundriß einer Genealogie des Ich', beide 1930). 1933 nahm er zunächst für den Nationalsozialismus Stellung (‚Der neue Staat und die Intellektuellen') und sagte sich los von den geflüchteten Schriftstellern (‚Antwort an die literarischen Emigranten'). Jedoch wurde er wegen der angeblichen Unmoral seiner frühen Gedichte bald von den Nazis angefeindet. Er konnte sich schließlich nur dadurch schützen, daß er 1934 wieder in den Militärdienst eintrat, wo er ihrem Zugriff weniger ausgesetzt war. 1938 erhielt er Veröffentlichungsverbot.
Nach dem Zweiten Weltkrieg eröffnete Benn wieder eine Arztpraxis in Berlin. Nun entstand sein lyrisches Spätwerk: ‚Statische Gedichte' (1948), ‚Fragmente. Neue Gedichte' (1951), ‚Destillationen. Neue Gedichte' (1953), ‚Apreslude' (1955). Daneben schrieb er Essays und künstlerische Kurzprosa. Zur letzteren

gehört ‚Weinhaus Wolf', ‚Roman des Phänotyp', ‚Der Ptolemäer' (alle 1949). 1950 erschien sein Lebensrückblick ‚Doppelleben. Zwei Selbstdarstellungen'.

Der Pfarrerssohn erlebt die moderne Ichspaltung als Kluft zwischen Geist und Fleisch. Das so gespaltene Ich steht der äußeren Welt zudem fremd und hilflos gegenüber; ihr Wesen scheint der Erkenntnis nicht zugänglich. Trotz dieses erkenntnistheoretischen Pessimismus greift Benn die ebenfalls davon ausgehende moderne Wissenschaft an. Zwar übernimmt er von ihr die Haltung nüchterner Sachlichkeit, doch ihn stört, daß die Wissenschaft mit der Frage nach dem Wesen auch die Ichproblematik ausklammert, daß sie sich um das Leiden des entfremdeten Menschen nicht kümmert und Belangloses untersucht. Der Arzt Rönne protestiert gegen diese Wissenschaft und zugleich gegen die Vernunft, die ihr vermeintlich zugrunde liegt. Daher sucht er sich der Vernunft und dem Geist zu entziehen und sehnt sich nach Rausch und Untergang. Bilder des Untergangs und des Todes beherrschen Benns frühe Lyrik. Sie sind schockierend realistisch und sachlich, aber auch untergründig lustvoll, insofern sie auf ein Leben verweisen, das vom Geist nicht beschwert ist.
Als Gegenbereich gegen Geist und Vernunft beruft Benn etwas Ursprüngliches und Unveränderbares, das er in Mythen und biologischen Anlagen sucht und mit verschwommenen Metaphern wie z.B. „Blut" bezeichnet. Hieraus ist erklärlich, daß er die nationalsozialistische Machtübernahme zunächst begrüßte. Für kurze Zeit erhoffte er sich von ihr die Erlösung von der Einsamkeit, die Schaffung einer unentfremdeten Gemeinschaft, die er nur als vordemokratische denken konnte, und die Züchtung eines neuen, aristokratischen Menschen, der ohne Ichspaltung und unbeschwert vom Nihilismus (Verneinung der Möglichkeit, eine Wahrheit zu erkennen) leben kann.
Auf die enttäuschten Hoffnungen antworten Resignation und Melancholie. Benn führt ein „Doppelleben": im äußeren Leben vorschriftsmäßig handelnd als unauffälliger Arzt, zugleich aber alles äußere Streben vornehm aristokratisch ablehnend, zurückgezogen in denjenigen geistigen Bereich, den er nie aufgegeben hatte, in die Kunst. Die Kunst soll das banal Alltägliche, soll die Klischees der Massenkultur aufnehmen und mit Ewigem, Mythischem verbinden und so vergeistigen. Die Wehmut wird in weicher, melodisch gleitender Sprache ausgedrückt. So entsteht der Trost der Kunst: die Selbstergriffenheit über den kunstvollen Ausdruck ewigen Leidens in der banalen Welt.

11.4.4 Drei Dramatiker: Sternheim, Kaiser, Toller

Carl Sternheim (1878–1942) – Der Bürger als abstoßender Held

Sternheim wuchs im wesentlichen in Berlin auf, wo sein Vater, früher Bankier, dann Makler, dem Bankrott entgegentrieb. Dem Studium der Philosophie und Literaturgeschichte in München folgte ein unstetes Reiseleben, bis er sich 1907 mit seiner zweiten Frau, der er viele literarische Anregungen verdankte, in München niederließ. Angesichts des Nationalismus und der Intoleranz, die in der Vorkriegszeit anwuchsen, zogen sich beide 1913 nach Belgien zurück. Als sie Belgien nach Ende des Ersten Weltkrieges verlassen mußten, siedelten sie sich in der Schweiz an. Nach naturalistischen und ästhetizistischen Anfängen fand Sternheim zu eigenständigen, hauptsächlich an Wedekind anknüpfenden Komödien, die er unter dem Titel ‚Aus dem bürgerlichen Heldenleben' zusammenfaßte. Zu ihnen gehören u.a. ‚Die Kassette' (1912), die beiden Stücke ‚Bürger Schippel' (1913) und ‚Tabula rasa' (1919) sowie die „Maske"-Tetralogie, nämlich vier Komödien zur Geschichte einer Familie namens Maske (‚Die Hose', 1911, ‚Der Snob', 1914, ‚1913', 1915, ‚Das Fossil', 1922). Die Erzählungen (u.a. ‚Busekow', 1913, ‚Napoleon', 1915) erschienen gesammelt unter dem Titel ‚Chronik von des zwanzigsten Jahrhunderts Beginn' (1918).
Nach dem Krieg wandte sich Sternheim auch mit zeitkritischen Schriften an die Öffentlichkeit (‚Berlin oder Juste Milieu', 1920). Zeitkritisch ist auch der essayistische Roman ‚Europa' (1920). Das Leiden an der politischen Entwicklung der Weimarer Republik untergrub vollends die labile seelische Gesundheit des Dichters. 1927, nach der Scheidung von seiner zweiten Frau, mußte er in eine Nervenheilanstalt. 1930 kehrte er nach Belgien zurück, 1933 erhielt er Veröffentlichungsverbot in Deutschland. In Brüssel erlebte er noch die ersten Jahre des Zweiten Weltkriegs. Hochstehende Freunde sorgten dafür, daß die Nazis den Halbjuden nicht zur Kenntnis nahmen.

Sternheim träumt von dem völlig unabhängigen Menschen, der ganz aus seiner Natur heraus lebt und seine Individualität – die „eigene Nüance", wie Sternheim sagt – ohne innere Widersprüche verwirklicht. Dem stehen die Zwänge gesellschaftlicher Bindung entgegen, in der bürgerlichen Gesellschaft der Zwang, den guten Ruf zu bewahren und sich dem 'juste milieu' (frz. = goldene Mitte) anzupassen. Anders als Wedekind, der einen ganz ähnlichen Ausgangspunkt hat (s. Seite 206), fragt Sternheim kaum danach, unter welchen Bedingungen ein Miteinander der Individualisten möglich wäre, sondern nur danach, wie sich die „eigene Nüance" in der bürgerlichen Gesellschaft trotzdem durchsetzen läßt.
Sein Komödienheld schlägt die Gesellschaft mit ihren eigenen Mitteln. Er trägt eine „Maske", das heißt, er paßt sich äußerlich an, um in Wirklichkeit ungestört seinen Interessen nachgehen zu können. Listig benutzt er die anderen Menschen als Mittel zum Erfolg, kühl berechnend behandelt er zwischenmenschliche Verhältnisse als Geldverhältnisse. Sein letztes Ziel sind Reichtum, Anerkennung und Macht, die allein das unabhängige, maskenfreie Selbstsein gestatten. Der Held ist nicht abstoßender als die anderen, sondern nur konsequenter, ehrlicher.

Aber indem er ganz im Kampf um Erfolg und Aufstieg lebt, unterscheidet er sich auch nicht grundsätzlich von seinen Gegenspielern. Auch er verbirgt hinter der Fassade nur Egoismus und Machtwillen, allerdings gepaart mit Zynismus. Er vertauscht die Heuchelei, wo er ihrer nicht mehr bedarf, mit ehrlicher Brutalität. So werden Sternheims Komödien gegen seinen Willen zur beißenden, freilich auch ausweglosen Gesellschaftssatire. In ihren Helden begegnet eine verlogene Gesellschaft ihrem eigenen Wesen. Dadurch entstehen Szenen grotesker und überraschender Entlarvungskomik. Nicht die Helden werden entlarvt, sondern die herrschende Heuchelei, jegliche ideologische Beschönigung, schließlich auch die uneingestandenen Wünsche der Leser, die es durchaus genießen, daß der kühl berechnende Egoismus hier immer erfolgreich ist. Die künstlich zusammengedrängte Sprache dient dazu, das Wesentliche unverstellt herauszuarbeiten.

Georg Kaiser (1878–1945) – Die Suche nach der eigenen Tat

Der Sohn eines Magdeburger Versicherungskaufmanns arbeitete drei Jahre lang in Brasilien, von wo er 1901 zurückkehrte. Nach ersten neuromantischen Stükken, nach Parodien und Grotesken schrieb er seine großen expressionistischen Dramen. Zu ihnen gehören ‚Von morgens bis mitternachts‘ (1916), ‚Die Bürger von Calais‘ (1917) und die drei miteinander zusammenhängenden Stücke ‚Die Koralle‘ (1917), ‚Gas‘ (1918), ‚Gas. Zweiter Teil‘ (1920). Mit diesen und seinen vielen anderen Stücken wurde er zum meistgespielten Dramatiker der Epoche. Nach einem unsteten Leben, dessen aufwendiger Stil zu hohen Schulden führte, die ihn sogar ins Gefängnis brachten, ließ sich Kaiser 1921 in der Nähe Berlins nieder. Nun erschienen u. a. das Volksstück ‚Nebeneinander‘ (1923), die Komödie ‚Kolportage‘ (1924) und das Antikriegsstück ‚Die Lederköpfe‘ (1928). 1933 erhielt der Autor Aufführungs- und Veröffentlichungsverbot, 1938 flüchtete er über die Niederlande in die Schweiz. Zu den Exildramen gehören ‚Der Soldat Tanaka‘ (1940), ‚Das Floß der Medusa‘ (1945) und die Tragikomödie ‚Napoleon in New Orleans‘ (1950).

Kaiser fragt nach der Möglichkeit einer Tat, die das nichtentfremdete Wesen des Menschen an den Tag bringt, seine Individualität, die verdeckt ist durch Vermassung und durch die Herrschaft des anonymen Geldes, oder seine ursprüngliche Güte, die verschüttet ist unter Geld- und Machtgier. In den Stücken werden oft verschiedene Möglichkeiten modellhaft durchgespielt, verschiedene Haltungen gegeneinander abgewogen. Die Menschen sind häufig reduziert auf anonyme Massenwesen oder auf Repräsentanten bestimmter Haltungen. Die gedrängte und stilisierte Sprache der expressionistischen Dramen soll das Wesentliche aufzeigen, trägt aber durch ihre Einheitlichkeit zum Eindruck der Entindividualisierung bei.
Aus Kaisers Gedankenexperimenten folgt, daß die auf Weltverbesserung zielende Tat scheitern muß. Individualität und Äußerliches,

ursprüngliche Güte und materielle Interessen sind so eng miteinander verflochten, daß sie durch keine Berechnung und damit auch durch kein zweckgerichtetes Handeln mehr zu trennen sind. Absichten, auch die gutgemeinten, erreichen oft das Gegenteil des Gewollten; so entstehen tragikomische Situationen. Als akzeptable gute Tat bleibt nur diejenige übrig, die nicht auf das Gute zielt, sondern das Gute im Akt des Handelns ausdrückt. Sie ist denkbar als Verweigerung – so weigert sich der Held in den ‚Lederköpfen', weiterhin Werkzeug der Unterdrückung zu sein – oder als zweckfreies Selbstopfer wie in den ‚Bürgern von Calais'. Das im Grunde überflüssige Opfer wird hier zum Ausdruck des guten 'neuen Menschen' und damit zum Zeichen einer möglichen besseren Welt. Im ‚Floß der Medusa' folgt auf die Verweigerung noch das zweckfreie, aufs christliche Zeichen hin stilisierte Opfer. Auch der Doppelmord des ‚Soldaten Tanaka' ist keine zielgerichtete Tat, sondern spontaner Ausdruck verletzten Gerechtigkeitsgefühls. Erst in der Gerichtsverhandlung wird sie dem Soldaten als Zeichen einer revolutionären Herrschaftsumkehr bewußt. Das Zeichen bleibt folgenlos. In den ‚Gas'-Stücken wird deutlich, daß Kaisers Vorstellung von der richtigen Tat keine Lösung für die Probleme des technologischen Fortschritts in der Massengesellschaft bietet, so treffend diese durch die entindividualisierte Darstellung auch beschrieben wird.

Ernst Toller (1893–1939) – Zwischen Gewaltlosigkeit und Revolution

Toller entstammt einer wohlhabenden bäuerlichen Handelsfamilie aus Posen. Als Freiwilliger zog er in den Ersten Weltkrieg, wurde nach einem Jahr wegen einer Erkrankung entlassen und studierte ab 1917 in München und Heidelberg Literatur und Staatswissenschaften. In dieser Zeit wandelte er sich zum Pazifisten und zum Verfechter eines herrschaftsfreien Sozialismus. 1918 beteiligte er sich am Münchner Munitionsarbeiterstreik und kam ins Gefängnis. Kurz darauf erschien ‚Die Wandlung' (1919), ein expressionistisches Drama, das seine eigene Entwicklung widerspiegelt. 1919 wurde er wegen seiner Beteiligung an der Münchner Räterepublik zu fünf Jahren Haft verurteilt.
Im Gefängnis schrieb er ‚Masse Mensch. Ein Stück aus der sozialen Revolution des zwanzigsten Jahrhunderts' (1920), ‚Die Maschinenstürmer. Drama aus der Zeit der Ludditenbewegung in England' (1922), die Tragödie ‚Der deutsche Hinkemann' (1923, später: ‚Hinkemann') und die Komödie ‚Der entfesselte Wotan' (1924). Mit dieser Komödie, in der er schon die Massenpsychologie des Faschismus beschrieb, und mit ‚Hinkemann' löste er sich vom Expressionismus. 1924 erschien seine lyrische Gefängnisdichtung ‚Das Schwalbenbuch'. Nach der Freilassung entstanden die beiden der Neuen Sachlichkeit nahestehenden Dramen ‚Hoppla, wir leben!' (1927) und ‚Feuer aus den Kesseln!' (1930). 1933 erschien der autobiographische Rückblick ‚Eine Jugend in Deutschland'. Da hatten die Nazis den bekannten jüdischen Sozialisten schon ausgebürgert. 1934 zog er aus dem Schweizer Exil nach England. Dort arbeitete er an einem antifaschistischen Theater; zuletzt erschien auf englisch das Märtyrerstück ‚Pastor Hall' (1939). Während einer Vortragsreise nahm sich Toller in den USA das Leben.

Die Spannung zwischen revolutionärem Anspruch und Gewaltablehnung, zwischen Mitleid mit den Ausgebeuteten und Gedemütigten und der Angst vor der Irrationalität der Massen bestimmt Tollers Werk. Für ihn erhebt sich die Frage, am deutlichsten in ‚Masse Mensch', wie der expressionistische 'neue Mensch' die Massen zur befreienden Revolution führen kann, ohne sie zu sinnloser, selbstzerstörerischer Gewalt zu verführen. Toller findet keine klare Antwort. Doch das Bewußtsein dieses Problems macht ihn hellsichtig für die nationalsozialistische Demagogie, deren Gefahr er als einer der ersten erkennt.
In dem Zeitstück ‚Hoppla, wir leben!', das Erwin Piscator inszenierte, wird die Frage der Gesellschaftsveränderung realistischer behandelt als in den früheren Stücken. Toller gibt kein Patentrezept. Die allegorische Figurenbehandlung des Expressionismus weiterführend, stellt er verschiedene Positionen nebeneinander. Der Zuschauer soll sie miteinander vergleichen, sie beurteilen und so zu einer selbständigen, kritisch vertieften Haltung finden.

11.4.5 Große Prosaisten des 20. Jahrhunderts: Hesse, Döblin, Musil, Th. Mann, H. Mann, Jahnn, Roth, Feuchtwanger, A. Zweig

(Brüder Mann, Jahnn, Roth, Feuchtwanger, A. Zweig s. Seite 262 ff.)

Hermann Hesse (1877–1962) — Protest ohne Alternative

Hesse stammt aus einer schwäbischen Missionarsfamilie von strengem pietistischem Glauben. Als Fünfzehnjähriger entfloh er dem theologischen Seminar im Kloster Maulbronn und wurde schließlich Buchhändler in Tübingen und Basel. Ab 1904 lebte er als freier Schriftsteller am Bodensee, ab 1912 in der Schweiz. Zu den Werken der ersten Schaffensperiode zählen der Entwicklungsroman ‚Peter Camenzind' (1904), der Schulroman ‚Unterm Rad' (1906) und die Erzählung ‚In der alten Sonne' (1908, zweite Fassung 1930). 1914 wurde Hesse nach kurzer Kriegsbegeisterung zum engagierten Pazifisten. Mit dem Roman ‚Demian. Die Geschichte einer Jugend von Emil Sinclair' (1919, Hesse wählte den Namen Sinclair als Pseudonym) versuchte er angesichts des Krieges, mit Hilfe tiefenpsychologischer Vorstellungen, denen er auch später verpflichtet blieb, einen neuen Lebenssinn zu finden. Ab 1919 wohnte der Autor in Montagnola im Tessin. Tiefenpsychologie und Lebensmystik verbinden sich miteinander in den nun erscheinenden Romanen, zu denen ‚Siddharta. Eine indische Dichtung' (1922) und ‚Narziß und Goldmund' (1929/30) gehören. ‚Der Steppenwolf' (1927) ist außerdem zeitkritisch. Während des größten Teiles der Hitlerzeit arbeitete Hesse an seinem späten Roman, in dem alle Linien seines Werkes zusammenlaufen: ‚Das Glasperlenspiel. Versuch einer Lebensbeschreibung des Magister Ludi Josef Knecht samt Knechts hinterlassenen Schriften' (1943).

Hesses Helden suchen aus der Welt der Gleichmacherei auszubrechen, aus den Bindungen der Familie, der Schule und der Arbeit, um als Außenseiter zu sich selbst zu finden. Läßt diese Welt sie nicht los, so zerbrechen sie (‚Unterm Rad', ‚In der alten Sonne'). Die sich lösen

können, gelangen schließlich zu einer fragwürdigen Versöhnung. Entweder finden sie sich wie Camenzind in der biedermeierlichen Idylle wieder, in der sie sich resigniert bescheiden, oder sie erleben den rauschhaften Untergang im All-Leben, wie man ihn zu Beginn der Moderne suchte (‚Klein und Wagner'). Hinter dem Nebeneinander von einsichtsvoller Bescheidung und faszinierendem, tröstlich-schrecklichem Leben steht die ungelöste Spannung zwischen Geist und Sinnlichkeit, das Thema von ‚Narziß und Goldmund'. Bei dieser Spannung endet der Selbstfindungsweg in den späteren Romanen Hesses.
Harry Haller, der „Steppenwolf", ist Außenseiter in einer Welt, die von kleinbürgerlicher Enge wie von neusachlicher Technikgläubigkeit und Leistungsforderung bestimmt ist. Er versucht, sowohl die Entfremdung als auch die Spaltung zwischen Geist und Sinnlichkeit zu überwinden. In einem unwirklichen Halbweltmilieu, wo er mit seinen Gefühlen experimentieren kann, soll er das eisige Lachen lernen, mit dem man sich von der unmenschlichen Welt wie vom eigenen Leiden distanziert. Wer das versteht, kann sich vom Leben ergreifen lassen und zugleich unbeteiligt dabei zuschauen. Dem ‚Glasperlenspiel', das die Harmonie der überkommenen geistigen Werte ausdrückt, dient ein mönchartiger Orden in asketischer Bescheidung. Der große Glasperlenspieler Josef Knecht erkennt, daß das Spiel in dieser Lebens- und Geschichtsferne zwar bewahrt wird, aber auch erstarrt. Er tritt aus dem Orden aus, um als Erzieher zu wirken. Nach seinem plötzlichen Tod steht sein Schüler (und mit ihm der Leser) vor der Aufgabe, selbst Leben und geistiges Spiel miteinander zu verbinden.

Alfred Döblin (1878–1957) – Selbstverzicht und Selbstbewahrung

Döblin wurde im preußischen Stettin geboren. Sein Vater, der ein Zuschneideatelier betrieb, verließ 1888 die Familie, die daraufhin ärmlich in Berlin leben mußte. Von 1900 bis 1905 studierte Döblin Medizin in Berlin und Freiburg i. Br., anschließend lebte er als Arzt in Berlin und schrieb psychiatrische Aufsätze. Zu Beginn des Ersten Weltkrieges meldete er sich freiwillig und wurde als Militärarzt im Elsaß eingesetzt. Dem Krieg stand er schon bald zwiespältig gegenüber, halb mit Abscheu, halb mit nationalistischen Gefühlen. Während der Revolution von 1918/19 nahm er eine rätedemokratische Haltung ein, die er bis 1922 in politischen Schriften unter dem Pseudonym „Linke Poot" vertrat. Döblins expressionistische Erzählungen, zu denen ‚Die Ermordung einer Butterblume' (1910) gehört, sind von psychiatrischen Erfahrungen beeinflußt. Er veröffentlichte die meisten im ‚Sturm' seines Freundes Herwarth Walden. Der erste wichtige Roman, ‚Die drei Sprünge des Wang-Lun' (1915), geht auf ausgebreitete chinesische Studien zurück. Ihm folgten ‚Wadzeks Kampf mit der Dampfturbine' (1918) und ‚Wallenstein' (1920), Döblins historisch verfremdete Auseinandersetzung mit dem Weltkrieg.
Nach dem Krieg arbeitete er wieder als Berliner Arzt. Vom Versuch politischer Einwirkung hatte er sich schon bald enttäuscht abgewandt. Politische Enttäu-

schung und Kritik an der Technik prägen den Roman ‚Berge, Meere und Giganten' (1924). Danach erschien ‚Berlin Alexanderplatz. Die Geschichte vom Franz Biberkopf' (1929), der bedeutendste deutsche Großstadtroman. 1933 mußte der jüdische Antifaschist Deutschland verlassen. Im Exil – Döblin reiste über die Schweiz nach Frankreich und nach der französischen Niederlage weiter in die USA – schrieb er die Romane ‚Babylonische Wandrung oder Hochmut kommt vor dem Fall' (1934), ‚Pardon wird nicht gegeben' (1935), ‚Das Land ohne Tod' (1937/38) und den Revolutionsroman ‚November 1918' (1939–1950). 1945 kehrte Döblin im Dienst der französischen Zensurbehörde nach Deutschland zurück, lebte in Baden-Baden und Mainz, siedelte aber 1953 wieder nach Paris um. 1956 erschien sein letzter Roman, ‚Hamlet oder Die lange Nacht nimmt ein Ende'.

Döblin geht aus von der Zerstörung der Natur durch die moderne Gesellschaft. Die Zerstörung zeigt sich im kleinen, wenn ein tyrannischer Kaufmann, den sinnenhaftes Leben anekelt, eine Butterblume „ermordet". Sie zeigt sich im großen, wenn im Prozeß technischer Entwicklung, der sich verselbständigt, der natürliche Lebenszusammenhang zerbricht, wodurch schließlich die ganze Menschheit bedroht wird (‚Berge, Meere und Giganten'). Angesichts dessen ruft Döblin nun aber nicht dazu auf, wieder den besonderen einzelnen Menschen aufzuwerten, sondern er hofft, daß die unvermeidliche technische Entwicklung selbst wieder einen umfassenden Zusammenhang schaffen wird, der demjenigen der Natur entspräche.

Vom einzelnen Menschen jedenfalls ist nicht Selbstherrlichkeit gefordert, sondern Demut. Er soll aufgehen – damit nimmt Döblin das Lebenspathos der älteren Generation wieder auf – im sinnenhaften All-Leben. Daraus folgt die Lehre von der Passivität, vom Nichtwiderstehen, die in den ‚Drei Sprüngen des Wang-Lun' verkündet wird. Ihr gegenüber sieht das menschliche Machtstreben, das in der vorläufig nur zerstörenden Technik gipfelt, absurd und grotesk aus. Die Geschichte der Menschheit ist nur als närrische zu beschreiben (‚Babylonische Wandrung'). Läßt sich aber die Passivität noch aufrechterhalten in einer Welt, in der Menschen ausgebeutet und unterdrückt werden? Diese Frage, ebenfalls in den ‚Drei Sprüngen des Wang-Lun' gestellt, bleibt ohne Antwort. Die Spannung zwischen Selbstverzicht und nötiger Selbstbehauptung durchzieht Döblins Werk. Aus dem Zwiespalt, schuldig zu werden, entweder weil man das Gebot des Nicht-Handelns verletzt oder weil man dem Bösen (auch dem Faschismus) nicht widerstanden hat, rettet sich Döblin schließlich in den katholischen Glauben.

Auch ‚Berlin Alexanderplatz' steht in der Spannung zwischen Selbstverzicht und Selbstbewahrung. Einerseits wird der exemplarische Lernprozeß eines einzelnen Menschen beschrieben, andererseits die unpersönliche Großstadt als lebendes Wesen im bewußtlosen Taumel des Untergangs. Innere Monologe und erlebte Rede, die vom persönlichen Ich zeugen, gehen über in unpersönliche Collagen und dokumentarfilmartige Montagen. Der Außenseiter, der sich gegen die Gesellschaft stellt, sich hochmütig oder verzweifelt auf sein Ich zurückzieht, verfällt gerade darum den unpersönlichen Bezügen und wird zum Mitläufer des Verbrechens. Er kann sich nur bewahren, wenn er sich offenen Auges in die überpersönlichen Bezüge einordnet und sie zu verändern sucht. Der vieldeutige Schluß läßt freilich offen, wie das konkret geschehen soll.

Robert Musil (1880–1942) – Rationalität und Mystik

Der Sohn eines Ingenieurs aus Klagenfurt besuchte nach einer Militär-Realschule die Technische Militärakademie in Wien. 1898 brach er die Offizierslaufbahn ab, wurde Maschinenbauingenieur und studierte in Berlin Philosophie, Psychologie, Mathematik und Physik. 1908 promovierte er mit einer Arbeit über Ernst Mach (s. oben Seite 196). 1906 erschien der autobiographisch geprägte Roman ‚Die Verwirrungen des Zöglings Törleß'. Nach dem Ersten Weltkrieg, in dem er zum Hauptmann avancierte, und nach wenigen Jahren als Zivilbeamter im Dienst des Militärs lebte er ab 1923 als freier Schriftsteller. Neben dem Schauspiel ‚Die Schwärmer' (1921) und der Komödie ‚Vinzenz und die Freundin bedeutender Männer' (1924) schrieb er die Erzählungen ‚Grigia' (1921), ‚Die Portugiesin' (1923) und ‚Tonka' (1922), die er unter dem Titel ‚Drei Frauen' (1923) zusammenfaßte. Eine Reihe kurzer Prosatexte, unter ihnen die Erzählung ‚Die Amsel' (1928), kam später unter dem Titel ‚Nachlaß zu Lebzeiten' (1936) heraus. Von Musils Hauptwerk, dem unvollendeten Roman ‚Der Mann ohne Eigenschaften', erschien 1930 der erste Band. Erst 1952 wurde das gesamte Fragment in einer immer noch unvollständigen Fassung herausgegeben. 1938 emigrierte Musil in die Schweiz, wo er in völliger Mittellosigkeit bis zu seinem Tode am Roman weiterarbeitete.

Musils Werk lebt aus der Spannung zwischen technisch-wissenschaftlicher Rationalität, die Welt und Ich auflöst in einzelne meßbare Daten und Funktionen, und der mystischen Erfahrung eines einheitlichen Ich, das mit einer einheitlichen Welt untrennbar verbunden ist. Wer sich mit der Rationalität begnügt, verharrt an der Oberfläche der Dinge, er verbleibt, was die Gesellschaft betrifft, im Bereich der Fassade. Andererseits will der Ingenieur Musil die mystischen Erfahrungen doch mit technischer Präzision beschreiben. Sie werden daher psychologisch analysiert, obwohl das technische Denken ihre Unfaßbarkeit nicht auflösen kann. So kommt es zu einer Art mystischer Psychologie.

Diese Spannung ist im Schulroman ‚Die Verwirrungen des Zöglings Törleß' verknüpft mit dem Pubertätsproblem, sich mit eigenen sexuellen Gefühlen, die jedoch als fremde erfahren werden, auseinandersetzen zu müssen. Während diese Gefühle unter der Herrschaft von Fassade und Konvention bei einigen Schülern einen Ausweg im Sadismus suchen, löst der Konflikt in der Hauptfigur eine neue mystische Ich- und Welterfahrung aus, die ihn seinen konventionell denkenden Lehrern entfremdet.

Auch ‚Der Mann ohne Eigenschaften' setzt die Spannung voraus zwischen einem Ich, das in Eigenschaften, in verfestigte äußere Rollen- und Deutungsmerkmale zerfallen ist, und einem „anderen Zustand" mystischer Einheit. Beides läßt sich nicht miteinander in Übereinstimmung bringen. Der „Möglichkeitssinn" aber kann die Erfahrung dafür offenhalten, daß das Relationsnetz, das die Eigenschaften bestimmt, auch ganz anders hätte sein können. Dieses Offenhalten, dem die ironisch-skeptische Distanz, die bewußte Fremdheit gegenüber der gewordenen gesellschaftlichen Wirklichkeit entspricht, führt zur vorläufigen, unabgeschlossenen Form des Romans. Der Roman zeigt satirisch an den letzten Jahren der österreichisch-ungarischen Monarchie, wie eine Gesellschaft blind in Krieg und geistiges Chaos hineinlebt, die keinen „Möglichkeitssinn" besitzt und so den oberflächlichen Deutungsmechanismen und der Fassade verfallen ist. Die Donaumonarchie wird dabei zum Beispiel für die moderne Welt schlechthin.

11.4.6 Kunst und Marxismus: Bertolt Brecht (s. Seite 257ff.)

12 Die Epoche des Nationalsozialismus (1930–1945)

Literatur während des Untergangs der Republik:

1930	*Feuchtwanger, Lion:* Erfolg
	Horváth, Ödön von: Der ewige Spießer
1931	*Horváth:* Geschichten aus dem Wienerwald
1931/32	*Broch, Hermann:* Die Schlafwandler
1932	*Brecht, Bertolt:* Die heilige Johanna der Schlachthöfe
	Horváth: Glaube Liebe Hoffnung
	Roth, Joseph: Radetzkymarsch
	Keun, Irmgard: Das kunstseidene Mädchen
1934	*Fallada, Hans:* Wer einmal aus dem Blechnapf frißt

Literatur des Exils:

1933–43	*Mann, Thomas:* Joseph und seine Brüder
1935	*Zweig, Arnold:* Erziehung vor Verdun
	Mann, Heinrich: Die Jugend des Königs Henri IV
1938	*Mann, H.:* Die Vollendung des Königs Henri IV
1939	*Brecht:* Svendborger Gedichte
1941	*Brecht:* Mutter Courage und ihre Kinder
1942	*Seghers, Anna:* Das siebte Kreuz
1943	*Brecht:* Leben des Galilei (weitere Fassungen: 1947, 1957)
1943	*Hesse, Hermann:* Das Glasperlenspiel
1945	*Broch:* Der Tod des Vergil
1947	*Mann, Th.:* Doktor Faustus

Literatur unter dem Nationalsozialismus:

1934	*Loerke, Oskar:* Der Wald der Welt
1938	*Schneider, Reinhold:* Las Casas vor Karl V.
1939	*Jünger, Ernst:* Auf den Marmorklippen
	Wiechert, Ernst: Das einfache Leben
1948	*Benn, Gottfried:* Statische Gedichte

12.1 Bild der Epoche

Zwang zur Politik Seit der Weltwirtschaftskrise 1929/30, die zu großen Wahlerfolgen der NSDAP führte, begannen sich die Geister politisch deutlicher zu scheiden. Nicht nur, wie bisher, im Lager der Linken, sondern überall dort, wo man das humanistische und aufklärerische Erbe zu bewahren suchte, sah man sich zur Stellungnahme gegen den drohenden Nationalsozialismus herausgefordert. Zugleich zeigten sich Rückzugstendenzen. Viele, die von der Krise verunsichert, doch zugleich von allem Politischen angeekelt waren, flüchteten in die private Innerlichkeit und scheuten die neusachliche Desillusion. Auch dies freilich war eine politische Stellungnahme, es zeigte die Gleichgültigkeit gegenüber der bedrohten Republik. Die nationalsozialistische Literatur machte aus der Flucht in die Innerlichkeit sogar einen politischen Wert: Sie galt als Zeichen einer Tiefe, die anderen Rassen versagt war.

Menschenbild des Nationalsozialismus

Der Nationalsozialismus schöpft aus verschiedenen Quellen. Er verbindet nationalistische und antisemitische Elemente aus dem Denken der Antimoderne mit einer darwinistischen Gesellschaftsvorstellung, die mit Lebenspathos aufgeladen wird, zu einer weltlichen Glaubenslehre (s. zu den Begriffen oben Seite 193–195 und Seite 220). Diese Glaubenslehre fordert das heroische Selbstopfer des einzelnen Menschen um seines mythisch erhöhten Volkes willen, das sich erneuern muß. Verkündigung der Erneuerung und Kult der Jugend verbinden sich so mit der Feier des Untergangs. Im einzelnen wird so argumentiert:
Man erklärt die geschichtliche Entwicklung aus dem Kampf der menschlichen Rassen um die Herrschaft. Die höchststehende, weil schöpferische Rasse ist das Germanentum, das am reinsten vom deutschen Volk verkörpert wird. Es ist bedroht vom minderwertigen, parasitären Judentum, das sich sowohl der Kapitalspekulation als auch des sowjetischen Bolschewismus bedient, um die Weltherrschaft an sich zu reißen. Diese Rassenlehre wird abgesichert durch das inhaltslose, mit religiöser Inbrunst aufgeladene Wort von der Blutgemeinschaft des Volkes. Die angebliche Bedrohung der Rasse bzw. Blutgemeinschaft rechtfertigt die Vertreibung (und später die Ausrottung) der Juden und einen Eroberungskrieg gegen die Sowjetunion. Im Krieg soll das deutsche Volk zugleich seine inneren Konflikte überwinden und zu einer Schicksalsgemeinschaft werden. Nicht die Demokratie, sondern nur eine ständische Ordnung mit einem unumschränkten Machthaber an der Spitze kann diese Gemeinschaft erhalten. Organisationen der Arbeiterschaft bedrohen die Gemeinschaft und müssen aufgelöst bzw. in Organisationen des ganzen Volkes umgewandelt werden.
Der Deutsche, wie der Nationalsozialismus ihn haben will, ist vor allem Krieger. Zugleich fühlt er sich als Bauer, weil er sich den Sinn für die völkische Gemeinschaft bewahrt hat, der in der modernen Welt der Industrie und der Großstadt verlorengeht. Der Krieger mit der bäurischen Gesinnung steht im Gegensatz zum Massenmenschen; er ist heldisches Individuum. Zugleich aber ist er auch ein opferbereites Nichts, in fraglosem Gehorsam seinem Führer unterworfen, glühend vor Bereitschaft, um des mythisierten Volkes willen zu sterben.

Inszenierung der Massen Militärische Stärke und Gehorsam wurden in Massenaufmärschen demonstriert, den charakteristischen Kunstwerken des nationalsozialistischen Regimes. Dabei entwendete und veränderte man Symbole der Arbeiterbewegung (Fahnen, Lieder, Gruß mit erhobener Faust usw.). Die Nationalsozialisten verstanden es, dadurch bei vielen den berauschenden Eindruck der Gemeinsamkeit, Stärke und Sicherheit zu erwecken, der an die Begeisterung zu Beginn des Ersten Weltkrieges denken und die demütigende Niederlage vergessen ließ. Doch die von oben befohlene Einheit war nicht echt; die gesellschaftlichen Konflikte wurden nicht gelöst, sondern verleugnet. Die Fassade, gegen die alle bedeutenden Schriftsteller und Künstler seit Beginn der Moderne ankämpften, wurde zum verordneten künstlerischen Prinzip.

Exil Die Gegner des Nationalsozialismus, sofern sie nicht zum Schweigen verurteilt, in Lager gesperrt oder ermordet wurden, mußten ins Exil gehen. Dort entstanden die wichtigsten Werke der Epoche. Das politische Spektrum der Exilierten reichte, sieht man von den wenigen Konservativen ab, vom liberalen Individualismus über linksbürgerliche Gesellschaftskritik und sozialdemokratischen Reformismus bis hin zu allen Spielarten revolutionär proletarischer Haltung. Dieses Spektrum ist so weit, daß von einer literarisch-politischen Einheitlichkeit der Exilautoren nicht die Rede sein kann. Gemeinsam war ihnen ein allgemeiner Antifaschismus und die Überzeugung, das andere, bessere Deutschland zu vertreten. In den ersten Jahren glaubten die meisten außerdem, das Exil sei nur ein kurzes Zwischenspiel, das 'Dritte Reich' werde bald an innerer Schwäche zugrunde gehen.
Viele teilten miteinander auch die Erfahrungen der Gefährdung, der Einsamkeit, des Ausgeliefertseins an seelenlose Bürokraten in fremden Ländern. Außerdem verloren sie, trotz der steigenden Zahl rassisch verfolgter Emigranten, weitgehend das deutschsprachige Publikum. Dadurch waren ihnen nicht nur ihre bisherigen Erwerbsmöglichkeiten genommen, sie waren auch des Echos beraubt, aus dem sie einen großen Teil ihres literarischen Selbstverständnisses und ihres Selbstwertgefühls bezogen. Oft konnten ihre Arbeiten erst Jahre nach Kriegsende erscheinen.

Nichtfaschisten in Deutschland Ähnlich breit wie das Spektrum der Exilliteratur ist dasjenige der unpolitischen oder nur versteckt kritischen Literatur innerhalb Deutschlands, die weder mit den Nationalsozialisten noch mit ihren faschistischen Freunden sympathisierte. (Diese Literatur wird im folgenden abgekürzt als 'nichtfaschistisch' bezeichnet, da dieser Begriff umfassender ist als 'nichtnationalsozialistisch'.) Sie konnte teilweise noch längere Zeit und manchmal sogar mit Erfolg erscheinen, auch wenn die Autoren wegen ihrer politi-

schen Ansichten gelegentlich verfolgt wurden, denn ihre Ablehnung des Nationalsozialismus schlug sich nur in Einzelfällen und auch dann nicht offen im literarischen Werk nieder. Es konnte sogar geschehen, daß Werke, die als Kritik an der Hitlerdiktatur gedacht waren, aufgrund ihrer konservativen Aussage und ihrer verhüllenden, gleichnishaften Sprache vom Regime in seinem Sinne gedeutet wurden.
Eine Reihe meist jüngerer Autoren (Oskar Loerke, Wilhelm Lehmann, Günter Eich, Peter Huchel, Hans Erich Nossack, Horst Lange), die teilweise der Existenzphilosophie nahestanden, konzentrierte sich auf den isolierten Einzelnen und sein Verhältnis zu einer geheimnisvollen Natur. Neben ihnen gehören zu den Nichtfaschisten diejenigen traditionsgebundenen Autoren, die den Nationalsozialismus und Faschismus aus moralischer bzw. christlicher Überzeugung heraus ablehnten. Zu ihnen zählen u. a. Ricarda Huch, Reinhold Schneider, Elisabeth Langgässer, Marie Luise Kaschnitz, Gertrud von Le Fort, Rudolf Alexander Schröder, Stefan Andres, Ernst Wiechert, Werner Bergengruen und Jochen Klepper. Hans Carossa paßte sich zumindest äußerlich an. Für sie ist die teils erzwungene, aber mehr noch gewollte Kluft zwischen ihrer ablehnenden, in einzelnen Fällen sehr tapferen Lebenshaltung und ihrem unpolitischen Dichtungsverständnis charakteristisch. Ernst Jünger und Gottfried Benn, die dem Nationalsozialismus zunächst zustimmten, zogen sich in den Schutz der Armee zurück.

Innere Emigration Viele der nichtfaschistischen Autoren empfanden ihren Rückzug ins Private und Innerliche als eine innere Emigration. Der Begriff wurde nach Kriegsende heftig diskutiert. Anlaß dazu war der polemische, gegen Thomas Mann und andere Exilierte erhobene Vorwurf, sie hätten den bequemen Weg gewählt, anstatt, durch innere Emigration von der Unmenschlichkeit geschieden, bei ihrem unglücklichen Volk auszuharren. Ob man tatsächlich von einer inneren Emigration der Daheimgebliebenen reden kann, läßt sich nur im Einzelfall entscheiden. Dabei ist zu bedenken, ob aus der Flucht ins Private und Innerliche ein geistiger Widerstand oder bloßes Abstandnehmen spricht und ob nicht äußere Zusammenarbeit mit dem Regime die innere Ablehnung unglaubwürdig erscheinen läßt.

Philosophische Grundlagen. Die Nationalsozialisten verbinden Elemente extrem nationalistisch-konservativer Auffassungen miteinander, vor allem solche aus den Lehren *Paul de Lagardes* und *Julius Langbehns* (s. oben Seite 195), aus der Rassenlehre des Deutschengländers *Houston Stewart Chamberlain* und aus der nationalistisch und antisemitisch verfälschten Philosophie *Friedrich Nietzsches* (s. oben Seite 196f.). Ihr wichtigster Denker ist *Alfred Rosenberg*. Er versucht, die Einheit des Volkes aus einer angeblichen nordischen Rassenseele heraus neu zu begründen. Die Rassenseele schafft sich ihren eigenen Mythos, der dem alttestamentarischen jüdischen Glauben entgegengesetzt wird und der lebendig ist, solange die Menschen für ihn zu sterben bereit sind.

Während im Exil vor allem diejenigen Traditionen der Weimarer Zeit weitergeführt werden, die auf Aufklärung oder Marxismus zurückgehen, ist die nichtfaschistische Literatur innerhalb Deutschlands verschiedenen antimodernen Auffassungen, dem Christentum oder der gegen Ende der zwanziger Jahre entstandenen Existenzphilosophie verpflichtet.
Die Existenzphilosophie, beeinflußt von *Sören Kierkegaard* (s. oben Seite 220) und vertreten von *Martin Heidegger* und *Karl Jaspers,* geht nicht von abstrakten Wesensbestimmungen des Menschen aus, sondern vom Existenzerlebnis des Einzelmenschen. In solchen Erlebnissen, die letztlich auf das Innewerden seiner Sterblichkeit hinauslaufen, erfährt er sich in seiner Isolation, eben damit aber auch in seiner Freiheit von der Entfremdung (s. oben Seite 215). In der Todbezogenheit liegt das Wesen des Menschseins. Jaspers verlangt, daß der einzelne sich bewußt zu sich selbst verhält als zu einem, der vergeblich auf eine absolute Einheit hin gespannt ist. Heidegger entwirft eine Lehre vom eigentlichen Sein im Gegensatz zum entfremdeten gesellschaftlichen. Das eigentliche Sein, vom schon immer vorhandenen Gesellschaftsbezug verdeckt, ist Sein zum Nichts, somit in sich selbst zeitlich und endlich. Der Mensch muß sich diese seine Endlichkeit als sein Wesen vor Augen halten, wenn er ganz er selbst werden will.

12.2 Literarisches Leben

Gleichschaltung der Literatur

Schon in der Weimarer Republik gab es eine gewisse Zensur von Theateraufführungen und Filmen, die dem konservativen Richterstand mißfielen. Verbote bzw. Eingriffe der Zensur richteten sich z. B. gegen die gesellschaftskritischen Filme ‚Notschrei hinter Gittern‘ (1927), ‚Revolte im Erziehungshaus‘ (1930), ‚Im Westen nichts Neues‘ (1930), ‚Ins Dritte Reich‘ (1931), ‚Kuhle Wampe‘ (1932) oder gegen Theaterstücke wie ‚Fegefeuer in Ingolstadt‘ (Fleißer, 1926), ‚Giftgas über Berlin‘ (Lampel, 1929), ‚Cyankali‘ (Wolf, 1929). Schon damals verfügten die Nationalsozialisten über eigene oder ihnen wohlwollende Verlage, Zeitschriften und Kulturorganisationen (z. B. Ehlert-Verlag, Hugenberg-Konzern). Diese Ansätze wurden nach der Übergabe der Macht an Hitler im Jahr 1933 zu einem umfassenden Zwangssystem ausgebaut.
Die Bücherverbrennungen des gleichen Jahres zeigen, daß das gesamte Schrifttum, das in den Traditionen der Aufklärung, des Pazifismus und des Sozialismus stand, verschwinden sollte. Man verbot die bisherigen Schriftstellerorganisationen oder besetzte sie um wie im Fall der Sektion ‘Dichtkunst’ in der Akademie der Künste. Veröffentlichen durfte nur, wer von der ‘Reichsschrifttumskammer’ zugelassen war. Dazu waren ‘arische’ Abstammung und ein Treuebekenntnis zum nationalsozialistischen Staat erforderlich. Mißliebige Autoren wurden spätestens ab 1935 verfolgt, ausgebürgert oder erhielten zumindest Veröffentlichungsverbot. Mehrere Zensurbehörden kontrollierten den literarischen Markt. Die Verlage und Zeitschriften wurden von Juden bzw. Andersdenken-

den 'gesäubert' oder direkt von der Partei geleitet. Ab 1936 mußte die bisherige Kunstkritik durch nationalsozialistische Kunstbetrachtung ersetzt werden.
Antifaschistische und antinationalsozialistische Literatur war damit ab 1933 mundtot gemacht. Sie existierte nur noch in Form von Aufklebern mit Kurzgedichten, von Flugblättern, illegalen Zeitschriften, getarnten Schriften und von Liedern. Bis 1938, dem Jahr der 'Reichskristallnacht' und des österreichischen 'Anschlusses', blieb die unpolitische nichtfaschistische Literatur noch weitgehend unbehelligt. In einigen Verlagen (Goverts, Rauch, Rowohlt, S. Fischer, Suhrkamp) und in Zeitschriften wie der ‚Neuen Rundschau', im ‚Hochland' und sogar im ‚Inneren Reich', das teilweise mit dem Nationalsozialismus sympathisierte, konnte sie bis in den Zweiten Weltkrieg hinein erscheinen.

Zeitschriften und Verlage im Exil

Es gelang den Exilautoren, rasch einen deutschen Literaturbetrieb im Ausland aufzubauen. Einige Verlage arbeiteten dort weiter, z. B. Malik bis 1935 in Prag, Bermann-Fischer in Wien und dann in Stockholm. Viele wichtige Autoren schrieben für die neugegründeten deutschen Abteilungen der Amsterdamer Verlage Querido und Allert de Lange. Ein anderes Zentrum waren die ‚Editions du Carrefour' des kommunistischen Verlegers Willi Münzenberg in Paris. Sowjetische Verlage veröffentlichten Bücher linksliberaler und kommunistischer Autoren. Auch Zeitungen und Zeitschriften, so die ‚Arbeiter-Illustrierte Zeitung', die ‚Weltbühne' und das ‚Tagebuch', erschienen zunächst im Exil. Neue Zeitschriften wurden gegründet: ‚Die Sammlung', von Klaus Mann im Querido-Verlag herausgegeben, und ‚Neue Deutsche Blätter' von Anna Seghers, Oskar Maria Graf, Wieland Herzfelde und Jan Petersen im Malik-Verlag (beide bis 1935). In der Sowjetunion erschien ‚Das Wort' (1936–1939), herausgegeben von Bertolt Brecht, Willi Bredel und Lion Feuchtwanger.
Mit dem Einmarsch deutscher Truppen in die meisten europäischen Länder brach dort der deutschsprachige Literaturbetrieb zusammen. In den USA, wohin sich nun die meisten flüchteten, war das Interesse an deutscher Literatur verhältnismäßig gering. Erst 1944 konnte hier ein bemerkenswerter Exilverlag, nämlich ‚Aurora', gegründet werden. Allerdings entwickelte sich die ältere deutschjüdische Wochenschrift ‚Aufbau' (gegr. 1934 in New York) zur wichtigsten Zeitschrift dieser Periode. In Mexiko erschien die Zeitschrift ‚Freies Deutschland' (1941–1946), ein Sprachrohr kommunistischer Schriftsteller.

Volksfront-bemühungen

Kennzeichnend für die mittlere Periode des Exils (1935–1939) sind die starken Bemühungen um eine politische Einigung zwischen linksbürgerlichen Autoren wie Klaus oder Heinrich Mann sowie Sozialisten und Kommunisten.

Man diskutierte darüber auf den drei ‚Internationalen Schriftstellerkongressen zur Verteidigung der Kultur' (1935, 1937, 1938 in Paris). In Paris wurde auch ein Ausschuß zur Vorbereitung einer antifaschistischen Volksfront gegründet. Diese Bemühungen, von der Zeitschrift ‚Das Wort' nachdrücklich unterstützt, scheiterten jedoch an der Uneinigkeit von SPD und KPD sowie daran, daß die Sowjetunion durch die stalinistischen Moskauer Prozesse und den Nichtangriffspakt zwischen Stalin und Hitler ihre Glaubwürdigkeit einbüßte.

12.3 Theorie und Formen der Literatur

Zeitroman der Desillusion und historischer Roman vor 1933

In den letzten Jahren der Republik schreiben die desillusionierten Vertreter der Neuen Sachlichkeit Zeitromane (Romane über die Gesellschaft der Gegenwart und jüngsten Vergangenheit). Die krisenhafte Wirklichkeit wird dabei mit den Augen des machtlosen, vereinzelten Menschen gesehen, der zu den kleinen Leuten gehört, meist zu den Angestellten, und zur Untätigkeit, zur Selbstironie oder zu ohnmächtigem moralischem Protest verurteilt ist. Aus der gleichen Perspektive blickt Remarque in seinem Erfolgsroman auf den Ersten Weltkrieg zurück, während Roth die innere Ordnung der untergegangenen österreichischen Monarchie als ebenso sinnlos wie unersetzbar darstellt. Nicht weniger pessimistisch ist die Flucht in die Vergangenheit: Historische Romane, in denen noch große Männer Geschichte machen, werden viel gelesen.

Zeitroman der Desillusion: *Erich Maria Remarque (eigentlich Erich Paul Remark): ‚Im Westen nichts Neues'* (1929). *Lion Feuchtwanger: ‚Erfolg'* (1930). *Ödön von Horváth: ‚Der ewige Spießer'* (1930). *Marieluise Fleißer: ‚Mehlreisende Frieda Geier'* (1931). *Joseph Roth: ‚Radetzkymarsch'* (1932). *Hans Fallada (eigentlich Rudolf Ditzen): ‚Kleiner Mann – was nun?'* (1932), *‚Wer einmal aus dem Blechnapf frißt'* (1934). *Erich Kästner: ‚Fabian'* (1931). *Irmgard Keun: ‚Das kunstseidene Mädchen'* (1932).
Historischer Roman: *Stefan Zweig: ‚Joseph Fouché. Bildnis eines politischen Menschen'* (1932).

NS-Literatur: religiöser Charakter

Die regimetreue Literatur sucht dem völkischen Mythos aus den zwanziger Jahren (s. oben Seite 220) religiöse Autorität zu verleihen. Die Autoren schreiben im prophetischen oder raunenden Stil der Verkündigung, stilisieren die Hauptfiguren zu neuen Heiligen, stellen weltliche Bekehrungen oder Erleuchtungen dar. Begriffe wie Blut oder Volk erhalten den Rang christlicher Glaubensinhalte. Die Aufopferung des Einzelmenschen wird annehmbarer gemacht durch das Gefühl, in einer quasi religiösen Gemeinschaft aufgehoben zu sein.

NS-Literatur: Gattungen

Die *Romane* der nationalsozialistischen Literatur sind auf zwei große Themenkreise bezogen, auf das Bauerntum ('Blut-und-Boden-Literatur') und auf den Krieg. Der Erste Weltkrieg, angeblich durch den 'Dolchstoß' der sozialistischen Arbeiter und der jüdischen Intellektuellen in den Rücken des kämpfenden Volkes verloren, wird im Kriegsroman positiv umgedeutet; das Erlebnis der Disziplin und der Frontkameradschaft nämlich soll damals alle zu einem einheitlichen Volk von Kriegern zusammengeschweißt haben. Diese Einsicht, so beschreiben es die Romane der Parteigeschichte, hat die NSDAP gegen die Weimarer Republik durchgesetzt. Im Bauernroman, der die ältere 'Heimatkunst' weiterführt (s. oben Seite 195), steht das von Kommunisten und Juden bedrohte Bauerntum beispielhaft für die ganze Nation. Einmal gerettet, kann es wieder dem ewig gleichen Rhythmus der Natur gehorchen wie alle, die nicht in der Vereinzelung untergehen wollen. Dieser Rhythmus, nicht geschichtliche Veränderung, bestimmt das Leben sogar im historischen Roman, der sich oft mit dem Bauern- oder Kriegsroman verbindet. Die Eroberung des Ostens wird gerechtfertigt als Verteidung der Rasse und als Kolonisierung notwendigen bäuerlichen Lebensraums. Der Kult des vermeintlich ursprünglichen, lebensintensiven Bauerntums, das beispielhaft für die ganze Nation steht, umgibt mit mystischem Glanz die staatliche Forderung, neues, rassereines Leben zu gebären. Die Autoren orientieren sich häufig an der Form des Entwicklungsromans: Sie folgen dem Weg eines Menschen – meist ist es der Autor selbst –, der ins Leben eingeführt wird und dabei die Richtigkeit der nationalsozialistischen Lehre erfährt. Die Lehre erhält so den Anschein des Authentischen.

Lyrik und *Drama* feiern die naturhafte Kampfgemeinschaft und den fraglosen, heroischen Opfertod. In der Lyrik entspricht dem das Nebeneinander von gesungenem Gemeinschaftslied und streng stilisierter 'hoher' Dichtung. Aus dem Drama entsteht nach 1933 das 'Thingspiel'. Es wird auf Freilichtbühnen aufgeführt und vereinigt die Traditionen des Gesamtkunstwerks (s. oben Seite 180) und religiöser Spiele des Mittelalters zu einem weltlichen Massengottesdienst.

Kriegsroman: *Edwin Erich Dwinger: ‚Die deutsche Passion‘* (1928–32). *Werner Beumelburg: ‚Die Gruppe Bosemüller. Der Roman des Frontsoldaten‘* (1930). *Hans Zöberlein: ‚Der Glaube an Deutschland. Ein Kriegserlebnis von Verdun bis zum Umsturz‘* (1931). – Bauernroman: *Hermann Stehr: ‚Das Geschlecht der Maechler‘* (1929–44). *Emil Strauß: ‚Das Riesenspielzeug‘* (1934). *Joseph Georg Oberkofler: ‚Der Bannwald‘* (1939). – Historischer Roman: *Hans Friedrich Blunck: ‚Wolter von Plettenberg‘* (1938).

Lyrik: *Joseph Weinheber: ‚Adel und Untergang‘* (1934), *‚Späte Krone‘* (1936). *‚Die Ernte der Gegenwart‘, herausgegeben von Will Vesper* (1940).

Drama: *Hanns Johst: ‚Schlageter‘* (1933). *Richard Euringer: ‚Deutsche Passion‘* (Thingspiel) (1933).

Nichtfaschistische Literatur in Deutschland

Wichtigste Gattung der nichtfaschistischen Literatur ist die *Lyrik*. Hier flieht der einsame Mensch aus einer politisierten Gesellschaft in eine Natur, die noch magische Einheit kennt. Allerdings erscheint die Einheit immer rätselhafter, nur durch das geheimnisvolle Zeichen des Einzeldings erahnbar. Die Sprache wird dementsprechend immer unzugänglicher. In der Lyrik finden sich auch nennenswerte Beispiele antifaschistischer Literatur in Deutschland (Haushofer). Als Gattung intimer Selbstaussprache dient auch das Tagebuch. *Roman* und *Erzählung* sprechen ebenfalls von der Flucht aus der Gesellschaft auf eine Insel naturhaften Lebens (Wiechert). Sie eignen sich aber auch dazu, versteckte, gleichnishafte Kritik an der Diktatur zu üben, wobei Flucht und Kritik sich durchaus miteinander verbinden können.

Lyrik: *Oskar Loerke: ‚Atem der Erde‘* (1930), *‚Der Wald der Welt‘* (1934). *Peter Huchel: ‚Der Knabenteich‘* (1932). *Wilhelm Lehmann: ‚Der grüne Gott‘* (1942). *Albrecht Haushofer: ‚Moabiter Sonette‘* (1946). *Günter Eich: ‚Abgelegene Gehöfte‘* (1948). *Gottfried Benn: ‚Statische Gedichte‘* (1948).
Erzählung: *Stefan Andres: ‚El Greco malt den Großinquisitor‘* (1936). *Reinhold Schneider: ‚Las Casas vor Karl V. Szenen aus der Konquistadorenzeit‘* (1938).
Roman: *Werner Bergengruen: ‚Der Großtyrann und das Gericht‘* (1935). *Jochen Klepper: ‚Der Vater. Roman eines Königs‘* (1937). *Ernst Wiechert: ‚Das einfache Leben‘* (1939). *Ernst Jünger: ‚Auf den Marmorklippen‘* (1939). *Stefan Andres: ‚Wir sind Utopia‘* (1942).

Expressionismus-debatte

Die wichtigste literaturtheoretische Debatte der Exilzeit wurde 1937/38 in der Zeitschrift ‚Das Wort‘ ausgetragen und in Briefen zwischen Anna Seghers und Georg Lukács sowie in der erst später veröffentlichten Kritik Brechts an Lukács fortgesetzt. Es geht um die Brauchbarkeit der expressionistischen Schreibweise für eine antifaschistische Literatur.
Der Expressionismus, so Lukács, lasse im vordergründigen Geschehen nicht zugleich die tieferen gesellschaftlichen Zusammenhänge erscheinen; dieser Mangel habe zu chaotischer Zerrissenheit der Darstellung, zum Vorherrschen zufällig-persönlicher Eindrücke und zu leeren Formexperimenten geführt. Daher ließe sich vom Expressionismus her keine inhaltliche antifaschistische Zielvorstellung entwickeln. Man müsse vielmehr hinter die experimentelle Schreibweise der gesamten Moderne zu den großen gesellschaftskritischen Realisten des 19. Jahrhunderts (Keller, Balzac, Tolstoi) zurückkehren. Brecht hält dem entgegen, gerade die tieferen Zusammenhänge der völlig unpersönlich gewordenen Gesellschaft ließen sich mit den traditionellen, geschlossene Charaktere voraussetzenden Stilmitteln des Realismus nicht angemessen und zukunftweisend kritisieren. Die modernen Formen müßten auf eine solche Eignung hin überprüft und gegebenenfalls übernommen bzw. weiterentwickelt werden. Während Lukács das abgerundete künstlerische

Werk verlangt und Dichter wie Heinrich von Kleist als Dekadente verurteilt, verteidigt Seghers diejenigen, die so sehr an ihrer Zeit litten, daß sie zu keiner Abklärung und Harmonisierung fähig waren.

Literarische Formen in der Exilliteratur

Im politischen Schrifttum des Exils leben Gebrauchsformen der Weimarer Zeit wie Satire und Reportage weiter. Große Bedeutung gewinnt der politische und künstlerische Essay. Die Exilzeitungen verlangen geschliffene politische Analysen. Romane und Erzählungen, die sich am ehesten übersetzen und im fremdsprachigen Raum verbreiten lassen, werden zu den bevorzugten schönliterarischen Gattungen. Lyriker und Theaterautoren müssen dagegen meist für die Schublade arbeiten. Die Lyrik verlangt ein sprachlich geschultes Publikum und verliert beim Übersetzen. Theaterstücke lassen sich im Exil kaum erfolgreich aufführen; Ausnahmen wie einige wenige Aufführungen Bertolt Brechts in Zürich und Friedrich Wolfs Theaterarbeit in der Sowjetunion bestätigen diese Regel. Im Exil wie in der inneren Emigration versucht man häufig, den Hitlerstaat durch die gleichnishafte, meist historisch verfremdende Darstellung zu erfassen.

Roman des Exils

Die Exilierten versuchen zunächst, die Lage im 'Dritten Reich' und während seiner unmittelbaren Weimarer Vorgeschichte realistisch zu beschreiben und zu analysieren. So entstehen die *Deutschlandromane*. Da ihnen jedoch die Anschauung der deutschen Ereignisse fehlt und sie sich zudem allmählich auf ein längeres Leben im Ausland einstellen müssen, beginnen sie bald, im *Exilroman* auch ihre eigene Lage darzustellen. Außerdem greifen sie, teils in Fortführung eigener, früher begonnener Arbeiten, zum *historischen Roman*. Sie schildern die Gegenwart in historischem Gewand (Brecht), zeichnen ein Gegenbild zur herrschenden Barbarei (H. Mann) oder stellen die geschichtlichen Wurzeln des Nationalsozialismus dar (Graf, Zweig). Gegen Ende des Exils erweitert sich der historische Roman: Als *Roman der Epochenbilanz* dient er dem Versuch, eine größere geschichtliche Epoche in den Blick zu bekommen, die mit dem 'Dritten Reich' zu enden schien (Th. Mann: ‚Doktor Faustus', Seghers). Broch und Hesse fragen nach der moralischen Aufgabe und den Wirkungsmöglichkeiten des Künstlers in einer spätzeitlichen Kultur, während Th. Mann mit seinem Joseph-Roman bis dorthin zurückgeht, wo aus dem Mythos erstmals das individuelle Erleben von Geschichte entstand, das mit dem Massenleiden der nun endenden Epoche ebenfalls unterging.

Deutschlandroman: *Lion Feuchtwanger: ‚Die Geschwister Oppermann'* (1933). *Oskar Maria Graf: ‚Der Abgrund'* (1936). *Willi Bredel: ‚Dein unbekannter Bruder'* (1937). *Ödön von Horváth: ‚Jugend ohne Gott'* (1937). *Anna Seghers (eigentlich Netty Reiling): ‚Das siebte Kreuz'* (1942).

Exilroman: *Klaus Mann: ‚Der Vulkan‘* (1939). *Anna Seghers: ‚Transit‘* (spanisch 1944, deutsch 1948).
Historischer Roman: *Arnold Zweig: ‚Erziehung vor Verdun‘* (1935), *‚Einsetzung eines Königs‘* (1937). *Heinrich Mann: ‚Die Jugend des Königs Henri IV‘* (1935), *‚Die Vollendung des Königs Henri IV‘* (1938). *Oskar Maria Graf: ‚Anton Sittinger‘* (1937). *Bertolt Brecht: ‚Die Geschäfte des Herrn Julius Cäsar‘* (Fragment) (1957).
Roman der Epochenbilanz: *Thomas Mann: ‚Joseph und seine Brüder‘* (1933–1943), *‚Doktor Faustus. Das Leben des deutschen Tonsetzers Adrian Leverkühn, erzählt von einem Freunde‘* (1947). *Hermann Hesse: ‚Das Glasperlenspiel. Versuch einer Lebensbeschreibung des Magister Ludi Josef Knecht samt Knechts hinterlassenen Schriften‘* (1943). *Hermann Broch: ‚Der Tod des Vergil‘* (1945). *Anna Seghers: ‚Die Toten bleiben jung‘* (1949).

Erzählung im Exil

Thomas Manns Erzählung ‚Mario und der Zauberer‘, die er angesichts des italienischen Faschismus schon Jahre vor Hitlers Machtergreifung schrieb, zeigt die Hilflosigkeit einer nichtfaschistischen Haltung, die keine Alternative aufweisen kann. Im Exil entstehen zunächst Erzählungen unmittelbaren politischen Engagements (Seghers: ‚Kolomann Wallisch‘). Später versuchen die Autoren, ihre humanistische Haltung knapp, oft gleichnishaft zusammenzufassen (Hesse, Mann, Seghers: ‚Der Ausflug der toten Mädchen‘, Zweig). Brecht schafft neue Kurzformen des nachdenklich stimmenden, in den belehrenden Dialog oder ins Aphoristische übergehenden Erzählens.

Bertolt Brecht: ‚Geschichten vom Herrn Keuner‘ (1930–57), *‚Flüchtlingsgespräche‘* (Übergang zum belehrenden Dialog) (1957), *‚Me-ti. Buch der Wendungen‘* (Übergang zum Aphoristischen und Anekdotischen) (Fragment, 1965). *Thomas Mann: ‚Mario und der Zauberer. Ein tragisches Reiseerlebnis‘* (1930), *‚Die vertauschten Köpfe. Eine indische Legende‘* (1940), *‚Das Gesetz‘* (1944). *Anna Seghers (eigentlich Netty Reiling): ‚Der letzte Weg des Kolomann Wallisch‘* (1934), *‚Der Ausflug der toten Mädchen‘* (1946). *Stefan Zweig: ‚Schachnovelle‘* (1941). *Hermann Hesse: ‚Die unterbrochene Schulstunde‘* (1948).

Kritisches Volksstück und Exildrama

Zwischen der sich ankündigenden Weltwirtschaftskrise und dem Ende der österreichischen Republik erscheinen die zeitkritischen Volksstücke Ödön von Horváths, welche die Aggressivität des scheinbar gemütlichen Kleinbürgers entlarven. Dabei verfremdet sich die Welt ins Groteske, ähnlich wie in Brechts Volksstück, das das Individuum aber auf den sozialen Typ zurückführt.
Die Exildramen, von denen viele bis heute noch nicht veröffentlicht sind, lassen sich im wesentlichen einteilen in das Zeitstück (Becher, Wolf, Toller), zu dem auch die Darstellung des Exils gehört (Werfel), und das Parabelstück, das die Zeitprobleme auf eine allgemein menschliche Problematik hin durchsichtig machen will (Kaiser).
Bertolt Brecht war schon in den letzten Jahren der Weimarer Republik

vom Lehrstück marxistischen Inhalts zum dialektischen Theater marxistischer Methode gelangt. Diesen Weg setzt er im Exil fort. Dabei macht er aus der Not, die gesellschaftliche Entwicklung seines Heimatlandes nicht unmittelbar zu erleben und daher auf verhältnismäßig abstrakter Ebene argumentieren zu müssen, eine Tugend, indem er die gleichnishafte Darstellung des Parabelstücks mit wissenschaftlich distanzierter Haltung verbindet.

Volksstück: *Ödön von Horváth: ‚Sladek der schwarze Reichswehrmann. Historie aus dem Zeitalter der Inflation‘* (1929), *‚Italienische Nacht‘* (1931), *‚Geschichten aus dem Wienerwald‘* (1931), *‚Glaube Liebe Hoffnung‘* (1932). *Bertolt Brecht: ‚Herr Puntila und sein Knecht Matti‘* (1948).
Exildramen: *Friedrich Wolf: ‚Professor Mamlock‘* (1934). *Ernst Toller: ‚Pastor Hall‘* (1938). *Georg Kaiser: ‚Der Soldat Tanaka‘* (1940). *Johannes R. Becher: ‚Winterschlacht‘* (1942). *Franz Werfel: ‚Jacobowsky und der Oberst. Komödie einer Tragödie‘* (1944).
Die Entwicklung Bertolt Brechts: *‚Das Badener Lehrstück vom Einverständnis‘* (1929), *‚Die Maßnahme‘* (1930), *‚Die heilige Johanna der Schlachthöfe‘* (1932), *‚Die Rundköpfe und die Spitzköpfe oder Reich und Reich gesellt sich gern‘* (1936), *‚Mutter Courage und ihre Kinder‘* (1941), *‚Leben des Galilei‘* (1943, weitere Fassungen: 1947, 1957), *‚Der gute Mensch von Sezuan. Ein Parabelstück‘* (1943), *‚Der kaukasische Kreidekreis‘* (1948).

Lyrik des Exils Die Exillyrik führt die expressionistische und die politisch-agitatorische Tradition fort. Manche ehemaligen Expressionisten greifen auf konventionellere Formen zurück (Becher, Zech), es kann aber auch geschehen, daß die privaten Chiffren unter dem Druck des Leides noch unzugänglicher werden (Lasker-Schüler). Bei einigen jüdischen Autoren, die überlebten und deren Texte erst nach dem Krieg erschienen, sind die persönlichen Assoziationen untrennbar mit dem Holocaust verbunden, so daß die oft verschlossene, ganz persönliche Sprache immer auch das allgemeine jüdische Schicksal beruft. Das gilt für Celan und Nelly Sachs.
Klage, antifaschistische Agitation und der Versuch, das Gegenbild einer humanen Gesellschaft zu entwerfen, kennzeichnen die politische Lyrik Bechers und Weinerts, die in der Form konventionell ist. Brecht dagegen entwickelt die lehrhaft-politische Lyrik weiter, indem er mit Hilfe eines lakonischen Pointenstils die Irrtümer und inneren Widersprüche seiner Gegner nicht benennt, sondern kommentarlos aufzeigt. Arendt verbindet die teils expressionistische, teils konventionelle Formensprache mit erlebtem politischem Inhalt aus dem Spanischen Bürgerkrieg und dem südamerikanischen Exil und einem neuen, gesellschaftskritisch fundierten Naturbild. So gelangt er ebenfalls zu einer eigenständigen, zeitgemäßen Dichtung.

Johannes R. Becher: ‚Der Glückssucher und die sieben Lasten‘ (1938). *Bertolt Brecht: ‚Chinesische Gedichte‘* (1938), *‚Svendborger Gedichte‘* (1939), *‚Holly-*

wood-Elegien' (1942). *Else Lasker-Schüler: ,Mein blaues Klavier*' (1943). *Nelly Sachs: ,In den Wohnungen des Todes*' (1947), *,Und niemand weiß weiter*' (1957). *Erich Weinert: ,Rufe in die Nacht*' (1947). *Paul Zech: ,Sonette aus dem Exil*' (1948). *Paul Celan (eigentlich Paul Anczel): ,Sand aus Urnen*' (1948), *,Mohn und Gedächtnis*' (1952). *Erich Arendt: ,Trug doch die Nacht den Albatros*' (1951), *,Bergwindballade*' (1952), *,Tolú*' (1956).

12.4 Autoren

12.4.1 Kunst und Marxismus: Brecht

Bertolt Brecht (1898–1956)

Der Sprößling einer angesehenen Augsburger Familie – Brechts Vater war kaufmännischer Direktor einer Papierfabrik – übte sich zunächst als Bürgerschreck und Bohemien. Nach einem bald abgebrochenen Studium an der Philosophischen Fakultät der Universität München wurde er freier Schriftsteller. Noch in der Schulzeit, in der er patriotische Gedichte und Aufsätze veröffentlichte, hatte er begonnen, das Kriegspathos zu verspotten. So auch in der ,Legende vom toten Soldaten', die er 1918 schrieb, nachdem man ihn gegen Kriegsende noch eingezogen hatte. Ein Protest gegen das ordentliche, aber kriegsberauschte Bürgertum, ursprünglich auch Parodie eines expressionistischen Dichterdramas von Hanns Johst, ist sein erstes Stück: ,Baal' (1919). Ihm folgten das Zeitstück ,Trommeln in der Nacht' (1922), die Komödie um einen heimkehrenden Soldaten, und das Großstadtstück ,Im Dickicht der Städte' (1923).
1924 übersiedelte der Dichter nach Berlin. 1926 erschien ,Mann ist Mann', ein Lustspiel, das zeigt, wie ein Mensch seine Individualität verliert und zu einer austauschbaren Kampfmaschine wird. 1927 arbeitete er mit an Erwin Piscators politischem Theater. Als Regisseur und Dramaturg entwickelte er in dieser Zeit die Konzeption des 'epischen Theaters' (s. unten), das im Gegensatz zu demjenigen Piscators mehr in der grundsätzlichen Haltung als allein im agitatorischen Inhalt politisch ist. In Berlin erschienen ,Bertolt Brechts Hauspostille' (1927) und ,Aus einem Lesebuch für Städtebewohner' (1930), die ersten beiden Gedicht- bzw. Liedersammlungen. Weitere Lieder sind enthalten im Songspiel ,Mahagonny' (1927; 1929 erweitert zur Oper ,Aufstieg und Fall der Stadt Mahagonny') und in der ,Dreigroschenoper' (1928), einer Bearbeitung von ,The Beggar's Opera' (1728) des Engländers John Gay. Die Musik zu beiden Stücken schrieb Kurt Weill.
In der Mitte der zwanziger Jahre begann Brecht mit der Arbeit an seinen marxistischen Lehrstücken. Zu ihnen gehören ,Das Badener Lehrstück vom Einverständnis' (1929, Musik von Paul Hindemith), die Schulopern ,Der Jasager und der Neinsager' (1931; erste Fassung des ,Jasagers' 1930 mit der Musik von Kurt Weill), ,Die Maßnahme' (1930, Musik von Hanns Eisler), ,Die Ausnahme und die Regel' (1938, Musik von Paul Dessau 1948). Parallel dazu entstanden die großen Dramen ,Die heilige Johanna der Schlachthöfe' (1932) und ,Die Mutter. Leben der Revolutionärin Pelagea Wlassowa aus Twer' (1932, nach einem Roman des Russen Maxim Gorki) sowie der Film ,Kuhle Wampe' (1932 mit Kürzungen freigegeben).

Sogleich nach dem Reichstagsbrand 1933 emigrierte Brecht nach Dänemark. Dort kam zu seinen bisherigen Mitarbeiterinnen Elisabeth Hauptmann und Margarete Steffin noch die dänische Schauspielerin Ruth Berlau hinzu. Sie beteiligten sich zusammen mit anderen am Schreiben der Stücke und Prosatexte. In Dänemark entstanden die Komödie ‚Die Rundköpfe und die Spitzköpfe. Ein Greuelmärchen‘ (1936), das Lehrstück ‚Die Horatier und die Kuriatier. Lehrstück über Dialektik für Kinder‘ (1936), das Montagestück ‚Furcht und Elend des Dritten Reiches‘ (1945), der Einakter ‚Die Gewehre der Frau Carrar‘ (1937) und das große Drama ‚Leben des Galilei‘ (1943, Musik von Hanns Eisler). Unter dem Titel ‚Der Messingkauf‘ (1937/51) stellte Brecht eine Lehre seines ‘epischen Theaters’ in Dialogform zusammen. Sie wurde später ergänzt durch die Schrift ‚Kleines Organon für das Theater‘ (1949). Eine Auswahl der Lyrik dieser Lebensphase erschien unter dem Titel ‚Svendborger Gedichte‘ (1939).
Den Bedingungen des Exils entsprechend, wandte Brecht sich nun stärker der Prosa zu. Als erstes Prosawerk erschien der ‚Dreigroschenroman‘ (1934). Im dänischen Exil entstanden die meisten der ‚Geschichten vom Herrn Keuner‘ (1930–57), außerdem zwei Romanfragmente: ‚Die Geschäfte des Herrn Julius Cäsar‘ (1957) und der Tui-Roman (1967). Den Einfluß chinesischen Denkens bezeugen die Aphorismen, die im Fragment ‚Me-ti. Buch der Wendungen‘ (1965) gesammelt sind. Während der Phase sowjetischer Volksfrontpolitik beteiligte sich Brecht an der Herausgabe der Moskauer Zeitschrift ‚Das Wort‘. In der ‘Expressionismusdebatte’ (s. Seite 253f.) konnte er sich allerdings nicht gegen die dogmatische Verdammung aller Autoren durchsetzen, die nach neuen, der Gegenwart angemessenen Formen politisch eingreifenden Schreibens suchten.
Die Niederlage der spanischen Republik und der Abschluß des Münchner Abkommens 1938 machten dem Dichter seine Gefährdung deutlich. Er flüchtete nach Schweden und dann, nach dem deutschen Einmarsch in Dänemark und Norwegen, 1941 über Finnland und die UdSSR in die USA. Das belehrende historische Stück ‚Mutter Courage und ihre Kinder. Eine Chronik aus dem Dreißigjährigen Krieg‘ (1941, Musik von Paul Dessau 1946) wurde in Schweden fertiggestellt, während die erste Fassung des ‘Parabelstücks’ ‚Der gute Mensch von Sezuan‘ (1943) entstand. In Finnland schrieb Brecht die ‚Flüchtlingsgespräche‘ (1957), das Volksstück ‚Herr Puntila und sein Knecht Matti‘ (1948, Musik von Paul Dessau 1949) und das antifaschistische Gangsterstück ‚Der aufhaltsame Aufstieg des Arturo Ui‘ (1941). In den USA, wo Brecht im Dienst des Hollywooder Filmkommerz lebte, der ihn abstieß, entstanden u. a. die Stücke ‚Schweyk im Zweiten Weltkrieg‘ (1957, Musik von Hanns Eisler) und ‚Der kaukasische Kreidekreis‘ (1948, Musik von Paul Dessau 1953/54). Hoffnungen, einige seiner Stücke hier aufgeführt zu sehen, erfüllten sich nicht.
1947 übersiedelte Brecht nach Zürich. Dort entstand das Schauspiel ‚Die Tage der Commune‘ (1956, Musik von Hanns Eisler). Mit den ‚Kalendergeschichten‘ (1948/49) erschien eine Sammlung von Erzählungen, die meist aus der Exilzeit stammen. 1950 erhielt der Staatenlose die österreichische Staatsbürgerschaft. 1949 schon war er nach Ost-Berlin umgezogen, wo man ihm ein eigenes Theaterensemble zur Verfügung gestellt hatte. Eine der ersten Aufführungen war die Bearbeitung des ‚Hofmeisters‘ von Lenz (1950). Gegen große Widerstände versuchte der Stückeschreiber nun, seine Vorstellung vom ‘epischen Theater’ zu verwirklichen. Seine Enttäuschung über die Haltung, welche die SED angesichts des Aufstandes vom 17. Juni 1953 annahm, spiegelt sich in den Gedichten ‚Buckower

Elegien' (1953). Seine grundsätzliche Zustimmung zur Politik der DDR wurde dadurch aber nicht beeinträchtigt. 1967 erst erschien sein letztes großes Stück, ‚Turandot oder Der Kongreß der Weißwäscher'.

Brechts Anfänge Die Angst vor drohender Vernichtung und Verlassenheit, die der junge Sanitäter im Ersten Weltkrieg erlebte, und der Haß auf Beschönigungen und hohles Pathos stehen am Anfang von Brechts Dichtung. Die bürgerliche Welt, aus der er stammt, scheint ihm grotesk: drohend, aber zugleich untergehend und lächerlich verlogen. Ihr setzt er mit dem Außenseiter Baal ein Symbol provozierend unverschämten Lebensgenusses entgegen, der noch über die Angst vor Tod und Einsamkeit hinwegträgt. Der Wunsch nach Lebensgenuß, an dem Brecht in seinem ganzen Werk festhält, läßt sich aber nicht befriedigen in einer Welt, in der auch im Frieden Krieg herrscht: der Kampf aller gegen alle. Das will Brecht den Zuschauern ins Bewußtsein bringen, aber auf sachliche, unpathetische Weise. (Er verbindet expressionistischen Lebenskult mit expressionismusfeindlicher Ablehnung des Pathos.) Der sachlichen Haltung wird dann die marxistische Theorie unterlegt. Während Brecht sich zunächst ausmalt, wie man durch Verzicht auf Besonderheit und durch Unauffälligmachen der drohenden Vernichtung entgehen könne, stellt sich ihm mit dem Übergang zum Marxismus die Frage, wie der Verzicht auf bürgerliche Identität und die Aufnahme ins revolutionäre Kollektiv, das einmal aus dem ewigen Kampf hinausführen soll, sich zueinander verhalten.

Episches Theater Aus dem Wunsch heraus, den Leser nicht mit Gefühlen zu überwältigen, sondern ihn zu eigenem Denken anzuspornen, hat Brecht einen neuen, für das Theater des 20. Jahrhunderts beispielgebenden experimentellen Stil geschaffen, der Lernmodelle liefert, keine Leitbilder. In diesem 'epischen Theater' kommt es darauf an, die dramatische Handlung mit dem umfassenden gesellschaftlichen und geschichtlichen Zusammenhang zu verbinden, so wie die epische Literatur, z. B. der große Roman, ihn erfaßt. Das Theater soll in zweifacher, dialektischer Perspektive sowohl ein Stück Wirklichkeit zeigen, das den Zuschauer gefühlsmäßig anspricht, weil dieser es wiedererkennen kann, als auch den zugrunde liegenden Zusammenhang, den er distanziert und nüchtern analysieren soll. Nüchtern, weil es darum geht, alle Beschönigungen zu zerstören. In dieser Zweiseitigkeit, die nicht durch naturalistische Inszenierung und schauspielerische Einfühlung in die Figuren verwischt werden darf, besteht der 'V-Effekt' (Verfremdungseffekt). Er verwandelt die expressionistische Verfremdung, die Antwort auf eine unverständlich gewordene Welt, in ein Mittel sowohl der Erkenntnis als auch des Kunstgenusses. Der Leser muß, oft verblüfft, über das scheinbar Selbstverständliche erneut nachdenken („Der Mensch denkt: Gott lenkt – Keine Red davon!" [‚Mutter Cou-

rage']). Genuß am Künstlerischen und soziales Lernen fallen in dieser Gebrauchsdichtung zusammen. Der einzelne Fall wird dabei zur Parabel (Gleichnis), die allerdings keine unantastbare Lehre veranschaulicht (auch wo die Stücke politische Lehren enthalten), sondern dem Zuschauer als nützliches Modell dienen soll, das er mit seinen Erfahrungen konfrontiert und dabei auch verändert.
Die Lehrstücke, die anhand extrem zugespitzter Modelle das Problem von Individuum und Kollektiv behandeln, sollten von Schülern und Arbeitern gespielt, dabei diskutiert und u. U. weiterentwickelt werden. Wie hier geht es auch in den späteren Stücken, in denen wieder traditionelle Heldenfiguren auftauchen, nicht um diese Gestalten und ihre Psyche, sondern um die exemplarischen Lernsituationen. Der Zuschauer muß entscheiden, ob die Helden sich in ihnen richtig oder falsch verhalten. In den meisten Stücken, die ständig diskutiert und überarbeitet werden, nimmt Brecht zugleich Stellung zu aktuellen zeitgeschichtlichen und gesellschaftlichen Problemen, meist im Zusammenhang mit dem antifaschistischen Kampf.

Brechts Lyrik und Prosa

Bis zum Exil ist Brechts Lyrik von der kabarettistischen Tradition geprägt. Provozierend stellt er hier den Untergang der bürgerlichen Ordnung dar, die verlogen und grotesk erscheint. Die Bibelsprache wird parodiert. Während der Weimarer Zeit beginnt schon die Parteilyrik, die in den politischen Tageskampf eingreift, nicht immer ohne banale Vereinfachung. Wirkungsvoller als diese sind die antifaschistischen ‚Svendborger Gedichte', die ebenso wie die Dramen zum genußvollen Lernen gebraucht werden sollen. Hier entlarvt das unkommentierte Nebeneinander unterschiedlicher gesellschaftlicher oder geschichtlicher Perspektiven die Verlogenheit nationalsozialistischer, die Verkehrtheit fortschrittsfeindlicher Standpunkte. Ihnen werden Modelle eines solidarischen, humanen Handelns entgegengestellt. Aus dem kommentarlosen Nebeneinander entwickelt sich schließlich eine knappe, epigrammatisch auf die Pointe zugespitzte Lyrik, die von chinesischen Gedichten beeinflußt ist. In ihr spricht sich ein Ich aus, das repräsentativen Charakter hat. Neben den aggressiv-kritischen entstehen jetzt Gedichte der Freundlichkeit. Dabei nimmt das Ich oft eine bestimmte Rolle an, etwa die des Gärtners oder des Weisen. Die melancholisch gestimmten ‚Bukkower Elegien' machen, weiterhin im lakonischen Zeigestil, störende äußere Erlebnisse zu Anlässen des Nachdenkens.
In der Prosa läßt Brecht wie in den Stücken den 'Helden' zurücktreten, um statt dessen einen Einzelfall als Modell des Allgemeinen erscheinen zu lassen. Ohne ausdrücklich zu belehren, will er durch pointiert erzählte, überraschende, jedoch typische Beispiele das Nachdenken des Lesers provozieren. Dabei wählt er öfter gleichnisartige Formen oder –

so für die in ‚Me-ti' gesammelten Aphorismen (Gedankensplitter) – die exotische chinesische Verkleidung.

12.4.2 Die Entlarvung des Spießbürgers: Horváth

Ödön von Horváth (1901–1938)

Der Sohn eines ungarischen Diplomaten wuchs auf in Belgrad, Budapest, Wien und München. Nach kurzem Studium der Philosophie und Germanistik in München wurde er freier Schriftsteller. 1926 zog er nach Berlin, wo sein erstes Volksstück erschien, ‚Revolte auf Côte 3018' (1927; umgearbeitet als ‚Die Bergbahn'). Es folgten die Komödie ‚Zur schönen Aussicht' (1927) und die beiden antifaschistischen Volksstücke ‚Sladek der schwarze Reichswehrmann. Historie aus dem Zeitalter der Inflation' (1929) und ‚Italienische Nacht' (1931) sowie ‚Der ewige Spießer. Erbaulicher Roman' (1930). Die beiden nächsten Volksstücke, ‚Geschichten aus dem Wienerwald' (1931) und ‚Kasimir und Karoline' (1932), konnten noch in Deutschland aufgeführt werden, ‚Glaube Liebe Hoffnung. Ein kleiner Totentanz' (1932) kam dort nicht mehr auf die Bühne. 1933 begann ein unstetes Reiseleben, meist außerhalb Deutschlands, von wo der Dichter 1936 endgültig ausgewiesen wurde. In diesen Jahren entstanden Dramen, die zumeist um die Emigrantenproblematik kreisen, unter ihnen die beiden ernsthaften Komödien ‚Figaro läßt sich scheiden' (1937) und ‚Don Juan kommt aus dem Krieg' (1952). Seine beiden Romane ‚Jugend ohne Gott' und ‚Ein Kind unserer Zeit' erschienen 1937 in den Niederlanden. Im darauf folgenden Jahr mußte Horváth auch Österreich verlassen. Bei einem Aufenthalt in Paris wurde er von einem umstürzenden Baum erschlagen.

In seinen Volksstücken zeichnet Horváth die Zeit der Inflation, in der nicht nur die Vermögenswerte, sondern auch die menschlichen Werte leerer Schein geworden sind. Der Dichter stellt den heruntergekommenen Kleinbürger dieser Zeit als entfremdeten Menschen dar, der keine eigenen Gefühle und keine eigene Sprache mehr hat, nur noch einen 'Bildungsjargon'. Er zitiert nämlich fortwährend aus dem Repertoire klassischer und nachklassischer Bildung. Die menschlichen Werte, die damit einmal verbunden waren, gelten für ihn aber nicht mehr. So schafft er lediglich eine kitschige Fassade sentimentaler Gemütlichkeit und Gutherzigkeit, hinter der nichts als berechnender Egoismus herrscht. Die aus Klischees und Redensarten zusammengesetzte Sprache läßt in den entscheidenden Situationen kein wirkliches Gespräch mehr zu.

Dem herrschenden Egoismus fallen vor allem die jungen, noch unbestimmt hoffenden Frauen zum Opfer. Im Grunde freilich leben alle einsam und unfrei auf den Tod hin. Daß die Stücke am Ende oft wieder in den Anfang übergehen, zeigt die Ausweglosigkeit der Situation an. Die verborgene Grausamkeit hinter der Fassade verweist auf die Anfälligkeit des damaligen Kleinbürgertums für den Nationalsozialismus. Im Exil sucht Horváth in der Besinnung auf Gott einen Sinn zu finden.

12.4.3 Große Prosaisten des 20. Jahrhunderts: H. Mann, Th. Mann, Broch, Jahnn, Roth, Feuchtwanger, Seghers, A. Zweig

Heinrich Mann (1871–1950) – Vom Ästhetentum zum europäischen Humanismus

Heinrich Mann war der Sohn eines reichen Lübecker Senators und einer Deutschbrasilianerin. Von der provinziellen Bürgerlichkeit seiner Heimatstadt abgestoßen, verließ er vor dem Abitur die Schule, begann eine Buchhändler-, dann eine Verlagslehre und wurde schließlich freier Schriftsteller. Gelegentlich lebte er in München, meist war er auf Reisen in Italien. Die ersten Veröffentlichungen stehen ganz im Zeichen der Neuromantik und der Künstlerthematik, verbunden mit konservativer, nationalistischer und antisemitischer Haltung. Allmählich schärfte sich aber sein Blick für soziale Probleme. 1900 erschien ‚Im Schlaraffenland. Ein Roman unter feinen Leuten', die satirische Darstellung einer dekadenten Gesellschaft. Den Lebenskult der Jahrhundertwende pflegte Mann in ‚Die Göttinnen oder Die drei Romane der Herzogin von Assy' (1903). Der Roman ‚Die Jagd nach Liebe' (1903) verbindet den Lebenskult mit neuromantischer Seelenanalyse des Künstlers und mit Kritik an der Herrschaft des Geldes. Vom Künstler wandte Mann sich ab mit der Novelle ‚Pippo Spano' (1905) und dem Roman ‚Zwischen den Rassen' (1907). Schon im Roman ‚Professor Unrat oder Das Ende eines Tyrannen' (1905) hatte er die Gesellschaft von einem moralischen Standpunkt aus kritisiert. Wichtigstes Zeugnis dieser neuen Haltung ist der Roman ‚Die kleine Stadt' (1909), den Mann als „das Hohelied der Demokratie" bezeichnete.

Ab etwa 1910 entstand das umfangreiche essayistische Werk, in dem der Autor sich zeit- und kulturkritisch äußerte. Hierzu gehören die beiden politischen Essays ‚Geist und Tat' (1911) und ‚Zola' (1915). Zur großen Abrechnung mit dem Kaiserreich wurde der satirische Zeitroman ‚Der Untertan' (1918), der ursprünglich den Untertitel ‚Geschichte der öffentlichen Seele unter Wilhelm II.' tragen sollte. Die beiden Romane ‚Die Armen' (1917) und ‚Der Kopf' (1925) setzen den Roman fort. Die konservativ-nationalistische Haltung, die Heinrichs Bruder Thomas im Ersten Weltkrieg einnahm, führte etwa ab 1915 zu einem tiefen Zerwürfnis zwischen beiden, das sich erst sieben Jahre später wieder aufzulösen begann. Unermüdlich, aber zunehmend desillusioniert, kämpfte Mann für Demokratie, Frieden und deutsch-französische Annäherung. Die Utopie praktizierter Menschlichkeit verbindet sich in den Romanen dieser Zeitspanne mit illusionslosem Realismus. Das sich anbahnende republikfeindliche Bündnis zwischen wirtschaftlicher und politischer Macht und kleinbürgerlichem Führerkult wird in der Novelle ‚Kobes' (1925) analysiert.

Kurz nach Hitlers Machtübernahme wurde Mann aus der ‚Akademie der Künste', deren Präsident er seit 1931 war, ausgeschlossen. Er ging nach Frankreich ins Exil, wo er sich erfolglos um ein antifaschistisches Bündnis bemühte (s. Seite 250f.). Hier entstanden die beiden Romane, die die Summe seines Denkens darstellen: ‚Die Jugend des Königs Henri Quatre' (1935) und ‚Die Vollendung des Königs Henri Quatre' (1938). 1940 flüchtete er vor den deutschen Truppen in die USA. Dort lebte er in zunehmender Armut, immer tätig als antifaschistischer Publizist und als Dichter. Er schrieb seinen Lebensrückblick ‚Ein Zeitalter wird besichtigt' (1946) und die Romane ‚Lidice' (1943), ‚Empfang bei der Welt'

(1956), ‚Der Atem' (1949). Mann starb kurz vor der Abreise in die DDR, wo man ihn zum Präsidenten der neuen ‚Akademie der Künste' ernannt hatte.

Manns Denken kreist um den Gegensatz zwischen Geist und Macht. Macht erscheint als Geldherrschaft und autoritärer Zwang, den Geist verkörpert zunächst der Außenseiter und Künstler. Diesen stößt die häßliche Machtwelt ab, er ersehnt dagegen das rauschhafte Leben, auch wenn er darin untergehen sollte. Doch der hochmütig und selbstgenügsam sich abwendende Künstler muß menschlich verarmen oder unter seiner Einsamkeit leiden. Daher sucht Mann nicht am Rausch des Lebens, sondern am demokratischen Leben des Volkes teilzuhaben. Aus der künstlerischen wird demokratische Machtkritik im Geiste der Aufklärung, vor allem der französischen. Hinzu kommt ein sozialpsychologisches Interesse: Mann analysiert die selbstunterdrückende Anpassung und damit die innere Schwäche und Lächerlichkeit der kleinen und großen Machthungrigen, die nach außen Härte und Stärke spielen. Die Tyrannen sind innerlich Untertanen.
Das zeigt sich zuerst an ‚Professor Unrat'. Die Liebe, die den gefürchteten Schultyrannen überfällt, bringt seine verdrängten Triebregungen an den Tag und zeigt ihn als rachsüchtigen und schmutzigen Untertan. Aber nicht nur er wird entlarvt, sondern mit ihm das heuchlerische Bürgertum der Kleinstadt, das ihn schließlich opfert, um die Fassade der Wohlanständigkeit wiederherzustellen. Der Roman ‚Der Untertan' führt vor, wie ein Mensch Unterwerfung, Lieblosigkeit und Machtgier lernt. Insofern ist er ein Erziehungsroman, ein parodistischer freilich. Die lächerliche, geistlose Innenseite der Gewalt wird satirisch dargestellt, die äußerliche, unmenschliche Seite aber nicht verschwiegen. Aus Lächerlichkeit und Bedrohlichkeit zugleich entsteht das Groteske, aber nicht als Ausdruck einer fremden, sondern als Ausdruck einer undemokratischen Gesellschaft.
Mann bleibt nicht bei der Kritik stehen. In den ‚Henri Quatre'-Romanen stellt er dar, wie Geist – jetzt als selbstkritisches, skeptisches Wissen verstanden – mit legitimer Macht verbunden sein kann, nämlich auf der Grundlage der Menschenliebe. Diesmal wird die Tradition des Entwicklungsromans ohne Parodie weitergeführt. Als der Bescheidene, dem nichts Menschliches fremd ist, erlernt Heinrich die Macht der Güte. Mann stellt sie der barbarischen Gewalt seiner eigenen Zeit gegenüber. Macht der Güte heißt für ihn sowohl Macht durch Güte als auch, wenn gegenüber der Barbarei unvermeidlich, Macht um der Güte willen. Da Heinrich am Vorabend des Dreißigjährigen Kriegs ermordet wird, den er ahnt und den er verhindern wollte, bleibt sein Werk unvollendet, aber als Anspruch für künftige Generationen bestehen.

Thomas Mann (1875–1955) – Der schwierige Weg des Ästheten zu einer menschlichen Bürgerlichkeit

Der jüngere Bruder Heinrich Manns verließ 1893 das Gymnasium als angehender Obersekundaner und folgte der Mutter, die nach dem Tode ihres Mannes und der Auflösung des Lübecker Geschäfts nach München übergesiedelt war. Ein kurzes Volontariat bei einer Versicherungsgesellschaft beendete er, ganz wie sein Bruder ein konservativer Ästhet, um freier Schriftsteller zu werden. Die ersten Novellenbände erschienen: ‚Der kleine Herr Friedemann. Novellen' (1898) und ‚Tristan. Sechs Novellen' (1903, darunter ‚Tonio Kröger'), dazwischen der Roman, der Mann berühmt machte: ‚Buddenbrooks. Verfall einer Familie' (1901). 1909 wurde der Roman ‚Königliche Hoheit', 1912 die Novelle ‚Der Tod in Venedig' veröffentlicht.

Die künstlerische Rivalität zwischen den beiden Brüdern verwandelte sich in einen bitteren politischen Streit, als Thomas, der mit nationalistischen Tönen den Ersten Weltkrieg begrüßt hatte, sich vom ‚Zola'-Essay tief getroffen fühlte, mit dem der inzwischen gewandelte Ältere die vom nationalen Machtrausch erfaßten Intellektuellen scharf angriff. Der Jüngere antwortete mit den ‚Betrachtungen eines Unpolitischen' (1918), in denen er den Bruder als undeutschen, kulturlosen „Zivilisationsliteraten" abtat. Mit dem Roman ‚Der Zauberberg' (1924) sagte Thomas sich aber los von den zerstörerischen Kräften und bekannte sich zur Menschlichkeit. Die Versöhnung zwischen den Brüdern war von Dauer. Allerdings blieb Manns Vorstellung von Menschlichkeit eng an das Konservative, im Wortsinn: an das Bewahrende, geknüpft. Die Erzählung ‚Unordnung und frühes Leid' (1925) spiegelt die Angst vor der tiefen Gefährdung einer bewahrenden bürgerlichen Ordnung.

Dieser Konservatismus ließ sich nicht mit dem Nationalsozialismus vereinbaren. Mann hatte schon mit der Erzählung ‚Mario und der Zauberer. Ein tragisches Reiseerlebnis' (1930) auf den italienischen Faschismus geantwortet, den er bei Badeaufenthalten erlebt hatte. Auf seine Münchner Rede über ‚Leiden und Größe Richard Wagners' (1933) folgte eine solche Hetze, daß er es vorzog, von einem Auslandsaufenthalt nicht mehr zurückzukehren und in die Schweiz zu emigrieren. Nun näherte er sich auch politisch wieder seinem Bruder. In diesen Jahren erschienen die ersten drei Bände des Romanzyklus ‚Joseph und seine Brüder': ‚Die Geschichten Jaakobs' (1933), ‚Der junge Joseph' (1934) und ‚Joseph in Ägypten' (1936). 1936 wurde Mann aus Deutschland ausgebürgert, 1938 übersiedelte er in die USA.

In den USA, wo er als berühmter Schriftsteller ohne materielle Probleme leben konnte, tat er viel, um die humanistische antifaschistische Front zu stärken und die anderen emigrierten Schriftsteller zu unterstützen. Hier schrieb er unter dem Eindruck der Wirtschafts- und Sozialreformen des Präsidenten Roosevelt den letzten der Joseph-Romane, ‚Joseph, der Ernährer' (1943). Der Roman ‚Lotte in Weimar' (1939) zeugt von Manns lebenslanger verehrungsvoller Identifikation mit Goethe. Daneben entstanden die Erzählungen ‚Die vertauschten Köpfe. Eine indische Legende' (1940) und ‚Das Gesetz' (1944). Künstlerroman, selbstkritischer Rückblick und zugleich ein Versuch, den Nationalsozialismus aus der deutschen Geistesgeschichte heraus zu verstehen, ist ‚Doktor Faustus. Das Leben des deutschen Tonsetzers Adrian Leverkühn, erzählt von einem Freunde' (1947). In der Bundesrepublik Deutschland wurde Mann dafür und für seine antifaschistischen Reden und Essays mit häßlicher Polemik überschüttet. Daher übersiedelte er, als es ihn wieder in ein deutschsprachiges Land trieb, 1954 in die Schweiz. Zu den letzten Werken gehören ‚Der Erwählte' (1951), die ironische Nacherzählung der Legende vom heiligen Gregorius, ‚Bekenntnisse des Hochstaplers Felix Krull. Der Memoiren erster Teil' (1954), der fragmentarische pikareske Roman, den Mann schon vor dem Ersten Weltkrieg begonnen hatte, sowie die Erzählung ‚Die Betrogene' (1953).

Gegensatz und Verwandtschaft zwischen Künstler und Bürger sind ursprünglich das Thema des Mannschen Werkes, wie es in ‚Tonio Kröger' formuliert wird. Der Bürger ist der banale, aber lebenstüchtige Alltagsmensch mit unbeschwerter Körperlichkeit. Der Künstler ist gespalten zwischen kühler Geistigkeit und verzehrenden sinnlichen Wünschen. Im Geistigen wie Sinnlichen will er Ausnahmemensch von dämonischer Größe sein, und doch sehnt er sich zugleich nach den „Wonnen der Gewöhnlichkeit", nach der entspannenden bürgerlichen Alltäglichkeit. So ist er sowohl unglücklicher Außenseiter als auch unglücklicher Bürger, unfähig, sich im Lebenskampf zu behaupten. Weil es zwischen Bürger und Künstler keine Liebe gibt – hier spiegelt sich wohl auch das Verhältnis zwischen Manns künstlerisch begabter Mutter und dem korrekten Geschäftsmann, seinem Vater –, ist der bürgerliche Künstler in sich selbst gespalten.
Den Weg vom Bürger zum Künstler zeichnet Mann in den ‚Buddenbrooks' nach. Eine alte Kaufmannsfamilie entfremdet sich allmählich ihrer materiellen Grundlage, der Firma, und löst sich in einzelne künstlerische Individuen auf, die ihre inneren Spannungen nicht mehr meistern können und zu lebensschwachen Außenseitern werden. Das letzte männliche Familienmitglied, der kleine Hanno, flüchtet vor Erwachsenwerden und Lieblosigkeit in den Tod. Dieser Lebensangst hält Mann ein bürgerliches Pflichtbewußtsein entgegen, das seinen Sinn in sich selbst hat. Der Preis an Selbstunterdrückung, den dieses Pflichtbewußtsein verlangt, ist aber zu hoch. Im ‚Tod in Venedig' scheitert dementsprechend der Versuch des Künstlers, die erwünschte Ausnahmestellung allein durch Haltung zu gewinnen. Denn die Schönheit, um die sein Leben kreist, ist nur der gereinigte Widerschein des spannungsvollen, sinnlichen, liebes- und todessüchtigen Innern, das schließlich den äußeren Panzer der Haltung durchbricht. Dennoch wird Mann sich in Dichtung und Leben immer bemühen, in Pflichtbewußtsein und äußerer Form Halt zu finden, allerdings auf entspanntere Weise. Und er wird nach der liebevollen Verbindung zwischen Bürger- und Künstlertum suchen, während er sich durch ironisch-selbstironisches Spiel vom Bedrängenden der Problematik distanziert.
Im ‚Zauberberg' versetzt er einen schlichten Bürgersohn in ein abgeschiedenes Sanatorium, einen Raum der Zeitlosigkeit und Todesnähe. Hier lernt der junge Mensch Sinnlichkeit, Todesangst und Todesfanatis-

mus, aber auch Pflichtbewußtsein, Forderungen der Vernunft und Menschlichkeit kennen. Er beschließt, der Menschlichkeit zu dienen, dabei aber die dunklen Seiten nicht zu verdrängen, ohne die es kein verfeinertes und künstlerisches Bewußtsein gibt. So gebildet, wird er wieder in die äußere Zeit entlassen, in die Unmenschlichkeit des Ersten Weltkrieges.
Mit den Romanen über Joseph, den jüngsten Sohn des alttestamentarischen Jakob, geht Mann auf den Zeitpunkt zurück, zu dem sich im Mythos, der Überzeitliches und Immergleiches beschreibt, das Bewußtsein von der Besonderheit des Einzelmenschen ausbildet. Joseph ist Ausnahmemensch an dieser Grenze: Einerseits widerfährt ihm ein Schicksal, das dem von Göttern und anderen erwählten Menschen analog ist, andererseits ist er sich dessen bewußt und löst sich allmählich als einzelner aus dieser mythischen Rolle. Joseph begründet somit Geschichte, die Geschichte einzelner Menschen. Zugleich entwickelt er sich zum Wirtschaftler und „Ernährer" seines Volkes. So verbinden sich nicht nur Mythos und Geschichte, Gemeinsamkeit und Besonderheit miteinander, sondern auch Ausnahmemenschentum und praktisch-bürgerliche Lebenstüchtigkeit.
‚Doktor Faustus' ist zunächst die Lebensgeschichte eines Musikers, die der Lebensgeschichte des D. Johannes Faust aus dem frühneuzeitlichen Volksbuch entspricht. Sie wird erzählt von einem bürgerlichen Gelehrten, einem Vertreter harmonisch-vernünftiger Menschlichkeit. Der Künstler, den an der Musik die Mischung aus Geistigkeit und Sinnlichkeit fasziniert, infiziert sich willentlich mit Syphilis, um sich durch die Mischung von Sinnlichkeit und Todesnähe zum Ausnahmemenschen zu steigern. Höchste Kunst, aber eine der Endzeit und Verzweiflung, entsteht. In Hochmut, innerlicher Gebrochenheit und sinnlicher Todessehnsucht des hochgebildeten Menschen, der sich mit dem Bösen einläßt, spiegelt sich die Gefährdung sowohl Manns selber als auch der deutschen Intelligenz. Der Erzähler bildet hierzu einen Gegenpol. Seine naive Menschlichkeit aber bleibt dem Dämonischen gegenüber hilflos, eben weil sie es überhaupt nicht an sich heranläßt. Insofern vertritt auch er einen Teil der Deutschen unter dem Nationalsozialismus. Ständige zeitgeschichtliche Bezüge dieses nach musikalischen Prinzipien komponierten Romans verweisen auf die gesellschaftliche und geschichtliche Symbolbedeutung.

Hermann Broch (1886–1951) – Zerfall der Werte und neuer Mythos

Der Sohn eines wohlhabenden Wiener Textilindustriellen trat in die väterliche Fabrik ein und studierte zugleich Physik und Philosophie. 1928 gab er die Industriellenlaufbahn auf und wurde freier Schriftsteller. Intensive theoretische Beschäftigungen mit Literatur, Kunst und Philosophie gingen dem Erscheinen seiner Romantrilogie ‚Die Schlafwandler' voraus (‚Pasenow oder Die Romantik',

1931; ‚Esch oder Die Anarchie‘, 1931; ‚Huguenau oder Die Sachlichkeit‘, 1932). Daneben schrieb Broch kunsttheoretische Abhandlungen und weitere Dichtungen. 1938, nach dem österreichischen Anschluß, wurde der jüdische Autor wegen seiner liberalen Auffassungen kurzzeitig verhaftet. Danach flüchtete er über Großbritannien in die USA. Hier arbeitete er u. a. an politischen und massenpsychologischen Untersuchungen. ‚Der Tod des Vergil‘ (1945), sein wichtigster Roman, wurde abgeschlossen. Es folgte der Roman ‚Die Schuldlosen‘ (1950), in den fast alle früher erschienenen Novellen eingearbeitet sind. 1957 erschien die dritte Fassung des ‚Bergromans‘ (erste Fassung 1935) unter dem Titel ‚Der Versucher‘; 1967 kamen alle drei Fassungen unter dem von Broch vorgesehenen Titel ‚Demeter‘ heraus.

Die moderne Auflösung der Welt in Fakten und Beziehungen ohne tieferen Zusammenhang wird von Broch als Zerfall der verbindlichen religiösen Werte gedeutet. Jedes Lebensgebiet, etwa das Geschäft, die Kunst, der Sport, hat seine eigenen funktionellen Zwecke. Es gibt keinen allgemeingültigen Wert mehr, ja nicht einmal mehr eine allgemeingültige Wahrheit. Wertfreies, nur an Funktionalität und Effektivität ausgerichtetes Denken und Handeln sind aber zutiefst unmoralisch. An der Figur Huguenaus zeigt sich, wie diese unmoralische Haltung zur Herrschaft kommt. Dem Wertzerfall entsprechend, zerfällt in Brochs Romanen die Wirklichkeit in persönliche, unverbindliche Bewertungen. Alles wird relativ; es gibt keine eindeutige Perspektive mehr, unter der das Geschehen dargestellt werden könnte. Die Romanform löst sich in eine Mischung unterschiedlicher Gattungen auf. Doch gerade wo sich alles auflöst, letztlich eben auch die Welt der isolierten Fakten, kann wieder eine gemeinsame Idee ahnbar werden, allerdings nur eine unbewußte, sprachlich nicht mehr faßbare. Das geschieht im Übergang der Epochen, in Traum und Todesnähe. Die neue Gemeinsamkeit ist unlösbar an die alles verbindende Liebe geknüpft.

Der ‚Tod des Vergil‘ ist im inneren Monolog geschrieben. Der römische Dichter, der an der Schwelle zweier Epochen lebt, will zunächst sein großes Werk, die ‚Äneis‘, verbrennen, weil ihre schöne, aber wirkungslose Form die Gleichgültigkeit gegenüber dem menschlichen Leiden voraussetzt. Aber Vergil sieht ein, daß dieses Opfer seines Werks selbst wieder lieblos wäre und der Menschheit auch noch das Bild des schönen Zusammenhangs entzöge. Im Gegensatz zum Zusammenhang, den die schöne Form der sich auflösenden Welt nur vorspiegelt, offenbart sich dem Sterbenden am Schluß die unfaßbare Ganzheit von Tod und Liebe. Im mystischen Augenblick ist ihm alles anwesend, Vergangenes und Künftiges. Brochs lyrische Sprache, die musikalische Komposition des Romans und die Verwendung urbildlicher und mythischer Symbole sollen dem Leser diese Ganzheit nahebringen.

Hans Henny Jahnn (1894–1959) – Pazifismus und Naturmythos

1915, kurz nach seinem Abitur, ging der Sohn eines Hamburger Schiffbauers als überzeugter Pazifist nach Norwegen, um nicht am Weltkrieg teilnehmen zu müssen. 1918 kehrte er zurück. Kurz darauf gründete er die neuheidnisch-musikalische Glaubensgemeinde ‚Ugrino', die eine Wiedergeburt aller Künste einleiten sollte. In den folgenden Jahren, in denen er als Orgelbauer und Leiter eines Musikverlages lebte, erschienen vor allem Dramen, darunter ‚Pastor Ephraim Magnus' (1919), ‚Der Arzt, sein Weib, sein Sohn' (1922), ‚Medea' (1926, zweite Fassung 1959). 1929 veröffentlichte er ‚Perrudja' (zweite, fragmentarische Fassung 1959), seinen ersten Roman.
1933 erhielt Jahnn Veröffentlichungsverbot und emigrierte zunächst in die Schweiz, im Jahr darauf nach Bornholm, wo er Landwirt, Pferdezüchter und Hormonforscher wurde. In dieser Zeit entstand sein wichtigstes Werk, die Romantrilogie ‚Fluß ohne Ufer' (‚Das Holzschiff', 1949; ‚Die Niederschrift des Gustav Anias Horn, nachdem er neunundvierzig Jahre alt geworden war', 1949/50; ‚Epilog', 1961 aus dem Nachlaß). Auch die zweite Fassung des Dramas ‚Armut, Reichtum, Mensch und Tier' (1948, erste Fassung 1933) schrieb er im dänischen Exil. Als deutscher Staatsbürger wurde er dort nach dem Krieg enteignet. 1950 kehrte er endgültig nach Hamburg zurück, jetzt wieder als Musikverleger und inzwischen berühmter Orgelbauer. 1956 wurde sein Drama ‚Thomas Chatterton' uraufgeführt. Im gleichen Jahr erschienen sein letzter Roman, ‚Die Nacht aus Blei', und der Essay ‚Der Dichter im Atomzeitalter'.

Jahnn will die Geschlechtlichkeit wieder mit einer heiligen Ordnung verbinden, aber nicht mit derjenigen des Christentums, das alles Geschlechtliche diffamiert hat, sondern mit derjenigen vorchristlicher nahöstlicher Mythen. Zwischen den Geschlechtern allerdings sieht der Autor Fremdheit und Grausamkeit. Davon relativ frei ist die Geschwisterliebe. Letztlich aber suchen seine Helden sich selbst zu finden, indem sie über die Frauenliebe hinaus zum Ideal der Zwillingsbruderschaft gelangen, wie sie im Gilgamesch-Epos vorgebildet ist. Sie stellt eine über den Tod hinausgehende Freundschaft der Gleichen dar. Die Bejahung der im Mythos dargestellten menschlichen Kreatürlichkeit, die Wünsche nach Gleichheit und Todesüberwindung führen zu Jahnns Kritik an der Zerstörung der Natur, an Grausamkeit gegenüber Mensch und Tier, an Rassendiskriminierung und Krieg, nicht zuletzt zu seinem Kampf gegen die Atombewaffnung. Es gelingt ihm aber nicht, eine vorgegebene, mit Fremdheit und Kampf der Geschlechter verbundene Triebhaftigkeit mit diesem Ziel der Menschlichkeit zu verbinden.
In Jahnns expressionistischer Frühzeit geht es vor allem darum, das Verdrängte hervorzuholen und aus erstarrten gesellschaftlichen Strukturen, vor allem aus den Familien- und Geschlechtsbeziehungen, herauszukommen. Dieser Aufbruch führt aber in Vergeblichkeit und Vergänglichkeit. Seit ‚Perrudja' betont der Autor stärker die humanen Ziele, wenngleich mit zunehmender Resignation. Romanhafte Darstellungstechniken wie innerer Monolog, Leitmotivik, mythisches Wiederholen,

Mischung der Stilebenen und Perspektiven, dazu das Hereinnehmen des Unbewußten, kennzeichnen Jahnns Modernität.

Joseph Roth (1894–1939) – Gesellschaftskritik und Heimatlosigkeit

Roth, geboren im galizischen Schwabendorf bei Brody, wuchs unter der ängstlichen Fürsorge seiner Mutter im großväterlichen Hause auf. Schon vor seiner Geburt war der Vater, den er nie kennenlernen sollte, geisteskrank geworden. Nach dem Studium der Germanistik und Philosophie in Lemberg und Wien wurde er Journalist, ab 1918 in Wien, ab 1921 in Berlin, als Zeitungskorrespondent freilich zumeist auf Reisen. Die frühe sozialistische Einstellung, die noch aus dem Roman ‚Hotel Savoy' (1924) spricht, wich ab 1925 nach einer ernüchternden Rußlandreise der Angst vor der Zukunft. Sie zeigt sich zum erstenmal in ‚Die Flucht ohne Ende. Ein Bericht' (1927), der von der Heimkehr eines Österreichers aus russischer Kriegsgefangenschaft handelt, einer Heimkehr ohne Ziel. Der Roman ‚Rechts und Links' (1929) kritisiert das deutsche Bürgertum vor und nach dem Ersten Weltkrieg, der Trotzky-Roman ‚Der stumme Prophet' (1929, vollständig 1966) zieht eine pessimistische Bilanz der russischen Revolution. Mit den Romanen ‚Hiob. Roman eines einfachen Mannes' (1930) und ‚Radetzkymarsch' (1932) wird der Niedergang der österreichischen Monarchie beschrieben. Anfang 1933 emigrierte Roth nach Frankreich. Sein Ende ist vom Alkoholismus verdüstert. Die Romane ‚Die Kapuzinergruft' (1938) und ‚Die Geschichte von der 1002. Nacht' (1938) führen das Thema des zerfallenden alten Österreich weiter. Die Erzählung ‚Die Legende vom heiligen Trinker' (1939) wirft noch einmal einen heiteren Schimmer über die Melancholie des Heimatlosen.

Sehnsucht nach dem gestorbenen Vater und Sehnsucht nach dem alten Österreich verbinden sich in Roths Werk miteinander. In der ehemaligen Donaumonarchie versinnbildlichte der kaiserliche Patriarch die übernationale Einheit und garantierte die Gleichberechtigung der Juden. In der Erinnerung daran kann Roth das alte Österreich als ein Vaterland phantasieren, in dem er seinen festen Platz haben durfte, auch als Jude. Hieraus gewinnt er den kritischen Abstand zum modernen Gegeneinander unterschiedlicher nationaler und sozialer Gruppeninteressen. Zugleich aber sieht er auch Überlebtes und Ungerechtes an der früheren hierarchischen Gesellschaft. Dem melancholisch beschriebenen, unabwendbaren Zerfall der alten Vaterordnung steht die Wunschphantasie gegenüber, daß ein schwacher junger Mann und eine weich und freundlich gewordene, aber noch mit Autorität versehene Vaterfigur zueinanderfinden.

Lion Feuchtwanger (1884–1958) – ein antifaschistischer Aufklärer

Der Sohn eines Münchner Fabrikanten studierte Philosophie, Germanistik und Geschichte in München und Berlin und lebte dann als Kritiker und freier Schriftsteller in München. In den frühen zwanziger Jahren schrieb er Theaterstücke, teilweise zusammen mit Bertolt Brecht. 1925 zog er um nach Berlin. Kurz zuvor hatte er mit dem Romanschreiben begonnen. Es entstanden die beiden historischen Romane ‚Die häßliche Herzogin Margarete Maultasch' (1923) und ‚Jud Süß' (1925). Im Zeitroman ‚Der Erfolg. Drei Jahre Geschichte einer Provinz' (1930) beschreibt Feuchtwanger das geistige Klima, in dem der Nationalsozialismus entstand. Der Roman wurde später zusammen mit ‚Die Geschwister Oppermann' (1933, zuerst: ‚Die Geschwister Oppenheim') und ‚Exil' (1940) zur Trilogie ‚Der Wartesaal' zusammengefaßt. In der ‚Josephus'-Trilogie (‚Der jüdische Krieg', 1932; ‚Die Söhne', 1935; ‚Der Tag wird kommen', 1945) läßt der Autor den jüdischen Geschichtsschreiber Flavius Josephus den Leidensweg seines Volkes unter den römischen Kaisern Vespasian, Titus und Domitian miterleben. 1933 ging Feuchtwanger, als bekannter jüdischer Antifaschist von den Nazis sogleich ausgebürgert, ins Exil nach Frankreich. 1940 gelang ihm die Flucht aus französischer Internierung in die USA. Das Schwergewicht seines dort entstandenen Spätwerks liegt auf den drei historischen Romanen ‚Waffen für Amerika' (1947, später: ‚Die Füchse im Weinberg'), ‚Goya oder Der arge Weg der Erkenntnis' (1951) und ‚Narrenweisheit oder Tod und Verklärung des Jean-Jacques Rousseau' (1952).

Angesichts des Ersten Weltkriegs wird Feuchtwanger zum Pazifisten. Er übernimmt die buddhistische Lehre, nach welcher das Heil im Nicht-Tun und Nicht-Wollen liegt. Auch der Held von ‚Jud Süß' ringt sich zu einer solchen Haltung durch. Der Roman, in dem die Sozialpsychologie des Antisemitismus entworfen wird, schildert den Untergang eines jüdischen Hofbankiers, der zum Sündenbock für die volksfeindliche Politik seines Herzogs wird. Der nationalsozialistische Propagandaminister Goebbels ließ auf der Grundlage des Romans einen Film drehen, der dessen Tendenz ins Gegenteil verkehrte.
In der sozialpsychologischen Analyse, die zunächst von der Neuen Sachlichkeit mitbestimmt ist, liegt Feuchtwangers eigentliche Stärke. Diese Analyse ist, seitdem er Bayern wegen des dort anwachsenden Nationalsozialismus verließ, mit der Verteidigung aufklärerischer Ideale (Vernunft, Fortschritt, Weltbürgertum) gegen den Nationalsozialismus verbunden, den die Zeitromane der ‚Wartesaal'-Trilogie darstellen. Die Form des historischen Romans, die der Autor anschließend wiederaufnimmt, dient ihm dazu, im Spiegel der Vergangenheit die gesellschaftlichen Konflikte der Gegenwart zu untersuchen. Das Spätwerk ist auf die historischen Umwälzungen bezogen, mit denen sich das Denken der Aufklärung durchsetzte. In dieser Spiegelung werden die Aussichten und Probleme fortschrittlicher bzw. antifaschistischer Bewegungen dargestellt, der Weg Intellektueller zu einer sozialistischen Position, die Rolle der Kunst in der Zeit gesellschaftlichen Umbruchs.

Anna Seghers (1900–1983) – Ichsuche und Parteilichkeit

Netty Reiling, Tochter eines Mainzer Kunsthändlers, studierte in Köln und Heidelberg Kunstgeschichte und Chinesisch und promovierte 1924 über die Darstellung des Judentums in den Bildern Rembrandts. Im gleichen Jahr erschien ihre erste Erzählung unter dem Pseudonym Antje Seghers; der Nachname stammt

von einem niederländischen Maler. Zu ihrem ersten Erfolg wurde die Erzählung ‚Aufstand der Fischer von St. Barbara' (1928). Im gleichen Jahr trat sie in die KPD ein, im folgenden Jahr wurde sie Mitglied des Bundes proletarisch revolutionärer Schriftsteller.
1933, nach kurzzeitiger Verhaftung, emigrierte Seghers nach Frankreich. Die Volksfrontpolitik der KPD bewirkte, daß der parteitreue Rigorismus, der die ersten kommunistischen Werke der Autorin kennzeichnet, sich nun lockerte. In Frankreich entstanden die Romane über Vorgeschichte und Gegenwart des Nationalsozialismus: ‚Der Kopflohn. Roman aus einem deutschen Dorf im Spätsommer 1932' (1933), ‚Der Weg durch den Februar' (1935), ‚Die Rettung' (1937) und schließlich der berühmte KZ-Roman ‚Das siebte Kreuz. Roman aus Hitlerdeutschland' (1942). ‚Der Weg durch den Februar' behandelt ebenso wie die Erzählung ‚Der letzte Weg des Kolomann Wallisch' (1934) den österreichischen Arbeiteraufstand von 1934. Ohne unmittelbaren Bezug zum politischen Kampf sind ‚Die schönsten Sagen vom Räuber Woynok' (1938). Hier wie in vielen anderen späteren Erzählungen werden legendenhafte, vergangene Gestalten der technisierten Gegenwart ausgesetzt.
1940 gelang es Seghers, aus dem besetzten Teil Frankreichs zu fliehen. 1941 kam sie nach Mexiko. Ihre Flucht bildet den Hintergrund für den Exilroman ‚Transit' (1944). In der Erzählung ‚Der Ausflug der toten Mädchen' (1946) sucht sie die unterschiedlichen Einstellungen der einstigen Schulkameradinnen zum 'Dritten Reich' zu verstehen. ‚Wiedereinführung der Sklaverei in Guadelupe' (1948), ‚Das wirkliche Blau' (1967) und viele andere Erzählungen verdanken sich den südamerikanischen Eindrücken. 1947 übersiedelte Seghers in die DDR und wurde Vorsitzende des dortigen Schriftstellerverbandes. Hier schloß sie den Roman ‚Die Toten bleiben jung' (1949) ab, mit dem sie auf die deutsche Entwicklung seit dem Ende des Ersten Weltkrieges zurückblickt. In die Zeit nach dem Zweiten Weltkrieg führen die beiden Romane ‚Die Entscheidung' (1959) und ‚Das Vertrauen' (1968).

Im Zentrum von Seghers' Werk steht der Außenseiter auf der Suche nach sich selbst. Nach einem längeren Entscheidungsprozeß beschließt er, sein Ich nicht in der Ferne zu suchen, sondern dort, wo er ist, in der Gemeinschaft klassenbewußter Arbeiter, die auch dort Stärke verleiht, wo sie besiegt wird. Dabei erleidet der Held eine Reihe von schicksalhaften Verwandlungen, die schließlich nur noch den „eisernen Bestand" seines Ichs, die Mitmenschlichkeit, übriglassen, sie damit aber auch zum Vorschein bringen. Während die Verwandlungen in den nicht direkt politischen Texten märchenhafter Art sind, werden sie im politischen Werk durch die Unterdrückung, meist von seiten der Nationalsozialisten, erzwungen, die die bisherigen menschlichen Beziehungen zerstört. Dieses Erzählmodell wird vom Außenseiter auch auf andere Figuren übertragen, so daß der einzelne Held zunehmend verschwindet.
Die Sehnsucht nach Gemeinschaft ist von der Mitmenschlichkeit nicht zu lösen. Die Gemeinschaft kann paradiesische, die vorbildlichen Vertreter des Proletariats können legendenhafte Züge erhalten. Diese Sehnsucht führt bei Seghers dazu, daß sie mit der Gemeinschaft der

Kommunisten auch den Stalinismus und seine Folgen recht unkritisch akzeptiert; ihre Kritik richtet sich allein gegen den schematisch denkenden und handelnden Funktionär. Andererseits ist die Beschreibung nationalsozialistischer Charaktere psychologisch treffend: Bei ihnen bringen die Verwandlungen nur die Leere, das Fehlen eines festen Ichkerns ans Licht. Über die kommunistische Propaganda ihrer Zeit hinaus, die nur die sozialen Bedingungen des Nationalsozialismus kennt, kann Seghers in ihren Texten auch die beschädigte Psyche dieser Menschen im Alltagsleben zeigen. Ihre Personen sind vielschichtig, unbeschadet der politischen Tendenz.
Im ‚Aufstand der Fischer von St. Barbara' erzählt Seghers aus der Distanz und mit der Ausdruckskraft des Stummfilms. Vom gerade skizzierten Erzählmodell ist erst die Entscheidung des Außenseiters fürs Hierbleiben, noch nicht die Ichsuche vorhanden. Anders als in den späteren Zeitromanen wird das Geschehen, hier: der Aufstand, ins zeitlos Typische erhöht. Die sachliche, oft von der filmischen Montage angeregte Erzählweise wird auch später beibehalten. Im ‚Siebten Kreuz' zeigt sich die Mitmenschlichkeit als wirksame gesellschaftliche Macht. ‚Transit' unterlegt der Ichsuche mythische Gestalten und Geschehnisse und verleiht ihr damit überpersönliche Bedeutung. In den späten Romanen weitet sich der Prozeß persönlicher Entscheidung aus zu einem Generationen übergreifenden Lernprozeß.

Arnold Zweig (1887–1968) – Die Psyche im Konfliktfeld gesellschaftlicher Interessen

Aus dem schlesischen Glogau, wo Zweig geboren wurde, mußten seine Eltern wegen eines antisemitischen Boykotts 1896 nach Kattowitz umziehen und ihr Handels- und Fuhrgeschäft mit einer Sattlerei vertauschen. Diese und andere Demütigungen machten den Autor früh zum Zionisten (Verfechter eines religiös bestimmten jüdischen Staates in Palästina). Ab 1907 zog er von Universität zu Universität, um Germanistik, Philosophie und viele andere Fächer zu studieren. Der Liebesroman ‚Die Novellen um Claudia' (1912) verrät schon den Einfluß Sigmund Freuds, den Zweig zeitlebens verehrte. In dieser Zeit schrieb er vor allem Erzählungen, Essays und Dramen. Im Ersten Weltkrieg war er Soldat, zuerst begeistert, dann immer skeptischer und sozialkritischer. Nach dem Krieg ließ er sich in Starnberg nieder, wich aber 1923 vor nationalsozialistischen Drohungen nach Berlin aus. Sein Antikriegsroman ‚Der Streit um den Sergeanten Grischa' (1927; zuerst: ‚Alle gegen einen') wurde zu einem großen Erfolg. Mit ‚Junge Frau von 1914' folgte 1931 ein weiterer Weltkriegsroman. Der Roman ‚De Vriendt kehrt heim' (1932) stellt mit kritischer Sympathie die Problematik der zionistischen Einwanderung nach Palästina dar.
Nach dem Reichstagsbrand 1933 flüchtete Zweig über Frankreich nach Palästina. Hier revidierte er seinen Zionismus und begann mit marxistischen Studien. Isolation, Anfeindungen und Bedrohungen des deutschsprachigen Autors, der einen entstehenden israelischen Nationalismus kritisierte, ließen ihn 1948 in die DDR

übersiedeln. In Exil und Nachkriegszeit wurden die beiden Kriegsromane zum unvollendeten Romanzyklus ‚Der große Krieg der weißen Männer' erweitert. Er besteht aus: ‚Die Zeit ist reif' (1957), ‚Junge Frau von 1914', ‚Erziehung vor Verdun' (1935), ‚Der Streit um den Sergeanten Grischa', ‚Die Feuerpause' (1954) und ‚Einsetzung eines Königs' (1937). In Palästina entstand ‚Das Beil von Wandsbek' (1943 auf hebräisch), ein Roman über das nationalsozialistische Deutschland. Selbstkritischer Lebensrückblick und Warnung vor dem Weiterwirken faschistischer Tendenzen auch außerhalb Deutschlands verbinden sich miteinander im Roman ‚Traum ist teuer' (1962).

Nach dem Erlebnis des Ersten Weltkriegs sucht Zweig sein frühes psychologisches Interesse mit pazifistischem und sozialem Engagement zu verbinden. Das gelingt überzeugend erst im ‚Grischa'-Roman. Hier erleben wir einerseits die tiefe Menschlichkeit eines kleinen Mannes, sehen andererseits aus der Distanz, wie sich an diesem Fall eines Justizmordes, einem unter vielen, ein Unrechtssystem offenbart. Zur Kritik am Unrecht gesellt sich später immer nachdrücklicher die Frage nach gesellschaftlichen Ursachen und wirtschaftlichen Interessen. Auch sie werden im Spiegel des Einzelschicksals dargestellt. In ‚Erziehung vor Verdun' lernt der jüdische Held, daß seine Forderung nach Gerechtigkeit unrealistisch bleibt, wenn er nicht nach den wirkenden gesellschaftlichen Interessen fragt. Der Roman zeigt, wie die Menschen im Krieg keineswegs auf einmal zu Helden werden, sondern sich weiter so verhalten wie in ihrem früheren bürgerlichen Leben, das sie prägte.

13 Die Zeit des Kalten Krieges: Deutschsprachige Literatur im Westen (1945 –1975)

13.1 Bild der Epoche

13.1.1 Von 1945 bis zum Ende der fünfziger Jahre

1947	*Borchert, Wolfgang:* Draußen vor der Tür
1951	*Eich, Günter:* Träume
	Koeppen, Wolfgang: Tauben im Gras
1952	*Celan, Paul:* Mohn und Gedächtnis
1953	*Böll, Heinrich:* Und sagte kein einziges Wort
1954	*Frisch, Max:* Stiller
1955	*Benn, Gottfried:* Aprèslude
1956	*Dürrenmatt, Friedrich:* Der Besuch der alten Dame
	Bachmann, Ingeborg: Anrufung des Großen Bären
1957	*Andersch, Alfred:* Sansibar oder Der letzte Grund
1958	*Frisch:* Biedermann und die Brandstifter
1959	*Böll:* Billard um halbzehn
	Grass, Günter: Die Blechtrommel
1960	*Enzensberger, Hans Magnus:* Landessprache

Kein Nullpunkt Die bedingungslose Kapitulation im Jahr 1945 wurde von vielen als geschichtlicher Nullpunkt empfunden. Tatsächlich aber gab es im kulturellen Leben sowohl Brüche als auch Kontinuität. Was den Zeitgenossen als Aufbruch und Neubeginn erschien, war oft noch eng mit der Vergangenheit verbunden. Das ließ sich damals aber kaum erkennen, weil die Vergangenheit alsbald weitgehend verdrängt wurde und für viele in ihren tieferen politischen Zusammenhängen zunächst auch nicht einsichtig war. Vor dem Schock des Krieges rückte die Auseinandersetzung mit dem nationalsozialistischen System zunächst in den Hintergrund.

Verdrängung der Vergangenheit Als Hitlers Wehrmacht kapitulierte, kündigte sich bereits der kalte Krieg zwischen den beiden Supermächten USA und UdSSR an, der zur Teilung Deutschlands führte. In den Westzonen, seit 1949 Bundesrepublik Deutschland, fand eine durchgreifende Abrechnung mit dem Nationalsozialismus nicht statt. Im Zeichen des kalten Krieges überlagerte ein undifferenzierter Antikommunismus die Auseinandersetzung mit der Vergangenheit. Das Beispiel der stalinistischen Diktatur und die Vertreibung von Millionen Deutscher aus dem Osten trugen erheblich dazu bei. Die These von einer deutschen Kollektivschuld und einem undemokratischen deutschen Nationalcharakter, vor allem von den USA vertreten, rief eher Trotzreaktionen hervor. Gleiches gilt für die vordergründigen und inkonsequenten Entnazifizierungsverfahren der Alliierten, die doch selbst dabei waren, alte politische und wirtschaftliche Machtstrukturen wiederherzustellen. So kam es in weiten Schichten zur Verdrängung der nationalsozialistischen Vergangenheit. Sie wurde mit einigen Rechtfertigungsformeln erledigt, während man alle Energie zunächst der Milderung der bittersten Not und dann dem Wiederaufbau der Wirtschaft widmete.

Unfaßbarkeit Die daheim gebliebenen Autoren erlebten das Hitlerreich und seinen Untergang als etwas Unfaßbares. Viele von ihnen waren Soldaten gewesen. Sie verstanden sozusagen die Welt nicht mehr. Franz Kafka wurde wiederentdeckt und als Dichter der bedrohlichen, sinnlosen Welt gedeutet. Mit 'magischem Realismus' suchte man das Unfaßbare, Dämonische hinter der modernen Wirklichkeit einzufangen, die man als seelenlose, technische Welt weiterhin ablehnte (z. B. Friedrich Georg Jünger, Ernst Kreuder, Elisabeth Langgässer). Große Wirkung erzielte Hermann Kasacks Roman ‚Die Stadt hinter dem Strom' (1947), der ein Totenreich beschreibt, das zum Symbol eines sinnlosen, mechanischen Daseins in einem totalitären Staat wird. Man las Rainer Maria Rilke, um sich zu einer geheimnisvollen Wirklichkeit hinter dem Alltäglichen hinführen zu lassen. Der isolierte Einzelne im Angesicht einer geheimnisvollen Natur war weiterhin ein Hauptthema vor allem der Lyrik (Wilhelm Lehmann). Die Schicksalsergebenheit, mit der man Nazistaat und Krieg ertragen hatte, fand sich bestätigt im pessimistischen Spätwerk Gottfried Benns, der ab 1948, als seine ‚Statischen Gedichte' erschienen, zum gefeierten Lyriker wurde.

Autoren des Exils und des Widerstands Während man die moderne westliche Literatur, von der man zwölf Jahre lang abgeschnitten war, begierig aufnahm, wurden die Exilautoren kaum beachtet, wenigstens soweit sie versuchten, geschichtliche Ursachen des Nationalsozialismus zu finden und ihn nicht als Unfaßbares hinzunehmen. Damit störten sie die bald einsetzende Verdrängung. Ihrer Kritik begegnete man häufig mit Trotz. Nicht selten konnten ihre Schriften erst viele Jahre nach Kriegsende erscheinen. Allerdings fehlte ihnen auch die Erfahrung des nationalsozialistischen Alltags zu Hause und an der Front, so daß das Publikum sich in ihren Geschichten nicht recht wiedererkennen konnte. Ähnliches gilt für diejenigen, die Zeugnis ablegen wollten vom Leiden unter der Unmenschlichkeit und vom Widerstand gegen sie. Sie berichteten teils aus eigenem Erleben, teils

aufgrund von Dokumenten und Erzählungen, die sie zu mehr oder minder fiktiven Geschichten verarbeiteten. Damit stellten sie dem Publikum eine Welt vor Augen, die Welt der Gefängnisse und der Konzentrationslager, die die meisten früher nicht wahrgenommen hatten und die sie auch jetzt nur insoweit wahrzunehmen imstande waren, als sie zwar erschüttert wurden, nicht aber ihr politisches Weltbild und ihr Selbstverständnis ganz und gar verwerfen mußten.
Bezeichnend für die Kluft zwischen Exilierten und Daheimgebliebenen ist die Polemik gegen Thomas Mann (s. oben Seite 248). Nicht nur die Vertreter der 'inneren Emigration' wehrten sich gegen seine Deutschlandkritik. Sein Roman ‚Doktor Faustus', in dem er den Weg in den Nationalsozialismus kritisch und selbstkritisch zu beschreiben suchte (s. oben S. 264f.), stieß weithin auf Unverständnis. Sein literarischer Ruhm wurde dadurch jedoch kaum geschmälert.
An der Aufnahme der Werke, die von der Zeit des Nationalsozialismus handeln, lassen sich Selbstverständnis und Interessen des Publikums erkennen. Großen Erfolg hatte Carl Zuckmayers Stück ‚Des Teufels General' (Zürich 1946, Frankfurt a. M. 1947), in welchem die Bindung an Hitler als tragische Verstrickung eines ritterlichen Menschen erscheint. Ablehnend dagegen reagierten die meisten Kritiker auf Friedrich Wolfs zunächst viel gespieltes Stück ‚Professor Mamlock' (Warschau 1934), das den politischen Reifungsprozeß eines zuerst naiven Mitläufers zum Gegner des Nationalsozialismus darstellt (s. auch S. 300ff.). Erfolgreich, weil sie das Menschliche in der alltäglichen Unmenschlichkeit zeigen, waren Anna Seghers' KZ-Roman ‚Das siebte Kreuz' (Mexiko 1942, Berlin 1946) und Theodor Plieviers dokumentarischer Roman ‚Stalingrad' (Moskau 1943/44, Berlin 1946). Die sozialistische Tendenz des ersten und die autoritätskritische des zweiten Romans sorgten jedoch dafür, daß sie in den fünfziger Jahren wenig beachtet wurden. Günther Weisenborns Stück aus dem Widerstand, ‚Die Illegalen' (1946), und sein Erinnerungsbuch ‚Memorial' (1947) fanden nur geringen Widerhall; sie stellten die Schicksalsergebenheit des Publikums allzusehr in Frage.

Existentielle und religiöse Selbstbesinnung

Bei den nichtexilierten Autoren, vor allem bei den jungen, die jetzt erst zu publizieren begannen (z. B. Ilse Aichinger, Heinrich Böll, Wolfgang Borchert, Wolfdietrich Schnurre), und bei denen der mittleren Generation, die in den dreißiger Jahren damit begonnen hatten (Alfred Andersch, Günter Eich, Peter Huchel, Hans Erich Nossack, Hans Werner Richter), rief die Niederlage eine grundsätzliche Selbstbesinnung hervor. Diese konnte angesichts des für sie Unfaßbaren zunächst nicht anders als subjektiv und existentiell sein. Die Existenzphilosophie, die schon älter war (s. oben Seite 249), entfaltete sich auch in anderen Ländern (vor allem in Frankreich: Jean-Paul Sartre, Albert Camus), wo das Gefühl der Unfaßbarkeit nicht geringer war, und wirkte von dort auf Deutschland zurück. Vornehmlich die jüngsten Autoren, aber auch ältere wie Hans Erich Nossack, beschrieben die persönliche Entscheidung in existentiellen „Grenzsituationen" (Jaspers) angesichts des Todes. Alle überpersönlichen Werte schienen dieser skeptischen Generation ideologieverdächtig. Viele der älteren, nicht dem Nationalsozialismus verfallenen, aber traditionsgebundenen Autoren (s. oben Seite 247f.) suchten dagegen Halt im Glauben (Stefan Andres, Werner Bergengruen, Marie Luise Kaschnitz, Elisabeth Langgässer, Gertrud von Le Fort, Rudolf Alexander Schröder, Ernst Wiechert). Eine große moralische Wirkung übte der Katholik Reinhold Schneider aus.

Tradition der Innerlichkeit

Die existentielle und religiöse Selbstbesinnung angesichts des Unfaßbaren endete häufig im traditionellen Ruf nach der Bewahrung unpolitischer Innerlichkeit. Man suchte aus dem äußeren Elend in die Gemeinschaft der Geistigen zu flüchten. Soweit politische Konsequenzen gefordert wurden, gründeten sie im Glauben an die Macht einer Geisteshaltung – ein Glaube, der sich bald als wirklichkeitsfern herausstellen sollte. Alfred Andersch und Hans Werner Richter hofften auf eine nicht näher bestimmte ideologiefreie sozialistische Haltung der europäischen Jugend, die eine Synthese von Kapitalismus und Sozialismus ermöglichen sollte. Reinhold Schneider hielt auch in den fünfziger Jahren aus christlicher Überzeugung an der Forderung nach einem entmilitarisierten Deutschland fest. Er wurde deswegen verleumdet oder totgeschwiegen. Für den traditionellen Rückzug in die geistige Welt und für die Ablehnung des Politischen steht neben vielen anderen Gottfried Benn.

Protest ohne Alternative

Die jüngeren Autoren protestierten gegen das Übergewicht der Innerlichkeitstradition. Rückblickend sprachen sie vom erforderlichen „Kahlschlag" (Wolfgang Weyrauch, 1949) und von „Trümmerliteratur" (Heinrich Böll, 1952). Sie strebten nach provozierender und authentischer Wirklichkeitsdarstellung. Darin drückt sich nicht nur Protest, sondern auch der Wunsch aus, das normale menschliche Leben wiederzufinden. Wolfdietrich Schnurre forderte den „Auszug aus dem Elfenbeinturm" der Innerlichkeit (1949). Günter Eich nahm in seinem Gedicht ‚Inventur' (1947) eine Bestandsaufnahme des Lebensnotwendigen vor. Dabei gebrauchte er in kunstvoller Weise nur die einfachsten sprachlichen Formen. Tatsächlich hatten diese Schriftsteller aber außer ihrer allumfassenden Skepsis und dem vorwurfsvollen Zeigen des Elends keine wirkliche Alternative anzubieten. Hierin liegt die teilweise Berechtigung der damals gegen sie gerichteten Nihilismuskritik.

Wolfgang Borchert: ‚Draußen vor der Tür'

Wolfgang Borcherts Stück ‚Draußen vor der Tür. Ein Stück, das kein Theater spielen und kein Publikum sehen will' (Hörspiel und Schauspiel, 1947) ist das wichtigste Beispiel der „Trümmerliteratur". Beckmann, der aus dem Krieg heimkehrt, aber keine Heimat mehr findet, erlebt stellvertretend für die junge Generation den Zusammenbruch aller Werte und bleibt allein mit seinen Schuldgefühlen und seinen Erinnerungen an den Krieg. Gott ist ein hilfloser alter Mann, die Davongekommenen wollen nicht bei der Verdrängung des Grauenhaften gestört werden, sogar die Natur, die gleichgültig dahinfließende Elbe, stößt den Heimkehrer aus. Mit expressionistischen Stilmitteln verwandelt Borchert die sinnlos und vulgär gewordene Welt ins Groteske. Das Stück zeigt die Stationen zunehmender Vereinsamung. Anstelle politischer Analyse steht die Anklage der verständnislosen, anpassungsbereiten Vätergeneration. Daß das Stück die politische Dimension vermeidet, ohne deswegen an Provokation und Erschütterung zu verlieren, macht wohl den großen Erfolg aus, den es seinem Untertitel zum Trotz hatte.

Nonkonformismus und Vorläufigkeit

Zu Beginn der fünfziger Jahre wich der erste Schock einer tiefen Unsicherheit. Das gilt auch für die Autoren, die sich jetzt zu Wort meldeten und die den Krieg nur noch im Kindes- oder Jugendalter erlebt hatten: Ingeborg Bachmann, Günter Grass, Hans Magnus Enzensberger, Martin Walser. Man richtete sich nüchtern ein im vorläufigen, häufig als absurd verstandenen Leben. Zugleich wehrten sich die Intellektuellen gegen den optimistischen Glauben an das Wirtschaftswunder, der nicht nur half, die Vergangenheit zu verdrängen, sondern auch sie selbst in Außenseiterpositionen zwang und ihnen eine geistige Heimat, in der sie ihre Identität finden konnten, versagte. Manche, wie Heinrich Böll, kritisierten auch die Wiederaufrüstung und wurden dafür als „heimatlose Linke" bezeichnet. Die Außenseiter machten aus der Not eine Tugend und erklärten sich zu skeptischen Nonkonformisten. Damit distanzierten sie sich von einer Gesellschaft, in der sie sich wirkungslos und zugleich gefangen fühlten.

Wolfgang Koeppen: ‚Tauben im Gras'

Wolfgang Koeppens Roman ‚Tauben im Gras' (1951) veranschaulicht den kritisch-skeptischen Nonkonformismus. Koeppen gehört zur mittleren Generation, die schon vor dem Krieg zu veröffentlichen begonnen hatte. Er teilte nicht die Nullpunkthaltung und knüpfte an die Assoziations- und Montagetechnik großer moderner Romanciers wie Alfred Döblin, des Iren James Joyce und des US-Amerikaners Dos Passos an. Abschnitte aus mehreren Erzählsträngen, die alle an einem Tag in München ablaufen, Zitate aus den Massenmedien und Assoziationen werden zusammenmontiert. Es gibt keinen einzelnen Helden, vielmehr werden etwa dreißig Personen vorgestellt, die alle miteinander in Berührung kommen, aber nicht zueinanderfinden. Sie sind aufeinander bezogen und doch vereinzelt und schutzlos wie „Tauben im Gras". Aus ihren Sorgen, aus Angst, Aggression und Einsamkeit fliehen sie in Vergessen und Selbstbetrug, in die Scheinwelt der Massenmedien. Koeppen zeigt, wie antidemokratisches Denken weiterlebt und wie gerade Beziehungslosigkeit und Lebensleere die Menschen miteinander verknüpfen. Der Schluß mit seiner Kriegsdrohung mündet in den Anfang, womit sich Ausweglosigkeit und Gefährdung anzeigen. Der intellektuelle Außenseiter, der Schriftsteller Philipp, kann den Zusammenhang von Gefangenschaft und Entfremdung diagnostizieren, sich ihm aber ebenfalls nicht entziehen. Die Hoffnung auf Mitmenschlichkeit, die in der privaten Liebesbeziehung einmal auftaucht, ist, wenn überhaupt, dann nicht in Deutschland zu verwirklichen.

Die Schweiz In der Schweiz hatte man keinen eigenen Nationalsozialismus erlebt, wenn auch ein von Peinlichkeiten nicht immer freies Verhältnis zum Hitlerstaat – so waren z. B. politisch und rassisch verfolgte Flüchtlinge ausgeliefert worden. Die erforderliche Neubestimmung des Verhältnisses zu Deutschland konnte sich jedenfalls mit größerer Gelassenheit vollziehen als die deutsche Selbstbesinnung. Weil die beiden Schweizer Friedrich Dürrenmatt und Max Frisch zu dieser Neubestimmung ohne Selbstgerechtigkeit imstande waren und sie zudem von der Formensprache des Brechtschen Theaters lernten, wurden sie zu den beiden wichtigsten deutschsprachigen Theaterautoren der Nachkriegszeit.

13.1.2 Die sechziger und frühen siebziger Jahre

1960	*Walser, Martin:* Halbzeit
1961	*Weiss, Peter:* Abschied von den Eltern
1963	*Böll, Heinrich:* Ansichten eines Clowns
	von der Grün, Max: Irrlicht und Feuer
	Grass, Günter: Hundejahre
1964	*Weiss:* Die Verfolgung und Ermordung Jean Paul Marats, dargestellt durch die Schauspielgruppe des Hospizes zu Charenton unter Anleitung des Herrn de Sade
1966	*Fried, Erich:* und Vietnam und
1968	*Celan, Paul:* Fadensonnen
1970	*Bernhard, Thomas:* Das Kalkwerk
	Handke, Peter: Die Angst des Tormanns beim Elfmeter
	Enzensberger, Hans Magnus: Das Verhör von Habana
1971	*Böll:* Gruppenbild mit Dame
1972	*Kroetz, Franz Xaver:* Oberösterreich
1974	*Strauß, Botho:* Bekannte Gesichter, gemischte Gefühle
	Andersch, Alfred: Winterspelt

Neue Opposition Gegen Ende der fünfziger Jahre kündigte sich das Ende des Wirtschaftswunders an. Der Bau der Berliner Mauer am 13. August 1961 beendete die Hoffnung, die Politik der DDR allein durch wirtschaftliche Überlegenheit beeinflussen zu können. Der Vietnamkrieg unterhöhlte die moralische Autorität der großen Wirtschaftsmacht USA, die in den Nachkriegsjahren unerschütterlich schien. Die jungen Menschen, die in den sechziger Jahren am geistigen Leben teilzunehmen begannen, konnten weder den Glauben an den wirtschaftlichen Erfolg noch den an das unpolitische Reich des Geistes teilen. Darüber hinaus zweifelten sie die Autorität der Älteren überhaupt an. Denn auf ihre Fragen nach der Vergangenheit, die sie selbst kaum mehr erlebt hatten, erhielten sie oft nur unzureichende Antworten, worauf sie wiederum ihre Eltern oft schnell und überheblich verurteilten. So kam es zu einem Generationskonflikt, der die Identitätsunsicherheit der Intellektuellen noch verstärkte. Politisch äußerte er sich in der Studentenbewegung. Diese erweiterte sich nach der Wirtschaftskrise 1966/67 und dem für manche enttäuschenden Kurs der Großen Koalition aus CDU/CSU und SPD zur sogenannten außerparlamentarischen Opposition. In diesem geistigen Klima begannen auch die inzwischen älteren Autoren der Nachkriegszeit, sich stärker der aktuellen Politik zuzuwenden.

Struktur und Alltäglichkeit

Es entwickelte sich eine Kritik, die auf das 'System' zielte. Damit konnte die fehlende Abrechnung mit dem Nationalsozialismus gemeint sein, das autoritäre Erziehungssystem, die Bewußtseinsmanipulation durch die Massenmedien, die kapitalistische Wirtschaftsform, die Warengesellschaft oder auch die parlamentarische Demokratie, auf jeden Fall aber eine durchgehende gesellschaftliche Struktur, weder einzelne Personen noch allgemeine kultursoziologische Erscheinungen wie etwa die Entfremdung. Aber auch die konventionellen Verständnis- und Denkweisen wurden kritisiert und sollten durch das Spiel mit sprachlichen Strukturen verändert werden. Man suchte das Alltägliche, das Normale und Durchschnittliche auf, um es in seiner Struktur sichtbar zu machen und zu verändern. Dabei erhoffte man sich auch neue Erfahrungen und eine neue, nicht durch das 'System' festgelegte Identität.

Literatur zwischen Engagement und Sprachspiel

So entstand ein breites Spektrum politischer oder unbestimmt oppositioneller Literatur. Es reicht vom Arrangement realer oder realitätsnaher Materialien der Zeitgeschichte über die engagierte Verarbeitung politischer Ereignisse der Gegenwart, die Beschreibung der Arbeitswelt, die Erprobung neuer Formen der Publikumsansprache bis hin zum hörerverwirrenden Spiel mit der Sprache. Die sogenannte Pop-Kultur nahm, opponierend gegen die 'hohe' Kunst, Reklame und Massenliteratur auf. Daneben bezogen viele Autoren in Essays, Vorträgen, ja manchmal sogar in Wahlkampfreden politisch Stellung. Eine 'Gegenöffentlichkeit' außerhalb der alles beherrschenden Medien, eine 'Subkultur' außerhalb des bestimmenden Kulturbetriebs sollten aufgebaut werden. Hinter dem Engagement versteckt sich freilich auch Angst vor dem deprimierenden, ichzerstörenden Alltag der Massengesellschaft.

Österreich

Da Österreich von den Alliierten als erstes von Hitler überfallenes Land angesehen worden war, hatte man die Vergangenheit dort leichter als in Deutschland verdrängen können. Es gab nach dem Krieg kaum ein Nullpunktbewußtsein. Das Romanschaffen Heimito von Doderers belegt beispielhaft die herrschende Meinung, man könne ohne weiteres an der eigenen Literaturtradition vor 1938 anknüpfen. Das änderte sich zu Beginn der sechziger Jahre. Allerdings teilten die österreichischen Autoren weniger den Glauben vieler deutscher, sie könnten gesellschaftlich eingreifen. Ihre Opposition richtet sich mehr gegen provinzielle Enge. Das Kabarett (Helmut Qualtinger, Georg Kreisler) zeigte das Makabre in der harmonischen Gemütlichkeit, die zum österreichischen Selbstverständnis gehört. Die 'Wiener Gruppe' um Hans Carl Artmann suchte mit Sprachspielen und skurrilen Theaterszenen zu schockieren. Die Lyrik Ernst Jandls und Peter Handkes frühe Stücke bauen hierauf auf. Ende der sechziger Jahre verlagerte sich das literarische Zentrum von Wien nach Graz: In der Provinz äußerte sich der Protest gegen die Provinz.

Philosophische Grundlagen. Die Literatur der ersten Nachkriegszeit wird vom französischen Existentialismus Jean-Paul Sartres und Albert Camus' beeinflußt. Beide gehen wie Heidegger und Jaspers (s. oben Seite 249) vom Existenzerlebnis des isolierten, todgeweihten Menschen aus, fragen dann aber nicht nach dem Sein, das ihm vorgegeben ist, sondern zielen auf das Problem der ethischen Entscheidung. Angesichts von Isolation und Todesbestimmtheit gibt es keine sinnvollen Alternativen des Handelns. Die Welt ist absurd. Nach *Sartre* (der sich später dem Marxismus annähert) läßt sich der unvermeidliche Ekel vor der eigenen Nichtigkeit durch die Einsicht überwinden, daß der einzelne gar nicht anders kann, als sich für dies oder jenes Tun zu entscheiden; er ist sozusagen zur Freiheit der Wahl verurteilt, für die er freilich keine vorgegebenen Wertmaßstäbe hat. Sieht er das ein, so kann er sich paradoxerweise dadurch als freier Mensch verwirklichen, daß er sich als die Summe seiner (frei gewählten) Handlungen begreift, die Verantwortung für das einmal gewählte Tun übernimmt und sich somit an seine Vergangenheit bindet. Damit ist auch die Zukunft nicht mehr gänzlich beliebig. Indem er sich in freier Wahl bindet und so entwirft, was künftig sein soll, übernimmt er auch Verantwortung für andere. *Camus* folgert aus dem Absurden, daß wir nur in beliebigen Rollen leben. Unsere Freiheit besteht in der inneren Distanz zu ihnen, mit der wir zugleich gegen sie protestieren. Im ständigen Protest, auch wenn wir die Sinnlosigkeit dadurch nie überwinden, verwirklichen wir unsere menschliche Würde und Freiheit und gelangen zu bewußtem, intensivem Leben.

Die neue Opposition der sechziger und frühen siebziger Jahre folgt weitgehend dem Denken der 'Frankfurter Schule', die hauptsächlich von *Theodor W. Adorno, Max Horkheimer* und dem Deutschamerikaner *Herbert Marcuse* vertreten wird. Sie gehen davon aus, daß die Warengesellschaft ebenso wie die „totalitäre" sozialistische Gesellschaft alles Individuelle austauschbar macht. Dies folgt aus einer „Dialektik der Vernunft" (Horkheimer und Adorno): Die Vernunft wird eingesetzt, um die übermächtige Natur zu beherrschen; sie tut dies, indem sie alles berechenbar, quantifizierbar – und das heißt auch: vergleichbar und austauschbar – macht, schließlich auch den Menschen, der somit auf eine neue Art unfrei wird. Eine „kritische Theorie" der Kultur hat darzustellen, inwiefern Kultur uns dem Austauschbarkeitsprinzip unterwirft, so daß wir uns schon gar nichts anderes mehr vorstellen können als das, was alle tun, und inwiefern Kultur am unbestimmt Möglichen festhält, daran, daß alles auch ganz anders sein könnte. Im ersten Fall ist sie „affirmativ" (bestätigend), im zweiten wirkt sie verändernd auf die Gesellschaft zurück. Für Adorno mündet die Kritik der Warengesellschaft in eine Kunstkritik, die aufzeigt, wie die Kunstwerke sich der Austauschbarkeit verweigern. Marcuse fordert eine Kulturrevolution, die Verweigerung gegenüber der bestehenden Gesellschaft und den Aufbau einer Gegen- oder Subkultur.

Die sprachkritische Literatur geht auf *Ludwig Wittgenstein* und den von ihm beeinflußten, sogenannten 'Wiener Kreis' zurück, der sich in den zwanziger Jahren bildete. Diese Philosophen lehren, daß unsere Erfahrung der Wirklichkeit immer durch Sätze, durch Aussagen über Wirkliches, vermittelt ist. Die unterschiedlichen Sätze lassen sich auf einfache Sätze zurückführen (Elementarsätze oder Protokollsätze), die Tatsachen logisch, eindeutig und unabhängig von anderen Sätzen beschreiben. Damit glaubten die Philosophen, alles metaphysische Spekulieren zugunsten logischer Sätze ausschalten zu können. Über den genauen Bezug der einfachen Sätze zur Wirklichkeit waren sie sich jedoch nicht einig. Wahrheit besteht für sie nun allerdings auch nicht in diesem Bezug, sondern in der widerspruchsfreien Vereinbarung des einzelnen Satzes mit dem Gesamtsystem aus Sätzen. Auf diese Weise verlagert sich die Wahrheitsfrage von der Analyse der Wirklichkeit zu derjenigen der Sprache. Folgerichtig fragt der späte Wittgenstein nicht mehr nach den einfachen Sätzen, sondern nach unserem Sprachgebrauch – wir gebrauchen die Sprache, indem wir ihre Elemente innerhalb von Rahmenregeln wie bei einem Spiel miteinander kombinieren –, durch den wir erst Wirklichkeit für uns schaffen.

13.2 Literarisches Leben

Literaturbetrieb Nach dem Zweiten Weltkrieg entwickelte sich die Literaturproduktion zu einem kapitalintensiven Geschäft, in dem immer härter kalkuliert wurde. Für den Erfolg eines Buches ist es seitdem entscheidend, welche Summen für die Reklame ausgegeben werden, ob es auch als Taschenbuch erscheint und in Warenhäusern verkauft wird, ob eine Buchgemeinschaft es vertreibt, ob es in Zeitungen, Radio, Fernsehen besprochen, ob es verfilmt wird. Das Verlagswesen konzentrierte sich, Großverlage entstanden und Medienkonzerne, welche die Literaturproduktion an die Erwartungen des Massenpublikums anpassen, die sie selber vorgeformt haben. Daneben versuchte eine große Zahl von Kleinverlagen zu überleben, die es auch riskierten, unbekannte, anspruchsvolle Literatur herauszubringen. Die Kleinverlage dienten den anderen als Markttester. Hatte eines ihrer Bücher Erfolg, wurde es von einem der großen Verlage übernommen. Andere Verlage behaupteten sich dadurch, daß sie sich auf bestimmte Gebiete spezialisierten. Das Selbstverständnis der Schriftsteller wandelte sich entsprechend: Aus dem einsamen Künstler wurde der selbständige, aber schlecht verdienende Heimarbeiter. Eine von Marktforschern normierte häusliche Fließbandarbeit bestimmt insbesondere die Herstellung der sogenannten Groschenhefte, die in den sechziger und siebziger Jahren wöchentlich zu Hunderttausenden verkauft wurden. Die Schriftstellerverbände, die nach 1945 entstanden waren, reagierten auf diese Entwicklung, indem sie sich 1969 zum ‚Verband deutscher Schriftsteller' vereinigten.

Zeitschriften Die wichtigste Zeitschrift der ersten Nachkriegszeit war ‚Der Ruf. Unabhängige Blätter der jungen Generation' (1946–1949). Sie stand für Aufbruchshoffnung, Ideologiefreiheit und einen demokratischen Sozialismus nach dem Vorbild des 1945 verstorbenen amerikanischen Präsidenten F. D. Roosevelt. Im Jahre 1947 – inzwischen hatte der Kalte Krieg begonnen – wurden die beiden Herausgeber, Alfred Andersch und Hans Werner Richter, auf Druck der amerikanischen Militärregierung abgelöst. Die führende Literaturzeitschrift der Epoche waren die von Walter Höllerer begründeten ‚Akzente' (seit 1954). Das Selbstverständnis der kulturrevolutionären neuen Opposition zeigte sich im ‚Kursbuch' (seit 1965), das Hans Magnus Enzensberger ins Leben gerufen hatte.

Literarische Gruppen

Nach dem Verbot des ‚Rufs' in seiner ursprünglichen Form gründete Hans Werner Richter die nach dem Entstehungsjahr benannte ‚Gruppe 47', in der gegenseitig vorgelesen und kritisiert wurde. Fast alle wichtigen Autoren der fünfziger und sechziger Jahre nahmen daran teil. Die Angst vor ideologischer Vereinnahmung führte bald dazu, daß Politik weitgehend ausgespart wurde; sonst hätte man sich zwischen den Fronten des Kalten Krieges zerstritten. Allerdings gerieten die Autoren schließlich in die Fänge des Literaturbetriebs; Verleger und Starkritiker der Feuilletons beherrschten die Tagungen. Angesichts der allgemeinen Politisierung im Umkreis der Studentenbewegung löste sich die Gruppe 1967 auf.
Schon 1961 hatte sich, in bewußtem Gegensatz zur ‚Gruppe 47', die Dortmunder ‚Gruppe 61' gebildet, die die industrielle Arbeitswelt schildern wollte, und zwar nicht in der Tradition proletarisch-revolutionärer Dichtung der Weimarer Republik, sondern in Anknüpfung an die Industriedichtung zu Beginn des Jahrhunderts. Ihre wichtigsten Mitglieder waren Max von der Grün, Erika Runge, Günter Wallraff und Peter-Paul Zahl. 1969 spaltete sich hiervon der ‚Werkkreis Literatur der Arbeitswelt' ab, der mit kollektiv hergestellter Dokumentarliteratur und mit journalistischen Mitteln politisch wirken wollte (Runge, Wallraff). 1972 hörte die ‚Gruppe 61' auf zu existieren. Der ‚Werkkreis' verlor in der zweiten Hälfte der achtziger Jahre seine Bedeutung.

13.3 Theorie und Formen der Literatur

Sprach- und Literaturskepsis

Die Nachkriegsautoren waren skeptisch gegenüber der deutschen Sprache geworden, die vom Nationalsozialismus mißbraucht worden war. Sie wollten eine authentische, unideologische Sprache wiederfinden. Soweit sie darunter die normale, alltägliche Sprache ohne Pathos verstanden, blieben sie in der Form konventionell (Heinrich Böll), oder sie banden sich an ältere, vor allem expressionistische Formen (Wolfgang Borchert). Die Autoren konnten aber auch gegenüber der alltäglichen Sprache skeptisch werden und sich durch eine verknappte, das Alltagsverständnis abweisende Sprache von der Sprache der Unmenschlichkeit abzugrenzen suchen. Das gilt vor allem für die Lyrik, die Gattung der persönlichen Aussprache, und hier besonders deutlich für jüdische Autoren wie Nelly Sachs und Paul Celan, die gelernt hatten, im Gedicht ein letztes inneres Bollwerk gegen die tödliche Bedrohung zu finden. In der erzählenden Dichtung experimentierte der Außenseiter Arno Schmidt (‚Leviathan', 1949; ‚KAFF auch Mare Crisium', 1960) mit einer mehrschichtigen und doch ganz ichbezogenen Sprache. Zur Sprachskepsis gesellte sich in den sechziger Jahren die Skepsis gegenüber fiktiver Literatur, weil diese vom Alltäglichen und von den gesellschaftlichen Verhältnissen zu weit entfernt schien. Im ‚Kursbuch' wurde die schöne Literatur schließlich wegen ihrer gesellschaftlichen Wirkungslosigkeit sogar totgesagt.

Dokumentarischer Realismus

Sprach- und Literaturskepsis führten häufig zu einem dokumentarischen Realismus. Man montierte (tatsächlich oder scheinbar) vorgegebene Materialien zusammen, um den Eindruck des Authentischen zu erwecken oder doch dessen, was unter bestimmten historischen Bedingungen authentisch hätte sein können. Die Materialien sollten nicht, wie in der dokumentarischen Literatur der zwanziger Jahre, anderswo geäußerte Thesen belegen, sondern für sich selbst sprechen. Dabei sollte deutlich werden, wie der Mensch in vorgegebenen Schablonen des Handelns und Denkens verschwindet, wenn er sich nicht bewußt mit ihnen auseinandersetzt. So konnte man Prosagedichte, Sprachübungen. Floskeln der Alltags- und Politikersprache zusammenmontieren, um zu zeigen, wie die vorgeformte Sprache unsere Alltagswahrnehmungen bestimmt (Jürgen Becker: ‚Felder', 1964). Man konnte Geschichte und Parabeln, fiktive und wirkliche Dokumente mischen, um zu zeigen, wie der einzelne zum bewußtlos angepaßten Handlanger herrschender Unmenschlichkeit wird (Alexander Kluge: ‚Lebensläufe', 1962, erweitert 1974). Alfred Andersch (‚Winterspelt', 1974) mischt wirkliche und fiktive Dokumente, um die Möglichkeit menschlichen Handelns in der Unmenschlichkeit des Zweiten Weltkriegs durchzuspielen. Auch im Gedicht, bei Heißenbüttel und in der politischen Lyrik, findet man die dokumentarische Technik. Besonderes Gewicht erhält sie im Dokumentartheater (s. unten S. 289).

Literatur der Arbeitswelt

Dokumentarischen Charakter hatte weitgehend auch die Literatur der Arbeitswelt. Runge protokollierte die Erzählungen von Menschen, die die Wirtschaftskrise 1966/67 im Ruhrbergbau erlebt hatten. Wallraff beschrieb Arbeitsbedingungen, die er unter immer neuen Rollenverkleidungen am eigenen Leib erfuhr. Von der Grüns Romane zeigten, wie Selbstverständnis und Privatleben der Arbeiter von den Zwängen ihrer Arbeit, vom Druck der

Betriebsleitung, aber auch von gewerkschaftlichen Intrigen bestimmt wurden.

Max von der Grün: ‚Irrlicht und Feuer‘ (1963), *‚Stellenweise Glatteis‘* (1973). *Erika Runge: ‚Bottropper Protokolle‘* (1968). *Günter Wallraff: ‚13 unerwünschte Reportagen‘* (1969), *‚Ganz unten‘* (1985). *Günter Wallraff und Bernt Engelmann: ‚Ihr da oben – wir da unten‘* (1973).

Lyrik als Beschwörung

Die Lyrik der ersten Nachkriegszeit sollte beschwören, das heißt, sie sollte entweder eine andere, geistigere Welt als die Wirklichkeit herbeirufen oder die schreckliche Vergangenheit bannen. Beschwörung in der erstgenannten Bedeutung sieht so aus: Benn beschwört mythische Vergangenheit mitten im Alltäglichen, Lehmann sucht die Zeitlosigkeit von Mythos und Natur vor der Zivilisation zu retten. Jüngere Autoren dieser Richtung erstrebten zugleich Offenheit und Mehrdeutigkeit, die sie ideologischer Vereinnahmung entziehen sollten. Krolow schuf aus Realitätspartikeln ein neues, zugleich unverständliches und geheimnisvoll vertrautes Ganzes, das widersprüchliche Stimmungen evoziert. Eich zitiert Sätze oder Symbole vergeistigender Beschwörung, zeigt aber, daß diese nicht mehr oder nur unvollkommen gelingt, und konfrontiert sie, ohne Lösungen zu bieten, mit dem Alltäglichen oder Häßlichen. Bachmanns Gedichte leben aus der Unmöglichkeit, eine heile Natur zu beschwören. Ihr Wunsch nach Erlösung vom Leiden an einer Gegenwart, in welche die Vergangenheit drohend hineinragt, kann sich nicht mehr auf Sagbares richten. Rose Ausländer, die verfolgte und mehrfach emigrierte Jüdin, schuf sich eine Heimat in der Sprache, in der sie des Verlorenen gedenken konnte.

Celans Lyrik ist Beschwörung als Bannen des Schrecklichen und als Totengedenken. Er redet in verkürzten, dem Uneingeweihten nur schwer verständlichen Anspielungen und persönlichen Assoziationen. Angesichts des Holocaust scheint kein tröstender Gott mehr denkbar, an den man sich betend, klagend wenden könnte. Der Holocaust ist jenseits aller Worte. Über ihn kann paradoxerweise nur im Schweigen 'gesprochen' werden, das an einen nicht mehr existierenden Partner gerichtet ist. Diesem Paradox entsprechend wird auf das Eigentliche dadurch verwiesen, daß die Gedichte Widersprüchliches und Unvereinbares miteinander in Beziehung setzen. Nelly Sachs kann der Vernichtung gedenken, indem sie im Tod die mystische Verwandlung in ein geistig-kosmisches Reich sieht, das sprachlich nicht zu fassen ist. Auch hier nähert sich die Sprache dem Verstummen.

Günter Eich: ‚Abgelegene Gehöfte‘ (1948). *Gottfried Benn: ‚Probleme der Lyrik‘* (1951), *‚Aprèslude‘* (1955). *Wilhelm Lehmann: ‚Meine Gedichtbücher‘* (1957). *Ingeborg Bachmann: ‚Die gestundete Zeit‘* (1953), *‚Anrufung des Großen Bären‘ (1956). Karl Krolow: ‚Fremde Körper‘* (1959). *Paul Celan (eigentlich Paul Anczel): ‚Sprachgitter‘* (1959), *‚Die Niemandsrose‘* (1963), *‚Atemwende‘* (1967). *Nelly Sachs: ‚Glühende Rätsel‘* (1964/66). *Rose Ausländer: ‚Blinder Sommer‘* (1965).

Experimentelle Lyrik In den fünfziger Jahren entstand die 'konkrete Poesie' (Gomringer). Ihr Name erklärt sich daraus, daß die Autoren die Sprache nicht mehr als Zeichensystem benutzten, das auf eine äußere Realität verweist, sondern als konkretes Material, das nichts anderes darstellt als sich selbst. Die Sprache wird reduziert auf kleine Elemente, auf Wortgruppen, einzelne Wörter, Silben, Laute, Buchstaben, die man spielerisch miteinander kombiniert. Auch das Druckbild wird zum Teil des Gedichts. Der Bedeutungszusammenhang dagegen verschwindet. Auf diese Weise soll das Bewußtsein befreit werden von sprachlichen Normen.
Wirksam wurde Lyrik dieser Art allerdings gerade dort, wo sie trotz solcher Sprachexperimente einen inhaltlichen Realitätsbezug bewahrte, etwa im schwarzen Humor Artmanns oder in Jandls ironischen Wortspielen. Heißenbüttel ging davon aus, daß sich die Welt nicht mehr vom Denken des einzelnen Menschen her verstehen läßt, sondern in verschiedene Sprachwelten auseinandergefallen ist. Die Elemente der selbständig gewordenen Sprachwelten, häufig dokumentarische Zitate, werden miteinander kombiniert, um ideologische Verfestigungen aufzubrechen.

Eugen Gomringer: ‚Konstellationen‘ (1953). *Ernst Jandl: ‚Laut und Luise‘* (1966). *Hans Carl Artmann: ‚ein lilienweißer brief aus lincolnshire. gedichte aus 21 jahren‘* (1969). *Helmut Heißenbüttel: ‚Das Textbuch‘* (1970).

Politische Lyrik Mit Enzensbergers Gedichten setzte schon gegen Ende der fünfziger Jahre eine Gegenbewegung gegen Wirklichkeitsabkehr und Sprachspiel ein. Enzensberger schrieb in der Nachfolge Brechts politische Gedichte, allerdings nicht im marxistischen, sondern im ideologieskeptischen Sinn, nicht um einzugreifen, sondern um Verweigerung zu lehren. Dabei wurde seine Lyrik zum ironischen Spiel des Ohnmächtigen mit den tradierten Überzeugungen und Sprechweisen. Fried hingegen nahm wertend zu politischen Ereignissen Stellung, indem er im lakonischen Stil des späten Brecht offizielle Äußerungen und Meldungen kommentierte oder gegeneinander ausspielte. Am häufigsten gebrauchte er das Wortspiel, das unerwartete Perspektiven eröffnet, manchmal provoziert und so nachdenklich machen soll. So liegt also auch der politischen Lyrik ein ähnliches Spiel mit der Sprache zugrunde wie der experimentellen. Neben dem politischen Gedicht findet sich der politische Song von Liedermachern wie Degenhardt.

Hans Magnus Enzensberger: ‚Landessprache‘ (1960), *‚Blindenschrift‘* (1964). *Erich Fried: ‚und Vietnam und‘* (1966), *‚Befreiung von der Flucht. Gedichte und Gegengedichte‘* (1968). *Franz Josef Degenhardt: ‚Spiel nicht mit den Schmuddelkindern‘* (1967).

Hörspiel In den fünfziger Jahren entwickelte sich das Hörspiel zu einer eigenständigen Kunstgattung. Es schafft aus Sprache und Geräuschen einen Phantasieraum, in dem innere Vorgänge wichtiger sind als äußere. Die Welt wird traumhaft geheimnisvoll. In dieser traumhaften Welt allerdings erleben die Figuren, aus ihrem gewohnten Leben aufgeschreckt, beispielhaft die angsterregende menschliche Einsamkeit und Unsicherheit. So verbindet sich der traditionelle Rückzug in die Innerlichkeit mit dem Nachkriegsgefühl des Bedrohlichen oder gar Absurden. In den sechziger Jahren entwickelte sich das Spiel mit den alltäglichen Sprachschablonen. Teils wird der unterdrückende oder verheimlichende Charakter der üblichen Redeweise deutlich (Handke), teils wird das Spiel mit Sprache und Geräusch zum Selbstzweck.

Günter Eich: ‚Geh nicht nach El Kuwehd‘ (1950), *‚Träume‘* (1951), *‚Die Mädchen aus Viterbo‘* (1952). *Fred von Hoerschelmann: ‚Das Schiff Esperanza‘* (1953). *Ingeborg Bachmann: ‚Der gute Gott von Manhattan‘* (1958). *Wolfgang Hildesheimer: ‚Herrn Walsers Raben‘* (1960). *Peter Handke: ‚Hörspiel‘* (1968).

Theater der Ausweglosigkeit Kriegsdramen und zeithistorische Dramen, vor allem über die deutsche Spaltung, kennzeichnen das Theater in den ersten fünfzehn Jahren der Nachkriegszeit. Die ihnen zugrunde liegende Haltung, das Gefühl der Schuld und Ausweglosigkeit, spricht jedoch am deutlichsten aus den Stücken, die gleichnishaft eine überzeitliche menschliche Problematik aufzeigen sollen. Hildesheimer, der an das französische absurde Theater anknüpft, führt in Hoffnungslosigkeit und Einsamkeit. Dürrenmatt läßt Menschen in einen unlösbaren Widerspruch geraten, um auszuprobieren, wie man sich darin verhalten kann. Frisch zeigt den ausweglosen Versuch, sich von dem Bild zu befreien, das die anderen einem Menschen aufzwingen. Die Politisierung in den sechziger Jahren unterbricht diese Tradition für eine kurze Zeit. Doch schon zu Beginn der siebziger Jahre greifen zuerst Bernhard, dann Strauß sie wieder auf und verstärken die Ausweglosigkeit.

Max Frisch: ‚Nun singen sie wieder. Versuch eines Requiems‘ (1945), *‚Herr Biedermann und die Brandstifter‘* (1958, zuerst als Hörspiel 1953), *‚Andorra‘* (1961). *Friedrich Dürrenmatt: ‚Romulus der Große‘* (1949), *‚Der Besuch der alten Dame‘* (1956), *‚Die Physiker‘* (1962). *Wolfgang Hildesheimer: ‚Die Uhren‘* (1959), *‚Die Verspätung‘* (1961). *Siegfried Lenz: ‚Zeit der Schuldlosen‘* (1961). *Thomas Bernhard: ‚Ein Fest für Boris‘* (1970). *Botho Strauß: ‚Bekannte Gesichter, gemischte Gefühle‘* (1974).

Gesellschaftskritik und Identitätssuche In den sechziger Jahren entstehen Stücke, die Gesellschaftskritik üben, ohne auf allgemeinmenschliche, überzeitliche Modelle zurückzugreifen. Trotz Gesellschaftskritik liegt das Augenmerk auf der Suche der

Figuren nach ihrer Identität. Walser beschreibt satirisch den ungeschickten politischen Opportunisten, der mit seiner Anpassung immer ein wenig zu spät kommt. Weiss verlangt in ‚Marat/Sade', mit der sozialen Revolution müsse eine Befreiung der Sexualität und damit der Individualität einhergehen. In ‚Hölderlin' beschreibt Weiss den Rückzug des revolutionär gesinnten Dichters in den Wahnsinn. Dorst fragt nach der Psyche des Künstlers in der Revolution. Muschg beschreibt die seelischen Widersprüche im Radikaldemokraten, der sich inzwischen angepaßt hat. Handke greift die festgefahrenen Sprechweisen und mit ihnen die Verhaltensnormen an, die den einzelnen seelisch verkrüppeln.

Martin Walser: ‚Eiche und Angora. Eine deutsche Chronik' (1962). *Peter Weiss: ‚Die Verfolgung und Ermordung Jean Paul Marats, dargestellt durch die Schauspielgruppe des Hospizes zu Charenton unter Anleitung des Herrn de Sade'* (1964), *‚Hölderlin'* (1971). *Peter Handke: ‚Publikumsbeschimpfung'* (1966), *‚Kaspar'* (1968), *‚Der Ritt über den Bodensee'* (1971). *Tankred Dorst: ‚Toller'* (1968). *Adolf Muschg: ‚Kellers Abend. Ein Stück aus dem 19. Jahrhundert'* (1975).

Dokumentartheater Politisierung und Literaturskepsis der sechziger Jahre führten zum Dokumentartheater, das im wesentlichen auf die Vorbilder zurückgeht, die Erwin Piscator in den zwanziger Jahren schuf. Der dokumentarische Realismus dient jetzt dem Aufdecken verheimlichter oder verdrängter politischer und wirtschaftlicher Zusammenhänge, häufig im Rückgriff auf Gerichtsprotokolle. Hochhuth schreibt Geschichtsdramen, die das skandalose Verhalten bekannter Personen anhand dokumentarischer Unterlagen entlarven sollen. Kipphardt gibt die Gerichtsverhandlung gegen den Atomphysiker Oppenheimer wieder, um den Hörer über die Verantwortung des Naturwissenschaftlers für seine Erkenntnisse nachdenken zu lassen. Weiss und Enzensberger stellen keine individuellen Helden vor, sie bereiten authentisches Material zu einem Gleichnis für sozialhistorische Mechanismen auf. Weiss setzt ausgewählte und sprachlich überarbeitete Dokumente zu einem Modell zusammen, das die marxistische Analyse geschichtlicher Zusammenhänge bekräftigen soll. Am engsten hält sich Enzensberger an die authentischen Texte, wenn er die Gerichtsverhandlung gegen die Invasoren darstellt, die mit Unterstützung der USA 1961 Kuba zu erobern suchten.

Rolf Hochhuth: ‚Der Stellvertreter' (1963). *Heinar Kipphardt: ‚In der Sache J. Robert Oppenheimer'* (1964). *Peter Weiss: ‚Die Ermittlung. Oratorium in 11 Gesängen'* (1965), *‚Gesang vom lusitanischen Popanz'* (1967). *Hans Magnus Enzensberger: ‚Das Verhör von Habana'* (1970).

Volksstück In den sechziger Jahren wurde auch die Tradition des gesellschaftskritischen Volksstücks wiederaufgenommen. Es stellt die kleinen Leute aus der Provinz vor, die Umgangssprache bzw. Dialekt reden. Typisch ist ihre dumpfe, bewußtlose Unmenschlichkeit. Sie werden noch bissiger und karikierender gezeichnet als früher bei Horváth und Fleißer. Sperr und Fassbinder (‚Katzelmacher') zeigen, wie Außenseiter verfolgt werden. In Kroetz' frühen Stücken bleiben die Menschen einsam, unselbständig und gesprächsunfähig. Sie leben schablonenhaft dahin und werden in Selbstmord oder Verbrechen getrieben. Später gibt es auch vorsichtig angedeutete Möglichkeiten eines Lernprozesses und einer positiven Lösung. In ‚Bremer Freiheit' zeigt Fassbinder, wie eine unterdrückte Frau, die sich nicht anders wehren kann, zur Mörderin wird.

Martin Sperr: ‚Jagdszenen aus Niederbayern' (1966). *Rainer Werner Fassbinder: ‚Katzelmacher'* (1968), *‚Bremer Freiheit'* (1971). *Franz Xaver Kroetz: ‚Stallerhof'* (1972), *‚Oberösterreich'* (1972), *‚Mensch Meier'* (1978).

Kurzgeschichte In der frühen Nachkriegszeit bestimmte die Kurzgeschichte in der Tradition der US-amerikanischen 'short story' das Bild der erzählenden Formen. Sie erlaubt, sich auf einen entscheidenden, existenzerhellenden Augenblick im Leben eines Menschen zu konzentrieren und zugleich eine nüchterne Bestandsaufnahme seiner Alltagswelt vorzunehmen, die aufs Allereinfachste, ja Kreatürliche reduziert ist. Die Sprache ist einerseits lakonisch, signalisiert andererseits durch Kontrastierungen, Auslassungen, Andeutungen den inneren Zustand des einzelnen. Die Geschichten sind geschrieben aus der Sicht der getretenen, unterdrückten kleinen Leute, des Landsers, des Flüchtlings. Sie werden nicht heroisiert, sie sind schwach, schuldig, aber nicht schlecht. Am Ende steht keine Lösung, keine Sicherheit, sondern Tod oder Weiterleben im Ungewissen, aber auch Hoffnung auf die brüderliche Geste in den kleinen Dingen des Lebens.

Wolfdietrich Schnurre: ‚Auf der Flucht' (1945), *‚Das Begräbnis'* (1947), *‚Die Rohrdommel ruft jeden Tag'* (Sammelband, 1950). *Wolfgang Borchert: ‚Die Hundeblume. Erzählungen aus unseren Tagen'* (1947). *Heinrich Böll: ‚Der Zug war pünktlich'* (1949), *‚Wanderer, kommst du nach Spa ...'* (Sammelband, 1950).

Roman Während die Vorkriegsautoren ihre letzten Romane vorlegten (Jahnn, Jünger, Thomas Mann), entwickelten die jungen Autoren der fünfziger Jahre den Nonkonformismus. Sie kritisierten, oft satirisch, die Gesellschaft ihrer Zeit, die sich nicht von der nationalsozialistischen Vergangenheit gelöst hatte, in der Herzlosigkeit und Gedankenlosigkeit weiterlebten und Individualität nicht zählte, und sie suchten nach ihrer Identität in einem Alltag, in dem sie sich nicht zurechtfanden.

Die Helden ihrer Romane sind häufig am unteren Rand des Kleinbürgertums angesiedelt, oft auch vereinzelte Intellektuelle. Ihr Blick richtet sich von unten auf die Gesellschaft. Für Nossack ist die Welt absurd geworden. Böll verbindet Satire mit moralischem Engagement, Walser verknüpft sie mit sozialpsychologischer Analyse des mittelständischen Individuums. Daß die Suche nach der Identität in einer standardisierten Welt nicht nur ein deutsches Problem war, zeigt Frischs ‚Stiller'. Grass stellt Nationalsozialismus und frühe Nachkriegszeit als grausame Groteske dar.
In den sechziger Jahren entwickelte sich der Typ des demokratisch engagierten Schriftstellers (Böll, Walser, Grass, vorher schon Koeppen). Die Arbeitswelt rückte in den Blick. Auf der anderen Seite herrschte eine Art sachlicher Resignation. Handke registriert die Macht der Sprachschablonen über die Wirklichkeit; in der 'Kölner Schule' (Brinkmann, Wellershoff) entsteht eine nüchterne, den Gefühlsausdruck aussparende Beschreibung des deprimierenden Alltags. Sachlich, auch im Grotesken, beschreibt Canetti, wie der Büchermensch in der korrupten Welt des Alltags untergeht. Sein früher Roman wurde erst in den sechziger Jahren bekannt. Bernhard schreibt Protokolle der Hoffnungslosigkeit. Nüchtern protokollierend, Teilaspekte sammelnd, zugleich durch ungewöhnliche Sprache verwirrend, tastet Johnson sich an die traurige gesamtdeutsche Wirklichkeit heran.
Einige bringen die dokumentarische Richtung in den Epochenroman ein. Andersch (‚Winterspelt') beschreibt einen fiktiven, aber historisch möglichen Einzelfall, nämlich den Plan eines deutschen Offiziers, mit seinem Bataillon bei einem amerikanischen Angriff zu kapitulieren. Von diesem mehr aus Resignation als aus bewußtem Widerstand hervorgegangenen Plan aus soll die nationalsozialistische Epoche erhellt werden.

Elias Canetti: ‚Die Blendung' (1935/36). *Ernst Jünger: ‚Heliopolis. Rückblick auf eine Stadt'* (1949, zweite Fassung 1965). *Wolfgang Koeppen: ‚Tauben im Gras'* (1951). *Heinrich Böll: ‚Und sagte kein einziges Wort'* (1953), *‚Billard um halbzehn'* (1959), *‚Ansichten eines Clowns'* (1963), *‚Gruppenbild mit Dame'* (1971). *Thomas Mann: ‚Bekenntnisse des Hochstaplers Felix Krull. Der Memoiren erster Teil'* (1954). *Max Frisch: ‚Stiller'* (1954), *‚Homo faber'* (1957). *Hans Erich Nossack: ‚Spätestens im November'* (1955). *Hans Henny Jahnn: ‚Die Nacht aus Blei'* (1956). *Alfred Andersch: ‚Sansibar oder Der letzte Grund'* (1957), *‚Winterspelt'* (1974). *Martin Walser: ‚Ehen in Philippsburg'* (1957), *‚Halbzeit'* (1960), *‚Die Gallistl'sche Krankheit'* (1972). *Günter Grass: ‚Die Blechtrommel'* (1959), *‚Hundejahre'* (1963). *Uwe Johnson: ‚Das dritte Buch über Achim'* (1961). *Thomas Bernhard: ‚Verstörung'* (1967), *‚Das Kalkwerk'* (1970), *‚Korrektur'* (1975). *Rolf Dieter Brinkmann: ‚Keiner weiß mehr'* (1968). *Dieter Wellershoff: ‚Schattengrenze'* (1969). *Peter Handke: ‚Die Angst des Tormanns beim Elfmeter'* (1970).

13.4 Autoren

13.4.1 Stimmen aus der Schweiz: Frisch und Dürrenmatt

Friedrich Dürrenmatt (1921–90) – Gerechtigkeit in der verwalteten Welt

Dürrenmatt, der auch ein talentierter Maler war, wuchs auf in einem protestantischen Pfarrhaus im Emmental, ging in Bern aufs Gymnasium und studierte in Bern und Zürich Literatur, Philosophie und Naturwissenschaften. Ab 1952 wohnte er in Neuchâtel. Nach dem frühen Drama ‚Es steht geschrieben' (1947, umgearbeitet als ‚Die Wiedertäufer', 1967) erschienen in rascher Folge die grotesk- oder tragikomischen Stücke, die ihn berühmt machten, darunter: ‚Romulus der Große. Eine ungeschichtliche historische Komödie' (1949, fünfte Fassung 1980), ‚Die Ehe des Herrn Mississippi' (1952, fünfte Fassung 1980), ‚Ein Engel kommt nach Babylon' (1953, dritte Fassung 1980), ‚Der Besuch der alten Dame. Eine tragische Komödie' (1956, zweite Fassung 1980), ‚Die Physiker' (1962, zweite Fassung 1980), ‚Der Meteor' (1966, zweite Fassung 1980), ‚Die Frist' (1977). Daneben verfaßte Dürrenmatt auch Hörspiele (‚Das Unternehmen der Wega', 1955) und bearbeitete fremde Stücke (‚Play Strindberg. Totentanz nach August Strindberg', 1969). Gelegentlich arbeitete er an den Inszenierungen seiner Dramen mit, 1968/69 auch an der Direktion des Basler Theaters.
Seine Erzählungen reichen von der frühen makabren Kurzprosa (u. a. ‚Der Tunnel', 1952) über Kriminalgeschichten der fünfziger Jahre (‚Der Richter und sein Henker', 1950/51; ‚Der Verdacht', 1951/52; ‚Das Versprechen. Requiem auf den Kriminalroman', 1958) zu dem kleinen Roman ‚Grieche sucht Griechin. Eine Prosakomödie' (1955) und der Erzählung ‚Die Panne. Eine noch mögliche Geschichte' (1956, als Hörspiel 1961, als Theaterstück 1979). In theoretischen Schriften (u. a. ‚Theaterprobleme', 1955) legte der Autor seine Auffassung von den Aufgaben des Theaters in seiner Zeit dar.

Dürrenmatt stellt einen Außenseiter, der Gerechtigkeit will, in eine untergehende Gesellschaft, die keine Werte mehr kennt und hinter vornehmer, rechtschaffener Fassade ihre Verbrechen und Laster verbirgt. Bei dieser Begegnung bekommt die Fassade unerwartet einen Sprung. Sofern der Außenseiter nun Gerechtigkeit auch durchsetzen will, bewirkt er nur neue Ungerechtigkeit. Auf den ersten Blick sieht es so aus, als scheiterte er am Zufall. Dieser Zufall aber tritt regelmäßig ein. In ihm erscheint also ein Gesetz, und zwar das Gesetz der „schlimmstmöglichen Wendung" des Geschehens, schlimmstmöglich sowohl für den Gerechten als auch für die ganze Zivilisation.
Dürrenmatt sieht die Gesellschaft als ein anonym gewordenes Verwaltungssystem an, in dem keine persönliche Entscheidung und Verantwortung möglich sind, in dem es daher auch keine persönliche Schuld gibt. Die Menschen sind austauschbar. Das Schlechte liegt nicht in bestimmten Einzelmenschen, sondern in der Korruption und Verlogenheit, die von diesem System befördert werden, an das alle einzelnen sich so angepaßt haben, daß sie zu jeder Untat manipulierbar sind. Wer sich nicht

mit der folgenlosen Wirksamkeit im kleinen, privaten Bereich begnügt, hat es letztlich mit der gesamten menschlichen Zivilisation als einem solchen System zu tun. Er kann versuchen, sie listig oder erpresserisch mit ihren eigenen Mitteln zu schlagen. Aber damit hat er sich, gewollt wie die alte Dame oder ungewollt wie Romulus, an ihre Unmenschlichkeit angepaßt und sie damit bestätigt. Diese Bestätigung äußert sich im Sieg der korrupten Zivilisation, der zufällig sein kann, aber immer folgerichtig ist. Man muß mitmachen. Man kann sich der untergehenden Gesellschaft nicht einmal entziehen, wie der Physiker Möbius es versucht, der sie damit vor den schrecklichen Konsequenzen seiner Wissenschaft zu retten versucht, denn es gibt keinen gesellschaftsfreien Raum außer im Tod. Ja, dem Schriftsteller Schwitters (‚Der Meteor') gelingt es nicht einmal zu sterben. (Darum führt Dürrenmatts Forderung, sich auf das Nächstliegende zu beschränken und das Chaos des Ganzen auszuhalten, in seinen Texten nie zu einem glücklichen Leben. Das Glück, das nur außerhalb der Gesellschaft möglich wäre, ist unerreichbar.) So wird der Gerechte lächerlich und gefährlich zugleich in seinem Richteramt, aber auch tragisch, weil die Forderung nach Gerechtigkeit deswegen nicht weniger wert ist. Die Besinnung, die er bei einzelnen auslösen kann, bleibt für das Ganze folgenlos. Die äußere Ordnung der Welt löst sich grotesk auf, Sinnlosigkeit wird sichtbar.

Max Frisch (1911–1991) – Identitätslosigkeit und Einsamkeit in der standardisierten Welt

Nach einigen Semestern Germanistik in Zürich durchwanderte der Architektensohn den Balkan und versuchte sich als Journalist und Autor. Ein wohlhabender Freund ermöglichte ihm das Studium der Architektur in Zürich (1936–1942), das mehrfach durch Einberufung zum Wehrdienst unterbrochen wurde. Anschließend eröffnete er ein Architekturbüro, das er 1955 wieder aufgab. Danach lebte er als freier Schriftsteller mit wechselnden Wohnsitzen im Tessin, in Rom (1960–1965 mit Ingeborg Bachmann), in Berlin und New York.
Frischs frühe Werke, die schon alle zentralen Themen seiner späteren enthalten, blieben von den Zeitereignissen unberührt. Erst gegen Ende des Weltkriegs begann der Autor, und zwar in den Stücken ‚Nun singen sie wieder. Versuch eines Requiems' (1945) und ‚Als der Krieg zu Ende war' (1949), sich literarisch mit dem Krieg auseinanderzusetzen. Das Drama ‚Die Chinesische Mauer. Eine Farce' (1946) warnt vor dem Atomkrieg. In dieser Zeit entwickelte er auch seine eigene literarische Formensprache. Den eben genannten Dramen folgten u. a. das Moritatenstück ‚Graf Öderland' (1951, dritte Fassung 1961), die Komödie ‚Don Juan oder Die Liebe zur Geometrie' (1953, zweite Fassung 1962), die beiden Parabelstücke ‚Biedermann und die Brandstifter. Ein Lehrstück ohne Lehre' (1958, zuerst als Hörspiel 1953) und ‚Andorra' (1961) sowie ‚Biografie. Ein Spiel' (1967, zweite Fassung 1968). Ihnen stehen drei Romane zur Seite: ‚Stiller' (1954), ‚Homo faber. Ein Bericht' (1957) und ‚Mein Name sei Gantenbein' (1964).

Nach 1945 setzte auch Frischs zeitkritischer Essayismus ein. Dieses Engagement führte 1966/67 zum 'Züricher Literaturstreit': Der Autor verteidigte die moderne Literatur gegenüber dem Vorwurf der Dekadenz und Unmoral, den der Literaturprofessor Emil Staiger erhoben hatte. Im Zusammenhang mit dieser Essayistik, die seit der Mitte der sechziger Jahre manchmal auch im engeren Sinn politisch ist, entstand ‚Wilhelm Tell für die Schule' (1971), eine schweizkritische Neuerzählung des Tell-Stoffes. Kurz vor seinem Tod ergriff er noch einmal das Wort mit dem ironisch-doppelbödigen Beitrag ‚Schweiz ohne Armee? Ein Palaver' (1989). Zwischen der Zeitkritik, die die Essayistik bestimmt, und der persönlichen Problematik, die in Frischs fiktiver Literatur vorherrscht, vermittelt das Tagebuch (‚Tagebuch 1946–1949', 1950; ‚Tagebuch 1966–1971', 1972). Das Spätwerk, das um 1975 einsetzt, ist gekennzeichnet durch zeitkritische Essays einerseits und fiktive Texte, die von privater Problematik handeln, andererseits. In ‚Montauk' (1975) verknüpfen sich scheinbar naives Erzählen sowie autobiographisches und tagebuchartiges Schreiben miteinander. Die Erzählung ‚Der Mensch erscheint im Holozän' (1979) handelt vom einsamen Altern und Sterben. Auch die Kriminalerzählung ‚Blaubart' (1982) endet mit dem Warten auf den Tod.

Die Essays, in denen Frisch sich als demokratischer Bürger äußert, sind deutlich geschieden von den dichterischen Werken. Diese handeln von Menschen, die aus der standardisierten Welt, in der sie auf die immer gleichen Rollen festgelegt werden, auszubrechen suchen, um in einer ursprünglichen Welt, in der noch nicht alles durch Konvention, Literatur und Medien vorprogrammiert ist, ihr wirkliches Wesen zu finden. Zugleich freilich fürchten sie sich vor Unsicherheit und pflanzenhaft-sinnlichem Leben. Immer wieder wollen sie sich ihr Wesen von anderen, meist vom anderen Geschlecht, deuten lassen. Doch dabei müssen sie erfahren, daß jeder sie anders und doch wieder nur klischeehaft erlebt. Schließlich wäre ihr Wesen, hätten sie es gefunden, wieder etwas Bestimmtes, Festgelegtes. Sie können es daher gar nicht wirklich finden wollen, es sei denn im Unausgesprochenen. Einerseits wollen sie von anderen wissen, wer sie sind, andererseits besteht die Liebe, wie Frisch lehrt, gerade darin, daß man sich kein festes Bild vom anderen macht. So leben die Ausbrecher, die doch nicht ausbrechen wollen, in unbefriedigter Sehnsucht oder schließlich in Resignation und in Angst vor dem Tod, der sie aus einem unerfüllten Leben holt. Denn wer sich nie festlegen will, muß im Möglichen verharren. Das erfahren Frischs Gestalten als Lebensuntüchtigkeit – sie können sich für nichts engagieren und müssen vor den Ansprüchen anderer versagen – sowie als ständige Infragestellung ihrer selbst: Sie sind nur zufällig zu denen geworden, die sie sind; aber der Zufall läßt sich nicht rückgängig machen, denn zusammen mit ihnen hat sich auch ihre Umgebung gebildet, die sie festhält.
Frisch selbst sucht dem Festgelegtwerden durch das Schreiben zu entgehen, das Schreiben einerseits als Gespräch mit sich selbst über sich selbst, als endloses Ausprobieren von Rollen und Geschichten, die alle um das Eigentliche, Unausgesprochene kreisen, das Schreiben anderer-

seits als produktives Tun in der Wirklichkeit. Ebenso wie der Autor verhalten sich auch die meisten seiner Figuren durch tagebuchartiges Schreiben zu sich selbst. Darum herrscht in seiner Prosa die Ichform, das Selbstgespräch, die Erinnerung, das Tagebuch. Allerdings sind die Menschen damit auch selbstbezogen, sie mißverstehen einander und reden aneinander vorbei. Vor allem: Sie werden, auch wenn sie sich selbst nie finden, doch aneinander schuldig.
Während so im Privaten alles scheitert, lassen sich aus der Suche nach dem Eigentlichen, das nicht sprachlich festgelegt werden darf, doch gesellschaftliche Modelle entwickeln, wenngleich nur abstrakte. In ‚Andorra' führt die Mißachtung des Verbotes, den anderen Menschen auf ein Bild festzulegen, zum Mord. Der ‚Biedermann' verstellt sich durch Redensarten den Blick auf die bedrohliche gesellschaftliche Wirklichkeit. Frisch zeigt auch, was nötig wäre, um dem privaten Scheitern wie der gesellschaftlichen Katastrophe zu entgehen: die bewußte Übernahme der Verantwortung gegenüber den anderen, die man immer hat, ob man will oder nicht. Dieser Forderung folgt der Autor, indem er sich demokratisch engagiert. So schlägt er schließlich doch einen Kreis von seiner Dichtung zu seinen Essays.

13.4.2 Zwei Epiker der kleinen Leute: Böll und Grass

Heinrich Böll (1917–1985) – Die Menschenwürde des kleinen Mannes

Der Sohn eines Kölner Kunsttischlers wuchs in einer katholisch geprägten Familie auf. Nach einer abgebrochenen Buchhändlerlehre begann er 1939 mit dem Studium der Germanistik und Altphilologie. Im selben Jahr schon wurde er zum Wehrdienst einberufen und als Soldat an verschiedenen Fronten eingesetzt. Nach der Entlassung aus amerikanischer Kriegsgefangenschaft 1945 kehrte er nach Köln zurück, nahm das Studium formell wieder auf und lebte von wechselnden Arbeiten, zuletzt als Hilfskraft beim Statistischen Amt der Stadt Köln. Seit 1947 veröffentlichte er seine ersten Erzählungen und Kurzgeschichten: ‚Der Zug war pünktlich' (1949), ‚Wanderer, kommst du nach Spa …' (Sammelband, 1950), ‚Die schwarzen Schafe' (1951). Letztere war die erste prämierte Erzählung der Gruppe 47.
In den fünfziger Jahren – ab 1951 war er freier Schriftsteller – wurde Böll zum repräsentativen Kritiker des zeitgenössischen Wohlstandsstrebens. Er schrieb sowohl satirisch (‚Nicht nur zur Weihnachtszeit. Eine humoristische Erzählung', 1952; ‚Doktor Murkes gesammeltes Schweigen und andere Satiren', 1958) als auch realistisch: die Romane ‚Wo warst du, Adam?' (1951), ‚Und sagte kein einziges Wort' (1953), ‚Haus ohne Hüter' (1954) und die Erzählung ‚Das Brot der frühen Jahre' (1955). Der Roman ‚Billard um halbzehn' (1959) vereinigt Gegenwartskritik mit dem Rückblick bis zum Kaiserreich. Sein Verständnis von den Aufgaben der Literatur legte Böll in den ‚Frankfurter Vorlesungen' (1966) dar.
Zu Beginn der sechziger Jahre verstärkte sich seine Kritik. In Aufsätzen und Essays erwies er sich als engagierter, manchmal aggressiver Demokrat (u. a. ‚Hierzulande. Aufsätze zur Zeit', 1963; ‚Aufsätze, Kritiken, Reden', 1969). Er

beschrieb nun Außenseiter, die sich bewußt von der Gesellschaft abwenden, so im Roman ‚Ansichten eines Clowns' (1963), in den satirischen Erzählungen ‚Entfernung von der Truppe' (1964) und ‚Ende einer Dienstfahrt' (1966). Vertieft durch eine Art weltlicher Religiosität erscheint diese Haltung in seinem Epochenroman ‚Gruppenbild mit Dame' (1971). 1977 trat Böll aus der katholischen Kirche aus, die untergründigen religiösen Züge verstärkten sich jedoch in seinem Spätwerk. Die Anfeindungen, denen der kritische Autor schon in den fünfziger Jahren ausgesetzt war, häuften sich, besonders als er 1972 Menschlichkeit auch gegenüber Terroristen forderte. (Zugleich unterstützte er Dissidenten aus dem Osten.) Böll reagierte scharf. Auf die Anfeindungen der Springer-Presse antwortete er mit der Novelle ‚Die verlorene Ehre der Katharina Blum oder: Wie Gewalt entstehen und wohin sie führen kann' (1975), auf Schnüffelei mit den satirischen ‚Berichten zur Gesinnungslage der Nation' (1975), mit der Erzählung ‚Du fährst zu oft nach Heidelberg' (1977) und dem Roman ‚Fürsorgliche Belagerung' (1979). Sein publizistisches Werk wuchs weiter (‚Neue politische und literarische Schriften', 1973; ‚Einmischung erwünscht. Schriften zur Zeit', 1977). In seinem letzten Roman ‚Frauen vor Flußlandschaft' (1985) karikierte er das politische Bonn.

Böll sieht die Unmenschlichkeit, Autoritätshörigkeit und Sinnlosigkeit, die er im Krieg erfuhr, in anderer Form weiterleben. Er kritisiert die „Abfallgesellschaft", die sich nach Konsum und Status richtet, die Schwachen zur Seite stößt, die Untaten der Vergangenheit verdrängt und wieder aufrüstet, eine Gesellschaft, in der Menschen verbraucht werden, als wären sie Dinge. In der kalten bürokratischen Welt unpersönlicher und sinnloser Verordnungen sehnt er sich nach Gleichheit und Brüderlichkeit, nach spontaner, herrschaftsfreier Menschlichkeit. Am meisten haßt er die Heuchelei, das Christentum ständig im Munde zu führen, seinen Geist dagegen zu verleugnen. Er prangert die Verstrikkung der Kirche in weltliche Interessen an.
Seine Helden sind die „schwarzen Schafe", kleine Leute, die sich verweigern, die nicht verdrängen wollen und die um ihren persönlichen Freiraum und ihre Würde kämpfen, manchmal listig, manchmal gewaltsam, wohl auch selbstgerecht. Ihr Bollwerk sind Familie und nachbarschaftlicher Zusammenhalt. Diese beiden sind jedoch vielfältig bedroht. Im Gegensatz zur öffentlichen Heuchelei, die die Form bewahrt und den Sinn vergißt, sucht der Autor dieses Bollwerk dem Sinn nach zu bewahren: Hans Schnier (‚Ansichten eines Clowns') faßt das Zusammenleben mit seiner Freundin als freiwillige eheliche Bindung auf, ihre Heirat mit einem katholischen Verbandsfunktionär als ehebrecherische Unterwerfung unter einen äußeren Zwang. Vor allem in den kleinen Dingen des Lebens, in der brüderlichen oder zärtlichen Geste, im gemeinsamen Essen lebt für Böll das christliche Sakrament weiter, nicht z. B. in geheuchelter, anpasserischer Reue.
In seinen satirischen Texten entlarvt Böll Erstarrung und Sinnlosigkeit der verwalteten Welt mit Hilfe eines Verweigerers, eines kleinen Mannes, der jedoch zu den herrschenden Kreisen Zugang hat oder im Dienst

einer bürokratischen Institution steht und sie ad absurdum führen kann. Diese satirische Kritik steht in fruchtbarer Spannung zur humoristischen Kritik, der auch die nicht unfehlbaren Verweigerer ausgesetzt werden.

Günter Grass (geboren 1927) – Angst und Lust beim Untergang des Kleinbürgertums

Grass stammt aus Danzig, wo seine Eltern – die Mutter war kaschubisch-polnischer, der Vater deutscher Abstammung – ein Lebensmittelgeschäft hatten. Nach dem Gymnasium wurde er zum Kriegsdienst einberufen, 1946 aus amerikanischer Kriegsgefangenschaft entlassen. Nach Arbeiten auf dem Lande und in einem Kalibergwerk machte er ein Steinmetzpraktikum. Von 1948 bis 1956 studierte er Bildhauerei in Düsseldorf und Berlin, daneben begann er mit schriftstellerischen Arbeiten: ‚Die Vorzüge der Windhühner. Gedichte, Prosa. Zeichnungen' (1956) und die absurden Theaterstücke ‚Onkel, Onkel' (1958) und ‚Die bösen Köche' (1961). 1959 erschien sein erster und wichtigster Roman: ‚Die Blechtrommel'. Zusammen mit der Novelle ‚Katz und Maus' (1961) und dem Roman ‚Hundejahre' (1963) bildet er die ‚Danziger Trilogie'. Gleichzeitig veröffentlichte Grass Gedichte (‚Gleisdreieck', 1960; ‚Ausgefragt', 1967).
In der Mitte der sechziger Jahre begann Grass, politisch Stellung zu nehmen. Mit dem Drama ‚Die Plebejer proben den Aufstand' (1966) kritisiert er Bertolt Brechts Haltung gegenüber dem Aufstand vom 17. Juni 1953. Auch der Roman ‚Örtlich betäubt' (1969) und manche Gedichte aus dem Band ‚Ausgefragt' (1967) sind vom politischen Engagement geprägt, das sogar zu Wahlreden für die SPD führte. ‚Aus dem Tagebuch einer Schnecke' (1972) ist ein tagebuchartiger Roman, der ein Bekenntnis zur sozialdemokratischen Reformpolitik enthält. Nach seiner Teilnahme am letzten Wahlkampf für den Kanzlerkandidaten Willy Brandt zog Grass sich aus der politischen Öffentlichkeit zunächst zurück. Nun erschienen wieder größere Prosaarbeiten: der Roman ‚Der Butt' (1977), die Erzählungen ‚Das Treffen in Telgte' (1979) und ‚Kopfgeburten oder Die Deutschen sterben aus' (1980) sowie nach einer Pause, in der er sich mehr mit graphischen Arbeiten beschäftigte, der Roman ‚Die Rättin' (1986). Mit Zeichnungen und Notizen antwortete er auf das Elend der Dritten Welt, das er auf einer Indienreise erlebte (‚Zunge zeigen. Ein Tagebuch in Zeichnungen, Prosa und einem Gedicht', 1988) und auf die Umweltzerstörung (‚Totes Holz. Ein Nachruf', 1990).
Die Wiedervereinigung forderte Grass erneut zur politischen Stellungnahme heraus. In Reden und Interviews trat er für eine Konföderation beider deutscher Staaten ein anstelle der Einverleibung der DDR in die Bundesrepublik Deutschland. In der umfangreichen Erzählung ‚Unkenrufe' (1992) spricht sich die Angst vor einer wirtschaftlichen Vereinnahmung Polens aus. Der Roman ‚Ein weites Feld' (1995) zieht Parallelen zwischen der deutschen Reichsgründung 1870/71 und der Wiedervereinigung.

Grass spiegelt das Große im Kleinen: die Welt in Danzig, die Gesellschaft im Kleinbürgertum, den Nationalsozialismus in einer Kleinhändlerfamilie (‚Die Blechtrommel'), die Weltgeschichte in der Küche (‚Der Butt'), die Erwachsenenwelt in derjenigen der Kinder (‚Danziger Trilogie'). Im ‚Weiten Feld' spiegelt ein Aktenbote aus der Gegenwart den toten Dichter Theodor Fontane, beide zusammen spiegeln die Situation der Intellektuellen in über hundertfünfzig Jahren deutscher Geschichte. Grass' Verhältnis zum kleinbürgerlichen Alltag, um den seine Texte kreisen, ist in sich widersprüchlich. Er findet hier Geborgenheit und Lebensfülle, verkörpert von bestimmten Frauengestalten, aber auch Mitläufertum, unterschwellige Bereitschaft zur Gewalt, zum Anschluß an Ideologien, die aus der heillosen großen Welt stammen. Die Widersprüchlichkeit führt zu einer Figur wie Oskar Matzerath, dem Helden der ‚Blechtrommel', der als Dreijähriger aufhört zu wachsen: Er genießt einerseits kindliche Geborgenheit und Freiheit von Verantwortung, zeigt andererseits als schamloses, mißtrauisches und noch unangepaßtes Kind, freilich mit ausgereiftem Verstand, was die Erwachsenen hinter ihren Fassaden verbergen. Mit der Normalisierung 1945 hört das auf. Oskar entschließt sich, wieder zu wachsen. Da er aber, anders als seine Umgebung, die schuldhafte Vergangenheit nicht verdrängt, wird er zum leidenden Außenseiter, der sich nach der Kindheit zurücksehnt. In der Heilanstalt findet er ersatzweise Geborgenheit.

In sich widersprüchlich ist auch die Weise, wie Grass den kleinbürgerlichen Alltag behandelt: Er stellt ihn genüßlich dar, mit sinnenhafter Lust am Gegenständlichen, Kuriosen, Kulinarischen und Sexuellen, und er zeigt nicht minder genüßlich die Zerstörung der kleinbürgerlichen Sicherheiten und der übernommenen ideologischen Werte, nicht zuletzt der religiösen, aber auch des Heldenbildes wie in ‚Katz und Maus'. So kommt es zu den wilden und schwelgerischen Spielen einer überbordenden Phantasie. Beide Seiten der widersprüchlichen Haltung überlagern einander in der Groteske, in der distanzierten und doch insgeheim von Betroffenheit bestimmten Darstellung dessen, was zugleich komisch und bedrohlich erscheint. Die Betroffenheit nimmt in dem Maß zu, in dem das Vertrauen in bergende, lebenspendende Frauenfiguren schwindet, die im ‚Butt' ein letztes Mal beschworen werden. Eine gewisse, mit Zweifel vermischte Sicherheit versprach noch das Engagement für „die Tante SPD", solange die Partei nicht von einer männlich und bestimmt wirkenden Gestalt geführt wurde. Hier glaubte Grass auch die ideologiefeindliche Vorsicht zu finden, die ihn im ‚Butt' alle Sinngebungsversuche der Geschichte ablehnen läßt.

Seitdem bestimmen Melancholie (‚Tagebuch einer Schnecke'), Unsicherheit und Angst vor Gewalt das literarische Werk von Grass. ‚Die Rättin' handelt vom Weltuntergang, Endzeitstimmung durchzieht die ‚Unkenrufe'. Im ‚Weiten Feld' gibt es keine schützende Mutterfigur mehr; ihre Züge werden übernommen von einem Polizeiagenten, dem unzertrennlichen Begleiter des Intellektuellen, der von ihm beschützt, aber auch bevormundet und erpreßt wird. Deutsche Geschichte, nur noch ein 'Fortwursteln', läßt kein genüßliches Beschreiben mehr zu. Wenn der Intellektuelle sich schließlich vom Polizeiagenten löst, verabschiedet er sich auch von der Geschichte.

14 Die Zeit des Kalten Krieges: Die Literatur in der DDR (1945–1975)

14.1 Bild der Epoche

14.1.1 Von 1945 bis zum Ende der fünfziger Jahre

1946	*Seghers, Anna:* Der Ausflug der toten Mädchen
1949	*Seghers:* Die Toten bleiben jung
	Huchel, Peter: Gedichte
1950	*Hermlin, Stephan:* Die Zeit der Gemeinsamkeit
1953	*Brecht, Bertolt:* Buckower Elegien
1958	*Müller, Heiner:* Der Lohndrücker
	Apitz, Bruno: Nackt unter Wölfen
	Hacks, Peter: Die Sorgen und die Macht

Sozialismus von oben Die Besatzungsmacht Sowjetunion und die KPD (nach der Zwangsvereinigung mit der SPD 1946 umbenannt in SED) rechneten durch Bestrafung und Enteignung von Kriegsverbrechern und aktiven Nazis sowie durch 'Säuberung' des Justiz- und Bildungswesens mit dem Nationalsozialismus ab. Der Großgrundbesitz wurde unter Kleinbauern verteilt. Nach dem Beginn des Kalten Krieges und der Gründung der DDR im Jahr 1949 entschieden sich Besatzung und Partei, sogleich den Sozialismus aufzubauen. Die Wirtschaft wurde nun zunehmend gesamtstaatlich geplant und geleitet, die Landwirtschaft insbesondere genossenschaftlich organisiert. Auf eine breite Zustimmung konnte man dabei nicht bauen. Die Arbeiterbewegung als selbständige politische Kraft war zerschlagen, die Bevölkerung zum Großteil nicht deutlich antifaschistisch, geschweige denn sozialistisch gesinnt, wenn sie auch durch die nationalsozialistische Niederlage ernüchtert war. Unter diesen Umständen schrieb eine autoritäre Parteibürokratie den Weg vor, der zum Sozialismus führen sollte. Die anfänglichen Übergriffe der Roten Armee, die Vertreibung der Deutschen aus den Gebieten jenseits von Oder und Neiße, die im Vergleich zu den Westzonen größeren Zerstörungen, die Reparationen, die an die verwüstete Sowjetunion gezahlt werden mußten: dies alles sorgte dafür, daß der „goldene Westen“ vielen bald in verlockendem Licht erschien.

Kulturelles Erbe und neuer Mensch In der sowjetisch besetzten Zone führte man die Volksfrontpolitik weiter (s. oben Seite 250f.): Man suchte möglichst viele, insbesondere Intellektuelle, unter dem kleinsten gemeinsamen Nenner des Antifaschismus zu vereinigen. Damit verband sich der Anspruch, daß die Literatur der Sowjetischen Besatzungszone (SBZ), später der DDR, all das bewahre, was am kulturellen bürgerlichen Erbe positiv sei. Was man unter dem Erbe zu verstehen hatte, schrieb die Theorie des Sozialistischen Realismus vor, auf den die Schriftsteller verpflichtet wurden (s. unten Seite 307f.). Um den Aufbau des sozialistischen Staates zu unterstützen, mußten sie „Arbeitsfreude und Optimismus" verbreiten. So sollten sie zur Bildung des vorbildlichen „neuen Menschen" beitragen, der hoffnungsfroh seine ganze Kraft dem wirtschaftlichen und gesellschaftlichen Fortschritt widmet. Die künstlerischen Beschränkungen, die das Diktat des Sozialistischen Realismus mit sich führte, wirkten bis in die siebziger Jahre nach.

Der Streit um ‚Johann Faust'

Was diese Beschränkung gerade auch für marxistische Autoren in der ersten Hälfte der fünfziger Jahre bedeutete, zeigt der Streit um das Opernlibretto ‚Johann Faust' (1952), das der marxistische Komponist Hanns Eisler geschrieben hatte, teilweise zusammen mit Brecht. Eisler greift ebenso wie Thomas Mann (‚Doktor Faustus') auf den Faust des Volksbuches zurück, stellt ihn aber wieder in seine Zeit, die Zeit der Bauernkriege. Faust ist ihm Beispiel eines Intellektuellen, der einen dritten Weg sucht: weder mit Luther auf der Seite der Fürsten noch mit Müntzer in der gefährlichen Illegalität. Der scheiternde Faust muß einsehen, daß er sich damit selbst betrogen hat, daß den Herrschenden dient, wer sich aus den Kämpfen der Klassen heraushalten will. Daraufhin wurde Eisler vorgeworfen, die humanistische Intelligenz zu verunglimpfen und den geschichtlichen Fortschritt pessimistisch zu unterschlagen. Daß seine Deutung Faustens derjenigen Goethes nicht entsprach, war Grund für heftige Vorwürfe. Eisler fiel für Jahre in Ungnade und verzichtete darauf, die Oper zu komponieren.

Einbürgerung der Exilliteratur

Bis in die Mitte der fünfziger Jahre war die Literatur der DDR wesentlich durch die antifaschistischen Schriftsteller geprägt, die aus dem Exil zurückkehrten (Alexander Abusch, Erich Arendt, Johannes R. Becher, Bertolt Brecht, Willi Bredel, Louis Fürnberg, Stephan Hermlin, Anna Seghers, Bodo Uhse, Erich Weinert, Friedrich Wolf, Arnold Zweig u. a.). Was sie in der Fremde geschrieben hatten, wurde in der SBZ, später der DDR, allmählich veröffentlicht. Dem Volksfrontprogramm gemäß wurden auch die Werke derjenigen antifaschistischen Exilautoren, die sich nicht in der DDR niederließen, verbreitet und lebhaft diskutiert (Lion Feuchtwanger, Leonhard Frank, Oskar Maria Graf, Heinrich und Thomas Mann). Die Umstellung auf die von der Partei geforderte Schreibweise fiel allerdings vielen Rückkehrern schwer, lähmte sie oder schadete dem künstlerischen Wert ihres Schaffens. Auch Brecht mußte sich gegenüber den Forderungen nach Verklärung der Gegenwart rechtfertigen.

Antifaschismus Ein großer Teil der Literatur, die in den fünfziger Jahren entstand, sollte der antifaschistischen Umerziehung dienen. Zunächst las man, wie im Westen, Anna Seghers' KZ-Roman ‚Das siebte Kreuz' (Mexiko 1942, Berlin 1946) und Theodor Pliviers dokumentarischen Roman ‚Stalingrad' (Moskau 1943/44, Berlin 1946), daneben Günther Weisenborns Stück aus dem Widerstand, ‚Die Illegalen' (1946), und sein Erinnerungsbuch ‚Memorial' (1947). Etwas spätere Werke wie Stephan Hermlins Erzählung ‚Die Zeit der Gemeinsamkeit' (1950) und Friedrich Wolfs Schauspiel ‚Wie Tiere des Waldes' (1948) wurden im Westen kaum noch bekannt. Neben Werke wie die genannten, die meistens das Wissen vom Widerstand gegen den Nationalsozialismus und vom Leiden unter ihm verbreiteten, traten solche, die zeigen, wie einer sich gegen ihn entscheidet. Zu den letzteren gehören Franz Fühmanns Erzählung ‚Kameraden' (1955) und Manfred Richters Stück ‚Die Insel Gottes' (1959), das vom Widerstand in Griechenland handelt. Harald Hausers Schauspiel ‚Am Ende der Nacht' (1959) und Anna Seghers' Roman ‚Die Entscheidung' (1959) verbinden die Antifaschismusthematik mit der Entscheidung für die DDR. Andere Stücke verbinden sie mit der satirischen Karikatur der Bundesrepublik Deutschland.

Bruno Apitz: ‚Nackt unter Wölfen' Das erfolgreichste Beispiel antifaschistischer Literatur der fünfziger Jahre ist der Roman ‚Nackt unter Wölfen' (1958), in dem Bruno Apitz seine Erlebnisse im Konzentrationslager Buchenwald beschreibt. Ein Pole hat ein jüdisches Kind aus dem Vernichtungslager Auschwitz gerettet und in Buchenwald eingeschmuggelt. Eine Reihe von Häftlingen nimmt sich des Kindes an. Hierdurch aber wird die Tätigkeit des illegalen, zumeist aus Kommunisten bestehenden Lagerkomitees gefährdet, das in den letzten Tagen des Krieges den Aufstand vorbereitet. So geraten die Mitglieder des Lagerkomitees in einen kaum lösbaren Konflikt zwischen Gefühl und Berechnung, beide im Dienst der Menschlichkeit. Sie entscheiden sich für die Rettung des Kindes. Dennoch gelingt auch der Aufstand, kurz bevor und während die amerikanische Armee die Gefangenen befreit. Die Menschlichkeit, die zu Solidarität und Tapferkeit befähigt, siegt über die unmenschlichen und uneinigen „Wölfe". In spannender, stilistisch nicht immer geglückter Darstellung werden hier Vorstellungen der Volksfront verwirklicht.

Geschichtlicher Rückblick Etwa seit Mitte der fünfziger Jahre erschienen Werke, die Ereignisse aus der proletarischen Geschichte aufgriffen, um die DDR als Vollendung dieser Geschichte zu legitimieren. Besonders populär wurden die Filmszenarien Willi Bredels und Michael Tschesno-Hells, ‚Ernst Thälmann – Sohn seiner Klasse' und ‚Ernst Thälmann – Führer seiner Klasse' (1953–1955) sowie Heiner Müllers und Hagen Müller-Stahls Stück ‚10 Tage, die die

Welt erschütterten', das nach dem Tagebuchroman des amerikanischen Journalisten John Reed die russische Oktoberrevolution beschreibt. Außerdem dienten historische Darstellungen, besonders der Bauernkriege und der antinapoleonischen Bewegung, dazu, den Anspruch auf das bürgerliche Erbe zu begründen. Neben vielen Romanen mit Unterhaltungscharakter stehen Friedrich Wolfs letztes Schauspiel, ‚Thomas Müntzer, der Mann mit der Regenbogenfahne' (1953), und Hedda Zinners Drama ‚Lützower' (1955). Andere Stücke wie Peter Hacks' Komödien ‚Die Schlacht bei Lobositz' (1956) und ‚Der Müller von Sanssouci' (1958) verweisen auf Gegensätze zwischen Herrschenden und Untertanen in der preußischen Geschichte.

Produktionsliteratur Nach der zweiten Parteikonferenz der SED 1952 erhielten die Schriftsteller den Auftrag, den Aufbau des Sozialismus in der Industrie und auf dem Land zu beschreiben. So entstand in den fünfziger Jahren die sogenannte 'Aufbauliteratur'. Sie sollte zeigen, wie sich mit der Entwicklung der Produktion auf dem Land und in der Industrie auch der neue, sozialistische Mensch entwickelt. Die authentische Geschichte des 'Aktivisten' Hans Garbe, eines Maurers, der die Norm übererfüllte, wurde öfter aufgegriffen, sowohl im Roman (Claudius) als auch im Drama (Müller). Dramatische Bearbeitungen der Produktionsthematik erschienen etwa seit Mitte der fünfziger Jahre. Bertolt Brecht nahm sich ebenfalls des Garbe-Themas an (‚Büsching'-Fragment). Er inszenierte auch Erwin Strittmatters Landwirtschaftskomödie ‚Katzgraben'.

14.1.2 Die sechziger und frühen siebziger Jahre

1959	*Johnson, Uwe:* Mutmaßungen über Jakob
1961	*Bobrowski, Johannes:* Sarmatische Zeit
1963	*Strittmatter, Erwin:* Ole Bienkopp
	Wolf, Christa: Der geteilte Himmel
1964	*Bobrowski:* Levins Mühle
1965	*Kant, Hermann:* Die Aula
	Braun, Volker: Provokation für mich
1966	*Müller, Heiner:* Philoktet
1967/72	*Braun:* Kipper Paul Bauch (1972: Die Kipper)
1968	*de Bruyn, Günter:* Buridans Esel
	Wolf: Nachdenken über Christa T.
1969	*Becker, Jurek:* Jakob der Lügner
1972	*Hacks, Peter:* Adam und Eva

Bitterfelder Weg Gegen Ende der fünfziger Jahre hatte die literarische Entwicklung unter dem Diktat des Sozialistischen Realismus (s. unten Seite 307f.) ihren Tiefpunkt erreicht. Doch nun leitete die SED eine neue kulturpolitische Phase ein, nachdem sie die kritischen Stimmen, die sich im Zusammenhang mit der Entstalinisierung erhoben, zum Schweigen gebracht hatte. Die Kultur sollte enger mit der sozialistischen Entwicklung, vor allem mit der Produktion, verbunden werden. Zu diesem Zweck begründete man den 'Bitterfelder Weg' (der auf die 'Gruppe 61' in der Bundesrepublik Deutschland einwirkte). Auf einer Konferenz in Bitterfeld 1959, zu der die SED Berufsschriftsteller und schreibende Arbeiter zusammengerufen hatte, wurde beschlossen: Arbeiter sollen verstärkt zum Schreiben angeregt werden (unter der Parole: „Greif zur Feder, Kumpel! Die sozialistische Nationalkultur braucht dich!"), Schriftsteller sollen sich durch längere Betriebspraxis mit der Arbeitswelt vertraut machen. Daraufhin entstanden u. a. 'Zirkel schreibender Arbeiter', in denen man gemeinsam Texte herstellte, vor allem 'Brigadetagebücher', welche die alltäglichen Vorkommnisse bei den Arbeitsbrigaden festhielten.

Nationalkultur und Technokratie Der Bau der Berliner Mauer im Jahr 1961 konsolidierte die DDR und führte zur endgültigen Absage an eine einheitliche deutsche Kultur – eine Entwicklung, die durch das Bitterfelder Programm einer „sozialistischen Nationalkultur" schon vorbereitet war. Das 'Neue Ökonomische System', auf dem 6. Parteitag der SED 1963 beschlossen, führte durch Rationalisierung, durch eine gewisse Dezentralisierung der Verantwortung und stärkere Berücksichtigung des Rentabilitätsprinzips zu spürbaren wirtschaftlichen Erfolgen. Sie bildeten die Grundlage für ein verstärktes Selbstbewußtsein, das sich in der Auffassung ausdrückte, man habe eine „sozialistische Menschengemeinschaft" (Walter Ulbricht) geschaffen, in der es keine wesentlichen gesellschaftlichen Unterschiede mehr gebe. Es gehe nur noch darum, die äußeren Lebensumstände zu verbessern. Den kritischen Stimmen, die bezweifelten, daß nur noch „Auseinandersetzungen zwischen gut und besser" denkbar seien, warf man Pessimismus und Skeptizismus vor. Ein technokratischer Fortschrittsglaube entwickelte sich, der sich im unreflektierten, pathetischen Lob der wissenschaftlich-technischen Entwicklung äußerte. Bürokratische Erstarrung durfte kritisiert werden, soweit sie diese Entwicklung behinderte.

Teilweise Rücknahme des Bitterfelder Weges Die dokumentarische Literatur, die im Zusammenhang mit Bitterfeld entstand, entsprach nicht dem konservativen Wertmaßstab der Kulturfunktionäre. Auch war ihnen die unkontrollierte kulturpolitische Aktivität von unten nicht recht geheuer. Auf der zweiten Bitterfelder Konferenz 1964 forderte man daher die gesellschaftliche Erziehung durch das große Kunstwerk und beschnitt die spontanen Züge der Laienkunstbewegung wieder. Außerdem sollte die Literatur nun den Standpunkt des „Planers und Leiters“ wiedergeben. Hierin zeigt sich, daß das technokratische Denken die technisch-wissenschaftliche Intelligenz höher schätzte als die Arbeiter. Die Arbeiter-Schreibzirkel galten von da an als Nachwuchsreservoir für Berufsautoren. Insgesamt wirkte der 'Bitterfelder Weg' aber doch als eine Schule des Realismus für die DDR-Literatur. Der Arbeitsalltag wurde zu einem entscheidenden literarischen Thema, die Fixierung auf das Erbe schwächte sich etwas ab.

Problematische Einordnung des einzelnen

Unter dem Einfluß des 'Bitterfelder Weges' entstand in den sechziger Jahren die 'Ankunftsliteratur', so genannt nach Brigitte Reimanns Buch ‚Ankunft im Alltag‘ (1961). Sie stellt dar, wie der Held sich allmählich zu sozialistischem Bewußtsein durcharbeitet und sich schließlich als gereifter Mensch in den realistisch beschriebenen Alltag einordnet. Gerade in den besten Romanen wird die Einordnung des einzelnen aber auch in Frage gestellt (Erwin Strittmatter: ‚Ole Bienkopp‘, 1963; Erik Neutsch: ‚Spur der Steine‘, 1964; Hermann Kant: ‚Die Aula‘, 1964; Christa Wolf: ‚Der geteilte Himmel‘, 1963, und ‚Nachdenken über Christa T.‘, 1968). Zwar gelten die Konflikte zwischen dem einzelnen und der Gesellschaftsordnung als grundsätzlich lösbar; Naturbeschreibungen beschwören häufig eine umfassende Ordnung, in der auch das Kleine zu seinem Recht kommt. Das bedeutet aber nicht, daß keine tieferen Konflikte mehr auftauchen, auch nicht immer, daß sie schon in der Gegenwart lösbar wären. Die differenziertere Sicht der Gegenwartsprobleme verlangte auch formale Neuerungen, die die Grenzen des traditionellen Sozialistischen Realismus sprengten, auch wenn er theoretisch weiterhin herrschend blieb. Schon früh hatte Uwe Johnson die Einordnung des einzelnen nicht nur, wie später auch Christa Wolf, mit dem Problem des geteilten Deutschlands verbunden, er hatte zusammen mit der Einordnung auch alle verordneten Wahrheiten so in Frage gestellt, daß sogar der Bau seiner Sätze darüber brüchig wurde (‚Mutmaßungen über Jakob‘, 1959). Der Roman durfte in der DDR nicht erscheinen.

Erinnerung an die Geschichte

Seit der Mitte der sechziger Jahre wurde der geschichtliche Rückblick persönlicher. Johannes Bobrowski schreibt vom Unrecht, das in seiner masurischen Heimat an Polen und Juden verübt wurde, Jurek Becker vom Leiden im polnischen Ghetto (‚Jakob der Lügner‘, 1969). Etwa zur gleichen Zeit entstand eine Reihe von Autobiographien; zu nennen sind Eduard Claudius (‚Ruhelose Jahre‘, 1968) und Fritz Selbmann (‚Alternative, Bilanz, Credo‘, 1969). Daneben erschienen weiterhin die traditionellen historischen Romane. Zahlreiche Künstlerromane deuten das zunehmende Interesse der künstlerischen Intelligenz an ihrer eigenen gesellschaftlichen Situation an, das sich in den siebziger Jahren auch unmittelbar äußern wird.

Kulturpolitische Umorientierung Nach dem achten Parteitag 1971 – kurz zuvor war Walter Ulbricht als Erster Sekretär der SED von Erich Honecker abgelöst worden – kam es zu einer kulturpolitischen Umorientierung. Die DDR band sich wirtschaftlich und politisch noch enger an die Sowjetunion, grenzte sich noch stärker von der Bundesrepublik Deutschland ab und trat der Vorstellung von einer einheitlichen deutschen Nation noch entschiedener entgegen. Hiermit war ein weiterer Zuwachs an Selbstvertrauen verbunden, der es erlaubte, Spannungen innerhalb der DDR-Gesellschaft einzugestehen. Dazu trug bei, daß das ‘Neue Ökonomische System’ teilweise revidiert wurde, womit sich auch der technokratische Glaube an einen harmonischen Fortschritt abschwächte. An die Stelle des harmonisierenden Begriffs „sozialistische Menschengemeinschaft“ trat dementsprechend derjenige der „sozialistischen Demokratie“. Das alles führte dazu, daß gesellschaftliche Konflikte diskutiert werden durften, soweit die Partei ihre Herrschaft dadurch nicht bedroht fühlte. So kam es zu einem ständigen Wechsel zwischen nachgiebigerer und, wenn die Kritik zu weit ging, strengerer Leitung der Schriftsteller.

Kritische Fragen der Selbstverwirklichung Unter diesen Umständen entstand eine gegenwartsbezogene Literatur, die zwar auf einem sozialistischen Selbstverständnis beruhte, aber konfliktbewußt und formenreich war. Immer nachdrücklicher wurde der uneingelöste Anspruch des einzelnen auf Glück und Selbstverwirklichung im Alltag formuliert. Probleme, die nicht unmittelbar ausgesprochen werden durften, wurden poetisch angedeutet. Aufgrund dieser kritischeren und selbstbewußteren Haltung der Schriftsteller und der unsicheren, schwankenden kulturpolitischen Linie der Partei häuften sich die Reibungen. Oft konnten Texte, wenn überhaupt, nur noch im Westen gedruckt werden. Die Auseinandersetzung erlebte ihren Höhepunkt mit der Ausbürgerung Wolf Biermanns im Jahr 1976, die wesentlich dazu beitrug, daß die Partei bei vielen Intellektuellen, vor allem bei den jüngeren, ihren Kredit verspielt hatte. Den Protest nicht weniger Schriftsteller beantwortete sie mit abgestuften Bestrafungen.

Philosophische Grundlagen. Die Lehre von *Karl Marx* und *Friedrich Engels* (s. oben Seite 155), so wie sie in der Sowjetunion seit *Wladimir Iljitsch Lenin* ausgelegt wird, bildet die Grundlage philosophischen Denkens. Im ersten Epochenabschnitt bestimmt auch *Jossif Wissarionowitsch Stalin* das Denken mit. Schöpferische Weiterentwicklungen wie die von *Robert Havemann* und *Ernst Bloch* wurden gestoppt. Havemann wurde seiner Professur enthoben, Bloch sah sich nach heftiger Kritik gezwungen, die DDR zu verlassen. Für die Ästhetik sind bis in die sechziger Jahre die Auffassungen von *Georg Lukács* maßgebend.

14.2 Literarisches Leben

Bildung und Kontrolle

Während das kulturelle Leben im Westen vorwiegend durch den Marktmechanismus reguliert wird, war es in der DDR ebenso wie Politik und Wirtschaft im wesentlichen von der Parteibürokratie bestimmt. Auf den Tagungen des Zentralkomitees und den Parteitagen der SED sowie den Tagungen des Schriftstellerverbandes wurden die Aufgaben der Literatur formuliert. Ziel war die „Literaturgesellschaft" (J. R. Becher), in der alle möglichst aktiv am öffentlichen Bildungsgespräch teilhaben sollten, das zugleich ein politisches Gespräch über die wünschenswerte gesellschaftliche Entwicklung war. Dieses Gespräch wurde nachhaltig gefördert (Ausbildung und Versorgung von Schriftstellern, Herstellung von Kontakten zwischen ihnen und dem Publikum, Produktion billiger Bücher, vielfältige Leseanregungen usw.). Man hatte dadurch eine im Westen unvorstellbar breite Beschäftigung mit Literatur erreicht, auch mit anspruchsvoller, ein dementsprechend hohes Theaterinteresse und eine intensive öffentliche Literaturdiskussion. Allerdings galt das literarische Interesse nicht zum wenigsten der versteckten politischen Kritik, da es eine offene politische Diskussion nicht gab; und auch das Gespräch über Literatur und Bildung war nicht zwangsfrei. Die Literaturpolitiker gaben den Ton an. Sie schrieben den Schriftstellern, die freilich nicht immer 'gehorsam' waren, Kunstverständnis und gesellschaftlichen Erziehungsauftrag vor und übten eine Zensur aus, die es offiziell nicht gab. Einwirkungen der Partei und Kunstauffassung wandelten sich im Laufe der Zeit. Das Kunstverständnis erreichte aber nie das Niveau der fortgeschrittensten ästhetischen Positionen.

Organisation des Literaturbetriebs

Die ‚Hauptverwaltung Verlage und Buchhandel', die dem Ministerium für Kultur zugeordnet war, verteilte Druckkapazitäten und Papier, koordinierte und beaufsichtigte die Arbeit der Verlage, die staatseigen oder im Besitz von Massenorganisationen waren, und erteilte die Druckgenehmigung, ohne die kein Buch erscheinen durfte. Die Koordination ersetzte hier den Marktmechanismus. Veröffentlichungen im Ausland, auch in der Bundesrepublik Deutschland, die nicht durch das 'Büro für Urheberrechte' (ab 1966) genehmigt waren, standen unter Strafe. Die allermeisten Autoren waren im 'Schriftstellerverband' organisiert. Das bedeutete finanzielle Hilfen (z. B. Aufträge, Stipendien, zeitlich begrenzte Tätigkeiten als Dramaturg oder Lektor, soziale Privilegien), aber auch die Verpflichtung auf Parteivorschriften. Die gemeinsame Einordnung in den Schriftstellerverband bewirkte auch, daß zwar literaturpolitische Gruppen und Freundeskreise, aber keine ausgeprägten literarischen Schulen entstanden. Großen Einfluß hatte bis 1958 der 'Kulturbund zur demokratischen Erneuerung Deutschlands', eine Massenorganisation mit etwa 3000 regionalen Gruppen, in denen sich gelegentlich oppositionelle Strömungen sammelten. Gewerkschaft und FDJ hatten ein dichtes Netz kultureller Institutionen, vor allem Bibliotheken, aufgebaut und veranstalteten Kunstwettbewerbe.

Emigration Während einige wenige Autoren von der Bundesrepublik Deutschland in die DDR umzogen (Heinar Kipphardt 1949, Wolf Biermann 1953, Peter Hacks 1955), gab es zwei große Ausreisewellen aus der DDR, zuerst gegen Ende der fünfziger Jahre. Nach dem Aufstand vom 17. Juni 1953 und der teilweisen Entstalinisierung auf dem 20. Parteitag der KPdSU im Februar 1956 war es möglich geworden, den engstirnigen kulturpolitischen Kurs der SED verhältnismäßig offen zu kritisieren. Nach den Konflikten in Polen und dem ungarischen Aufstand im Herbst 1956 griff man aber um so strenger wieder ein. Der Philosophiedozent Wolfgang Harich, der im 'Kulturbund' wirkte, wurde zu zehn Jahren Zuchthaus verurteilt. Der Germanist und Schriftsteller Alfred Kantorowicz, ein ehemaliger Spanienkämpfer, der Philosoph Ernst Bloch, der Germanist Hans Mayer sahen sich gezwungen, das Land zu verlassen (1957, 1961 und 1963). Kipphardt reiste 1959 wieder aus, im selben Jahr wie Uwe Johnson. Die zweite Welle setzte nach der Ausbürgerung Wolf Biermanns 1976 ein (s. unten S. 323 f.). Die (nicht immer freiwillige) Emigration schloß jedoch nicht aus, daß die meisten Schriftsteller weiterhin für eine sozialistische DDR eintraten, auch wenn ihnen die SED fremd geworden war.

14.3 Theorie und Formen der Literatur

Sozialistischer Realismus Der Wertmaßstab, an dem die Literatur gemessen und entsprechend gefördert oder behindert wurde, war der Sozialistische Realismus. So wie dieser zuerst 1934 in der Sowjetunion verbindlich formuliert wurde, verlangt er das Ausgehen von der marxistischen Geschichtsauffassung in ihrer stalinistischen Form, das Eintreten für die revolutionäre, von der Partei geführte Arbeiterklasse und die Erziehung der Massen durch einen positiven, zur Identifikation einladenden Helden, möglichst aus dem Bereich der materiellen Produktion. Das Kunstwerk muß volkstümlich, nämlich den Werktätigen angemessen und verständlich sein. Es muß eine positive Perspektive enthalten: Realistische Darstellungen der Gegenwart, die die bestehenden Konflikte nicht am Ende glücklich auflösen, sind verpönt.

Außerdem wurden die Auffassungen übernommen, die Georg Lukács in der Expressionismusdebatte vorgetragen hatte (s. oben Seite 253 f.). Sie galten unterschwellig auch weiter, nachdem Lukács wegen seiner Teilnahme am Ungarnaufstand 1956 als Revisionist gebrandmarkt worden war. Ihnen gemäß soll das Kunstwerk in sich harmonisch abgerundet sein und das Typische und Allgemeingültige im Besonderen, in der einzelnen Situation oder dem einzelnen Menschen widerspiegeln. Damit sind moderne Formen wie Montage oder Verfremdung, die die harmonische Einheit durchbrechen, ausgeschlossen. Wer diesem Maßstab nicht genügte, galt als Formalist. Dem Formalisten, so lautete der Vorwurf, ist die Form wichtiger als der politisch richtige Inhalt. Insbesondere bricht er „neuerungssüchtig“ mit dem humanistisch-klassischen Kulturerbe. Zu diesem Erbe, auf dessen Bewahrung die Schriftsteller verpflichtet wurden, gehören vor allem die Epochen der Aufklärung, der Klassik, des Vormärz und des Realismus. Dazu passen nicht die Romantik, nicht die große Literatur der Moderne (Marcel Proust, James Joyce, Franz Kafka, Samuel Beckett) und kaum die proletarisch-revolutionäre Literatur der zwanziger Jahre.

Lyrik Für diejenige Lyrik in der ersten Hälfte der fünfziger Jahre, die als antifaschistisch galt und zugleich hymnisch und harmonisierend den sozialistischen Aufbau feierte, steht das künstlerisch unausgeglichene Spätwerk Bechers. Hermlin verstummte schließlich im Versuch, moderne Formen in harmonisierende Produktionslyrik einzubringen. Brecht schrieb zunächst weiterhin Warngedichte gegen den Faschismus und setzte sich dann kritisch, aber loyal mit der DDR auseinander. Noch zur älteren Generation gehört Peter Huchel. Er bildet in seiner Naturlyrik aus realistischen Einzelheiten ein offenes, vieldeutiges Ganzes. Naturbeschwörung und Zeitbezug verbinden sich. In dem Maß, in dem er sich von der DDR distanzierte, entwickelte er eine immer schwierigere Chiffrensprache. Bobrowskis Naturgedichte benennen Elemente der Landschaft, die, mit der Farbe wehmütiger Kindheitserinnerung versehen, die schuldvolle Geschichte der Deutschen im europäischen Osten spürbar werden lassen. Kunert ist einer der ersten, der vor dem Weiterwirken der nationalsozialistischen Vergangenheit warnt sowie vor dogmatischer Haltung und selbstzufriedenem Fortschrittsglauben. In einer an Brecht geschulten aphoristischen Kurzlyrik äußert er seine kritische Skepsis, seinen zunehmenden Pessimismus.

In den sechziger Jahren begann eine junge Generation von Lyrikern zu veröffentlichen (Biermann, Braun, Kirsch, Kunze u. a.). Sie bejahten die DDR, aber als einen Staat, der sich verändern mußte, der zu verbessern war aufgrund der persönlichen Glücksbedürfnisse der einzelnen Menschen. Das Ich spricht wieder in der Lyrik, allerdings nicht in Einsamkeit, sondern zu gemeinsamem Handeln auffordernd. Der Liedermacher

Biermann verbindet Funktionärssatire mit der Kritik am Westen. Maßstab ist eine erhoffte glückliche Welt befreiter Sinnlichkeit. Braun nimmt provozierend Stellung gegen das selbstzufriedene Verharren beim Erreichten. Er verlangt produktive, zum fortschrittlichen Handeln führende Unzufriedenheit, Selbsttätigkeit der einzelnen und eine Partei, die Konflikte wagen und ertragen kann. Kunze wird nach dem Prager Frühling 1967/68 immer bitterer. In Brechts lapidarem Stil schreibt er Gedichte, deren unerwartete Pointen die Gewalt im Selbstverständlichen und Alltäglichen entlarven, ohne sie direkt zu benennen. Kirsch zieht sich weitgehend ins Persönliche zurück. Ihre Gedichte handeln von der Sehnsucht nach der bergenden Idylle, aber auch von der tieferen Angst, die immer wieder durchklingt, von Einsamkeit und Enttäuschung, die sie mit trotziger Selbstironie zu bewältigen sucht.

Bertolt Brecht: ‚Der anachronistische Zug oder Freiheit und Democracy‘ (1947), *‚Buckower Elegien‘* (1953). *Peter Huchel: ‚Gedichte‘* (1949), *‚Chausseen, Chausseen‘* (1963). *Johannes R. Becher: ‚Neue deutsche Volkslieder‘* (1950). *Stephan Hermlin: ‚Mansfelder Oratorium‘* (1950). *Johannes Bobrowski: ‚Sarmatische Zeit‘* (1961), *‚Schattenland Ströme‘* (1966). *Wolf Biermann: ‚Die Drahtharfe. Balladen, Gedichte, Lieder‘* (1965). *Volker Braun: ‚Provokation für mich‘* (1965), *‚Wir und nicht sie‘* (1970). *Sarah Kirsch: ‚Landaufenthalt‘* (1967). *Reiner Kunze: ‚Zimmerlautstärke‘* (1972).

Drama Die beiden wichtigsten der aus dem Exil heimkehrenden Dramatiker, Brecht und Friedrich Wolf, fügten sich dem Diktat des Sozialistischen Realismus nicht. Wolf, in der Tradition des proletarisch-revolutionären Theaters der zwanziger Jahre stehend, konnte nur mit seinem ‚Professor Mamlock‘ (1934) einige Anfangserfolge verbuchen, obwohl er die gewünschte Thematik aufgriff: Antifaschismus (‚Wie Tiere des Waldes‘) und Produktion (‚Bürgermeister Anna‘). Brecht gewann nach langerer Zeit bleibenden Einfluß, auch wenn die Kritik an ihm nie ganz verstummte. Im ‚Kleinen Organon‘ legt er, leicht nuanciert, noch einmal die Grundsätze seines epischen Theaters dar. Mit ‚Die Tage der Commune‘ (1956) will er Lehren ziehen aus dem Scheitern der ersten ‘proletarischen’ Revolution 1871 in Frankreich. ‚Turandot‘ beschreibt die willfährige Unterwerfung der Intellektuellen unter die Macht, von der sie ausgehalten werden.

In den fünfziger Jahren entstand neben politischen, gegen die Bundesrepublik Deutschland gerichteten Satiren und historischen Stücken (Hacks: ‚Die Schlacht bei Lobositz‘) vor allem Produktionsliteratur. Sie stellt das Verhalten einzelner im landwirtschaftlichen oder industriellen Arbeitsprozeß dar, die den Weg zum Sozialismus suchen oder miteinander um den richtigen Weg streiten (Wolf: ‚Bürgermeister Anna‘). Strittmatters Landwirtschaftskomödie läßt die Kleinbauern, von der Partei unterstützt, gegen den Widerstand des Großbauern die landwirtschaft-

liche Produktion vorwärtstreiben. Auf heftige Kritik stießen diejenigen Produktionsstücke, die keine Einfühlung in einen positiven Helden erlauben und die Konflikte nicht eindeutig als scheinbare darstellen und schließlich auflösen oder die bei allem Optimismus doch die menschlichen Kosten des sozialistischen Aufbaus nicht unterschlagen (Müller: ‚Der Lohndrücker', Hacks: ‚Die Sorgen und die Macht', ‚Moritz Tassow'). Müller untersucht am bekannten Fall des 'Aktivisten' Garbe die Spannungen zwischen dem vorwärtstreibenden, aber noch nicht wirklich sozialistisch denkenden Individuum und der Arbeitsbrigade. Versöhnend, weil auch die Heldin mit ihrem falschen Bewußtsein in der DDR gar nicht anders kann, als das Richtige zu tun, ist Baierls Komödie.
In den sechziger und siebziger Jahren erschienen weiterhin Produktionsstücke (Braun: ‚Kipper Paul Bauch', Müller: ‚Der Bau'). Nach den harten Jahren des Aufbaus wurde der Wunsch nach Glück und Lust nun lauter. Kraftgestalten wie Moritz Tassow kommen auf die Bühne. Der Konflikt zwischen den Bedürfnissen des einzelnen und der Allgemeinheit wird zum Thema (Braun: ‚Schmitten'). Die Tendenz zum Parabelhaften verstärkt sich (Braun: ‚Hinze und Kunze'). Seit der zweiten Hälfte der sechziger Jahre fällt die Wendung zum Mythos auf. Hacks deutet die Gegenwartsprobleme nun als Beginn einer besseren Zukunft, die er, in der Art der Klassik, in mythischen Bildern vorwegnehmend beschreiben will. Diese Beschreibung wirkt als Forderung auf die Gegenwart zurück (‚Amphitryon', ‚Adam und Eva'). Müller stellt im ‚Philoktet' modellhaft die staatliche Notwendigkeit und die persönliche Selbstbestimmung einander gegenüber. Eine Versöhnung beider ist nicht in Sicht. Sie steht vielmehr als grundsätzliche, bisher noch nicht erfüllte Forderung vor uns.

Friedrich Wolf: ‚Wie Tiere des Waldes' (1948), *‚Bürgermeister Anna'* (1950). *Bertolt Brecht: ‚Kleines Organon für das Theater'* (1949), *‚Die Tage der Commune'* (1956), *‚Turandot oder Der Kongreß der Weißwäscher'* (1967). *Erwin Strittmatter: ‚Katzgraben'* (verschiedene Fassungen 1953/58). *Peter Hacks: ‚Die Schlacht bei Lobositz'* (1956), *‚Die Sorgen und die Macht'* (1958), *‚Moritz Tassow'* (1961), *‚Amphitryon'* (1967), *‚Adam und Eva'* (1972). *Heiner Müller: ‚Der Lohndrücker'* (1958), *‚Der Bau'* (1965), *‚Philoktet'* (1968). *Helmut Baierl: ‚Frau Flinz'* (1961). *Volker Braun: ‚Kipper Paul Bauch'* (erste Fassung 1967, dritte Fassung 1972: ‚Die Kipper').

Erzählende Prosa und Antifaschismus

Die erzählende Prosa beginnt mit antifaschistischen Texten (Hermlin: ‚Zeit der Gemeinsamkeit'; Fühmann: ‚Kameraden'; Apitz: ‚Nackt unter Wölfen'), die gelegentlich zu Epochenbilanzen erweitert werden, zu denen die Autoren schon während des Exils angesetzt hatten (Bredel, Zweig, Seghers). Seghers zeigt, wie die ermordeten Sozialisten in ihren Kindern weiterleben. Sie verbindet eine illusionslose Epochenbeschreibung und eine sozialpsychologisch eindrucksvolle Darstellung national-

sozialistischer Gestalten mit der Hoffnung auf den endgültigen Sieg der Arbeiterklasse.
Mit der Wendung zur Psyche des einzelnen, die die Literatur in den sechziger Jahren vollzog, schärfte sich der Blick für die Denk- und Verhaltensweisen, die die Mitläufer und Opfer des Nationalsozialismus im alltäglichen Leben zeigen. Die sozialpsychologische Analyse wird wichtiger als die Darstellung einer Entscheidungssituation. Mit dem ‚Judenauto' deutet Fühmann diese Entwicklung schon an. Man setzt mehr oder weniger bewußt voraus, daß der Nationalsozialismus mit der äußeren Abrechnung noch nicht überwunden ist. Kant läßt einen zu Unrecht angeklagten jungen deutschen Soldaten allmählich seine tiefere Schuld gegenüber dem polnischen Volk erkennen: Er hat Befehle ausgeführt und keinen Widerstand geleistet. Schlesinger zeigt, wie die innerlich unbearbeitete Vergangenheit das Verhältnis zwischen den Generationen vergiftet. Auch die eigene Psyche wird befragt: Von jetzt an haben viele Romane einen deutlichen autobiographischen Hintergrund. Bobrowski (‚Levins Mühle') läßt im alltäglichen Detail die Wirkung von Nationalismus, Antisemitismus und Klassenkampf in Preußen um 1870 erkennen. Becker beschreibt in ‚Jakob der Lügner' die seelischen Überlebensstrategien jüdischer Ghettobewohner angesichts der nationalsozialistischen Vernichtungsdrohung, im ‚Boxer' ein überlebendes, aber seelisch zermürbtes Opfer des Nationalsozialismus, das sich nur in der Verweigerung bewahren kann. Auch Bobrowski (‚Mäusefest') fragt nach der Psyche des jüdischen Opfers.

Erzählungen: *Stephan Hermlin: ‚Die Zeit der Gemeinsamkeit'* (1950). *Franz Fühmann: ‚Das Judenauto'* (1952), *‚Kameraden'* (1955). *Johannes Bobrowski: ‚Mäusefest'* (1965).
Romane: *Arnold Zweig: ‚Der große Krieg der weißen Männer'* (Romanzyklus, 1927/1957). *Willi Bredel: ‚Verwandte und Bekannte'* (Romantrilogie 1943/1953). *Anna Seghers: ‚Die Toten bleiben jung'* (1949). *Bruno Apitz: ‚Nackt unter Wölfen'* (1958). *Johannes Bobrowski: ‚Levins Mühle. 34 Sätze über meinen Großvater'* (1964). *Jurek Becker: ‚Jakob der Lügner'* (1969), *‚Der Boxer'* (1976). *Klaus Schlesinger: ‚Michael'* (1971) *Hermann Kant: ‚Der Aufenthalt'* (1977).

Erzählende Prosa und Arbeitsalltag Zu der antifaschistischen Prosa gesellten sich zu Beginn der fünfziger Jahre die Produktionsromane. Strittmatter (‚Tinko') behandelt die Konflikte bei der Landwirtschaftsreform. Claudius, der auf die Geschichte des 'Aktivisten' Garbe zurückgreift, regte zu einer Reihe von Betriebsromanen an, die freilich ebenso konfliktscheu und klischeehaft wie die meisten Landromane bleiben. Als besondere Form entwickelte sich die Betriebsreportage (Fühmann).
Die 'Ankunftsromane', die in den sechziger Jahren zu erscheinen begannen, beschreiben die geglückte Einordnung des einzelnen in die Gesell-

schaft nach dem Schema des Entwicklungsromans. Zugleich entstanden Mischformen aus Roman und Reportage. Es war inzwischen deutlich geworden, daß die Einordnung nicht konfliktfrei erfolgen konnte. Kant erzählt, wie Menschen aus der Arbeiterklasse sich trotz aller Schwierigkeiten, auch von seiten der Partei, die Bildung erobern und damit ihren Platz in der „sozialistischen Menschengemeinschaft" finden. In anderen Romanen lösen sich die Konflikte nicht so leicht. Ole Bienkopp, Strittmatters leidenschaftlicher sozialistischer Neuerer auf dem Lande, scheitert an der Stumpfheit der anderen, an der Erstarrung der Parteibürokratie, aber auch an seinem Eigensinn. Bei Neutsch verwandelt sich der tüchtige, aber rebellische Zimmermann in einen verantwortungsbewußten Sozialisten; aber der Parteifunktionär versagt moralisch, und die Kosten des Fortschritts werden nicht unterschlagen. In Wolfs ‚Geteiltem Himmel' wird die Heldin durch die Probleme der deutschen Teilung zur Einsicht gezwungen, daß ihre Liebe keine Basis hat. Sie entscheidet sich für den Platz in der sozialistischen Gesellschaft. In ‚Nachdenken über Christa T.' vergegenwärtigt sich die Erzählerin die Lebensgeschichte ihrer toten Freundin. Diese wollte sich nicht einpassen, weil sie auf der Utopie bestand, sich in einem für sie sinnvollen Leben zu verwirklichen. Das aber ist (noch) nicht möglich. Fries beschreibt das Leben zweier 'Aussteiger', die sich dem normgerechten Leben in der DDR wie in der Bundesrepublik verweigern. Kunerts gleichnishafte und pointierende Kurzprosa sucht den Leser zum Nachdenken über verdrängte Vergangenheit und öden, entfremdeten Arbeitsalltag zu bringen; dabei kommt die DDR nicht besser weg als die Bundesrepublik. De Bruyn demaskiert den angepaßten Karrieristen im leerlaufenden Berufsalltag.

Eduard Claudius (eigentlich Eduard Schmidt)*: ‚Menschen an unserer Seite'* (1951). *Erwin Strittmatter: ‚Tinko'* (1954, Kinderbuch), *‚Ole Bienkopp'* (1963). *Franz Fühmann: ‚Kabelkran und Blauer Peter'* (1961, Reportage). *Christa Wolf: ‚Der geteilte Himmel'* (1963), *‚Nachdenken über Christa T.'* (1968). *Erik Neutsch: ‚Die Spur der Steine'* (1964). *Günter Kunert: ‚Tagträume. Prosa'* (1964, nur im Westen). *Hermann Kant: ‚Die Aula'* (1965). *Fritz Rudolf Fries: ‚Der Weg nach Oobliadooh'* (1966 im Westen; 1989 in der DDR). *Günter de Bruyn: ‚Buridans Esel'* (1968), *‚Preisverleihung'* (1972).

15 Die Literatur der Gegenwart (1970–1995)

15.1 Bild der Epoche

1970–83	*Johnson, Uwe:* Jahrestage
1971	*Bachmann, Ingeborg:* Malina
1972	*Plenzdorf, Ulrich:* Die neuen Leiden des jungen W.
	Handke, Peter: Wunschloses Unglück
1973	*Schneider, Peter:* Lenz
1974	*Morgner, Irmtraud:* Leben und Abenteuer der Trobadora Beatriz
1975–81	*Weiss, Peter:* Die Ästhetik des Widerstands
1976	*Wolf, Christa:* Kindheitsmuster
	Kunze, Reiner: Die wunderbaren Jahre
1977	*Grass, Günter:* Der Butt
	Müller, Heiner: Leben Gundlings Friedrich von Preußen Lessing Schlaf Traum Schrei
1978	*Enzensberger, Hans Magnus:* Der Untergang der Titanic
	Strauß, Botho: Groß und klein, Szenen
1979	*Bernhard, Thomas:* Vor dem Ruhestand. Eine Komödie von deutscher Seele
1982	*Kirsch, Sarah:* Erdreich
	Hein, Christoph: Der fremde Freund
1983	*Wolf:* Kassandra
	Morgner: Amanda. Ein Hexenroman
1984	*Strauß:* Der junge Mann
1993	*Hilbig, Wolfgang:* Ich
1994	*Grünbein, Durs:* Fallen und Falten
	Müller, Herta: Herztier
	Handke: Mein Jahr in der Niemandsbucht
1995	*Grass:* Ein weites Feld

Krisengefühl im Westen: Freiheit und Unsicherheit

In den siebziger Jahren löste sich der Fortschrittsglaube, der die kulturrevolutionären Bewegungen der sechziger Jahre trotz aller ihrer Kritik getragen hatte, allmählich auf. Das lag nicht nur an wirtschaftlichen Rezessionserscheinungen in der Bundesrepublik seit 1973. Die angegriffene Staatsmacht reagierte härter, als man erwartet hatte (vgl. Heinrich Böll: ‚Die verlorene Ehre der Katharina Blum', 1974; Peter Schneider: ‚… und schon bist du ein Verfassungsfeind. Das unerwartete Anschwellen der Personalakte des Lehrers Kleff', 1977; Peter O.

Chotjewitz: ‚Die Herren des Morgengrauens', 1978). Die neue Opposition löste sich in eine Vielzahl von Splittergruppen auf. Positive Wirkungen der Studentenbewegung wie die Entkrampfung und Enttabuisierung im Umgang miteinander und die teilweise Auflösung der Vergangenheitsverdrängung wurden nicht mehr wahrgenommen.
In der politischen Enttäuschung verbarg sich ein umfassenderes Krisengefühl, das nicht nur Deutschland, sondern die ganze moderne Welt betrifft. Neue, widersprüchliche Erfahrungen waren zu verarbeiten. Zunehmende Wahlmöglichkeiten (insbesondere für Frauen) in Ausbildung und Beruf, beim Konsum, im Verhältnis der Geschlechter, erweiterten einerseits den Spielraum des einzelnen, bedeuteten andererseits aber auch, daß man sich auf neue Situationen einstellen, umlernen, sich zwischen unüberschaubar vielen Angeboten entscheiden mußte. Wo konnte man sich sachverständigen Rat holen? Kaum bei den Älteren. Die elektronische Revolution hatte traditionelle berufliche Kenntnisse und traditionelle Fähigkeiten entwertet, das geänderte Verhältnis der Geschlechter stellte traditionelle moralische Normen in Frage. So führte die neue Freiheit auch eine neue Unsicherheit mit sich.
Die Unsicherheit wurde verstärkt durch das Gefühl, einer unwägbaren globalen Bedrohung ausgesetzt zu sein, die den Siegen entsprang, welche ungehemmte Naturwissenschaft und Technik über die Natur errungen hatten. Einerseits wuchsen die technischen Möglichkeiten, an denen jeder einzelne teilhat, andererseits wurden von jedem auch neuartige Entscheidungen verlangt: Was muß ich tun, um zu einem gesunden Weiterleben, vielleicht sogar zum Überleben beizutragen? Diese Entscheidungen verlangen ein Wissen und einen Überblick, die der einzelne kaum besitzt, so daß er sich überfordert fühlen muß.
Zwei Reaktionsmöglichkeiten auf Freiheit und Unsicherheit machen sich seit Mitte der siebziger Jahre bemerkbar: Entweder kostet man die Freiheit aus, indem man neue und immer intensivere Erlebnisse sucht, sei es in immer stärkeren Reizen oder in Versuchen der Selbsterfahrung, oder man bindet sich an alte Werte, um der Unsicherheit zu entgehen.

Krisengefühl im Osten: Hoffnung und Enttäuschung

Unsicherheit, freilich anderer Art, war seit Mitte der siebziger Jahre auch in der DDR zu verspüren. Die Wirtschaftskrise, die schließlich zum Zusammenbruch führte, kündigte sich an; Hoffnungen auf wirtschaftliche Verbesserung wurden enttäuscht. Die Hochrüstung beider Militärblöcke erzeugte Ängste. Auch die ökologischen Zerstörungen in der DDR drangen allmählich ins Bewußtsein (Monika Maron: ‚Flugasche', 1981). Andererseits weckte die westliche Entspannungspolitik, welche der Osten nicht einfach abweisen konnte, Hoffnungen auf mehr Freiheit. Dazu trug vor allem die ‚Konferenz für Sicherheit und Zusammenarbeit in Europa' 1975 in Helsinki bei, auf der sich auch die DDR zur Achtung der Menschenrechte verpflichtete. Schon 1972 hatte die Unterzeichnung des Grundlagenvertrages mit der Bundesrepublik Deutschland zwar die DDR aufgewertet, aber auch den innenpolitischen Spielraum der SED etwas eingeengt. Die Partei sah sich zu einem kulturpolitischen Zickzackkurs gezwungen, der das Wechselbad von Hoffnung und Enttäuschung nur noch fühlbarer werden ließ.

Die deutsche Wiedervereinigung

Die Wiedervereinigung verschärfte die Unsicherheit. Der Gewinn an Freiheit kam für West und Ost unerwartet. Doch die allzu hoch gespannten Erwartungen im Osten mußten im rauhen Klima der Konkurrenzgesellschaft zu Enttäuschungen führen; die von der SED stets geforderte Untertanengesinnung erschwerte eine selbstbewußte Reaktion. Im Westen reagierte man oft genug befremdet oder gar überheblich und abweisend auf Enttäuschungen früherer DDR-Bürger. So kommt es, daß „Ossis" und „Wessis" einander unsicher und enttäuscht gegenüberstehen und erst langsam lernen müssen, miteinander umzugehen.

Der Schock der DDR-Bürger wurde verstärkt durch die Erfahrung der tiefgreifenden Veränderungen, denen die westliche Welt selbst ausgesetzt ist. Ähnlich wie vorher die Menschen im Westen schon reagierten sie zwiespältig: Sie stürzten sich entweder begeistert auf die Angebote zu neuen Erlebnissen oder suchten sich an alten Werten festzuhalten. So pflegten dann viele das Heimweh nach der überschaubaren alten DDR.

Mit dem Ende des dogmatischen Sozialismus in der Sowjetunion und der DDR wurden politische und geistige Grenzen durchlässiger. Bald zeigte sich allerdings, daß die relative politische Stabilität zur Zeit des Kalten Krieges abgelöst wurde durch örtlich begrenzte, aber äußerst grausam und mit modernsten Waffen geführte Kriege. So wuchs wiederum mit der Freiheit auch die Unsicherheit.

Gegenseitige Annäherung der Schriftsteller

Die Schriftsteller in Ost und West teilten somit wesentliche Erfahrungen, wenn auch aus unterschiedlichen Ursachen, und sie reagierten ähnlich. Gemeinsame Kriegsangst führte zu den ersten öffentlichen Treffen von Schriftstellern aus beiden deutschen Staaten in den Jahren 1981 bis 1983. Regierungskritische und ökologisch denkende Intellektuelle des Westens hegten Sympathie für demokratische Dissidenten im Osten. Hier wie dort entwickelte sich feministisches Bewußtsein. Hier wie dort versuchte man, sich von vorgegebenen oder vorgeschriebenen Denkmustern zu befreien, und damit fand man zurück zum Eigenwert des Künstlerischen.

Selbstbesinnung im Ungewissen

Die Schriftsteller antworteten auf die Erfahrung der Unsicherheit damit, daß sie sich auf sich selbst zu besinnen suchten. Die persönliche Problematik, oft verbunden mit dem Interesse für die banale Alltäglichkeit, wurde wichtiger als das unmittelbar Politische, die Kulturrevolution (im Westen) oder die Identifikation mit den Arbeitern und Technikern (im Osten). Die Selbstbesinnung förderte beschädigte Individuen zutage, Irrtümer und Brüche eher als zusammenhängende, selbstbestimmte Lebensläufe, Zersplitterung eher als innere Geschlossenheit. Im Extremfall – so z. B. in Nicolas Borns Roman ‚Die erdabgewandte Seite der Geschichte' (1976) – hatte der einzelne nur noch ein einsames Selbst in einer fremden Welt als einzigen festen Punkt. Der Versuch, im Zweifel zu leben, vereint westliche Autoren wie Hans Magnus Enzensberger und den späten Günter Grass mit östlichen wie Heiner Müller und solchen wie Günter Kunert, die die DDR verlassen haben.

Außenseitertum

Gegenüber der Gesellschaft akzeptierten die Schriftsteller die Position des vereinzelten Außenseiters. So konnten sie distanziert, sachlich und genau ihre Eindrücke vom Alltagsleben registrieren, ohne mit Rezepten für ein besseres Leben aufwarten zu müssen. Oder sie phantasierten das Überleben in gesellschaftlichen Nischen, aber häufiger noch ließen sie den Außenseiter an der standardisierten oder überwachten Gesellschaft scheitern. In der DDR wirkte diese Literatur als unmittelbare politische Kritik, führte sie doch das sozialistische Versprechen auf die freie Entfaltung der Menschen in solidarischer Gemeinschaft ad absurdum. Gerade der uneingelöste Anspruch auf Gemeinschaft schärfte den Blick für die tatsächliche Fremdheit der Menschen untereinander. In der Beschreibung dieser Fremdheit konnten sich aber auch die westlichen Leser wiedererkennen.

Ulrich Plenzdorf: ‚Die neuen Leiden des jungen W.'

Ein frühes und heftig diskutiertes Beispiel solcher DDR-Literatur, das teilweise noch in der Tradition der ‘Ankunftsliteratur’ steht, ist die Erzählung ‚Die neuen Leiden des jungen W.' (1972, als Theaterstück 1974) von Ulrich Plenzdorf. Die Erzählung stellt den Konflikt zwischen der Gründergeneration der DDR und den Jugendlichen dar, die den Ton erbaulicher Belehrung verabscheuen. Der Lehrling Edgar Wibeau bricht seine Ausbildung ab, zieht sich in eine Gartenlaube zurück und nimmt eine Beziehung zur Verlobten eines strebsamen Zeitgenossen auf. Schließlich verunglückt er tödlich bei technischen Versuchen in seiner Laube, noch bevor die Bemühungen eines Arbeitskollektivs geglückt sind, ihn einzugliedern. Hier zeigt sich ein neues Verständnis des kulturellen Erbes: Wibeau hat Goethes ‚Werther' gelesen, bezieht ihn auf sich, kommentiert den Roman und zitiert daraus. Den angepaßten DDR-Bürgern ist der Klassiker jedoch fremd. Bei Plenzdorf wird das klassische Erbe fruchtbar gemacht, seine fraglose Verherrlichung aber kritisiert. Werthers und Wibeaus Glücksanspruch, aber auch ihre Ichbezogenheit einerseits und die Gegenwart der DDR andererseits stehen einander gegenüber. Die Erzählung, im Jargon der Jugendlichen geschrieben, ist aufgespalten in den Kommentar des (toten) Helden, seine Tonbänder mit Werther-Zitaten und das Gespräch der Nachlebenden. Dabei lassen sich einerseits die Erlebnisse des Unangepaßten unmittelbar nachvollziehen, andererseits läßt der distanzierende Kommentar vieles an Wibeaus Verhalten als bloße Provokation erkennen. Er will auffallen, etwas Besseres sein. Wibeau stirbt, als er auf dem Weg ist, seine Fähigkeiten für die anderen fruchtbar zu machen, aber seine Ichbezogenheit noch nicht überwunden hat.

Christoph Hein: ‚Der fremde Freund'

Ganz ohne Hoffnung beschreibt Christoph Hein zehn Jahre später Entfremdung als das Normale in seiner Novelle ‚Der fremde Freund' (1982), in der Bundesrepublik zuerst unter dem Titel ‚Drachenblut' erschienen (1983). Eine junge Ärztin berichtet sachlich und distanziert über einen gerade abgeschlossenen Lebensabschnitt. Es ist, als trüge sie wie Siegfried im Nibelungenlied eine undurchlässige Haut aus Drachenblut, aber nicht über ihrem Körper, sondern über ihren Gefühlen. Einsamkeit und Kontaktlosigkeit, die sie nüchtern registriert, menschenleere Natur, die sie photographierend auf abstrakte Formen reduziert: All das dringt nicht durch diese Haut bis in ihr Inneres, das seinerseits keine Möglichkeit erhält, sich zu äußern. So schützt sie sich ganz bewußt davor, enttäuscht zu werden. In verschachtelten Rückblicken werden die Entstehung des Gefühlspanzers in Elternhaus und Schule wie auch seine ersten Risse in der Begegnung mit dem „fremden Freund" angedeutet, mit dem Außenseiter, der immer wieder aus der Alltäglichkeit auszubrechen sucht. Doch nach dem sinnlosen Tod des fremd gebliebenen Freundes bei einer Schlägerei mit Jugendlichen, die sich nicht weniger als er nach wirklichem Leben sehnen, zieht die Ärztin sich in die Gefühllosigkeit zurück. Am Schluß ist sie wieder die funktionierende Frau in der maschinell funktionierenden Gesellschaft. Nur im Traum leben die verdrängten Ängste und Wünsche weiter.

Kunst als Instrument der Kritik

Doch die Schriftsteller benutzten auch die neue Freiheit, die mit der Unsicherheit verbunden war. Die Lust am Phantasieren, die Freude an der Kunst, das Experimentieren mit neuen Formen befreite sich von vorgegebenen oder selbstauferlegten politischen Zwängen. Das konnte zur Flucht in die Kunst führen oder doch zum Versuch, in der Kunst den Halt zu finden, den man in der Wirklichkeit verloren hatte; aber man konnte auch mit

Hilfe neuer literarischer Formen eigene und gesellschaftliche Widersprüche in ihre Verästelungen hinein darstellen. Dabei kommt es auf den Prozeß der Wahrheitsfindung, nicht auf fertige Wahrheiten an. Zwei Werke können beispielhaft die kritische Kraft künstlerischen Experimentierens verdeutlichen:

Peter Weiss: ‚Die Ästhetik des Widerstands'

In seinem monumentalen Romanessay ‚Die Ästhetik des Widerstands' (1975–81) verbindet Peter Weiss Identitätssuche und Resignation mit der Form des Epochenromans, den die Exilautoren entwickelt hatten. (Weiss war als Jugendlicher vor Hitler geflohen und lebte bis zu seinem Tod in Schweden.) Die Handlung reicht vom Spanischen Bürgerkrieg bis zum Ende des Zweiten Weltkriegs. Ein fiktiver Erzähler berichtet von einer Generation von Arbeitern und Intellektuellen, die vom Nationalsozialismus vertrieben und vom Stalinismus verraten wurden. Einerseits ist der Erzähler individuell, sein Leben ähnelt dem wirklichen Leben des Autors, andererseits verwandelt er sich in ein kollektives Erinnern an die Leiden der Unterdrückten. Die Erzählung wird von geschichtsdeutenden und kunsttheoretischen Gesprächen begleitet – Weiss war auch Maler –, so daß schließlich Sequenzen aus der Geschichte der namenlosen Unterdrückten sichtbar werden, einer Geschichte, die nur noch ablesbar ist an der Kunst, und zwar gerade dort, wo diese ganz persönliche Leidenserfahrungen ausdrückt. Eine komplexe Montagetechnik läßt die Widersprüchlichkeit und Vieldeutigkeit der Geschichte spürbar werden. Erinnerung als ein Gang durch die Hölle des Leidens, Widerstand gegen die Unmenschlichkeit und Analyse der Kunstwerke sind ein einziger, unabgeschlossener Prozeß. In ihm erarbeitet sich der Autor seine Identität, er findet aber wenig Aussicht darauf, daß sich die in der Kunst bewahrte Hoffnung auf das Ende der Unmenschlichkeit erfüllen werde.

Uwe Johnson: ‚Jahrestage'

In seiner umfassenden Roman-Chronik beschreibt Johnson den Alltag einer Deutschen in den USA vom August 1967 bis zum August 1968. Gedanken und Erinnerungen der Hauptperson, ihre wirklichen oder phantasierten Gespräche mit ihrer Tochter wie mit Verstorbenen, die von ihr gesammelten und ironisch kommentierten Zeitungsausschnitte, aber auch Beiträge des Erzählers bilden zusammen ein Mosaik, das die Romangegenwart der USA, die Nachkriegszeit in der DDR (aus der die Heldin wie auch Johnson stammt) und die Zeit des Nationalsozialismus nebeneinanderstellt, ohne daß ein eindeutiger Zusammenhang entsteht. So wahrhaftig und genau die Hauptperson auch ihre Eindrücke registriert und sich zu erinnern sucht – ihr Versuch, sich dabei selbst zu finden, mißlingt. Sie findet weder eine Heimat in der Erinnerung an zwei Diktaturen noch in den

USA des Vietnamkriegs und der Rassenunruhen. Sie findet keinen Weg zu eigenverantwortlichem Handeln in einer vernetzten Welt, in der der einzelne, der Phrasen mißtraut und nicht am Unrecht teilhaben will, sich machtlos fühlt. Dem Leser ist es aufgegeben, sich in die Gespräche einzuschalten, den unabgeschlossenen Prozeß der Selbstfindung weiterzuführen, die inneren Widersprüche der Heldin, die Widersprüche zwischen ihrer eigenen Sichtweise und derjenigen des Erzählers und anderer Figuren, zwischen moralischem Anspruch und schlechter Wirklichkeit nachdenkend und phantasierend zu bearbeiten.

Nationale Identität und Regionalismus Peter Weiss und Uwe Johnson waren Emigranten, die heimatlos zwischen verschiedenen Ländern, aber auch zwischen Gegenwart und Vergangenheit lebten. Das macht sie repräsentativ für eine verunsicherte Generation. Andere suchten sich um so fester in der Heimat zu verankern. Der Erfolg der Fernsehserie ‚Heimat' (1985) von Edgar Reitz oder auch eine neue Dialektdichtung machen das deutlich. Doch nicht nur in dieser Serie oder in der Dialektdichtung (z. B. bei dem Bayern Herbert Achternbusch, aber auch bei dem Elsässer André Weckmann in Frankreich) konnten sich Rückzug und Kritik miteinander verbinden. Auch etwa im Protest gegen rücksichtslose Stadtteilsanierungen oder in der Erforschung des Nationalsozialismus in der Provinz verband sich der Wunsch nach Geborgenheit und Dauer mit weiterlebender politischer Opposition. Durch Ökologie-, Anti-Atomkraft und Friedensbewegung reichte die Opposition zugleich über das Regionale hinaus. Daß Johnson die Mecklenburger Provinz mit New York konfrontiert, ist insofern zeittypisch. In der DDR hatte Günter de Bruyn gezeigt, wie gerade der Rückzug in die Provinz erlauben kann, geschichtliche Perspektiven zu öffnen und die gesellschaftliche Entwicklung am Detail kritisch zu untersuchen.

Neben der Rückbindung an die Region entwickelte sich die an die Nation. Martin Walser, der schon früher den Begriff der Heimatdichtung wieder positiv gedeutet hatte, suchte nach der Wiedervereinigung in einem vieldiskutierten Essay (‚Deutsche Sorgen', 1993) auch den Begriff der Nation aufzuwerten. Allerdings war er dabei zurückhaltender als manche westlichen Historiker, die in der zweiten Hälfte der achtziger Jahre versucht hatten, eine vom Nationalsozialismus unbelastete deutsche Identität zu konstruieren und ihn zugleich zu relativieren, indem sie ihn mit anderen verbrecherischen Regimes, vor allem mit demjenigen Stalins, gleichstellten. Sie lösten damit einen lange dauernden öffentlichen Streit unter Fachkollegen aus. Eine neue Diskussion flammte auf, als Botho Strauß Geschichte im tragischen Mythos zu begründen suchte und diesen der banalen Massengesellschaft entgegenstellte, zu der er auch diejenigen rechnete, die vor einem neuen Nationalismus warnten (‚Anschwellender Bocksgesang', 1993).

Österreich, vor 1914 ein riesiger Vielvölkerstaat, wurde von einigen seiner bedeutenden Autoren als eine provinzielle Tourismus-Republik erlebt, wo man von moderner Geschichte abgeschnitten war, nicht zuletzt deswegen, weil der Nationalsozialismus nicht als Teil österreichischer Vergangenheit anerkannt wurde. Hier entstand frühzeitig eine Literatur, die von einer oft quälend intensiven Wahrnehmung in einer provinziellen Welt trostloser Kälte handelt. Diese Richtung führt von Thomas Bernhards Romanen und Theaterstücken und dem späteren Peter Handke bis hin zu Christoph Ransmayrs Expeditionen in die kalte Einsamkeit (‚Die letzte Welt', 1988; ‚Morbus Kitahara', 1995) und Gerhard Roths Aufspüren des Schrecklichen im Untergrund dörflicher Welt (‚Landläufiger Tod', 1984). Am quälendsten erscheint die Provinz bei der Rumänendeutschen Herta Müller, deren rumänische Heimat einerseits das Vertraute ist, andererseits geprägt durch Diktatur und erdrückende Enge.

Philosophische Grundlagen. Die neue Unsicherheit in Freiheit zu verwandeln versucht eine in Frankreich entwickelte philosophische Richtung (Neostrukturalismus oder Poststrukturalismus), die auch der These von der postmodernen Literatur zugrunde liegt (s. unten S. 324f.). Die Vertreter dieser Denkrichtung, die auf Nietzsche, Heidegger und die Wiener Schule zurückgeht, identifizieren die Wirklichkeit nicht mit einem Wesen, das den Erscheinungen zugrunde liegt, sondern mit den Strukturen unserer Rede. Wirklichkeit besteht demnach in der Weise, wie wir von ihr reden. Das bedeutet, daß die sprachlichen Zeichen nicht auf eine außersprachliche Wirklichkeit verweisen, so wie Erscheinungen auf ein Wesen verweisen, sondern nur auf andere sprachliche Zeichen.
Die sprachstrukturelle Wirklichkeit wird nun als etwas Fremdes empfunden, das uns beherrscht. Michel Foucault lehrt, daß Herrschaft nicht auf sichtbarer Gewalt beruht, sondern auf sprachlichen Übereinkünften, aufgrund derer wir Eigenschaften, Verhaltensweisen, Menschen aus dem Kreis des Akzeptierten und Normalen ausgrenzen. Die so begründete Ordnung wird dann durch Disziplinierungsmaßnahmen durchgesetzt. Ließe sich ein selbständiges Ich denken, das sich vom Zwang solcher Konventionen befreit? Nein, antworten diese Philosophen, solch ein Ich zu fordern war gerade der Fehler der Aufklärung. Denn es kann sich nur als selbständiges entwerfen, indem es seine Welt in irgendeine sprachliche Ordnung bringt, also indem es unterscheidet und ausgrenzt und sich so denkend zum Zentrum der Welt macht. Damit freilich dient es wiederum nur der Verfestigung der Sprachstrukturen. Gelänge es nachzuweisen, daß die sprachlichen Zeichen nie eindeutig sind, sondern notwendig in sich widersprüchlich, so wäre die Herrschaft des denkenden Subjekts und der eindeutigen Strukturen gebrochen, freilich um den Preis, daß wir immer im Reich der Sprache von einer Bedeutung zur sie ausschließenden anderen kämen, ohne uns an einer bestimmten festhalten zu können. Diesen Nachweis versucht Jacques Derrida zu erbringen. Foucault dagegen sucht die Widersprüche zwischen verschiedenen sprachlichen Übereinkünften auf, die Raum lassen für eine sinnenhafte Erfahrung, die kein sprechendes Ich kennt.
Auch François Lyotard lehrt das Leben in der Widersprüchlichkeit, nun aber in geschichtsphilosophischer Bedeutung. Er kritisiert die Übereinkünfte, die Ge-

schichte als das Werk eines herrschenden Subjekts deuten, sei es eines Politikers, einer Klasse, einer Nation, einer Kultur oder etwa des Geistes. Wollen wir Geschichte ohne Herrschaftsanspruch denken, dann müssen wir auf solche Überblicke verzichten, die Geschichte als einen sinnvollen Prozeß deuten und den ständigen Wettkampf widersprüchlicher Einzeldeutungen akzeptieren.

15.2 Literarisches Leben

Massenmedien Der Literaturbetrieb wird von den überregionalen Zeitungen und dem Fernsehen bestimmt. Ohne Reklame durch die Massenmedien, ohne Mitarbeit an ihnen könnten die Autoren nicht leben. Hier wird über die Verleihung der inzwischen zahlreichen Literaturpreise berichtet, hier wird nicht nur schöne Literatur rezensiert, hier streiten auch die Rezensenten publikumswirksam miteinander. Kleinverlage ohne großes Werbebudget und Literaturzeitschriften können kaum überleben. Die internationale Verflechtung der Massenmedien löst die Vorstellung von Nationalkulturen allmählich auf, vor allem im Bereich der Unterhaltungsindustrie. Literarische Erfolge werden immer stärker davon abhängig, wie weit ein Buch ins Film- und Fernsehgeschäft eindringt. Die unselbständige, von Marktforschern normierte Fließbandarbeit, die schon lange die Produktion der sogenannten Groschenhefte bestimmte, die wöchentlich zu Hunderttausenden verkauft werden, kann sich vor allem im Fernsehen weiter ausbreiten. Daneben eröffnet die Computerindustrie vielleicht ein neues Feld der Produktion und des Verständnisses von Kunst. In Computerspielen sind die großen Linien bestimmter Szenarien festgelegt, innerhalb derer der Spieler selbständig und vermeintlich kreativ einwirken kann.

Streit um den Bildungsbegriff Die Massenmedien haben die im 18. Jahrhundert entstandene Trennung von hoher Kultur und Unterhaltungskultur unterlaufen, damit haben sie den traditionellen Bildungsbegriff, die Erziehung durch Zeugnisse hoher Kultur, in Frage gestellt. Dies wurde 1972 zu einem Anlaß für das Hessische Kultusministerium, ‚Rahmenrichtlinien' für Deutsch und Gesellschaftslehre zu formulieren, in denen Alltagstexte und Trivialliteratur als Unterrichtsgegenstände aufgewertet und dafür viele Texte des nationalen Bildungskanons entfernt wurden. An die Stelle des alten Bildungsideals sollten Werte wie Konfliktfähigkeit und kritisches Bewußtsein von der gesellschaftlichen Funktion unterschiedlicher Texte treten. Daraufhin entbrannte ein heftiger Streit über den Bildungsbegriff. Das Ziel der Bildung, damit auch die Funktion schöner Literatur und die Aufgabe der Wissenschaft, die sich mit Literatur beschäftigt, sind nicht mehr so selbstverständlich wie früher.

In der DDR markierte die entsprechende Auseinandersetzung eine tiefgreifendere Veränderung. Der Anspruch der DDR, das humanistisch-klassische Erbe zu bewahren, war mit einem orthodoxen Bildungsverständnis verknüpft, das nicht nur Romantik und Moderne, sondern auch die moderne Unterhaltungskunst völlig abwertete. In den siebziger Jahren veränderte sich die Erbeauffassung und damit auch die Theorie des Sozialistischen Realismus, nachdem manche literarischen Werke sie faktisch vorher schon überwunden hatten. Es wurde anerkannt, daß man sich in einer veränderten Gegenwart die Vergangenheit nicht unverändert aneignen kann. Brechts Kunsttheorie wurde ernst genommen, die proletarisch-revolutionäre Literatur der zwanziger Jahre, aber auch Romantik und die internationale Moderne wurden aufgewertet. Unharmonische, gebrochene Gestalten wie Heinrich von Kleist erschienen in günstigerem Licht. Schließlich wurden die künstlerischen Normen insgesamt weniger verbindlich, auch wenn die Schriftsteller weiterhin auf sozialistische Parteilichkeit verpflichtet blieben. Der einzelne wurde freier in der Wahl seiner Mittel; die positive, harmonische Lösung war nicht mehr unbedingt erforderlich. Zugleich öffnete man sich vorsichtig der westlichen Unterhaltungskultur, welche die Jugendlichen aus dem Westfernsehen kannten und begeistert und unkritisch aufnahmen.

Schriftsteller-organisationen

1973 schloß sich der ‚Verband deutscher Schriftsteller' der Gewerkschaft ‚IG Druck und Papier' (seit 1989 ‚IG Medien') an. Er trug seitdem dazu bei, die wirtschaftliche Situation der Schriftsteller deutlich zu verbessern, war aber auch durch heftigen politisch-literarischen Streit geprägt. Ein anderer Verband, die westdeutsche Abteilung des internationalen PEN-Clubs (‚Poets, Essayists, Novelists', seit 1921), der für internationale Schriftstellerkontakte und für Meinungsfreiheit auf der ganzen Welt eintritt, war zunächst weniger zerstritten. Das änderte sich, als sich nach der Wiedervereinigung auch die beiden deutschen Clubs zusammenschließen sollten. Es gab heftigen Widerstand dagegen, mit möglichen Stasi-Informanten aus dem ostdeutschen PEN-Club zusammenzusein.

Während die Schriftsteller im Osten unterdrückt, aber gegenüber der übrigen Bevölkerung auch in vielem privilegiert und von der Marktkonkurrenz verschont waren, reagierten die Schriftsteller im Westen auf nivellierende Arbeitsbedingungen der Medienkonzerne innerhalb des Konkurrenzsystems. Früher ähnelte ihre Lage eher derjenigen selbständiger, wenn auch zumeist schlecht verdienender Heimarbeiter; heute – sieht man von den Erfolgsautoren ab – ähnelt sie eher derjenigen von Angestellten, die soziale Absicherungen verlangen.

DDR-Autoren im Westen

Nach der Ausbürgerung Wolf Biermanns 1976 setzte die zweite Emigrationswelle aus der DDR ein. Jetzt gingen u. a. Thomas Brasch (1976), Sarah Kirsch, Reiner Kunze, Jurek Becker (alle 1977) und Günter Kunert (1979). Andere, wie z. B. Stefan Heym, weigerten sich, die DDR zu verlassen, obwohl man es ihnen nahelegte. Der Auszug setzte sich in den achtziger Jahren fort; es gingen Klaus Schlesinger (1980), Wolfgang Hilbig (1985), Monika Maron (1988) und viele andere. Eine gewisse kulturpolitische Liberalisierung seit Mitte der achtziger Jahre kam zu spät.

Die emigrierten Schriftsteller, aber auch weiterhin in der DDR lebende wie Christa Wolf, Irmtraud Morgner, Christoph Hein, Helga Königsdorf, Volker Braun, Günter de Bruyn oder Heiner Müller, wurden im Westen, auch nach der Wiedervereinigung, mit zunehmender Aufmerksamkeit gelesen. Teilweise lag das daran, daß man sie als Kritiker der DDR verstand und damit die westliche Position bestätigt fühlte. Um so weniger verzieh man es der früher besonders geschätzten Christa Wolf, als sie 1989 zusammen mit anderen Autoren eine Eingliederung der DDR in die Bundesrepublik Deutschland ablehnte. Westliche Journalisten reagierten mit Ironie auf die Erzählung ‚Was bleibt‘ (1990), in der die Autorin beschreibt, wie sie vom Ministerium für Staatssicherheit der DDR bespitzelt worden war. Sie fühlten sich bestätigt, als Wolf 1993 nach Einsicht in ihre Geheimdienstakten bekanntgab, daß sie sich vor über dreißig Jahren der Stasi als Inoffizielle Mitarbeiterin verpflichtet hatte. Nach drei Jahren hatte die Stasi allerdings auf ihre ergebnislose Mitarbeit verzichtet und sie wenige Jahre später selbst observiert.

Das westliche Interesse für die Autoren aus der DDR erklärt sich aber auch aus der Qualität ihrer Literatur. Die östlichen Autoren mußten sich letzten Endes mit den gleichen Problemen der Modernisierung auseinandersetzen wie die westlichen, rieben sich aber heftiger als diese an der Wirklichkeit, an der erlebten Unterdrückung in der DDR zuerst, dann an enttäuschenden Zügen der Wiedervereinigung oder an der Entdeckung von ehemaligen Stasi-Spitzeln in den eigenen Reihen. Vor allem die Entlarvung Sascha Andersons durch Wolf Biermann im Jahr 1991 führte zu heftigen Diskussionen. Anders als im Fall der westlichen Kritik an Christa Wolf stritten hier vor allem Autoren aus der DDR miteinander. Gingen die Konflikte somit tiefer, so hatten die DDR-Autoren doch, anders als viele ihrer westlichen Kollegen, nie am Sinn von schöner Literatur gezweifelt. Die SED wie auch ihre Gegner hatten schöne Literatur immer sehr ernst genommen, weil die verbotene politische Kritik sich hier zwischen den Zeilen äußern konnte. Daher gelang es vielen dieser Autoren, die Konflikte literarisch fruchtbar zu machen und sich moderne Schreibweisen jenseits des Sozialistischen Realismus zu erarbeiten. Die Jüngeren unter ihnen, die den Sozialismus von vornherein nicht als Hoffnung auf eine bessere Welt erlebt hatten, mußten keine Desillusionierung verarbeiten wie ihre älteren und manche westlichen Kollegen und hatten sich von vornherein an westlichen Schreibweisen orientiert.

Weibliche Gegenöffentlichkeit in der Bundesrepublik

In den siebziger Jahren führte die Frauenbewegung im Westen zu Versuchen, eine weibliche Öffentlichkeit für Literatur und Kunst zu schaffen. Männerkritische Frauenzeitschriften wie ‚Emma' (ab 1977) entstanden, ebenso frauenspezifische und von Frauen herausgegebene Kultur- und Literaturzeitschriften, weiterhin Frauenverlage, deren Produkte in eigenen Frauenbuchläden angeboten werden. Es gibt seitdem weibliche Theater- und Musikgruppen, und neben Verfasserinnen einer besonderen Frauenliteratur (s. unten S. 327f.) behandeln auch Filmemacherinnen frauenspezifische Probleme. Ob diese Gegenöffentlichkeit auf die Dauer von den Massenmedien aufgesogen wird, ist noch nicht abzusehen.

15.3 Theorie und Formen der Literatur

Postmoderne Literatur

Die internationale Krisenerfahrung schlug sich nieder in der Theorie von einer Literatur der postmodernen (nachmodernen) Epoche. Auf das Denken der modernen französischen Philosophen zurückgehend (s. oben S. 320f.), bezeichnet man so eine Literatur, welche die Vieldeutigkeit steigert bis hin zur Verweigerung jeder zusammenhängenden Deutung. Insbesondere vermeidet sie einen eindeutigen Erzählerstandpunkt. Sie spielt mit literarischen Formen und bezieht sich zitierend und imitierend auf frühere Texte und Textformen. Dabei löst sich der Zusammenhang historischer wie literarischer Geschichte auf in eine Vielzahl konkurrierender Geschichten. Diese Beschreibung kennzeichnet allerdings auch Texte älterer Autoren, insbesondere der großen Autoren der Moderne wie etwa James Joyce. Doch kennt die postmoderne Literatur im Gegensatz dazu keine Scheu vor Trivialem. Sie benutzt auch die Schemata der Unterhaltungskunst und wird so, obwohl sinnverweigernd, gelegentlich für ein breites Publikum lesbar. Auf diese Weise unterläuft eine gelehrt-zitierende Literatur den Gegensatz zwischen unterhaltender und hoher Kultur. So konnte ein 'gelehrter' Roman wie ‚Der Name der Rose' (1980) des Italieners Umberto Eco zu einem Welterfolg werden.

In der deutschsprachigen Literatur äußert sich postmodernes Schreiben am deutlichsten in den Romanen ‚Das Parfum' (1985) von Patrick Süskind und ‚Die letzte Welt' (1988) von Christoph Ransmayr. Aber auch andere wie der letzte Roman von Günter Grass, ‚Ein weites Feld' (1995), und die Werke von Schädlich und Hilbig tragen postmoderne Züge. Jüngere DDR-Autoren aus dem Berliner Stadtteil Prenzlauer

Berg hatten schon vor dem Ende der DDR das sinnverweigernde Spiel mit der Sprache geübt. Ihr Sammelband ‚Berührung ist nur eine Randerscheinung' mit lyrischen Texten von Sascha Anderson, Peter Brasch, Stefan Döring, Uwe Kolbe u. a. erschien 1985 in der Bundesrepublik.

Autobiographisches Schreiben Selbstbesinnung verlangt Erinnerung, vor allem Erinnerung an das allzugern Vergessene. In der DDR hob Christa Wolf die Kindheit im nationalsozialistischen Alltag wieder ans Licht. Heym setzte sich in seinem Roman ‚Collin' und in seiner Autobiographie ‚Nachruf' (beide nur im Westen veröffentlicht) selbstkritisch mit dem Stalinismus auseinander. Selbst- und parteikritische, aber abgeklärte Rückblicke sind Hermlins Autobiographie und Strittmatters autobiographischer Roman. Radikaler und schmerzhafter war die Abrechnung bei Loest und Fühmann.

Auch im Westen schrieb die ältere Generation Autobiographien, so etwa Elias Canetti, Max Frisch, Wolfgang Koeppen. In Grass' Rückblick fällt der Übergang von politischem Engagement zur Melancholie auf. Für zwei Autoren war Schreiben nichts anderes als ein unabgeschlossener autobiographischer Weg zu sich selbst: Fichte versuchte schon seit Mitte der sechziger Jahre, das an den Rand gedrängte Ich seiner Vergangenheit zu analysieren und die Erfahrungen mit äußerer und innerer Fremdheit in einer Reihe von Romanen zu verallgemeinern und zu verbildlichen. Thomas Bernhard erarbeitete sich in fünf Bänden, die von einer leidvollen Außenseiter-Existenz berichten, eine gewisse Distanz zu sich selbst und zu Österreich, die Selbstironie und Komik erlaubt.

Im übrigen beschränkte sich die jüngere Generation auf die unmittelbare Auseinandersetzung mit den Eltern, zumeist im Hinblick auf deren Haltung gegenüber dem Nationalsozialismus. Bernward Vespers sensible, aber auch selbstbefangene Abrechnung mit dem Vater, die schon 1970 entstand, ist noch ganz von der Studentenbewegung geprägt. Das gilt auch für Elisabeth Plessens Emanzipation vom aristokratischen Vater und seiner Familie. Nachdem man den politischen Absolutismus der achtundsechziger Bewegung verabschiedet hatte – ein frühes und gewichtiges Zeugnis hierfür ist Peter Schneiders Erzählung ‚Lenz' –, wurde auch die Auseinandersetzung mit den Eltern differenzierter. Christoph Meckel beschrieb nicht nur das Leben seines Vaters, sondern damit zugleich den Nationalkonservatismus eines ganzen bildungsbürgerlichen Milieus. Autoren wie Härtling und Rehmann, die sich nicht von einem engstirnig herrschenden Vater hatten lösen müssen, zeigten sich fähig, auch sich selber in Frage zu stellen.

Das gelang im Osten auch Helga Königsdorf. Sie war der Unterdrückung und unvermeidlichen Anpassung in der DDR schon länger durch ironische Distanzierung begegnet. Diese ermöglichte es ihr, über der Kritik am Osten wie auch am Westen den kritischen Blick auf sich selbst nicht

zu vergessen. Anders bei Monika Maron und dem jüngeren Kurt Drawert. Sie rechnen verbitterter noch, als es im Westen geschah, mit den Vätern ab, allerdings auch aus einer längeren Erfahrung der Heuchelei und aus dem Leiden an einer geographischen und geistigen Gefangenschaft, die es im Westen nach dem Ende des Zweiten Weltkriegs nicht gegeben hatte.
Handke hatte sich schon 1972 mit der älteren Generation auseinandergesetzt, aber die Abrechnung mit seiner österreichischen Kindheitswelt war zugleich ein liebevoller Abschied von der Mutter, deren unglückliches, entfremdetes Leben er beschreibt.

Peter Handke: ‚Wunschloses Unglück‘ (1972). *Günter Grass: ‚Aus dem Tagebuch einer Schnecke‘* (1972). *Hubert Fichte: ‚Versuch über die Pubertät. Ein Roman‘* (1974). *Thomas Bernhard: ‚Die Ursache. Eine Andeutung‘* (1975), *‚Der Keller. Eine Entziehung‘* (1976), *‚Der Atem. Eine Entscheidung‘* (1978), *‚Die Kälte. Eine Isolation‘* (1981), *‚Ein Kind‘* (1982). *Max Frisch: ‚Montauk‘* (1975). *Wolfgang Koeppen: ‚Jugend‘* (1976). *Christa Wolf: ‚Kindheitsmuster‘* (1976). *Elisabeth Plessen: ‚Mitteilung an den Adel‘* (1976). *Bernward Vesper: ‚Die Reise. Eine Romanessay‘* (1977). *Elias Canetti: ‚Die gerettete Zunge. Geschichte einer Jugend‘* (1977). *Stefan Heym: ‚Collin‘* (1979, nur im Westen). *Stephan Hermlin: ‚Abendlicht‘* (1979). *Christoph Meckel: ‚Suchbild. Über meinen Vater‘* (1980). *Peter Härtling: ‚Nachgetragene Liebe‘* (1980). *Ruth Rehmann: ‚Der Mann auf der Kanzel. Fragen an einen Vater‘* (1981). *Erich Loest: ‚Durch die Erde ein Riß. Ein Lebenslauf‘* (1981, nur im Westen). *Franz Fühmann: ‚Der Sturz des Engels. Erfahrungen mit Dichtung‘* (1982). *Erwin Strittmatter: ‚Der Laden‘* (1983-1992). *Stefan Heym: ‚Nachruf‘* (1988, nur im Westen). *Monika Maron: ‚Stille Zeile sechs‘* (1991). *Kurt Drawert: ‚Spiegelland‘* (1992). *Helga Königsdorf: ‚Gleich neben Afrika. Erzählung‘* (1992).

Christa Wolf: ‚Kindheitsmuster‘

Was autobiographische Selbstbestimmung bedeuten kann, zeigt beispielhaft Wolfs romanhaftes Erinnerungsbuch. Schreibend wird ihr bewußt, wie das Kind Nelly vor 1945 typische Verhaltensweisen der ‘Angepaßten’ zeigt. Als Autorin unterbricht Wolf immer wieder das lineare Erzählen von der damaligen Zeit und gibt Erklärungen aus ihrer Erfahrung der siebziger Jahre, verdrängt aber nicht die peinlichen Situationen, in denen der junge Mensch versagt hat, in denen er nicht besser war als andere, die er später verachtete. Hierzu gehört eine fast selbstquälerische Aufrichtigkeit. Diese „subjektive Authentizität“ verharrt jedoch nicht im Persönlichen, sondern deckt eine allgemeine innere Bereitschaft zur Gewalt auf, die durch die äußere Abrechnung mit dem Nationalsozialismus noch nicht erledigt ist. Ein allgemeines Verhaltensmuster – daher der Titel des Buches – wird deutlich. Das Kind identifiziert sich mit herrschender Unmenschlichkeit, lernt Haß und Härte und verlernt das Mitgefühl, weil es auf diese Weise die Angst vor dem Fremden binden kann und sich akzeptiert fühlt. Durch die Erinnerung, die freilich das Eingeständnis einer verfehlten Vergangenheit und einer tiefen Angst verlangt, lernt man dagegen, sich zu verändern. In solchem persönlich-allgemeinen Erinnerungsprozeß nähert sich die Schreibende einem authentischen, von verfehlter Identifizierung freien Ich und zeigt zugleich den Weg zu einer humanen Gesellschaft, in der Gemeinsamkeit, Selbstsein und Menschlichkeit nicht mehr auseinanderfallen.

Frauenliteratur Anfang der siebziger Jahre entstand im Westen auf breiter Basis eine Frauenliteratur, das heißt eine Literatur von Frauen für Frauen mit dem Ziel, sich von einem männergeprägten Selbstverständnis zu lösen und die männergeprägte Sicht von Geschichte und Gesellschaft zu ändern. Ingeborg Bachmann, die diese Literatur vorbereitete, ging es um eine ungelöste Krise der Identität, der Liebe und der Sprache.

Die jüngeren Autorinnen begannen mit autobiographischer Selbstbesinnung. Der Versuch, sich von vertrauten Verhaltensmustern durch schonungslose Ehrlichkeit zu lösen, kennzeichnet die tagebuchartigen Aufzeichnungen von Karin Struck und Verena Stefan. Die Österreicherin Schwaiger beschreibt in einem autobiographischen Roman Versuche der Selbstverwirklichung in der stereotypen Welt kleinbürgerlichen Patriarchats. Drewitz stellt die Veränderung der Frauenrolle im größeren geschichtlichen Zusammenhang dar. Andere rücken bisher übersehene Frauen ins Licht, so wenn Karin Reschke das Leben Henriette Vogels, der Geliebten Heinrich von Kleists, beschreibt, um damit zugleich Klarheit über sich selbst zu gewinnen. Im Rahmen dieser Literatur entstanden schließlich auch Werke, die sich vom vordergründig Autobiographischen lösen und zugleich mit der Sprache experimentieren: Die Österreicherin Mayröcker registriert Bewußtseinssprünge, so daß eine Sammlung widersprüchlicher Gedanken und Vorstellungen entsteht anstelle einer Geschichte, die nicht von Zusammenhang, sondern von Trennung und Brüchen handeln müßte. Duden stellt sich der Fremdheit und Unheimlichkeit des eigenen Körpers und der eigenen Seele in einer drohenden Welt. Nicht mehr nur bedrohlich, sondern gänzlich verfinstert ist die Welt der Österreicherin Jelinek, die erbarmungslos die Zerstörung weiblicher Sexualität in einer Atmosphäre aus Haß, Dummheit und Mittelmäßigkeit beschreibt.

In der DDR war weibliche Selbstbestimmung zumeist nicht so unmittelbar autobiographisch wie im Westen. Man suchte das Typische im gesellschaftlichen Zusammenhang zu fassen, sei es mit dokumentarischen Mitteln, wie Wanders Protokolle zeigen, sei es, daß man den Widerspruch zwischen den gesellschaftlichen Zwängen und dem Glücksanspruch der einzelnen herausstellte, wie sich an Reimanns Romanfragment sehen läßt oder an den Erzählungen, in denen Helga Königsdorf ironisch die Zwänge zu verplantem, rollengemäßen Leben skizziert. In der Erzählung

‚Respektloser Umgang‘ verbindet Königsdorf die Besinnung auf ihre Familiengeschichte mit derjenigen auf die Rolle der Frau in der Wissenschaft. Irmtraud Morgner und Christa Wolf gehen zwar von ihren Frauenerfahrungen aus, schreiben aber im wesentlichen nicht-autobiographische Romane und Erzählungen, die die Tradition erzählender Dichtung weiterführen.

Ingeborg Bachmann: ‚Malina‘ (1971, Teil eines geplanten Romanzyklus ‚Todesarten‘, 1995 aus dem Nachlaß herausgegeben). *Karin Struck: ‚Klassenliebe‘* (1973). *Brigitte Reimann: ‚Franziska Linkerhand‘* (1974). *Verena Stefan: ‚Häutungen‘* (1975). *‚Guten Morgen, du Schöne. Frauen in der DDR. Protokolle‘, herausgegeben von Maxie Wander* (1977). *Brigitte Schwaiger: ‚Wie kommt das Salz ins Meer?‘* (1977). *Ingeborg Drewitz: ‚Gestern war Heute – Hundert Jahre Gegenwart‘* (1978). *Helga Königsdorf: ‚Der Lauf der Dinge. Geschichten‘* (1982). *Karin Reschke: ‚Verfolgte des Glücks‘. Findebuch der Henriette Vogel* (1982). *Anne Duden: ‚Übergang‘* (1982). *Elfriede Jelinek: ‚Die Klavierspielerin‘* (1983). *Friederike Mayröcker: ‚Das Herzzerreißende der Dinge‘* (1985). *Helga Königsdorf: ‚Respektloser Umgang. Erzählung‘* (1986).

Lyrik Selbstbesinnung im alltäglichen Leben, aber auch eine Neubesinnung auf den Kunstcharakter prägen die Lyrik seit den siebziger Jahren. Im Westen setzte sich Brinkmann, von amerikanischer Pop-Art angeregt, schon in den sechziger Jahren mit der Wahrnehmung des Alltäglichen auseinander, wie Massenmedien und Massenkultur sie geprägt hatten. Momentaufnahmen, Gedanken, Assoziationen werden unverbunden nebeneinandergestellt, nicht um eine neue, medienfreie Ursprünglichkeit zu gewinnen – die gibt es ebensowenig wie unberührte Natur –, sondern um Reize neu zu arrangieren und damit zu verfremden. Schließlich erscheint die gesamte europäische Geschichte als Selbstzerstörungsprozeß. In Brinkmanns Spuren suchten viele mit (oft nur scheinbar) einfachen Worten alltägliche Dinge, Gedanken und Gefühle zu erfassen, am erfolgreichsten Jürgen Theobaldy. Aus dem Genuß des Alltäglichen wurde bei ihm allmählich der Genuß der schönen Form. Mit den Gedichten Ulla Hahns kehrt die Frauenlyrik zur schönen Form des Leidens an der Liebe zurück.

Selbstbesinnung äußert sich auch in einer gedanklichen Lyrik, die in lakonischen, aber rhetorisch überlegt konstruierten Formulierungen die überraschende, zum Nachdenken auffordende Pointe sucht. Diese Form, geeignet für Ironie und Selbstironie, erlaubt enttäuschten Lyrikern in West und Ost, die Leser auf ihre eigenen Selbsttäuschungen aufmerksam zu machen. Im ‚Untergang der Titanic‘ verarbeitet Enzensberger seine politische Desillusionierung. Weil der Glaube an politischen Fortschritt verloren ist, bietet nur mehr die schöne, wirksame Formulierung des umfassenden Zweifels einen Halt. Im ironischen Spiel mit vorgegebenen Sprech- und Sehweisen zerstört er schließlich alle Sicherheiten außer der einen, daß er hohe und niedere Formen des Sprechens virtuos beherrscht. Kunert beschreibt in kurzen Gedichten sein Erschrecken in einer untergehenden Welt, aber auch sein Erschrecken vor sich selbst; doch immer schimmert der Wunsch nach einer besseren Welt hindurch. Aus den Elementen einer erschreckenden Wirklichkeit, häufig aus ihrer Erinnerung, rekonstruiert Guntram Vesper ein besseres und schöneres Leben im Reich der Sprache. Sarah Kirsch findet in der Natur nicht Geborgenheit, sondern sie macht Zerstörungen erkennbar. Sie reiht Eindrücke und Gedanken, aber auch unterschiedliche Weisen lyrischen Sprechens bruchlos aneinander, ohne den Lesern einen Halt zu geben. Statt dessen können sie die zornige oder melancholische Heiterkeit mitfühlen, mit der Kirsch einer fremdgewordenen Welt gegenübersteht. Ebenso wie bei Kunert führt die gedanklich zugespitzte kleine Form bei Kirsch auch zu einer Kurzprosa, die man als Prosagedicht bezeichnen könnte.

Zur pointierenden kleinen Form gehört vor allem das Wortspiel. Bei einigen Autoren wird es zur wichtigsten Technik. Ebenso wie in seinen früheren Gedichten zeigt Erich Fried, wie man aus Wortspielen den Gedanken entbindet, nun aber nicht mehr im Dienst der schon vorher gewußten politischen Wahrheit, sondern im Versuch, im ganz Persönlichen Ansätze für ein gewünschtes Leben zu finden. Der Rumäniendeutsche Oskar Pastior, der als Journalist mit den verordneten Sprachformeln seines Regimes leben mußte, entlarvt sprachspielend die Unmenschlichkeit schablonenhaften Redens und schafft sich zugleich eine Kunstwelt aus vorgefundenem Sprachmaterial.

Seit den achtziger Jahren sprechen sich Trauer und Unsicherheit auch in größeren Gedichten aus, die teilweise allerdings nur Kleinformen aneinanderreihen. So etwa im ‚Untergang der Titanic', wenn Enzensberger das Thema des Untergangs variiert, der durch seine historischen Wiederholungen zur „Komödie" geworden ist. Der lange Redefluß im Gedicht ‚Variationen auf kein Thema' (in: ‚Falten und Fallen') von Durs Grünbein entspricht seiner Darstellung des Menschenlebens als ständiger Wiederholung des Immergleichen, Unpersönlichen und Sterilen, das doch im tödlich Bedrohenden gründet.

Rolf Dieter Brinkmann: ‚Gras. Gedichte' (1970), *‚Westwärts 1 & 2. Gedichte'* (1975). *Oskar Pastior: ‚Fleischeslust'* (1976), *‚Der krimgotische Fächer. Lieder und Balladen'* (1978). *Hans Magnus Enzensberger: ‚Der Untergang der Titanic. Komödie'* (1978), *‚Zukunftsmusik'* (1991). *Jürgen Theobaldy: ‚Drinks. Gedichte aus Rom'* (1979). *Ulla Hahn: ‚Herz über Kopf'* (1981). *Erich Fried: ‚Das Nahe suchen. Gedichte'* (1982). *Günter Kunert: ‚Stilleben'* (1982). *Guntram Vesper: ‚Die Inseln im Landmeer. Gedichte'* (1982, erweitert 1984). *Sarah Kirsch: ‚Erdreich'* (1982), *‚Erlkönigs Tochter. Gedichte'* (1992), *‚Das simple Leben'* (Poesie und Prosa, 1994). *Durs Grünbein: ‚Fallen und Falten. Gedichte'* (1994).

Drama Der Rückzug des einzelnen auf sich selbst in einer bedrohlichen Welt läßt das Gespräch verstummen. So entstehen Theaterstücke, in denen die Personen mehr mit sich selbst als miteinander reden, mehr von Einsamkeit und Tod als von gemeinsamen Zielen.
Für Strauß' Personen wächst das Gespräch sich entweder aus zum Streit zwischen den Geschlechtern, oder es versandet in nichtssagendem, aber ununterbrochenem Alltagsgerede. Häufig stehen mythische Muster Modell für die Handlung, aber nur um zu zeigen, daß sie ihre sinngebende Funktion verloren haben, daß für das Irrationale, für Traum und Wahnsinn, kein Platz ist in der technisch vermittelten Welt. Die Handlung selbst erstarrt in der Banalität, löst sich auf in einzelne Szenen. Die Menschen müssen sich ihre Einsamkeit eingestehen, auch wenn sie an der Sehnsucht nach einem verlorenen, besseren Zustand festhalten. Jenseits der Sprache jedoch, in Gestik und Spiel, entwickelt sich zwar kein sagbarer Sinn, aber Lust an Phantastik und grotesker Komik, Einverständnis mit dem Irrationalen. Im 'Schlußchor' versucht Strauß, den geschichtlichen Augenblick der Wiedervereinigung theaterspielend in Mythos zu verwandeln, so daß er einen mythischen Grund erhält, jenseits von rationaler Sprache.
Den Glauben, im Irrationalen letztlich doch einen festen Grund zu finden, teilt Bernhard nicht. Seine Personen, die nicht nur seelisch, sondern häufig auch körperlich krank oder verkrüppelt sind, leben in engen Räumen zusammen, wo sie nicht handeln können. Sie müssen miteinander reden, aber sie reden aneinander vorbei. Sie sprechen von zerstörender familiärer oder politischer Vergangenheit, um sich von ihr zu entlasten und sich an allen anderen zu rächen, indem sie sie zum Zuhören zwingen. Kein Lebender, nur manchmal ein schon verstorbener Künstler oder Philosoph entgeht der Weltverachtung der „Geistmenschen", die sich der banalen Gegenwart noch nicht angepaßt haben, sich jedoch aus ihrer Vergangenheit in ihr Sterben hineinreden. Der Zuschauer mag den Kunstcharakter dieses Redens genießen, das sich in einen Rausch steigern kann, während ihm zugleich gezeigt wird, daß es wie alle Kunst und Philosophie doch nur tyrannische Eitelkeit ist. Verzweiflung und Rache, Sprachlust und entlarvte Eitelkeit münden in Szenen von grotesker Komik.
Heiner Müller, von der Wirklichkeit der DDR enttäuscht, hörte in den siebziger Jahren auf, Produktionsstücke zu schreiben, und verfaßte statt dessen dramatische Texte, die zur Handlungsauflösung und zum Monologischen tendieren und die, deutlicher noch als bei Strauß und Bernhard, die Welt als Groteske darstellen. Er dramatisiert preußische Geschichte, Nationalsozialismus und Stalinismus, die als eine einzige blutige oder obszöne Posse erscheinen, in der immer wieder die Erziehung zu Dummheit und zynischer Unmenschlichkeit gesiegt hat. Auch wenn er Dramen der Antike und Shakespeares bearbeitet oder monologische

Rollentexte schreibt (z. B. ‚Hamletmaschine'), in denen nicht eine Person, sondern eher ein Verhaltensmuster sich ausspricht, will er nicht, wie Strauß, Geschichte letztlich wieder im Mythos begründen, sondern zeigen, wie jedesmal Muster mythischer Grausamkeit sich gegen die Arbeit für den Fortschritt, ja gerade in ihr durchgesetzt haben. Nicht weniger verdächtig als Fortschrittsglaube ist ihm andererseits der Glaube an die Bildungstradition. Ihn zerstört er, wenn er Possenhaftes und Grausames in überkommenen Versformen erhabenen Sprechens ausdrückt. Der Gebrauch des Phantastischen hat eine ähnliche Funktion. Wenn z. B. Tote auf dem Theater weiterleben, wird deutlich, wie Tödliches aus der Vergangenheit die lebendige Gegenwart bestimmt. Müller will einem schockierten Publikum Anstöße zu Nachdenken und Veränderung geben, er will ihm aber nicht den Weg vorschreiben, wie eine bessere Welt doch noch zu erreichen wäre.

Thomas Bernhard: ‚Die Macht der Gewohnheit' (1974), *‚Immanuel Kant'* (1978), *‚Vor dem Ruhestand. Eine Komödie von deutscher Seele'* (1979). *Heiner Müller: ‚Mauser'* (1975, nur im Westen), *‚Leben Gundlings Friedrich von Preußen Lessing Schlaf Traum Schrei'* (1977), *‚Hamletmaschine'* (1977, nur im Westen), *‚Wolokolamsker Chaussee'* (1987). *Botho Strauß: ‚Groß und klein, Szenen'* (1978), *‚Kalldewey. Farce'* (1981), *‚Schlußchor. Drei Akte'* (1991).

Erzählende Prosa aus dem Osten

In den siebziger Jahren wandte sich die Prosa der DDR von der Beschäftigung mit den Arbeitern und Technikern ab, um statt dessen den erstickend engen Alltag der vielen darzustellen, die sich nicht zum Vorbild eignen. Loest beschreibt das Leben eines Ingenieurs, der, ein bequemer Durchschnittsmensch, von seiner ehrgeizigen Frau als Versager angesehen wird und doch nur das Produkt seiner spießigen, selbstgerechten und autoritären Umwelt ist. Plenzdorfs Erzählung, die durch den Hinweis auf Goethes jugendliche Revolte die Berufung der DDR aufs klassische Erbe kritisiert, steht für eine Reihe von Texten, die die Unzufriedenheit der Jugendlichen mit ihrem Alltag artikulieren. Kunzes Prosaskizzen öffnen den Lesern die Augen für die böse Komik des Ausbildungssystems, dem die Jugendlichen ausgesetzt waren. Alle diese Texte sollen zur Besserung herausfordern. Das gilt auch noch, wenn Christoph Hein mit schneidendem Realismus einen hoffnungslosen Alltag beschreibt.
Andere Autoren der DDR erweiterten den Alltag um eine geschichtliche Perspektive oder um Bereiche des Phantastischen. Wenn de Bruyn einen Provinzlehrer und einen Literaturprofessor einander gegenüberstellt, so erzählt er nicht nur von Familienklatsch und Berufszwängen, sondern läßt zugleich hinter der Unehrlichkeit eines karrieresüchtigen Anpassers die Unehrlichkeit des verordneten Geschichtsbildes erkennen. Morgner erweitert den Alltag nicht nur um Geschichte (diesmal Geschichte der

Frauenrolle), sie öffnet ihn auch für die Utopie eines besseren Lebens, in dem nicht nur Mann und Frau miteinander solidarisch sind, sondern in dem auch Alltagswelt und Wunschwelt einander nicht mehr ausschließen. Sie gebraucht die Technik der Montage, um beide Bereiche, patriarchalisch-bürokratische Ordnung und entfesselte weibliche Phantasie, realistisch beschriebenen Alltag und phantastische Traumwelt, unvermittelt nebeneinander zu stellen. Ihre Heldinnen sind dementsprechend in zwei Hälften gespalten: Arbeiterin und Frau im Ehealltag einerseits, geheimnisvolle Gestalt mit magischen, hexenhaften Fähigkeiten andererseits. Doch indem die Heldinnen die Grenzen zwischen beiden Bereichen überschreiten und die bürokratische Ordnung verlachen, spannt ihr pikaresker Lebensweg Fäden zwischen kleinen Leuten und führenden Schichten, versöhnt Komik mit der Trennung zwischen Realistik und Phantastik. So nimmt die Kunst eine erhoffte dauerhafte Verbindung vorweg.

Weniger hoffnungsvoll ist Christa Wolf, aber auch sie hält am Utopischen fest, wenn sie den Alltag verläßt und tiefer in die Geschichte, ja bis zu ihrem mythischen Anfang geht. ‚Kein Ort. Nirgends' beschreibt die Annäherung zweier Außenseiter. Beide, Heinrich von Kleist und die romantische Dichterin Karoline von Günderrode, gehen an den Rollenvorstellungen und am Zweckdenken ihrer Zeit zugrunde, finden aber gerade darum auch einen letztlich sprachlosen Augenblick der Gemeinsamkeit, aus dem sich eine Utopie von Gleichberechtigung und Selbstverwirklichung der Geschlechter ableiten läßt. Im unbequemen Erinnern Kassandras, der griechischen Seherin, die den Untergang Trojas voraussagte, läßt Wolf den Leser erleben, wie unsere Geschichte als Geschichte des Patriarchats und damit der Lügen und Kriege beginnt. Eine neue, menschliche Geschichte wäre um den Preis wahrhaftigen Erinnerns möglich.

Mit den Prosaskizzen (‚Versuchte Nähe'), mit denen Schädlich den DDR-Alltag beschreibt, sucht er durch virtuose Sprache bei aller realistischen Genauigkeit der Darstellung künstlerische Distanz zu gewinnen. In seinem phantastisch-historischen Roman ‚Tallhover', der Lebensbeschreibung eines 136 Jahre alten Polizeispitzels, die Schädlich nach der Übersiedelung in den Westen schrieb, wird Funktionieren und Versagen fortdauernder Untertanengesinnung mit nüchterner Distanz zu Protokoll genommen: Ein Protokoll ohne Erzähler, der das Geschehen steuert, indem er davon berichtet. Auch bei Wolfgang Hilbig, der schon vor seiner Übersiedelung in den Westen nur dort publizieren konnte, bleiben die Romanfiguren sich selbst überlassen, aber nun wird nicht das Äußere protokolliert, sondern ihr Denken, das erfolglos um die Frage kreist, wer sie eigentlich sind in ihrer Welt, die kafkaesk verfremdet ist, weil sie in irgendeiner Weise immer durch Verbrechen oder Unterdrückung bestimmt ist. Den einzigen Halt gibt die künstlerische Form.

Die Rumäniendeutsche Herta Müller ist durch die Erfahrung einer noch viel schlimmeren Diktatur geprägt als die Autoren aus der DDR. Die Angst hat ihr den kindlichen Blick fürs Kleinste bewahrt und geschärft, den sie benutzt, um sich einer vorgeschriebenen Wirklichkeitswahrnehmung zu entziehen. Der mikroskopische Blick löst die Wirklichkeit auf, die dann poetisch, durch Bilder, Leitmotive, Assoziationen wieder zusammengesetzt wird. Die ständige Bedrohung wird dabei keineswegs ausgeblendet; dennoch entsteht so eine Welt, in der die Angst, in eine künstlerische Kraft verwandelt, erträglich wird.

Ulrich Plenzdorf: ‚Die neuen Leiden des jungen W.‘ (1972). *Irmtraud Morgner: ‚Leben und Abenteuer der Trobadora Beatriz nach Zeugnissen ihrer Spielfrau Laura. Roman in dreizehn Büchern und sieben Intermezzos‘* (1974), *‚Amanda. Ein Hexenroman‘* (1983). *Reiner Kunze: ‚Die wunderbaren Jahre. Prosa‘* (1976, nur im Westen). *Hans Joachim Schädlich: ‚Versuchte Nähe. Prosa‘* (1977, nur im Westen), *‚Tallhover‘* (1986). *Erich Loest: ‚Es geht seinen Gang oder Mühen in unserer Ebene‘* (1978). *Günter de Bruyn: ‚Märkische Forschungen. Eine Erzählung für Freunde der Literaturgeschichte‘* (1978). *Christa Wolf: ‚Kein Ort. Nirgends‘* (1979), *‚Kassandra‘* (1983). *Christoph Hein: ‚Der fremde Freund. Novelle‘* (1982, im Westen 1983 unter dem Titel ‚Drachenblut‘), *‚Horns Ende. Roman‘* (1985). *Herta Müller: ‚Barfüßiger Februar. Prosa‘* (1987), *‚Herztier. Roman‘* (1994). *Wolfgang Hilbig: ‚Alte Abdeckerei. Erzählung‘* (1991), *‚Ich. Roman‘* (1993).

Erzählende Prosa im Westen

Gelangen die Autoren aus der DDR in ihrer Prosa von der sozialistischen Einordnung des einzelnen zu einer neuen Wertschätzung des Ästhetischen, so kommen die westlichen Autoren vom autobiographischen Schreiben her zum gleichen Ziel. Immer häufiger schreibt man über das Schreiben. Handke sucht seit den siebziger Jahren sein Schreiben autobiographisch zu beglaubigen. Sich erinnernd protokolliert er, was im Bewußtsein bei Wahrnehmung gerade des Unscheinbaren früher vorging und was jetzt bei der Beschreibung vorgeht. So lernt er, im Unscheinbaren das Aufschlußreiche zu sehen, und kann zugleich, wenn das Erzählen funktioniert, Augenblicke der Einheit von gegenwärtigem Ich und erinnerter Welt erleben. Indem er solch aufschließendem Unscheinbaren in der eigenen Vergangenheit nachspürt, auch auf Reisen in aller Herren Länder, sucht er vorsichtig, sich immer wieder entziehend, Beziehungen zu einer äußeren Welt zu knüpfen, die darauf aus ist, den einzelnen zu vereinnahmen und abzustempeln. Diesen Vorgang läßt er entweder einen Ich-Erzähler vollziehen, der für den Verfasser steht, oder fiktive Figuren, die ebenfalls in Ich-Form berichten.

Ähnlich wie Handke stellte auch Kronauer der Vereinnahmung den erfüllten Augenblick gegenüber, der sich aber nicht in der Reflexion beim Schreiben einstellt, sondern im Bezug zu einem Gegenüber. Eine selbständige Identität läßt sich auf solchen Augenblicken nicht aufbauen, sie

bieten keinen dauernden Halt. Ihn geben dagegen die strenge künstlerische Komposition und Distanz. Die Autorin spielt mit den Romanfiguren, sie bringt aber ihr biographisches Ich nicht ins Spiel.
Grass hingegen verbindet zunächst Autor-Ich und Erzähler-Ich, wenn er in zunehmender Skepsis europäische und deutsche Geschichte umerzählt. Im ‚Butt' sucht er einen Gegenmythos zu schaffen, der eine andere, frauenbestimmte Geschichte begründen könnte anstelle unserer, auf Zerstörung hinauslaufenden. ‚Die Rättin' ist ein Warn-Mythos vom Untergang der Menschheit und vom Ursprung der Rattenherrschaft. Im ‚Weiten Feld' ist das Autor-Ich nicht erkennbar. Aus größerer Distanz wird so erzählt, wie der Schriftsteller hilflos und mitschuldig dem Untertanenstaat verbunden ist. Zugleich wird die Verwandlung einer unbefriedigenden politischen Wirklichkeit in Literatur zu einem entscheidenden Thema des Romans.
Nicht im Politischen, wohl aber im Privaten resigniert auch Walser. Die beschädigten Individuen aus dem Mittelstand, die er schon früher darstellte, wagen seit den ausgehenden siebziger Jahren nicht einmal mehr den Versuch, sich selbst zu verwirklichen. Auch Strauß beschreibt unglückliche, isolierte Individuen aus dem Mittelstand, aber nicht, indem er ein zusammenhängendes Leben nachzeichnet, sondern indem er einzelne Situationen beobachtet und bedenkt, oft aus ironischer Distanz. Dabei gibt sich Wirklichkeit auf einmal als eine Konstruktion aus literarisch vermittelten Sehweisen zu erkennen.

Uwe Johnson: ‚Jahrestage. Aus dem Leben von Gesine Cresspahl' (1970–83). *Peter Weiss: ‚Die Ästhetik des Widerstands. Roman'* (1975–81). *Günter Grass: ‚Der Butt. Roman'* (1977), *‚Die Rättin'* (1986), *‚Ein weites Feld. Roman'* (1995). *Botho Strauß: ‚Die Widmung. Eine Erzählung'* (1977), *‚Der junge Mann. Roman'* (1984). *Brigitte Kronauer: ‚Rita Münster. Roman'* (1983), *‚Berittener Bogenschütze'* (1986). *Martin Walser: ‚Brandung. Roman'* (1985), *‚Die Verteidigung der Kindheit. Roman'* (1991). *Peter Handke: ‚Die Wiederholung'* (1986), *‚Versuch über den geglückten Tag. Ein Wintertagtraum'* (1991), *‚Mein Jahr in der Niemandsbucht. Ein Märchen aus den neuen Zeiten'* (1994).

Personenregister

Sachregister